Jan Brokken

Sibirische Sommer
mit Dostojewski

Jan Brokken

Sibirische Sommer mit Dostojewski

Roman

Aus dem Niederländischen von Helga van Beuningen

Kiepenheuer & Witsch

MIX
Papier aus verantwortungsvollen Quellen
FSC® C083411

Verlag Kiepenheuer & Witsch, FSC®-N001512

1. Auflage 2018

Titel der Originalausgabe: *De Kozakkentuin*

Aus dem Niederländischen von Helga van Beuningen

Umschlaggestaltung: Rudolf Linn, Köln
Umschlagmotiv: © Archip Iwanowitsch Kuindschi.
»Birkenhain«, 1879. © akg-images
Autorenfoto: © Jelmer de Haas
Gesetzt aus der DTL Haarlemmer
Satz: Felder KölnBerlin
Druck und Bindung: CPI books GmbH, Leck
ISBN 978-3-462-04996-1

Inhalt

Aber wie hätte ich Sie, der Sie mein Freund waren, und zwar zu einer Zeit, als ich gar keine Freunde hatte, Sie, den Zeugen meines unendlichen Glückes und meines furchtbaren Schmerzes [...], meinen Freund auch hier in Petersburg, meinen Fürsprecher – wie hätte ich Sie vergessen können?

F. M. DOSTOJEWSKI
in einem Brief an A. J. von Wrangel

Hast du etwas von Alexander Jegorowitsch gehört? Wo ist er? Ich vermisse ihn. Er ist wie ein Bruder für mich (nimm das nicht persönlich).

F. M. DOSTOJEWSKI
in einem Brief an seinen Bruder Michail

Die Verschwörung

ALS ICH IHN ZUM ERSTEN MAL SAH, stand er in einem weißen Totenhemd vor dem Exekutionskommando. Er: ein Mann von annähernd dreißig Jahren, der sich auf den Tod vorbereitete und das silberne Kreuz küsste, das ihm der Priester hinhielt. Ich: ein neugieriger Jüngling, der sich aus sicherer Entfernung ansah, was Unrecht war.

Ich hatte schulfrei. 1849 war das Jahr der Cholera; in Sankt Petersburg starben die Menschen wie die Fliegen. Wegen der Ansteckungsgefahr war unser Lyzeum bereits vor dem September geschlossen worden. Ich wohnte bei einem Onkel und lungerte monatelang nur herum.

Die Schulleitung empfahl uns im Dezember, zu unseren Familien zurückzukehren und die Feiertage dort zu verbringen. Außerhalb der Stadt fielen der Krankheit weniger Menschen zum Opfer, und ich erwog, nach Terpilitsy zu reisen. Das Gut lag nur siebzig Werst von Petersburg entfernt und war an einem Tag zu erreichen. Schwere Schneefälle hatte es noch nicht gegeben; die Straße würde passierbar sein, es war zu schaffen, doch ich lungerte weiter bei meinem Onkel, Baron Nikolai Korf,[1] herum, der ein kleines Holzhaus an der Ecke Liteiny Prospekt und Kirotschnajastraße bewohnte. Wenn man siebzehn ist, kümmert man sich nicht um seine Familie und findet die Stadt sehr viel aufregender als das Land, zumal im Winter. Im Übrigen waren es sogar noch drei Monate bis zu meinem siebzehnten Geburtstag,[2] aber ich fühlte mich schon wie ein ganzer Kerl und war außerdem für mein Alter auffallend groß. Ach, ich wäre Weihnachten schon gern zu Hause gewesen, hätte ich nicht ganz genau gewusst, dass mein Vater mir nur Vorhaltungen machen würde. Er hielt sehr auf Zucht und Ordnung und vertrat die Ansicht, »unsereins« müsste für andere in allem ein Vorbild sein.

Ich war von Adel. Natürlich, sonst kam man nicht auf das Kaiserliche Lyzeum, aber ich entstammte nicht dem Hochadel und außerdem nur einem ausländischen, dem deutschen und schwedischen. Die von Wrangels besaßen Güter in den Provinzen Estland, Lettland und Groß-Petersburg und gehörten zu den deutschbaltischen Baronen, die in Russland nicht sehr beliebt waren, aber dennoch sehr gefragt für den Staatsdienst. Deutschbalten galten als arbeitsam und zuverlässig, was ich, was meine Person betraf, bezweifelte. Ich fühlte mich so sehr als Petersburger wie ein Pflasterstein auf dem Newski Prospekt, und um ehrlich zu sein: Ich faulenzte gern.

Mit meinem Onkel kam ich besser aus als mit meinem Vater. Dass Onkel Nikolai ein wichtiges Amt im Dienste des Zaren innehatte, war in seinem Gesicht nicht zu lesen und seiner Stimme nicht anzuhören. Für einen General – er war Kommandant der militäragrarischen Siedlungen – sprach er leise. Er errötete schnell, während er eine unterhaltsame Geschichte nach der anderen zum Besten gab. Am meisten gefiel mir an ihm, dass er nicht ständig darauf herumritt, ich müsse »ein Mann« werden, wie mein Vater, der unter »einem Mann« eher einen gehorsamen Kommisshengst verstand als einen Entdeckungsreisenden.

Am Morgen des zweiundzwanzigsten Dezember war ich gegen acht Uhr aufgestanden. Für meinen Vater wäre diese Zeit ein Beweis für meinen laschen Charakter gewesen, doch mein Onkel fand sie völlig normal – schließlich hatte ich Ferien. Wenn er mich zu etwas ermunterte, dann dazu, meine Jugend zu genießen. »Alexander Jegorowitsch«, sagte er immer wieder, »koste es aus. Freiheit ist wie ein Ballon, ehe du dich versiehst, sticht jemand ein Loch hinein.«

Als ich die Vorhänge in meinem Zimmer aufzog, sah ich eine lange Reihe von Kutschschlitten vorbeigleiten, jeder von zwei Pferden gezogen. Ich fand das nicht weiter bemerkenswert, in solchen Kutschen wurden Balletteleven von der Theaterschule befördert oder Schülerinnen vom Smolny-Institut, der Schule, an der adlige Mädchen zu Hofdamen erzogen wurden und die nicht weit vom Haus meines Onkels entfernt lag. Die Reihe war nur erstaunlich lang: Ich zählte zwölf, dreizehn, vierzehn, fünfzehn Kutschen. Sie kamen über die Newa-Brücke und setzten ihren Weg über den breiten Liteiny in Richtung Newski Prospekt fort.

Ich verlor mich erst dann in Mutmaßungen, als ich auf beiden Straßenseiten Gendarmen bemerkte, hoch zu Ross und mit blankem Säbel. Im selben Augenblick trat mein Onkel Wladimir ins Zimmer, der jüngste Bruder meines Vaters. Er berichtete aufgeregt, dass die zum Tode Verurteilten aus dem Zirkel um Petraschewski zum Exekutionsgelände des Semjonowski-Regiments gebracht würden und dass ihr letztes Stündlein geschlagen habe.

Petraschewski beschäftigte uns schon seit Monaten. Im April 1849 – ich war gerade sechzehn geworden und in die dritte Klasse des Lyzeums versetzt worden – erfuhren wir, dass die Geheimpolizei eine Verschwörung aufgedeckt hatte. Etwa dreißig junge Männer aus dem Zirkel des utopischen Sozialisten Petraschewski waren festgenommen worden. Unter ihnen befanden sich verschiedene ehemalige Schüler unseres Lyzeums, allen voran Nikolai Speschnjew, der als »der Terrorist« der Gruppe in die Geschichte eingehen sollte, und ferner Alexander Jewropejus und Nikolai Kaschkin. Auch der Anführer der Bewegung, Michail Butaschewitsch-Petraschewski, war ein ehemaliger Schüler unserer Schule. Ich kannte sie alle von Begegnungen im Freundeskreis. Sie kamen häufig ins Lyzeum, um ihre ehemaligen jüngeren Kameraden zu besuchen.

Unser Kaiserliches Lyzeum war bei den Behörden nicht allzu gut angeschrieben. Zar Nikolaus zufolge herrschte an ihm »ein böser Geist«. Die Schule war von seinem Vater gegründet worden, hieß Kaiserliches Alexander-Lyzeum und war in einem Flügel des Katharinenpalastes in Zarskoje Selo untergebracht. Seit dem Umzug in ein modernes Gebäude am Kamennoostrowski Prospekt in Petersburg glaubte Zar Nikolaus, dass das Lyzeum einen schlechten Einfluss auf die Stadt ausübe und die Stadt auf das Lyzeum.

Es stimmte schon, liberales Gedankengut blieb bei den Schülern eher hängen als die Konjugationen lateinischer Verben. Genauso wenig ließ sich leugnen, dass wir die politischen und sozialen Bewegungen in der Stadt genauestens verfolgten, auch wenn wir uns häufig eitlem Geschwätz und hochtrabender Wichtigtuerei hingaben. Ich vermute, dass die Behörden uns zu wichtig nahmen.

Der Argwohn des Zaren muss sich bereits früher geregt haben, im Dezember 1825, als der rechtschaffene Teil des Adels gegen die Autokratie rebellierte. Der berühmteste Schüler unseres Lyzeums, Alexander Puschkin, sympathisierte offen mit den Dekabristen.[3] Der Zar, dessen Herrschaft mit der blutigen Niederschlagung dieser Rebellion begann, hegte sein ganzes Leben lang Argwohn gegen alles, was jung und leidenschaftlich war. Für Nikolaus bestand kein Zweifel daran, dass aus unserem Lyzeum ebenso viele Unruhestifter hervorgingen wie verlässliche Staatsdiener. Noch 1853, als ich meinen Abschluss machte, war es verboten, in der Schule das Wort »Dekabrist« zu erwähnen. Alles, was mit Dezember zu tun hatte, riss alte Wunden beim Zaren auf.

Ganz unbegründet war sein Misstrauen möglicherweise nicht. Man würde erwarten, dass Kinder von Fürsten, Marquis und Grafen für die Erhaltung der bestehenden Ordnung waren, doch das Gegenteil traf zu. Bei der Schulleitung war es kaum anders. Der Inspektor unserer Schule, Oberst Miller, war ein enger Verwandter von Nikolai Kaschkin, eine der zentralen Figuren im Zirkel um Petraschewski. Von den ehemaligen Schülern war Petraschewski auf dem besten Wege, genauso populär zu werden wie Puschkin. Unser Lyzeum geriet in schweren Verdacht.

Kurz nach der Festnahme der Verschwörer hörten wir eines schönen Morgens im Mai, als wir um sechs Uhr aufstanden, Trommelwirbel vor unseren Schlafräumen. Unsere Tutoren erklärten uns, das gehe auf einen Befehl des Zaren zurück. In Zukunft sollten wir militärisch gedrillt werden. Unteroffizieren des Grenadiergarderegiments wurde die Aufgabe zugeteilt, uns Zucht und Ordnung beizubringen. Ihre Kaserne grenzte genau an unseren

Park. Schon bald wurde für jede Klasse dem jeweiligen Mentor ein Gardeoffizier an die Seite gestellt, und es gab täglich Unterricht im Marschieren und Exerzieren.

Die Offiziere begannen, unsere Lektüre streng zu überwachen. Sie beschlagnahmten sämtliche von zu Hause mitgebrachten Bücher und verboten alle Zeitungen. Die Mentoren öffneten sogar unsere Briefe, speziell jene aus dem Ausland. Nur Herr Pletz, ein sanftmütiger Mentor und hochgebildeter, humaner Deutscher, der an der Universität Heidelberg studiert hatte, riet uns mit kryptischen Worten, »freie Gedichte« und Bücher »jener Liberalen« zu verstecken. Sobald wir eingeschlafen waren, durchsuchte ein Gendarmerieoffizier alle Pulte. Ich hatte nichts Anstößiges in meinem Besitz, abgesehen von einigen Puschkin-Gedichten, die ich aus einer Zeitschrift abgeschrieben hatte, doch selbst die hatte ich unter meiner Strohmatratze versteckt. Die Durchsuchung lief für alle Klassen gut ab.

Die Festnahme des Petraschewski-Zirkels passte in das überhitzte Klima jener Tage. Jeder Protest sollte im Keim erstickt werden. Zar Nikolaus und alle, die ihn unterstützten und ihm mit Rat und Tat zur Seite standen, fürchteten, dass die revolutionäre Bewegung von 1848 auf Russland übergreifen würde. Am Lyzeum waren wir anfangs auf Mutmaßungen angewiesen, was genau geschehen war. Die Nachrichten aus Paris, Berlin und Wien brauchten lange bis nach Petersburg, und aus den zensierten Zeitungen drang nur dann und wann ein Rauchschleier zu uns, der wenig über das Ausmaß des Feuers verriet.

Mir ist aber noch sehr gegenwärtig, dass in jenen Tagen allein schon das Wort »Revolution« jeden durcheinanderbrachte, gleichgültig ob Groß oder Klein. Eines Tages sah ich, wie mein Vater meinem Onkel heimlich etwas ins Ohr flüsterte. Ich fing »Frankreich« auf, »Revolution«, »Louis-Philippe«, »Flucht« und fragte: »Worüber redet ihr?« Nachdem ich meinem Vater hatte versprechen müssen, dass ich den Mund halten würde, erzählte er vom Umsturz in Paris, der Flucht des Königs und der revolutionären Bewegung in Deutschland. »Aber in Gottes Namen, schweig darüber … du musst wissen, in Petersburg haben die Wände Ohren. Es gibt bereits Gerüchte, wonach sich unter euch jungen Leuten ein politischer Zirkel gebildet hat …«

Das war der Kreis um Michail Butaschewitsch-Petraschewski.

Petraschewski hatte unser Lyzeum zehn Jahre zuvor verlassen. Bereits während seines Studiums der Rechte hatte er sich der Politik verschrieben. Er empfing freitagsabends bei sich zu Hause, setzte seinen Gesprächspartnern exzellente Mahlzeiten vor (seine Gegner waren der Ansicht, dass sich der Erfolg der utopistischen Bewegung der reich gedeckten Tafel verdankte), legte seine Gedanken dar und bat die Anwesenden, eine Geschichte oder einen Artikel vorzulesen, in dem soziale Ungerechtigkeit oder Ausbeutung angeprangert wurden.

Nach seinem Studium arbeitete Petraschewski im Außenministerium als Übersetzer. Durch diesen Posten und seine Sprachkenntnisse war er schneller und besser über die politischen Entwicklungen in Paris und Berlin im Bilde als die meisten anderen jungen Männer in Petersburg. Inzwischen legte er sich eine Sammlung von Büchern zu, die seine progressiven Bekannten ausleihen durften. Seine Bibliothek wirkte wie ein Sprengsatz in der Stadt.

Petraschewski trug seine Ideen gern auch mündlich vor. Er war ein unglaublicher Schwätzer. Seine Steckenpferde waren die Abschaffung der Leibeigenschaft und die Einführung der parlamentarischen Demokratie. Nicht weiter verwunderlich, wir jungen Leute waren in jenen turbulenten Jahren alle dafür; es ging nur um die Frage, ob wir der zaristischen Alleinherrschaft mit oder ohne Gewalt ein Ende machen sollten.

Ich reagierte ungläubig, als sich das Gerücht verbreitete, dass auch Fjodor Dostojewski zu den Verhafteten gehörte und in der Peter-und-Paul-Festung festgesetzt worden war. Ich hatte vor Kurzem zwei Erzählungen[4] von ihm gelesen, *Arme Leute* und *Njetotschka Neswanowa*. Die Rezensenten jubelten über *Arme Leute* und sagten dem jungen Autor eine große Zukunft voraus; ich selbst war hell begeistert aufgrund der widersprüchlichen Leidenschaften des verstoßenen Mädchens Njetotschka. Wirklich rebellisch waren diese Erzählungen nicht, obwohl die Art und Weise, wie Dostojewski ganz oder teilweise Heruntergekommene beschrieb, die nur auf Ansehen, Macht, Flitter und irdische Reichtümer aus waren, einen beunruhigenden Blick verriet.

Anfänglich konnte niemand in der Stadt mit Sicherheit sagen, welchen Dostojewski man aus dem Schlaf gerissen und verhaftet hatte. In ein und derselben Nacht waren sowohl Fjodor als auch sein jüngerer Bruder Andrej festgenommen und ins Hauptquartier der Dritten Abteilung gebracht worden, der Geheimpolizei. Andrej, der am Institut für Bauingenieurwesen studierte, hatte nie an den Zusammenkünften bei Petraschewski teilgenommen. Von einem Onkel meines Vaters, der seine Informationen aus verlässlichen Quellen bezog, erfuhr ich, dass man Andrej vermutlich mit dem ältesten der Dostojewski-Brüder, mit Michail, verwechselt hatte, der aktiv an den Zusammenkünften der Gruppe teilgenommen hatte, sowohl an den großen freitäglichen Treffen als auch an denen der Untergruppen.

Andrej verlegte sich einstweilen aufs Schweigen, damit sein ältester Bruder, der verheiratet war und die Sorge für drei Kinder trug, die nötigen Schritte unternehmen konnte, um seine Familie in Sicherheit zu bringen. Erst zwei Wochen später kam die Verwechslung ans Licht: Andrej dachte, dass mit Butaschewitsch-Petraschewski zwei Männer gemeint waren. Als die Befrager das merkten, ließen sie ihn laufen und verhafteten seinen ältesten Bruder.

Michail Dostojewski hatte verbotene Bücher aus Butaschewitsch-Petraschewskis Bibliothek entliehen. Darüber hinaus konnte ihm nichts Strafbares zur Last gelegt werden. Nach acht Wochen kam er wieder auf freien Fuß.

Nein, wen es voll traf, war der Schriftsteller Dostojewski: Fjodor Michailowitsch.

Ich war entsetzt, als ich acht Monate später hörte, er sei zusammen mit mehreren seiner Kameraden zum Tode verurteilt worden. Jeder rechtschaffene Mensch wunderte sich über die Unerbittlichkeit des Urteils. Der Kriegsrat verurteilte ihn zur Kugel, ersuchte den Zaren jedoch um Gnade. Das lehnte dieser ab. Für Nikolaus war kein Mittel zu hart, um dem Zustrom revolutionärer Ideen aus dem Westen Einhalt zu gebieten.

Fjodor Dostojewski bekam die Höchststrafe für das Verlesen eines Briefes von Belinski an Gogol bei einem der Treffen im Hause Petraschewski. Welcher Irrsinn: Das Verlesen eines Briefes eines unserer bekanntesten Literaturkritiker – Belinski – in kleiner Runde an einen unserer größten Schriftsteller – Gogol – war Grund für eine gerichtlich angeordnete Hinrichtung. Und noch verrückter: Belinski war ein Jahr zuvor gestorben, und Gogol hatte es sich bei seinen Lesern verscherzt, weil er Dinge, die er einst verspottet hatte, jetzt begrüßte. Auf einmal war Gogol für die Kirche, für den Staat, für die Leibeigenschaft und für die Autokratie. Belinski hatte ihm in einem seiner letzten Briefe vorgeworfen, er verteidige allmählich alles, was in Russland verrottet, rückständig, barbarisch, tyrannisch und korrupt sei.

Jeder in der Stadt, der die Literatur auch nur ein wenig verfolgte, konnte wissen, dass Gogol dabei war, verrückt zu werden. Ich vermute, dass Dostojewski durch das Verlesen von Belinskis Brief in erster Linie dies hatte aufzeigen wollen, und zwar nicht aus Häme, sondern aus Enttäuschung. Er hatte immer viel von Gogol gehalten – anstatt aus seinem eigenen Werk vorzulesen, trug er bei literarischen Soireen ganze Passagen aus *Tote Seelen* vor, meist vor Lachen glucksend. In seinem Bestreben aufzuzeigen, dass es mit Gogols Humor vorbei war, unterschätzte Dostojewski jedoch die politischen Implikationen.

Später hat er mir erzählt, dass er Petraschewskis extreme Ideen keineswegs geteilt habe und gegen das gewaltsame Erzwingen einer Verfassung gewesen sei. Ich muss allerdings sofort anfügen, dass Dostojewski von Gewalt fasziniert war, sowohl von sinnloser Gewalt als auch von organisierter und politisch gefärbter, wie sie im Terrorismus Gestalt annahm. Gut möglich, dass ihn diese Neugier zu Petraschewski geführt hatte, obwohl er auch von Anfang an Bedenken gegen ihn hatte. Als ihm später bewusst wurde, was Gewalt eigentlich bedeutete, schämte er sich möglicherweise für seine damaligen Ideen.

Petraschewski war überzeugter Atheist und machte Glauben und Gläubige gern lächerlich. In Frauenkleidern besuchte er einen Gottesdienst in der Isaakskathedrale. Er entzündete Kerzen, kicherte, provozierte. Dostojewski ärgerte sich über seine Exzentrizität – er duldete keinen

Spott über den orthodoxen Glauben. Auf uns höhere Schüler übte Petraschewski freilich eine unwiderstehliche Anziehungskraft aus. Er schlug auf witzige, dekadente Weise über die Stränge.

Unter jungen Leuten herrschte in jenen Vierzigerjahren eine radikale Abneigung gegen die bestehende Ordnung. Unserer Ansicht nach war sie zum Untergang verdammt. Wir ließen uns von den utopischen Träumen mitreißen, die in Westeuropa vorherrschten, und bildeten uns ein, wir seien dazu berufen, das gesamte gesellschaftliche Leben umzugestalten.

Zwanzig Jahre später, als wir uns die Hörner abgestoßen hatten und gesetzter geworden waren, konnten wir uns kaum mehr vorstellen, dass wir an jene Ideen geglaubt hatten, und wir schworen auf die Herrschaft des Zaren. Das war damals im Übrigen ein tausendmal redlicherer Monarch als der Unmensch, der Dostojewski vor das Erschießungskommando geschleppt hatte.[5]

Von meinen Onkeln erfuhr ich, dass ein Spion dreizehn Monate lang notiert hatte, was in der Gruppe um Petraschewski gesagt worden war. Alles, Wort für Wort, festgehalten in dicken Berichten; selbst die stumpfsinnigsten Schülerscherze und den bedeutungslosen Flirt mit undurchsichtigen Ideen; wirklich alles. Doch völlig harmlos war die Bewegung nicht. Unter den Träumern und Idealisten gab es ein paar kaltblütige Rebellen, die unter der Führung von Nikolai Speschnjew bereit waren, zur Tat zu schreiten. Zu diesen Speschnjew-Getreuen gehörte auch Dostojewski. Später räumte er indirekt ein, die Verhaftung aller vierunddreißig Mitglieder des Petraschewski-Zirkels habe die von Speschnjew geplante Verschwörung scheitern lassen. Die Ironie wollte es, dass die Befrager wenig bis nichts über den Kreis um Speschnjew und die

Konspiration herausbekamen, die meiner Meinung nach ohnehin kaum mehr darstellte als eine durch einen silbernen Ring gepustete schöne Seifenblase.

Ich kann mich täuschen. Auch sehr viel später, als er alt und berühmt war und von keinem Zaren mehr irgendetwas zu befürchten hatte, wollte Dostojewski nicht erzählen, welche Pläne die kleine Gruppe um Speschnjew geschmiedet hatte. Ich hörte ihn gelegentlich etwas von einer Druckerpresse murmeln. Dabei blieb es.

Speschnjew bezeichnete sich selbst als »Anarchisten«, »Kommunisten«, »Terroristen«. Er liebte Geheimgesellschaften und dachte sich Komplotte aus, wie andere Tanzabende organisieren. Mich hat immer der Widerspruch amüsiert, dass er, der Anarchist, der Kommunist, der Verschwörer mit einer Vorliebe für terroristische Anschläge, der reichste Großgrundbesitzer der Petersburger *beau monde* war. Von seinem früh verstorbenen Vater hatte er großartige Landsitze und ein halbes Königreich an Ländereien geerbt. Speschnjew lebte mit der komfortablen Perspektive, sein ganzes Leben lang nicht arbeiten zu müssen. Er studierte nur aus Wissensdurst. Zu den letzten Examen, die er noch abzulegen hatte, erschien er nicht mehr; Titel und Diplome brauchte er nicht. Nach dem Studium reiste er fünf Jahre lang durch Europa und kehrte mit Unmengen von Büchern und einem reichen Schatz an revolutionären Ideen nach Russland zurück.

Wenn er nicht las, flirtete er; wenige Gräfinnen und Prinzessinnen konnten seinem forschenden Blick widerstehen. Sein größter Charme lag im Schweigen. Er schwieg immer und überall, auch wenn er in unser Lyzeum kam. Doch gerade durch dieses Schweigen erregte er Aufmerksamkeit. Jeder wollte wissen, was *er* dachte.

Während der Ermittlungen verhielt Dostojewski sich untadelig. Die Gefangenen wurden von einer aus vier Generälen und einem Grafen bestehenden Kommission verhört. Dostojewski versuchte nicht, anderen die Schuld in die Schuhe zu schieben, und opferte seine eigenen Interessen, wenn er die Möglichkeit erblickte, andere in Schutz zu nehmen. Vor allem Speschnjew profitierte davon.

»Ich nahm zumindest als Trost nach Sibirien mit, dass ich mich ehrenhaft verhalten habe«, sagte er selbst später darüber. Er hielt sich im Zaum, gestand nichts und wurde deswegen härter bestraft. Er hätte zum Beispiel sagen können, dass Belinski sich sehr geringschätzig über seine zuletzt veröffentlichten Erzählungen ausgelassen hatte (»weit hergeholt, langatmig, hochtrabend, unecht«) und dass man für einen solchen Kritiker dann nicht gerade schwärmt. Aber nein, er erklärte, es sei möglicherweise tadelnswert, dass er Belinskis Brief an Gogol vorgelesen habe, dass er aber eigentlich nicht mehr getan habe, als die Aufmerksamkeit »auf ein äußerst wichtiges historisches Dokument« zu lenken. So schadete er sich selbst.

Belinskis Brief war in Salzbrunn abgeschickt und Gogols Antwort in Frankfurt verfasst worden, wodurch beide die russische Zensur umgangen hatten. Erst nach Belinskis Tod kam der Brief in Russland in Umlauf. Dostojewski hatte sich eine Kopie in der Absicht beschafft, den Brief vorzulesen (was dreimal geschah: zweimal vor der kleinen Verschwörergruppe, der er angehörte, und einmal vor der großen Petraschewski-Gruppe) und anschließend auf einer illegal erworbenen Druckerpresse zu vervielfältigen.

Einer der Generäle, die Dostojewski verhörten, versuchte ihn dadurch zum Reden zu bringen, dass er ihn mit Komplimenten überschüttete. Er sei doch der Verfasser des hochgerühmten Buchs *Arme Leute*? Er sei doch intelligent, talentiert, unabhängig? Warum lasse er sich dann mit so einem Rüpel wie Petraschewski ein? Der schweigsame Dostojewski durchschaute ihn rasch und fiel nicht auf diesen Trick herein.[6]

»Was wirft man mir denn vor?«, fragte er während eines der nachfolgenden Verhöre. »Natürlich, ich habe über Politik gesprochen, über den Westen, die Zensur und so weiter. Aber wer hat in unserer heutigen Zeit nicht über diese Dinge gesprochen und nachgedacht? Welchen Sinn hat mein Studium gehabt, zu welchem Zweck hat das erworbene Wissen meine Neugier angestachelt, wenn ich nicht das Recht habe, meine Meinung zu verkünden oder mich Ansichten anzuschließen, die für sich genommen überaus respektabel sind?«

Diese Äußerungen drangen erst viel später nach außen, aber ich höre förmlich, wie er sie vorträgt: voller Leidenschaft, Passion und mit einer Schärfe in der Stimme, die einem kalte Schauer über den Rücken jagt. Ich bin mir so gut wie sicher, dass alle, die ihn verhörten, von ihm beeindruckt waren. Dostojewski ließ niemanden kalt.

Acht Monate saß er in der Peter-und-Paul-Festung. Auf die erste Verhaftungswelle in der Nacht vom zweiundzwanzigsten auf den dreiundzwanzigsten April und auf die ersten Verhöre waren weitere Festnahmen gefolgt. Zu einem bestimmten Zeitpunkt waren fast fünfzig junge Männer gefangen. Im Laufe des Sommers waren vierundzwanzig freigelassen worden, nicht aber Dostojewski.

Am sechzehnten November verurteilte der Kriegsrat fünfzehn Mitglieder des Petraschewski-Kreises zum Tode. Unter ihnen waren alle ehemaligen Schüler unseres

Lyzeums sowie Dostojewski, der damals achtundzwanzig war, gut elf Jahre älter als ich.

Das Urteil wurde dem obersten Militärgericht vorgelegt. In Petersburg ging das Gerücht, der Kriegsrat habe zwar keine überzeugenden Beweise gefunden, doch Zar Nikolaus sei entschlossen, die Sache bis zum bitteren Ende durchzuziehen. Am frühen Morgen des zweiundzwanzigsten Dezember wurden die zum Tode Verurteilten aus ihren Zellen geholt.

Die Exekution

ONKEL WLADIMIR FORDERTE MICH AUF, ihn zum Exerziergelände zu begleiten. Ich zog erst meinen ungefütterten Sommermantel an, dachte dann aber an die Kälte und wechselte den Mantel gegen meine Uniformjacke[7] und setzte mir meinen Zweispitz auf. Einen Wintermantel besaß ich nicht, weil mein Vater das für Luxus hielt und der Ansicht war, ein Junge dürfe nicht verwöhnt, sondern müsse abgehärtet werden.

Wir nahmen eine Droschke, eine sogenannte »Kippelkiste«. Es war ein trüber Tag, ein typischer grauer Petersburger Morgen, vier bis sechs Grad, feuchtkalt. Von Zeit zu Zeit fiel etwas Schnee. Dostojewski sollte sich später erinnern, dass es »eiskalt« war, mit Sicherheit in dem Moment, als er das Totenhemd anziehen musste.

Das Exerziergelände war ein riesiges Feld, auf dem sich der Schnee mit dem Schlamm vermischt hatte. Als wir aus der Droschke stiegen, sahen wir in der Ferne eine Gruppe von Menschen, im Karree aufgestellte Soldaten sowie ein auf den ersten Blick ziemlich wackliges Gebilde, eine aus Brettern auf hohen Holzpfählen bestehende Plattform mit einer Treppe an der Vorderseite.

War das ein Schafott? Wir dachten, dass die Männer vor dem Erschießungskommando sterben sollten; doch dies hier sah aus wie ein Schafott. Wir wollten näher heran, wurden aber von Polizisten und Gendarmen daran gehindert.

Ein anderer Onkel kam auf uns zu, Onkel Alexander Manderstjern. Er erzählte stolz und mit kaum verhohlener Sensationslust, dass er mit seiner Kompanie Leibjäger bei der Exekution zugegen sein wolle. Als er mich bemerkte, geriet er aus der Fassung.

»Um Himmels willen, Junge, mach, dass du fortkommst. Gott verhüte, dass der Direktor erfährt, dass du bei der Hinrichtung warst. Womöglich verdächtigt man dich noch, ein Politischer zu sein, und schickt dich vom Lyzeum.«

Nach diesem Rüffel beugte sich Onkel Alexander näher zu uns, denn er hatte eine große Neuigkeit, die er nicht für sich behalten konnte.

»Streng vertraulich«, flüsterte er, »kann ich euch mitteilen, dass die Exekution nicht stattfinden wird.«

»Nicht?«, fragte Onkel Wladimir, der vermutete, er habe sich verhört.

Onkel Alexander schüttelte entschieden den Kopf. Sie würden alle verschont, aber das wüssten die zum Tode Verurteilten nicht. Der Zar wolle, dass die Prozedur bis zum Ende durchgezogen werde und erst in letzter Minute, wenn das Kommando »Feuer!« ertöne, der Adjutant mit dem Befehl des Allerhöchsten angaloppiert käme: Stopp mit der Exekution.

Ich glaubte ihm nicht, und Onkel Wladimir genauso wenig. Das leitete ich jedenfalls aus seinem verstörten Blick ab: Eine derart grausame Inszenierung traute er dem Zaren nicht zu.

»Komm, wir gehen«, sagte er fast böse zu Manderstjern.

Meine Onkel begaben sich zu ihren Einheiten. Ich mischte mich unter die graue Menge. Die Entfernung zu den im Karree aufgestellten Mannschaften konnte ich schwer schätzen; jedenfalls stand ich ziemlich weit von ihnen entfernt. Inzwischen hatte sich das Gelände mit Neugierigen gefüllt, mit zufällig vorbeikommenden Leuten. Tag und Uhrzeit der Exekution waren geheim gehalten worden; das blutrünstige Publikum, das zu einem solchen Schauspiel strömt, als wäre es eine Jahrmarktsattraktion, konnte unmöglich im Bilde sein. Die Stimmung in der Menge war ernst. Jeder hatte Mitleid mit den »Unglücklichen«, obgleich kaum einer wusste, für welche Vergehen sie hingerichtet werden sollten.

Es sah so aus, als erlebten die Verurteilten einen kurzen Moment der Freiheit, als sie aus den kleinen Kutschen stiegen. Sie schauten hinauf zum ersten Licht über der Stadt – die Sonne war gerade aufgegangen – und sahen sich dann an. Während ihrer Gefangenschaft waren sie voneinander getrennt gewesen und hatten acht Monate lang nichts von den anderen Mitgliedern des Kreises vernommen. Es glich einem Wiedersehen: Sie liefen aufeinander zu, begrüßten, umarmten sich, bis ein General sie mit Donnerstimme zur Ordnung rief und zur Ruhe aufforderte. Diese Stimme hörte ich, doch die Gefangenen blieben wegen der großen Entfernung für mich verschwommen.

Eine andere Stimme rief die Namen der Verurteilten auf und befahl ihnen, ihren Platz in der Reihe einzunehmen, sobald ihr Name verlesen war. Es wunderte mich nicht, dass Petraschewski und Speschnjew in der Liste obenan standen; die übrigen Namen verloren sich im Wind.

Einige bestiegen die Plattform hinter einem Priester mit einem Kreuz. Kurz darauf stiegen sie die Holztreppe wieder hinunter und gingen an den im Karree aufgestellten Mannschaften und an den Einheiten meiner Onkel vorbei. Auf diese Weise mussten die Offiziere unter den Verurteilten ihrer Truppe anzeigen, dass sie zu gemeinen Soldaten degradiert worden waren. Alles zielte darauf ab, sie zu erniedrigen und ihnen Todesangst einzujagen.

Dicht vor dem Schafott wurden die Verurteilten in zwei Gruppen aufgeteilt. Wieder ertönte eine Stimme. Offenbar las ein Amtsträger jedem Verurteilten das jeweilige Urteil vor, aber er sprach schnell und verhaspelte sich oft. Trotzdem nahm die Verlesung geraume Zeit in Anspruch. Nur der letzte Satz war deutlich zu verstehen: »Der Kriegsrat hat Sie alle zum Tode durch das Erschießungskommando verurteilt, und am neunzehnten Dezember hat Seine Majestät, der Kaiser, persönlich unter das Urteil geschrieben: ›Bekräftigt.‹«

Dostojewski erzählte mir später, dass er sich völlig fassungslos an Sergej Durow gewandt (der am nächsten stand) und empört ausgerufen habe: »Das ist doch nicht möglich, dass wir hingerichtet werden.« Bei sich selbst habe er gemurmelt: »Es kann nicht wahr sein. *Es kann nicht sein.* Es kann nicht sein, dass ich, inmitten von all diesen Tausenden, die am Leben sind, in fünf, sechs Minuten nicht mehr existiere.«

Er glaubte es erst, als alle zum Tode Verurteilten den Befehl erhielten, ein langes weißes Totenhemd anzulegen.

Der Priester, eine Bibel in der Hand (was ich aber auch nicht richtig erkennen konnte), fragte die Verurteilten, wem er die Beichte abnehmen könne. Lediglich ein junger Mann trat vor. Später stritt man sich, wer das gewesen war, der fromme Konstantin Timkowski oder, wie Dostojewski sich erinnerte, Peter Schaposchnikow, der einzige Nichtadlige unter den Verurteilten.

Dostojewski beichtete nicht. Obwohl er tiefgläubig war (in der Peter-und-Paul-Festung hatte er um zwei Bibeln gebeten, eine altkirchenslawische und eine französische), betrachtete er sich als völlig unschuldig an den ihm zur Last gelegten Taten und wollte Gott nicht um Vergebung für Verbrechen bitten, die er nicht begangen hatte. Allerdings küsste er das Kreuz, das der Priester ihm hinhielt, doch das taten alle Verurteilten, selbst die überzeugten Atheisten Petraschewski und Speschnjew.

Als der Priester ihm das Kreuz hinhielt, war Dostojewski überzeugt, sein Tod stehe unausweichlich bevor. »Mit dem Kreuz erlaubt man sich doch keinen Scherz!«, sagte er sich. »So weit gehen sie nicht.« Es war vorbei. Alles, was er später erleben sollte, würde im Vergleich zu diesen letzten Minuten bedeutungslos sein, dem Übergang ins …

»Ja, wohin?«, sagte er zu mir, viele Jahre später. »Ins Unbekannte … Ins Dunkel …« Es war ein Martyrium, diese eine Minute, das Martyrium, auf den Tod zu warten.

Die ersten drei Verurteilten – ich hörte jemanden flüstern, es seien Petraschewski, Mombelli und Grigorjew – wurden an hohe Pfähle gefesselt. Zweien von ihnen wurde eine weiße Kapuze übergezogen, sodass sie die Gewehre nicht sehen konnten, dem Dritten aus unerklärlichen Gründen nicht. Ich war inzwischen in der Menge ein Stück weit vorgedrungen und sah seinen Bart und die aufgerissenen Augen.

Dostojewski, den ich im nächsten Moment vortreten sah, gehörte zu der zweiten Dreiergruppe. Das bedeutete, dass er zuschauen musste, wie drei seiner Kameraden erschossen wurden, bevor er selbst an der Reihe war. Ich fragte mich, ob ich richtig sähe, dass er zitterte; mir selbst wurde sehr kalt. Ein eisiger Wind blies über das Gelände, die langen weißen Totenhemden der Verurteilten flatterten im Wind.

Das Erschießungskommando legte an. Der Kommandant hob den Säbel. Die Sonne bohrte sich durch die Wolkendecke und ließ in der Ferne eine Kirchenkuppel aufblinken. Ich erinnere mich vor allem an die Sonne, die sich einen falschen Moment auszusuchen schien, um zu scheinen.

Plötzlich entstand Verwirrung. Die drei Männer, die als Erste sterben sollten, wurden losgebunden und bekamen einen Mantel zugeworfen. Ein paar Postkutschen rollten auf das Gelände, gefolgt von den kleinen Kutschschlitten, die ich auf dem Liteiny Prospekt gesehen hatte. Ein Befehl ertönte und noch einer. Täuschte ich mich oder wurde erneut ein Urteil verlesen? Nein, uns wurde plötzlich klar, dass der Zar sich im letzten Moment tatsächlich eines anderen besonnen hatte und dass hier der von ihm unterzeichnete Gnadenerlass verlesen wurde.

Ich holte tief Luft. Mir war, als wäre ich selbst dem Tode entronnen. Gleichzeitig spürte ich, wie so etwas wie Wut in mir hochkam. Wie konnte man so mit Menschen umspringen? War das rechtens?

Das Exerziergelände leerte sich rasch. Das Volk lief auseinander, während es sich bekreuzigte und die Gnade des Zaren segnete.

Mit Dostojewski, der mein Freund wurde, habe ich in Sibirien über alles Mögliche gesprochen, jedoch nur selten über die Exekution, deren Zeuge ich gewesen war. Er wollte nicht an die furchtbaren Minuten erinnert werden, die er dort durchgestanden hatte. Später sollte er in *Der*

Idiot darüber schreiben, wenngleich noch nicht einmal eineinhalb Seiten lang, aber es kostete ihn größte Mühe, darüber zu sprechen.

Einmal sagte er mir in wenigen Sätzen, dass er sich, weil er über die bevorstehende Begnadigung nicht einmal das leiseste Gerücht mitbekommen hatte, ganz auf den Tod vorbereitet hatte. Während er darauf wartete, an den Pfahl gebunden zu werden, auf die drei Männer blickte, die ihm vorangehen sollten, und das verhängnisvolle Kommando »Feuer!« erwartete, schien ihm die Zeit endlos, und er nahm in Gedanken aus tiefstem Herzen Abschied von seinen Liebsten. Bilder aus seinem Leben schossen wie Blitze an seinem inneren Auge vorbei.[8]

Von dem Sonnenlicht, das er, wie er es in *Der Idiot* beschreibt, in der letzten Minute auf die vergoldete Kuppel der Kathedrale der heiligen Jungfrau scheinen sah, erzählte er mir nichts, und auch nicht, dass er ununterbrochen auf diese Kuppel starrte und auf die Strahlen, die sie reflektierte, Strahlen, in denen er die neue Natur zu sehen meinte, mit der er in wenigen Minuten verschmelzen würde …

Ich eilte nach Hause.

Den Schrecken noch im Leibe und eingedenk der Worte meines Onkels, habe ich jahrelang über das Gesehene geschwiegen und niemandem, nicht einmal meinen besten Freunden am Lyzeum und ebenso wenig meinem Vater und meiner Mutter, von der schaurigen Inszenierung erzählt, die sich vor meinen Augen auf dem Semjonowski-Exerziergelände abgespielt hatte. In den Tagen von Zar Nikolaus Pawlowitsch hätte allein das schon Einfluss auf meine weitere Zukunft haben können. Unglaublich, aber wahr; so war es zu jener Zeit.

Zwangsarbeiter zweiter Kategorie

ES MUSS EIN MARTYRIUM GEWESEN SEIN, dem Tod so in die Augen zu blicken. Eine Reise in die tiefste Finsternis, aus der man nicht unversehrt zurückkehrt. Nikolai Grigorjew, der zu der ersten Gruppe gehörte, die vortreten musste, verlor den Verstand, als er an den Pfahl gebunden wurde. Auslöser war die achtmonatige Gefangenschaft, die ihm mehrere Nervenzusammenbrüche beschert hatte. Er ertrug die Einsamkeit in der Zelle nicht, die Langeweile und das manchmal wochenlange Warten auf ein neues Verhör. Die Scheinexekution bewirkte den Rest und stürzte ihn in einen Zustand der Verwirrung, aus dem er nie wieder auftauchen sollte. Er starb jung und geistig umnachtet.

Fast alle Mitglieder des Petraschewski-Zirkels, die sich ihr Todesurteil hatten anhören müssen, starben jung, ausgenommen Dostojewski, weil er sich, wie ich mir so gut wie sicher bin, seine Ängste und Erfahrungen von der Seele schreiben konnte. Dazu war er allerdings nicht gleich imstande; ich musste ihn fünf Jahre später ermutigen, sich nicht länger in süßliche oder bäuerliche Geschichten zu flüchten, sondern sein eigenes Schicksal als Ausgangspunkt zu nehmen.

Petraschewski wurde am härtesten verurteilt: zu Verbannung und lebenslanger Zwangsarbeit in den sibirischen Bergwerken. Zar Nikolaus weigerte sich, das Urteil zu mildern, doch sein Nachfolger, Alexander II., entließ ihn nach acht Jahren in die Freiheit. Die Strafe hatte, so zeigte sich, keinerlei Einfluss auf seine Überzeugung und seine provozierende Persönlichkeit gehabt. Petraschewski ließ sich in Irkutsk nieder, gründete eine Tageszeitung, geriet keine zwei Monate später mit den örtlichen Behörden aneinander, weil er in einem beißend sarkastischen Artikel ihren Machtmissbrauch angeprangert hatte, und wurde zum zweiten Mal verbannt. Sechs Jahre später starb er im Bezirk Minusinsk.

Auch Speschnjew hatte viel zu ertragen: Zwangsarbeit in den Bergwerken; das hieß Zwangsarbeiter erster Kategorie. Schon bald wurde er in die Kanonen- und Munitionsfabrik in Nertschinsk verlegt, was er als Verbesserung empfand, da er so dicht an den Schmelzöfen nicht mehr frieren musste. Als Speschnjew 1856 unter die Amnestiegesetze des neuen Zaren fiel und freigelassen wurde, tat er fast dasselbe wie Petraschewski und gründete in Irkutsk eine Zeitschrift, die schon bald als radikal und äußerst kritisch galt. Doch er stellte es klüger an und suchte sich als Erstes einen ihm wohlgesinnten Beschützer.

Dostojewski wurde zu acht Jahren Zwangsarbeit zweiter Kategorie verurteilt (nicht in den Bergwerken, sondern in einer Festung oder einem Gefangenenlager) wegen Beteiligung an verbrecherischen Plänen, der Verlesung des Belinski-Briefs, der dem Urteil zufolge voller impertinenter Formulierungen gegen die rechtgläubige Kirche und die höchste Gewalt war. Gleichzeitig wurde er wegen des Versuchs verurteilt, regierungsfeindliche Schriften unter

Benutzung einer Hausdruckerei zu verbreiten – was juristisch fragwürdig war: Die jungen Männer hatten nicht einmal eine Druckerpresse auftreiben können. Zar Nikolaus halbierte die Strafe und verfügte, dass Dostojewski nach vier Jahren Zwangsarbeit gemeiner Soldat werden sollte, ohne Angabe dazu, für wie lange.

Im endgültigen Urteil erblickte Dostojewski eine wohlwollende Geste des Zaren, in der, wie er meinte, Seine Majestät sein jugendliches Alter und sein literarisches Talent berücksichtigt habe. Doch der mit ihm verurteilte und wesentlich ältere Sergej Durow erhielt die gleiche Strafmilderung.

Dabei war die Strafe alles andere als mild. Ich denke, Dostojewski konnte sich noch nicht recht vorstellen, was vier Jahre Zwangsarbeit bedeuteten. Wusste er, dass er Tag und Nacht gekettet sein würde? Dass zwischen seinen Füßen immer eine schwere Kette hängen würde, die ihn daran hinderte, normale Schritte zu tun? Wusste er, dass er vier Jahre lang den Grimm der Schwerstverbrecher würde ertragen müssen? Ganz zu schweigen von der Kälte, der Unterbringung in den denkbar schmutzigsten Baracken, der Schwere der Arbeit und der allerschlimmsten Strafe Sibiriens: den Mücken im Sommer. Aber das war natürlich nichts im Vergleich zum Tod durch die Kugel.

Dostojewski soll in den Stunden nach der Scheinexekution ausgerufen haben: »Das Leben ist ein Geschenk, das Leben ist Glück, jede Minute des Lebens kann eine Ewigkeit an Glück sein.« Wäre Zar Nikolaus an jenem Morgen vor ihm erschienen, er hätte ihm auf Knien gedankt. Er befand sich nicht nur in einer Euphorie, sondern vergab Seiner Majestät wirklich alles. Dieses große, fast unvorstellbare Maß an Versöhnungsbereitschaft sollte ihn nie mehr verlassen.

Am vierundzwanzigsten Dezember erhielt Michail Dostojewski die Nachricht, er könne sich von seinem Bruder verabschieden. Michail eilte in die Peter-und-Paul-Festung und weinte, Fjodor hingegen war völlig ruhig und sagte: »Hör doch auf, Bruder, du kennst mich, ich bin nicht auf dem Weg in mein Grab, du gehst nicht neben meinem Sarg her – und es gibt keine wilden Tiere in der sibirischen *katorga*[9], sondern Menschen, vielleicht bessere als mich, vielleicht schlechtere …«

Am selben Tag noch wurde Dostojewski nach Sibirien abtransportiert. Unter Bewachung eines Gendarmen verließ er am Heiligen Abend Petersburg.

Die gesamte Strecke wurde in einem Schlitten zurückgelegt. Zwei Wochen später traf er im Gefangenenlager in Tobolsk ein; vier Wochen später erreichte er Omsk.

Schlafen auf dem Billardtisch

AUCH MICH VERSCHLUG ES einige Jahre später nach Sibirien. Mit einem großen Unterschied: Ich reiste freiwillig in den Osten und entschied mich aus purer Neugier für ein Leben in jener noch kaum entdeckten Welt.

Im Mai 1853 traten die Schüler des Abiturjahrgangs XIX den Dienst an. Diesem Jahrgang gehörte auch ich an. Es klingt etwas förmlich, doch so war das Russische Reich aufgebaut: Wir Lyzeumsabsolventen wurden für ein Amt in einem Ministerium oder an einer Botschaft ausgebildet.

Auf Wunsch meines Vaters begann ich im Justizministerium. Wenn es mich irgendwo nicht hinzog, dann dorthin. Ich war gerade zwanzig geworden. Von meinen achtundzwanzig Klassenkameraden war ich der Einzige, der in den Justizdienst eintrat. Eine Schande war das nicht gerade, aber viel fehlte nicht dazu. Auf dem Lyzeum betrachteten wir dieses Ministerium als Domäne der Rechtsgelehrten und Schlafmützen mit einer wahren Berufung zum Beamten.

Zu meiner Zeit stand der traditionelle Lyzeumskorpsgeist noch in voller Blüte. Ehemalige Schüler auf hohen

Posten stellten Kameraden nach deren Studium ein und verweigerten ihnen nie eine Bestallung in ihrem Ressort. So hielten wir alle die Fahne des Kaiserlichen Lyzeums hoch. Kameradschaft und Solidarität waren in Ehrenhändeln selten nötig – aus der Literatur gewinnt man manchmal einen anderen Eindruck, aber Duelle waren nicht an der Tagesordnung. Korruption dagegen blühte und gedieh bestens, wurde von uns allerdings verachtet. Von Karrierismus, der heutzutage wie eine ansteckende Krankheit unter der Jugend floriert, hatten wir keine Ahnung. Selbstverständlich hatte die Protektion durch hochgestellte Personen und diverse Gönner ihre Vorteile, doch unter uns war kaum einer, der sich darauf verließ. Wir waren vielmehr Idealisten, fantasierten vom Nutzen für das Vaterland, von Selbstaufopferung. An die Jagd nach Rängen, Orden, Auszeichnungen – heute en vogue bei der Jugend – dachte damals keiner.

Zu Beginn der Fünfzigerjahre begannen wir uns für Ostsibirien zu interessieren. Von Kameraden in Irkutsk erfuhren wir, dass im Fernen Osten bedeutsame Ereignisse vorbereitet würden. Mehr noch zog uns die beliebte und gewinnende Persönlichkeit des obersten Machthabers an: Generalgouverneur Nikolai Murawjow, der spätere Graf Amurski. Er verstand es, eine Vielzahl gut ausgebildeter junger Leute zusammenzutrommeln. Murawjow-Amurski gründete Wladiwostok und leitete von 1859 bis 1862 die Expedition, die den Fluss Amur kartierte. Als Assistenten stellte er einen ehemaligen Schüler unseres Lyzeums und guten Bekannten von Dostojewski ein: Nikolai Speschnjew. Jawohl, den ehemaligen »Terroristen«, den Dostojewski so ungeheuer faszinierend fand. Nachdem er sich als Pamphletist und Rebell hervorgetan hatte, wandelte er sich zum Entdeckungsreisenden im

Dienste eines Gouverneurs, der für den Zaren auf friedliche Weise ein halbes Reich zusammenbrachte – so können sich die Dinge ändern.

In Westsibirien waren die Dinge aufgrund der farb- und schwunglosen Persönlichkeit von Generalgouverneur Gasfort etwas schwieriger. Dennoch zogen vier meiner Klassenkameraden, darunter Marquis Nikolai de Traverse und Baron Alexander Stackelberg, dorthin, um, wie wir es damals auszudrücken pflegten, »die Region voranzubringen«. Nachdem ich ein Jahr im Justizministerium Dienst getan hatte, folgte ich 1854 ihrem Beispiel.

Ich entschied mich für einen Posten im ausgestorbensten und entlegensten Grenzgebiet Südwestsibiriens, nahe der Grenze des Ilijski-Gouvernements, des damaligen Chinas und Gebiet der ehemaligen Khanate Kokand und Taschkent. Der Bezirk Semipalatinsk, bestehend aus den südwestlichen Teilen des Bezirks Altai und den südöstlichen der kirgisischen Steppen, war zu diesem Zeitpunkt gerade erst eingerichtet worden. Das Exekutivamt eines Bezirksstaatsanwalts trug die Bezeichnung »Prokuror für Staats- und Strafangelegenheiten«, und das war ich.

Prokuror für Staats- und Strafangelegenheiten! Mein Gott, ich war gerade einundzwanzig geworden. Keinerlei Lebenserfahrung, keinerlei Sachkenntnis! Ein Grünschnabel! Ein Schafskopf! Nichts gelernt im Justizministerium, niemand hatte sich dort um meine praktische Ausbildung gekümmert. Meine Funktion hatte sich darauf beschränkt, absurde Papiere zu kopieren und die allereinfachsten Schriftsätze zu verfassen. Alle ernsthaften und schwierigeren Arbeiten wurden von erfahrenen Bürovorstehern erledigt. Ich reiste zu meinem neuen Posten mit null Erfahrung und einem Minimum an strafrechtlichem Wissen.

Meine Leidenschaft galt den Naturwissenschaften und in gleichem Maße dem Reisen und der Jagd. Meine Helden waren Naturforscher und Entdeckungsreisende. Von fernen Ländern verlangte ich vor allem, dass sie noch schemenhaft und unbekannt waren. Über Sibirien wusste niemand etwas in jener Zeit; selbst gebildete Leute charakterisierten es als ein Land mit nahezu ewigem Schnee und als irdisches Tränental. Wegen der Verbannungsorte wurde es »die Strafkolonie« genannt, und jeder, der dorthin reiste, galt als so gut wie verloren. Ich dachte damals anders darüber und hatte vielleicht etwas zu viel Selbstvertrauen. Natürlich mussten in Sibirien Menschen, die an der Gesellschaft gescheitert waren, Zwangsarbeit leisten; natürlich waren das Säufer, korrupte Leute, unfähige Tagediebe, Abenteurer, Zwangsarbeiter; natürlich gab es dort nichts als Wildnis, doch ich ließ mich nicht von vornherein abschrecken, sondern wollte alles mit eigenen Augen sehen und alles selbst entdecken.

Auf dem Weg zu meinem Standort machte ich in Omsk Station. Das einzige Hotel der Stadt war überfüllt. Der Wirt bot mir anstatt eines Bettes den Billardtisch an. Ich benutzte ein Häufchen Kleider als Kopfkissen und schlief rasch ein. Kurz nach Mitternacht weckte mich eine betrunkene Gesellschaft. Sie drängte sich um den Billardtisch und betrachtete mich wie einen frisch erlegten Bären.

»Prost, prost«, riefen die Männer.

Mir blieb kaum etwas anderes übrig als mitzutrinken. Meine erste Begegnung mit Sibirien hatte ich mir anders vorgestellt, doch die Männer hatten schöne Geschichten parat, und nachdem ich zwei Runden ausgegeben hatte, holten sie mir eine Decke, sodass ich es für den Rest der Nacht schön warm hatte.

Abschied von meiner Mutter

ICH BRACH IN JENE GEBIETE AUF, wie ich später zum Balkan oder nach Japan aufbrechen sollte: ohne Kenntnis dessen, wohin ich mich wagte, aber angestachelt von Neugier. Es stimmte mich traurig, Sankt Petersburg zu verlassen, und andererseits auch wieder nicht: Vorläufig brauchte ich nicht auf unser Gut zurückzukehren. Die Leere, die meine Mutter hinterlassen hatte, war für mich schwer zu ertragen, und ich mied lieber die Wege, auf denen wir gemeinsam spaziert waren.

1851 war sie plötzlich gestorben, erst vierundvierzig Jahre alt. Ich hatte eine enge Beziehung zu ihr. Alle guten Erinnerungen aus meiner Kindheit und Jugend waren auf die eine oder andere Weise mit ihr verbunden. Nicht, dass ich ein schwächlicher, kränklicher Junge gewesen wäre, der ihre Fürsorge und Zuwendung einforderte: Bereits als ich fünf war, rief meine Mutter fröhlich aus, dass ich viel zu schwer sei, als dass sie mich noch auf den Schoß nehmen könne. Durch meine Größe und athletische Figur war ich eher der Augapfel meines Vaters. Aber ich vertrug mich schlecht mit ihm.

Meinem Vater steckte das Militärische im Blut. Obwohl in Riga geboren, lutheranisch getauft und in Reval zur Schule gegangen, war er ein echter Russe.[10] Als Grenadieroffizier hatte er während des Dekabristenaufstands mit seinem Regiment vor dem Winterpalast gestanden, bereit, ihn zu erstürmen, doch Zar Nikolaus war zu ihm getreten und hatte ihn gefragt, ob er auch »zu dieser Bande« gehöre. Aus einer plötzlichen Eingebung heraus hatte er »Es lebe der Zar« gerufen. Dieser Impuls hatte ihn vor lebenslanger Verbannung nach Sibirien bewahrt. Mein Vater *musste* dem Zaren treu bleiben, verpflichtet durch den Eid, der er bei seiner Vereidigung als Offizier abgelegt hatte. Ein Gelöbnis brach man nicht – so einfach war das für ihn.

Während der Herrschaft von Zar Nikolaus kämpfte er in drei Kriegen: dem Russisch-Türkischen von 1828–1829, dem Feldzug gegen Polen 1830 und bei der Erstürmung Warschaus 1831. An der Grenze zur Türkei wurde er schwer verwundet, in Polen erlitt er leichtere Verwundungen, die es ihm allerdings unmöglich machten, lange zu Pferde zu sitzen. Er versuchte es noch eine Weile, musste aber 1833 einsehen, dass er den Anforderungen körperlich nicht mehr gewachsen war. Seine Entlassung aus dem Militärdienst war ehrenvoll, doch mit dreißig fühlt sich das nicht so an. Ihm fehlte die Ordnung, die Zucht und der sklavische Gehorsam seiner Untergebenen, ihm fehlte die straffe Organisation des militärischen Lebens.

Enttäuscht zog er sich auf das Gut zurück – damals noch Verino, das Gut meiner Mutter – und leitete von seinem Studierzimmer aus die Geschäfte. Er gründete ein paar Fabriken im Ural, kaufte eine Goldmine in Sibirien, ließ den Hafen von Kronstadt vertiefen. Diese Investitionen brachten ihm enorme Gewinne ein. Von dem Geld kaufte er die weit größeren Güter Terpilitsy, Torosowo,

Lopets sowie ein weiteres in der Nähe von Nowgorod. Alles, was er anpackte, war erfolgreich, doch es verschaffte ihm keine Befriedigung. Zu seinen Leibeigenen sprach er wie zu seinen Soldaten und von seinen Kindern verlangte er völlige Unterwerfung.

Ein aus dem aktiven Dienst ausgeschiedener Oberst ist unangenehmer als ein diensttuender Oberst: Ich sollte in seine Fußstapfen treten. Als ich sieben war, schickte er mich auf die Kadettenanstalt für Minderjährige. Drei Jahre blieb ich an dieser Schule in Zarskoje Selo. Wir wurden von alten Gardeoffizieren gedrillt und mussten den ganzen Sommer in einem Zeltlager verbringen. Korperliche Strafen waren gang und gäbe; jeden Morgen mussten wir nach dem Appell und dem Gebet zuschauen, wie ungehorsame Schüler mit der Rute gezüchtigt wurden. Zar Nikolaus hielt große Stücke auf diese Form der Erziehung; er besuchte unsere Schule wöchentlich und sprach uns mit »Meine künftigen Generäle« an. Wir waren zwischen sieben und zwölf Jahre alt.

Ich entwickelte durch die Schläge, den Drill und das Hungern – zwei bis drei Tage ohne Essen, um uns für lange Feldschlachten abzuhärten – eine furchtbare Abneigung gegen alles Militärische. Mein Herz gehörte der Wissenschaft. Ich sah mich als Biologen oder Geografen. Mein Vater kam mir insofern entgegen, als ich zwei Jahre lang in Petersburg täglich Unterricht in den Naturwissenschaften nehmen durfte, aber ich hatte kein Glück mit meinem Lehrer: Der trank sich alle zwei Wochen ins Delirium, misshandelte seine Frau und schlug mich genauso hart. Wenn er einen ganzen Tag in der Stadt zechen wollte, schloss er sowohl seine Frau als auch mich in seinem Haus ein. Ich las dann von morgens früh bis zum Abend und studierte seine Mineraliensammlung, während seine

Frau in einem fort weinte. Eines Tages trieb er es so bunt, dass er von der Polizei aufgegriffen und ins Gefängnis geworfen wurde. Dabei kam auch ans Tageslicht, dass ich von ihm geschlagen worden und mit Blutergüssen übersät war.

Von meinem zwölften Lebensjahr an erhielt ich Privatunterricht von einem Lehrer, der schon viele Jungen auf das Kaiserliche Lyzeum vorbereitet hatte, an dem er selbst Altrussisch gab. Mit vierzehn wurde ich in diesem Lyzeum aufgenommen. In jener Zeit verbrachte ich wieder alle Sommer auf unserem Gut.

An Verino, das Gut meiner Mutter, auf dem ich geboren wurde, habe ich nicht mehr viele Erinnerungen, aber das Gut Terpilitsy, das mein Vater um meinen sechsten Geburtstag herum kaufte, war mit seinen Teichen, Bächen und Seen ein Paradies auf Erden. Das Haus in Verino war aus Stein, das in Terpilitsy aus Holz. Die Fußböden knarrten; alles roch nach Holz. Verino und Terpilitsy lagen nicht weit auseinander an der Straße von Petersburg nach Narva, einige Wegstunden vom Finnischen Meerbusen entfernt, inmitten uralter Wälder. Die Zufahrt zum Gutshaus in Terpilitsy war bestimmt einen Werst lang. Auf beiden Seiten standen Linden. Bevor ich richtig lesen und schreiben konnte, kannte ich die Namen der Pflanzen und Bäume im Park und galoppierte auf dem Rücken eines Ponys über die weiten Rasenflächen. Ich brauche die Augen nur kurz zuzukneifen, um die Eichen zu sehen, die hellgrünen Lärchen, die Tannen und den mannshohen Bärenklau – so schön weiß blühend im Sommer.

Mit meiner Mutter und meiner Schwester Vera machte ich lange Spaziergänge durch die Wälder. Vera hatte mehr von einem Jungen als von einem Mädchen, sie war ein

Jahr älter als ich und wollte wie ich lange, weite Reisen unternehmen, um die ganze Welt. Ihre Liebe zur Natur war mindestens genauso groß wie meine. Dieses Interesse wurde von meiner Mutter noch weiter angestachelt: Sie fand es großartig, dass Vera und ich nie genug von einem Spaziergang bekamen, und nannte uns lachend »meine beiden strammen Jungs«. Wir ließen uns immer von Peter begleiten, einem Leibeigenen, der ausnehmend gut zeichnen und skizzieren konnte. Er war von allen anderen Arbeiten freigestellt und füllte seine Tage mit dem Zeichnen und Aquarellieren von Bäumen, Pflanzen, Blumen, Füchsen, Hirschen, eigentlich von allem, dem wir bei unseren Spaziergängen begegneten. Durch ihn betrachteten wir die Natur mit offeneren Augen: Er hatte einen Blick für das bemerkenswerte Detail und die spezielle Farbe, die einen Schmetterling oder einen Vogel zu etwas Besonderem machten.

In unserer frühesten Kindheit erhielten Vera und ich Privatunterricht von einer französischen und einer deutschen Gouvernante und vom sechsten Lebensjahr an von einem Hauslehrer. Am meisten lernten wir aber von unserer Mutter.

In meiner Erinnerung war sie jedes zweite Jahr schwanger. Nach mir sollten noch drei Jungen und zwei Mädchen folgen. Hochschwanger lag sie in einem ihrer Räume auf einem Sofa mit bunten Seidentüchern und erzählte Vera und mir ein Märchen nach dem anderen. Auf Russisch, nie auf Deutsch. Ihr Mädchenname lautete Dorothea Rausch von Traubenberg, aber Darja, wie sie gerufen wurde, hatte wenig Affinität zu ihrem deutschbaltischen Hintergrund. Sie war eine Großnichte von Alexander Puschkin, und natürlich war das etwas, auf das man viel stolzer sein konnte. Ihre Großmutter war eine Schwester von Puschkins Großvater. Die Liebe meiner Mutter zur russischen Sprache war genauso groß wie die ihres Verwandten.

Ihre Herkunft hatte für uns Kinder einen magischen Glanz. Sowohl meine Mutter als auch Puschkin stammten von Abraham Petrowitsch Hannibal ab, dem Sklavenkind aus Afrika, das Peter der Große als Patensohn angenommen und in den Adelsstand erhoben hatte. Auch von Hannibal konnte meine Mutter stundenlang erzählen und immer mit einem Lachen. Als Puschkin erwog, *Der Mohr Peters des Großen* zu schreiben, kam er auf unser Gut, um Darja über ihren Urgroßvater auszufragen. Danach reiste er auf sein Gut Michailowskoje in der benachbarten Provinz Pskow, wo er die ersten zehn Kapitel zu Papier brachte. Puschkin schloss den Roman nie ab, doch was er schrieb, kam der Wahrheit nahe, so jedenfalls die Meinung meiner Mutter.

Hannibal stammte aus Äthiopien, aus dem Grenzgebiet zum Sudan.[11] Meine Mutter konnte erzählen, als wäre sie dabei gewesen, wie er mit sieben Jahren von Sklavenhändlern entführt und nach Konstantinopel gebracht worden war, wo sich der russische Gesandte seiner erbarmte. Ich sah mir währenddessen sein Porträt an, das im Empfangszimmer meiner Mutter hing. Von dem Gemälde blickte ich dann wieder zu ihr und von ihr erneut zu dem Gemälde, um nach Ähnlichkeiten zu forschen.

Meine Mutter hatte haselnussbraune Augen, volle Lippen, eine kräftige Nase, einen markanten Unterkiefer und auffallend dunkles, in der Mitte gescheiteltes Haar. Ja, ich fand sie dunkel, sehr dunkel. Ich täuschte mich nicht. Ungefähr zur selben Zeit, so um 1840, porträtierte der Maler Sokolow meine Mutter. Ihr Konterfei deckt sich vollkommen mit meiner Erinnerung. Es zeigt zugleich, wie ähnlich ich ihr sehe. Die gleichen Lippen, die gleiche Nase, die gleichen dunklen Augen, das gleiche dunkle Haar.

Später, in der letzten Klasse am Lyzeum, nannten die Kameraden mich spottend *karasakal*, »Schwarzbart«, was im Übrigen freundlicher klang als »le Singe«, mit dem Puschkin leben musste. Er konnte darüber lachen, und ich auch. Wir glaubten beide, dass wir unser stets gut gelauntes, heiteres Wesen unserem Vorfahren Hannibal zu verdanken hatten.

Meine Mutter erzählte am liebsten von Hannibals Zeit in Paris, vielleicht weil sie selbst nie dort gewesen war und sich gern laut ausmalte, wie es in der französischen Hauptstadt zuging. Peter der Große nahm Hannibal mit auf seine Reise nach Frankreich, und Hannibal bat den Zaren inständig, dort bleiben und studieren zu dürfen. Er wurde von Voltaire unterrichtet, begegnete Diderot und freundete sich mit ihm an. Beide Philosophen wurden von ihren Kollegen verspottet: Sie unterrichteten einen Affen und versuchten, einen Schimpansen das Denken zu lehren! Voltaire zuckte nur mit den Achseln und nannte Hannibal den »Dunklen Stern der Aufklärung«.

Ich höre noch, wie meine Mutter es mit ihrer sanften, melodiösen Stimme auf Französisch sagt: »l'étoile noire des Lumières …« Ich nannte sie immer Mama Darja, nur des Klangs wegen. Ich habe diese a's in ihrem Namen immer geliebt, besonders das kurze, kräftige a am Anfang: Darja. Im »a« verbirgt sich Staunen, und alles an ihr erstaunte mich.

Mama Darja brachte mir alles über Pflanzen, Blumen, Pilze bei, über Bienen, Ameisen, Schmetterlinge, die religiöse Unterweisung aber überließ sie der *njanja*. Warum, blieb mir ein Rätsel, möglicherweise wollte sie mich mit dem bäuerlichen Glauben und Aberglauben vertraut machen. Das Kindermädchen, das auf allen Familienporträts vertreten ist, meist neben den beiden unverheirateten Schwestern meines Vaters, die ebenfalls auf dem Gut lebten, war theologisch nicht sehr bewandert. Wenn ich sie fragte, wie ich mir Gott vorzustellen hätte, sagte sie: »Gott ist wie der Zar, mit dem Unterschied, dass der eine im Himmel und der andere auf der Erde wohnt.« Und wenn ich sie fragte, ob Gott barmherzig sei, sagte sie: »Nein, genauso wenig wie der Zar.«

Später verstand ich das besser. Meine Mutter gehörte zu der ersten Generation Rausch von Traubenberg, die orthodox getauft worden war. Viele deutschbaltische Barone aus Kurland, Livland oder Estland ließen sich in Sankt Petersburg nieder, um dem Zaren zu dienen. Manche blieben katholisch oder evangelisch, andere traten zur russisch-orthodoxen Kirche über, um sich schneller zu assimilieren. Meine Familie väterlicherseits gehörte zur ersten Gruppe, die Familie meiner Mutter zur zweiten. Doch viel konnte meine liebe Mama Darja von der orthodoxen Liturgie und den orthodoxen Gebräuchen nicht gewusst haben. Sie hoffte, dass Njanja uns schneller und besser einführen würde. Jedenfalls war es sehr russisch, was sie uns lehrte: Gott hat immer recht, und Glauben besteht aus Aberglauben.

Nachdem ich ins Lyzeum aufgenommen worden war, durfte ich im Sommer lediglich für einen Monat nach Terpilitsy kommen und im Winter, über Weihnachten, für drei Wochen. Darüber war ich mit fünfzehn, sechzehn Jahren so böse, dass ich mich manchmal weigerte, Petersburg zu verlassen. Meine Mutter hat sicherlich darunter gelitten.

Auch im Sommer 1851 war ich nicht auf Terpilitsy. Plötzlich erkrankte sie ernsthaft. Mein Vater, der sie sehr liebte, dachte, ein paar Wochen Kur in Dresden könnten sie heilen. Er bestellte eine *dormeuse*, eine von sechs Pferden gezogene Kutsche mit einem Bett, und begleitete sie in die sächsische Hauptstadt. Als das Fahrzeug Terpilitsy verließ, standen meine drei Brüder und drei Schwestern auf der Freitreppe des Gutshauses, unter den wachsamen Blicken von Njanja. Die jüngsten Kinder waren zu klein, um die Tragweite zu verstehen, und winkten den Eltern lachend nach. Meine Mutter rief Njanja zu sich, küsste die Hände des Kindermädchens und konnte nur noch hervorbringen: »Behüte sie …« Zwei Wochen später starb sie in Dresden.

Mein Vater war untröstlich. Er murmelte in einem fort: »Ich werde ihr treu bleiben bis in den Tod.«

Ein Sohn sucht stets einen Grund, seinen Vater zu lieben. Als ich den Kummer meines Vaters sah, verzieh ich ihm alles. Er hatte eine harte militärische Außenseite, war innerlich jedoch ein viel liebenswerterer Mensch, auch wenn er das selten zeigte.

Njanja übernahm gemeinsam mit meiner Schwester Vera[12] die Erziehung der Kinder, meiner Brüder Michail, George[13], Nikolai sowie meiner Schwestern Anastasia und Dorothea. Mein Vater blieb bei seinem Beschluss, sich niemals wieder zu verheiraten.

Ich erfuhr von Vera, dass Mutter kurz vor der Abreise nach Dresden zu ihr gesagt hatte: »Gib Sascha das Seidentuch mit den Blumen, das auf dem Sofa in meinem Empfangszimmer liegt.« So nannte meine Mutter mich immer: Sascha. Nie Alexander, immer Sascha.[14] Ich nahm das Seidentuch mit nach Sibirien.

Bevor ich nach Semipalatinsk aufbrach, bat Michail Dostojewski mich, zu ihm zu kommen. Er erzählte mir, dass sein Bruder seine Zwangsarbeit in Omsk hinter sich gebracht habe und ins Bataillon Nr. 7 in Semipalatinsk verlegt worden sei, als Soldat auf unbestimmte Zeit. Auch das war Teil seiner Strafe: gezwungenermaßen Soldat ohne Kündigungsmöglichkeit und ohne Sold.

Michail, ein ruhiger, liebenswürdiger und ein wenig weltfremder Mann mit lockigem Haar und einer kleinen Metallbrille auf der Nase, erzählte mir, dass der Kontakt zu seinem Bruder minimal gewesen sei. In den vier Jahren von dessen Zwangsarbeit habe er lediglich zwei Briefe von Fjodor erhalten, einen mit der Post und einen aus der Hand eines Reisenden. Er habe nicht geantwortet, weil er annahm, es sei verboten, mit politischen Gefangenen zu korrespondieren.

Eine Woche nach seiner Entlassung aus dem Straflager hatte Fjodor ihm einen ausführlichen Brief geschrieben. Michail hatte ihn sofort beantwortet, befürchtete aber, die Zensur könnte ihn beschlagnahmen. Er bat mich, den Brief mitzunehmen sowie einige Briefe von Familienangehörigen.

Fjodor hatte um bestimmte Bücher gebeten. Der Stapel lag bereit, Michail bat mich, ihn seinem Bruder zu übergeben. Des Weiteren gab er mir Unterwäsche mit, fünfzig Rubel und einen Brief des Dichters Apollon Maikow.

»Ich vergesse das Wichtigste«, sagte er, bevor ich ging. »Würden Sie meinem Bruder bitte vor allem meine Liebe und Zuneigung übermitteln?«

Im Soldatenrock, in Tränen

DOSTOJEWSKI BETRACHTETE MICH argwöhnisch. Ich hatte ihn in das Holzhaus in Semipalatinsk eingeladen, das ich am Tag zuvor bezogen hatte. Gleich nach meiner Ankunft wollte ich ihm die Briefe, Bücher, Kleidungsstücke und Rubel aushändigen, die sein Bruder mir mitgegeben hatte. Er war misstrauisch. Wer hatte ihn einbestellt und warum? Als er eintrat, war er äußerst zurückhaltend.

Er trug einen grauen Soldatenrock mit rotem Stehkragen und roten Epauletten. Sein krankhaft bleiches und düsteres Gesicht war übersät mit Sommersprossen. Die hellbraunen Haare waren kurz geschnitten. Das Bild von der Scheinhinrichtung noch vor Augen, erinnerte ich mich an ihn als klein von Gestalt, doch in Wirklichkeit war er überdurchschnittlich groß. Er musterte mich scharf aus intelligenten graublauen Augen. Es schien, als wolle er mir in die Seele schauen und frage sich: Wer ist dieser Bursche?

Später erzählte er mir, er habe sich große Sorgen gemacht, als der Bote mit der Nachricht gekommen sei, er solle zu dem »Herrn Strafrechtsprokuror« kommen. Das könne nur neues Elend bedeuten.

Ich entschuldigte mich dafür, dass ich nicht zu ihm gegangen sei, und überreichte ihm die Briefe und die Päckchen. Als ich ihm die Grüße seines Bruders Michail überbrachte und frisch von der Leber weg mit ihm sprach, veränderte er sich sofort, wurde vertraulich und verlor alle Förmlichkeit.

Er setzte sich auf einen Stuhl am Kamin und las die Briefe seines Bruders und seiner Schwestern. Tränen schossen ihm in die Augen. Als ich das sah, packte mich die Verzweiflung. Worauf hatte ich mich eingelassen? Auf welches Unternehmen? Auf welchen langen Weg? Ich glaube, mir wurde zum ersten Mal bewusst, was Einsamkeit bedeutet.

Genau in dem Moment kam der Bote mit einem Stapel gerade frisch eingetroffener Briefe von meinem Vater, meinen Schwestern Vera und Anastasia, meinem Bruder George, meinem Onkel Nikolai und meinen Freunden in Petersburg. Ich steckte sie erst hastig weg, konnte aber einfach nicht warten, sie zu lesen. Ich entschuldigte mich bei Dostojewski – der noch immer in die an ihn gerichteten Briefe vertieft war – und riss die Post auf. Als ich Veras und Anastasias Briefe las, konnte ich meine Tränen nicht bezwingen.

Dostojewski erhob sich von seinem Stuhl. Wir standen uns gegenüber, beide vom Schicksal gebeutelt, beide einsam. Er hielt seinen traurigen, nachdenklichen Blick auf mich gerichtet. Das alles ging mir so nahe, dass ich mich trotz meines hohen Rangs eines »Herrn Bezirksstaatsanwalts in Strafsachen«, ohne eine Sekunde nachzudenken, Fjodor an den Hals warf. Er tröstete mich wie einen alten Bekannten, wohlmeinend, freundlich, warmherzig; er drückte mir die Hand. Als ich mich beruhigt hatte, versprachen wir uns gegenseitig, einander wenn möglich häufiger zu sehen.

Dostojewski hat mir oft gesagt, dass er an jenem Abend, während er zu seinem Haus zurückging, instinktiv gespürt habe, in mir einen wahren Freund gefunden zu haben.

Auf dem Weg nach Semipalatinsk hatte ich in Omsk haltgemacht, um dem Generalgouverneur meine Aufwartung zu machen. Die amtliche Etikette erforderte einen Höflichkeitsbesuch. Er gab mir nicht die Hand.

Ich erzähle dies mit der gebotenen Ironie, um ein Bild von den Verhältnissen in den Außengebieten zu skizzieren. Zar Nikolaus hätte mich nicht weniger herablassend empfangen als G. Chr. Gasfort, Generalgouverneur von Sibirien. Immerhin war er so freundlich, mich zum Mittagessen einzuladen. Ich schrieb an jenem Abend an meinen Vater: »*Sa tête est vide comme un tonneau.*« Er hatte aber offensichtlich häufig in einer Enzyklopädie gelesen. Während der Mahlzeit schüttete er sein auf diese Weise erworbenes Wissen wie eine dicke, klumpige Soße über mich aus.

Am darauffolgenden Nachmittag machte ich dem Militärgouverneur, Generalmajor Friedrichs, meine Aufwartung. Ein netter, trefflicher Mensch, und ebenfalls dumm wie Bohnenstroh. Wenigstens fehlte es ihm nicht an Humor. Bürger, die eine Klage vortragen, und Untergebene, die ihm Bericht erstatten wollten, hörte er im Stehen an, während er Flöte spielte.

Um meine Vorstellungsrunde abzuschließen, begab ich mich am Abend zu einem Empfang bei Frau Gasfort. Die Gattin des Generalgouverneurs empfing die Crème de la Crème der sibirischen Gesellschaft. Ich war erstaunt über die Geschmacklosigkeit der altmodischen Damentoiletten, die Ehrfurcht vor Rang und Namen und die steifen

Umgangsformen. Ein fast göttlicher Respekt wurde dem Generalgouverneur zuteil; er wurde mit Rührung und Angst betrachtet, wie ein absoluter Herrscher.

Das einzig Interessante an diesem Abend war die Begegnung mit Frau Iwanowa, die viel Gutes für Dostojewski getan hatte während seines Aufenthalts in der Strafkolonie. Eine ungewöhnlich nette Frau, hochgebildet, lebhaft, intelligent. Ihr Vater war der Dekabrist Annenkow, ihre aus Frankreich stammende Mutter eine jener mutigen Frauen, die den Dekabristen nachreisten, um sich in der Nähe der Strafkolonie niederzulassen und die lebenslange Strafe ihres Ehemanns zu teilen.

Im Durchgangslager Tobolsk hatte Frau Iwanowa Dostojewski Leinenzeug besorgt und eine Bibel zukommen lassen, in der sie fünfundzwanzig Rubel versteckt hatte.[15] Die entdeckte er einige Tage später in Omsk, als er auf dem als Matratze dienenden Strohsack ein paar Verse aus dem Buch Jesaja zu lesen versuchte.

In der Strafkolonie Omsk hatte es Dostojewski an allem gemangelt. Man konnte dort Brot bekommen, Fleisch, Tabak, allerdings nur unter der Voraussetzung, dass man dafür bezahlte. Das Geld, das ihm sein Bruder mitgegeben hatte, und die fünfundzwanzig Rubel von Frau Iwanowa waren schnell aufgebraucht. Das Leben war damals natürlich billiger; ein Pfund Tabak kostete drei Kopeken, das Badehaus eineinhalb, ein Pfund Fleisch eine halbe Kopeke. Aber man brauchte für alles Geld, sogar für die kleinste Nachsicht seitens der Bewacher. Manche Aufseher behielten – völlig unverhohlen – die Hälfte des Geldes ein, das Familienangehörige den Häftlingen geschickt hatten.

Die Gefangenen konnten sich Pflichten und Disziplinarstrafen entziehen, indem sie den Bewachern etwas zusteckten. Für so ein kleines Geschenk ließen sie die *kalatschnitsy* hinter Stacheldraht zu: junge Bauersfrauen, die *kalatschi* (Brotringe) am Gefängnistor verkauften. So manche Romanze entspann sich da, deren innige Vollendung sich während der Arbeit an einem geschützten Ort vollzog. Der Liebesakt kostete die Häftlinge nicht viel, die Frauen verlangten eine bis anderthalb Kopeken.[16]

Dostojewski hatte es schwer in Omsk, doch im Nachhinein hat man das richtige Maß aus dem Auge verloren. Er war kein Verbrecher, der einer alten Wucherin und deren Schwester mit einem Beil den Kopf eingeschlagen hatte. Mit Verbrechern dieser Art – eine wunderbare Inspirationsquelle – war er zwar eingesperrt, er selbst aber gehörte einer anderen Kategorie an. Er war für ein politisches Vergehen verurteilt worden und gehörte, wenn ich das so sagen darf, zur Aristokratie der Zwangsarbeiter.

Das Verhalten der Leitung und der Bewacher gegenüber den politischen Gefangenen war wesentlich humaner und umgänglicher als gegenüber den normalen Kriminellen. Zur Zeit Nikolaus' I. war Sibirien voll von politischen Verbannten, nicht nur Russen, sondern auch Tausenden polnischer Adliger, die sich an der Novemberrevolution von 1830 beteiligt hatten. Die aus politischen Gründen Verbannten waren gebildet, liberal, engagiert. Dostojewski wurde außerordentliches Mitgefühl zuteil. Weder in der Strafkolonie noch im täglichen Leben als Zwangssoldat wurde er je von einem Bewacher oder Mithäftling auch nur mit einem Finger angefasst.

Aus einem Drama wollen die Menschen immer eine noch größere Heimsuchung machen, als wäre es nicht schon genug, vier Jahre mit geketteten Füßen herumlaufen zu müssen. Wie oft habe ich mir nicht die Vermutung anhören müssen, dass die Leibesstrafen, denen Dostojewski ausgesetzt war, letztendlich zu den Anfällen geführt haben, die ihm nach seiner Entlassung in die Freiheit das Leben vergällt haben. Eine Legende, die in den Köpfen vieler hängen geblieben ist.

Wenn jemand Mitleid für unangebracht hielt, dann Dostojewski. Er war weder geschlagen noch ausgepeitscht worden. Ich fragte ihn in unserem zweiten Gespräch danach, und er verneinte es kategorisch. Nein, es war so gewesen, wie er es später im Epilog zu *Verbrechen und Strafe* beschreiben sollte: Er hatte unter den Schrecken des Lebens als Zwangsarbeiter nicht gelitten, nicht unter der Arbeit, dem ekelhaften Essen, dem kahl geschorenen Kopf und auch nicht unter der zerlumpten Kleidung. Diese Prüfungen bedeuteten ihm nichts, im Gegenteil, er war froh über die Zwangsarbeit, die körperliche Verausgabung bescherte ihm zumindest einige Stunden tiefen, ruhigen Schlafs. Auch die fleischlose Kohlsuppe mit den Küchenschaben machte ihm nichts aus. Nicht einmal die Ketten spürte er. Was ihm das Leben schwer machte, waren Isolation und Einsamkeit. Die Mithäftlinge betrachteten ihn mit Misstrauen. Zuletzt brachten sie ihm sogar Hass entgegen – warum? Sie verachteten ihn, machten sich über ihn lustig, sie, die viel krimineller waren als er, lachten über sein Vergehen, das doch eigentlich nichts darstellte und bei dem kein Tropfen Blut geflossen war. »Du bist ein Herr!«, sagten sie zu ihm. Und genau deshalb mochten sie ihn nicht. Er war nicht grob und grausam wie die anderen, er gehörte nicht in die sibirische Einöde.[17]

Anfangs stritt er jeglichen Zusammenhang ab, doch zweieinhalb Jahre später schrieb er mir, dass die Anfälle, an denen er litt, bereits in Petersburg begonnen und sich in der *katorga* nur verschlimmert hätten. In Semipalatinsk vernahm ich gerüchteweise, Dostojewski leide an epileptischen Anfällen. Ich schenkte dem nicht gleich Glauben; nach Kartenspielen und Trinken war Klatsch und Tratsch der wichtigste Zeitvertreib in Semipalatinsk.

Dostojewski wollte sich, denke ich, seiner Krankheit nicht beugen. Während der Jahre im Straflager hatte er sich fortwährend gesagt, es hätte alles noch viel schlimmer kommen können und er dürfe sich nicht über die bestehenden Verhältnisse beschweren. Sich selbst zu bemitleiden ist die schnellste Methode, um geistig und körperlich zusammenzubrechen. Ich kann es auch umdrehen: Die langsame Variante des Selbstmords ist Selbstbemitleidung.

In *Aufzeichnungen aus einem Totenhaus* schreibt er, die Zwangsarbeit erschöpfe ihn zwar, er müsse den ganzen Tag im Freien zubringen, im Winter bei vierzig Grad unter null, im Sommer unter einer sengenden Sonne und in Mückenwolken, er müsse schwere Balken schleppen und mit Ketten an den Füßen Schnee räumen, aber er denke sich: Ich stärke mich, ich werde das Gefangenenlager gesund und muskulös verlassen, voll guten Mutes und keineswegs alt. Er irrte sich nicht; die körperliche Bewegung und die schwere Arbeit taten ihm gut.

Dagegen kann ich dann wieder anführen, dass *Aufzeichnungen aus einem Totenhaus* eine Verdichtung der Realität ist und dass das Buch nicht zu schwarz gemalt sein durfte, weil es sonst nicht durch die Zensur kommen würde, aber Fakt ist, dass Dostojewski während seiner Gefangenschaft die Gefahr sah, zu einem Märtyrer zu werden. Er hat sich vier Jahre lang vorgehalten, alles sei halb so schlimm und was ihn nicht umbringe, mache ihn nur stärker. Diese Geisteshaltung legte er nicht sofort ab, als er das Gefangenenlager verlassen durfte und ich ihn in Semipalatinsk kennenlernte, sie war ihm sozusagen in Fleisch und Blut übergegangen.

Das verzweifelte Bellen der Hunde

ABGESEHEN VOM MOND schien nichts weiter entfernt zu liegen als Semipalatinsk. Ich sehe alles wieder vor mir … die Straße dorthin: endlos gerade nach Südosten, entlang dem Fluss Irtysch, durch endlose kahle Steppen. Auf den ersten Blick nirgends ein Wald, auf den ersten Blick nirgends ein Hügel; eine vollkommen trübselige, eintönige Natur. Hier und da Kirgisenjurten, die sich schwarz gegen den Himmel abzeichnen. Aus der entgegengesetzten Richtung schreiten hoheitsvoll Kamele in Reihen dahin; dann und wann galoppiert ein Reiter vorbei …

Nach Semipalatinsk begleitete mich Adam, ein Leibeigener, den mein Vater mir als Kammerdiener mitgegeben hatte. Ein Tschuchonetz[18], auf einem Auge blind. Ein ausgezeichneter Schneider, der den ersten zivilen Überzieher für Fjodor Michailowitsch nähte. In diesem sollte er Frau Isajewa den Hof machen – in seinem grauen Soldatenrock wäre ihm das schwerer gefallen. Außer diesem Überzieher besaß er kein anderes Kleidungsstück.

Man würde denken, dass man keinen Halbblinden auf eine Reise mitnehmen sollte, doch das hat auch Vorteile. Jemand mit schwachem Sehvermögen sieht die Dinge anders. Adam sah alle Möglichkeiten voraus, die auftauchen könnten, und bereitete unsere Reise gut vor. So gab es an den Pferdewechselstationen außer Brot und Tee nichts zu essen und zu trinken, doch die von Adam mitgenommene Kohlsuppe sowie die *pelmeni* erhielten uns auf dem Weg nach Südosten am Leben. Wir reisten im Oktober und November. Die Kohlsuppe gefror sofort und verdarb dadurch nicht. Ein Feuer zum Auftauen der Suppe ließ sich leicht machen.

Wir reisten schnell und legten innerhalb weniger Wochen Tausende von Werst zurück. Die letzte Etappe führte durch einen Tannenwald. In einer frostkalten, mondhellen Nacht erreichten wir Semipalatinsk. Ich notierte: »20. November 1854. Wir sind da. Was für ein Kaff.«

Verzweifeltes Hundegebell. Sonst keine Menschenseele weit und breit. Kein Wächter, keine Straßenlaternen. Der Ort machte einen ausgestorbenen Eindruck. Im Mondlicht erkannte ich aus Holzstämmen errichtete einstöckige Häuser und endlose Zäune. Semipalatinsk war ein Mittelding zwischen Stadt und Dorf. Es wimmelte dort von Hunden. Am nächsten Tag sah ich an jedem Haus drei, vier, fünf Kläffer, die mit Schaum auf den Zähnen die Bewohner bewachten. Das war auch nötig: Ordnungshütern bin ich während meines zweijährigen Aufenthalts dort nicht begegnet, ausgenommen Wasiljewitsch, der den Rang eines Polizeichefs bekleidete. Ohne Polizisten konnte er wenig ausrichten.

Hotels gab es nicht. Neuankömmlinge wurden in einem der besten Bürgerhäuser einquartiert. Die Gastgeber waren außerordentlich herzlich und gastfrei, zumal gegenüber Neuankömmlingen aus der Hauptstadt[19], und gaben ehrlich zu, warum: »Ohne Sie, mein Guter, würden wir gar nichts wissen und nicht die leiseste Ahnung davon haben, was auf Gottes Erdboden geschieht.« Sie bemühten sich sogar, einen sporadischen Gast länger bei sich zu behalten.

Eine Zeitung war eine Seltenheit. Wenn ich es richtig schätze, hatten sieben Leute ein Abonnement. Eine Zeitung ging von Hand zu Hand. Einmal pro Woche kam Post. Eine ganze Gesellschaft versammelte sich dann bei dem Bekannten, der die Zeitung bekam, um zu hören, wie es auf der Krim zuging oder vor Sewastopol.[20]

Ich wurde bei einem reichen Kosaken in zwei kleinen Zimmern untergebracht, die nach sibirischer Sitte geheizt wurden: indem man den auch als Herd dienenden Ofen Tag und Nacht brennen ließ und die Ritzen an den Fenstern mit Zeitungen ausstopfte. Fußböden und Wände waren mit großen Filzlappen bekleidet. An den Wänden hingen ungerahmte volkstümliche Bilder à la »Wie die Mäuse die Katze begruben« oder »Die Helden des Jahres 12 im Galopp«.[21] Die Frau des Hauses entschuldigte sich für die Flöhe und Läuse, die ich im Bett vorfinden würde. Sie war halb Kosakin und halb Kirgisin, hatte hohe Wangenknochen, bläulich schimmerndes, fettiges schwarzes Haar, einen pfiffigen Blick und roch nach Kumys, einem wunderbar frischen alkoholischen Getränk aus der vergorenen Milch von Pferde- oder Kamelstuten. Nicht *zu* alkoholreich, obgleich es da Unterschiede gab. Schon bald sollte ich geradezu süchtig danach werden und es trinken wie Buttermilch.

Mein einäugiger Adam trug die Koffer und meinen Klappsessel, der mir als Feldbett diente, in unsere Zimmer. Ich zog die harten Latten des Feldbetts den Flöhen der Gastfamilie vor. Obwohl müde von der Reise konnte ich lange nicht einschlafen. Ich fragte mich, ob ich nicht zu leichtsinnig gewesen war, und fürchtete, meine Selbstverbannung in diese Region würde mir nichts als Ärger und Unannehmlichkeiten bescheren.

Am nächsten Tag zog ich meine außergewöhnlich schöne Uniformjacke an, schnallte mir den Säbel um und begab mich zum Militärbezirksgouverneur Spiridonow. Er schickte sofort seinen Adjutanten los, um eine Wohnung für mich zu suchen, und weil die Auswahl gering war, zog ich schon wenige Stunden später in meine neue Unterkunft um.

Ich richtete mich ein, speiste beim Gouverneur zu Mittag, erkundigte mich, wo ich Dostojewski finden könne, und bat den Boten, ihn für den nächsten Tag zum Tee bei mir einzuladen, am späten Nachmittag oder frühen Abend. Der Bote berichtete mir, er habe Dostojewski zu Hause angetroffen, in einer schmutzigen Bruchbude.

Im Frühjahr 1854 war Dostojewski aus der Strafkolonie in Omsk entlassen und nach Semipalatinsk verbracht worden. Als Soldat auf unbefristete Zeit lebte er die ersten Wochen zusammen mit den Soldaten in der Kaserne, doch schon bald gestattete General Iwanow ihm, privat zu wohnen, allerdings in der Nähe der Kaserne. Er unterstand seinem Kompaniechef Stepanow und wurde von einem Oberfeldwebel beaufsichtigt, der ihn gegen eine kleine »Vergütung« nicht besonders oft behelligte.

Die erste Zeit war schwer für ihn. Wieder war es die Einsamkeit, die ihm zu schaffen machte. Doch mit der Zeit schloss er Bekanntschaft mit einigen Offizieren und Beamten, obwohl er für eine engere Beziehung zu wenig mit ihnen gemein hatte. In materieller Hinsicht hatte er es schwer, er war arm wie eine Kirchenmaus. Dennoch empfand er sein neues Leben als Paradies, vor allem wegen der relativen Freiheit. Er sagte es zu mir, und später sollte er es schreiben: »Alles hier ist wild, kahl und armselig, aber frei.«

In Semipalatinsk wohnten zwischen fünf- und sechstausend Menschen. Das einzige Steingebäude der Stadt war die Kirche. Die sieben Moscheen waren aus Holz erbaut. Im Nordteil der Stadt lebten die Kosaken. Mit seinem Park, den Gärten, den eleganten Gebäuden des Regimentskommandeurs, der Kriegsschule und den Krankenhäusern war das Viertel der Kosaken der sauberste und schönste Teil der Stadt. Im südlichen Bereich wohnten die Tataren. Die niedrigen Holzhäuser unterschieden sich nicht von denen der Kosaken, doch die Fenster waren der Frauen und des Harems wegen zum Innenhof hin ausgerichtet. Hohe Zäune schirmten das Leben der Muslime vor neugierigen Blicken ab. Es gab fast keine Bäume oder Grünpflanzen, nur in den kleinen, nach hinten hinaus gelegenen Blumen- und Gemüsegärten; nirgends eine Straße; eine sandige Einöde. Semipalatinsk hatte keine einzige gepflasterte Straße, aber trotzdem war es eine saubere Stadt. Die Sandmassen nahmen das Wasser rasch auf. Im Sommer, wenn die Temperatur auf über dreißig Grad schnellte, verbrannte man sich die Füße am glühenden Sand, in dem man bis zu den Knöcheln versank.

Zwischen der Ansiedlung der Kosaken und der der Tataren lag die russische Stadt, mit einem Teil, der noch »Festung« genannt wurde. Von dieser Festung war nichts mehr übrig, genauso wenig wie von den sieben Zimmern, denen Semipalatinsk seinen Namen verdankte. Diese Zimmer waren Teil eines buddhistischen Klosters, das Anfang des achtzehnten Jahrhunderts zerstört worden war. Die Festungswälle waren geschleift worden, die Gräben mit Sand zugeschüttet; nur das steinerne Eingangstor war stehen geblieben. In der Russenstadt war alles Militärische angesiedelt: das reguläre Bataillon, die berittene Kosakenartillerie, die Armeeführung, das Arrestlokal und das Gefängnis – meine Abteilung. Kein Baum oder Strauch zwischen den Holzgebäuden, nur von Disteln überwucherter Sand. In diesem Teil der Stadt lebte Dostojewski.

Ich wohnte am Ufer des Irtysch, mit Blick auf die lang gestreckte Flussinsel, auf der Gemüsegärten und Felder mit Zucker- und Wassermelonen angelegt waren. Am anderen Ufer gab es ein kirgisisches Dorf, das fast ganz aus Jurten bestand. Dahinter erstreckte sich eine endlose Steppe mit den blauen Bergen des Semitau am Horizont. Die Entfernung zu diesen Bergen betrug siebzig Werst – man konnte sagen, ich hatte freien Blick.

Mein Vermieter war ein überaus freundlicher Kaufmann, dem keine Mühe zu viel war, um es mir angenehm zu machen. Er sprach fließend Tatarisch und Kirgisisch, machte Geschäfte in der Steppe und kannte alles und jeden. Seine alte kirgisische Mutter führte ihm den Haushalt. Weil sie ihre Jugend im Haus eines wohlhabenden russischen Goldschmieds verbracht hatte, konnte sie exquisite Speisen zubereiten.

Für die Dreizimmerwohnung mit Vorraum, Pferdestall, Schuppen sowie einem zusätzlichen Raum für drei Personen bezahlte ich, inklusive Heizung und Essen, dreißig Rubel pro Monat. Fjodor Michailowitsch bezahlte für seine Bruchbude fünf Rubel, Wäsche und Essen (allerdings ohne Brot) inbegriffen. Mit dem Essen war es nicht weit her. F. M. nahm seine Tagesration Kohlsuppe, Brei und Roggenbrot aus der Kaserne mit nach Hause und gab das meiste davon seiner armen Hauswirtin. Für einen

Soldaten standen vier Kopeken pro Tag für warme Mahlzeiten zur Verfügung, doch der Kompaniechef, der Oberfeldwebel und der Koch behielten anderthalb Kopeken für sich. Bei einer Kompanie, die aus einhundertzwanzig Soldaten bestand, belief sich das pro Jahr auf 744 Rubel, eine nette Summe für drei Herren. Der Kompaniechef musste allerdings einen Teil davon dem Bataillonskommandeur abtreten. Der behielt außerdem noch etwas beim Kauf von Munition, von Kohle für die Heizung und von den Renovierungsgeldern für die Kaserne ein. Niemand gab sich Mühe, das zu vertuschen, und der Bataillonskommandeur vertraute mir sogar an, er bekomme auf diese Weise fünf- bis sechstausend Rubel pro Jahr zusammen. Der gemeine Soldat krepierte derweil vor Hunger.

Schon bald aß F. M.[22] mittags bei mir – wie ich glaube, eher der Zeitungen als des Essens wegen. Ich hatte drei Tageszeitungen abonniert: die *Sankt-Peterburgskije Akademitsjeskije Vedomosti*, die *Augsburger Allgemeine Zeitung* und *L'Indépendance Belge*. Einmal pro Woche trafen sie ein, in Sechserpacken. F. M. verschlang die russische Zeitung und las danach mit großem Vergnügen *L'Indépendance Belge*. Die *Augsburger* rührte er kaum an, er hatte zu jener Zeit noch Mühe mit dem Deutschen und mochte die Sprache auch nicht.

L'Indépendance Belge genoss während der zweiten Hälfte des Jahrhunderts das Ansehen der Pariser *Le Temps* und der Londoner *Times*. Die belgische Zeitung wurde weit weniger scharf zensiert als die aus Paris. In der Petersburger Zeitung musste man natürlich zwischen den Zeilen lesen, und selbst dann verstand man noch nicht recht, worum es ging. Die *Augsburger* hatte eine lange Geschichte als qualitativ und politisch wichtigste Zeitung

Deutschlands. Es sprach Dostojewski an, dass Schiller und Goethe darin publiziert hatten und dass Heinrich Heine der Pariser Korrespondent des Blattes war, doch häufig schob er die Zeitung nach einem flüchtigen Blick beiseite und seufzte: »Ach, dieses Deutsch ...«

Nach dem Essen und der Zeitungslektüre stopften wir uns eine Pfeife und erörterten die Lage in Russland und in Europa. Das war damals die Welt, zumindest für uns. F. M. rauchte gern meinen Bostanzjoglo aus einer langstieligen Pfeife. Er selbst konnte sich diesen Tabak nicht leisten und rauchte stattdessen Schukow. Und selbst für diesen hatte er nicht immer Geld. Er vermischte ihn mit billigem Bauerntabak. Knaster. Wenn er mir eine Pfeife anbot, hatte ich noch einen Tag später Kopfschmerzen. Noch schlimmer war es, wenn ich ihn in seinem Häuschen aufsuchte. Innerhalb kürzester Zeit war das Zimmer völlig vernebelt von dem stinkenden Schukow.

Die Bauernhütte, die er bewohnte, war aus aufeinandergestapelten Baumstämmen errichtet. Fundamente gab es nicht in Semipalatinsk, die Hütte war zu einer Seite hin schief. Auf der Vorderseite gab es lediglich ein Fenster, um es Räubern und Dieben nicht zu leicht zu machen. Die beiden Fenster des Wohnzimmers gingen auf den Innenhof mit Brunnen, Brunnenpfosten und einem Küchengarten hinaus, in dem wilde Himbeer- und Johannisbeersträucher wuchsen. Ein hoher Zaun mit einem Tor schirmte den Innenhof ab. Das Tor war niedrig, die Tür darin klein: Ich musste jedes Mal gebückt hindurchkriechen.

»Das ist historisch«, erklärte mir F. M. »Wegen dieser niedrigen Türen musste der eindringende Feind das Haupt beugen. Ein gebeugtes Haupt lässt sich leichter abhacken.«

Über solche Volksgeschichten lachte er unbändig. In Kasachstan lernte er ein anderes Russland kennen, das raue, derbe und unverdorbene Russland der Kosaken, Tataren und Kirgisen.

Ein angeketteter bösartiger Hund bewachte den Innenhof. Nachts lief er frei herum. Die Hütte hatte nur ein großes Zimmer. Die Decke war so niedrig, dass hier fortwährend Dämmerung herrschte. Die Balken waren mit Lehm verschmiert und irgendwann einmal geweißt worden. Über zwei Wände verlief eine breite Bank. Die über ihr hängenden volkstümlichen Bilder waren fettig geworden und von Fliegendreck verschmutzt. Links von der Tür stand ein großer russischer Herd, in dem man backen und braten und auf dem man bei grimmiger Kälte liegen konnte. Direkt hinter diesem Herdofen befanden sich ein Bett, ein kleiner Tisch und eine Holzkiste, die als Kommode diente. Ein Wandschirm aus Chintz trennte den Schlafteil vom Rest ab. Ein Tisch, zwei Stühle mit gerader Lehne und an der Wand ein kleiner Spiegel. Vor den Fenstern Geranien und Vorhänge, die einst rot gewesen waren. Alles war verrußt und es war so dunkel, dass man mit einer Talgkerze kaum lesen konnte. Stearinkerzen waren damals ein großer Luxus, und Petroleumbeleuchtung gab es noch nicht. Mir war vollkommen unbegreiflich, wie F. M. bei solchem Licht die ganze Nacht hindurch schreiben konnte. Die Wohnung hatte noch eine weitere unangenehme Eigenschaft: Küchenschaben rannten über den Tisch, die Wände und das Bett. Im Sommer machten Flöhe ungesehen auf sich aufmerksam.

Kein Wunder, dass F. M. gerne zu mir kam. Er tat das immer häufiger und zu willkürlichen Zeiten, soweit sein Soldatendasein und meine Amtsstunden das zuließen. Außer zum Mittagessen kam er auch gern abends vorbei, um – gläserweise – Tee zu trinken und um zu rauchen und zu reden.

»Sie haben keine Ahnung, mein guter Alexander Jegorowitsch, wie erquickend ein gutes Gespräch ist. Im Straflager habe ich vier Jahre lang den Mund gehalten. Nur ganz zuletzt hatte ich ab und an Kontakt mit einem Verbrecher, denn auch unter Kriminellen gibt es gute, intelligente Menschen und dumme, grausame Sauhunde. Von den anderen politischen Gefangenen wurde ich getrennt, außer von einem polnischen Prinzen. Der Letzte aus dem Petraschewski-Kreis, den ich gesehen habe, war Durow, im Durchgangslager in Tobolsk. Seitdem habe ich kein normales Gespräch mehr geführt.«

Mit jedem Tag kamen wir einander näher.

Meine Freundschaft mit Fjodor Michailowitsch erregte die Aufmerksamkeit der Spürnasen. Nach ein paar Wochen merkte ich, dass ich meine Briefe zwei bis drei Tage später erhielt als meine Bekannten in Semipalatinsk. Die mir Schlechtgesinnten – und von ihnen wimmelte es unter den korrupten Beamten – begannen, mich in sarkastischem Ton über Dostojewski auszuhorchen. Sie äußerten ihre Verwunderung darüber, dass ich mich mit einem gemeinen Soldaten abgab.

Schon bald musste ich vor dem Gouverneur erscheinen für eine von ihm so genannte ernste Verwarnung. Wegen meines jugendlichen Alters fürchtete er den Einfluss, den der Revolutionär Dostojewski auf mich haben könnte. Für den Gouverneur war er nach wie vor ein Aufrührer mit gefährlich aufgeklärten Ideen.

In Wirklichkeit gab es wesentliche Unterschiede zwischen F. M. und mir. Als er zum ersten Mal mein Haus betrat, war er dreiunddreißig und ich einundzwanzig.

Zwölf Jahre machen viel aus. Er selbst sagte so manches Mal, er habe die Hälfte seines Lebens bereits hinter sich; ich befand mich noch in der Jugend. Das kam in unseren Gesprächen gelegentlich zum Ausdruck. Er war viel zu bescheiden, um jemandem eine Lehre zu erteilen, doch er durchschaute Menschen mit fast beunruhigender Leichtigkeit und taxierte ihren Charakter wie ein Diamantschleifer den Wert eines Steins. »Lassen Sie sich von diesem Mann nicht täuschen, mein guter Alexander Jegorowitsch«, sagte er, während er ruhig an seiner Steinpfeife sog. Oder: »Wenn ich Sie wäre, würde ich diesem komischen Kauz keinen Pfennig anvertrauen.« Auf gutmütige Weise machte er mir klar, dass man sich nur auf wenige Menschen verlassen kann.

Trotz dieses Argwohns hatte er eine zu hohe Meinung von mir. Zum Beispiel traute er mir viel zu viel in puncto Sprachkenntnis und Belesenheit zu. Er schlug vor, gemeinsam die großen deutschen und französischen Philosophen zu lesen, indem wir ihre Werke Wort für Wort übersetzten, und er begann mit Hegel, nicht gerade ein leichter Brocken. Er glaubte, durch meine Herkunft sei ich perfekt zweisprachig.

In Bezug auf unsere Herkunft unterschieden wir uns nicht sehr. Seine Mutter war Russin, die Familie seines Vaters kam aus Litauen. Meine Familie kam väterlicherseits ursprünglich aus Deutschland und war über Estland und Schweden nach Russland ausgeschwärmt, und mütterlicherseits aus den deutschbaltischen Kreisen in Riga und Reval. Dostojewski entstammte dem niederen Adel; ich hatte in Estland und Lettland zwar den Titel Baron, durfte ihn in Russland aber erst ab 1855 führen – das war während meines zweiten Jahrs in Semipalatinsk. Ich litt nicht unter meiner Herkunft, er hingegen gelegentlich wohl – wenn ich es richtig einschätzte. Aus seinem Alter Ego Myschkin machte er einen Fürsten, zwar einen verarmten, aber immerhin einen Fürsten. Er sagte einmal, er könne an meinem Umgang mit Menschen erkennen, dass ich von *altem* Adel sei. Ich hörte Ehrfurcht heraus, obwohl man sich da bei Fjodor Michailowitsch nie ganz sicher sein konnte. Gegen Menschen, die sich ihrer Herkunft brüsteten, konnte er heftig vom Leder ziehen.

Wir waren beide nicht verheiratet. Die feinfühligen Damen der Stadt empfanden inniges Mitleid mit F. M., dem gequälten Schriftsteller, und, in geringerem Maße, mit mir, dem jungen Spund, der mit dem gewichtigen Amt eines Staatsanwalts betraut war. Aus Langeweile zeigten sich die intelligenten Damen auch an dem interessiert, was er und ich zur Sprache brachten. Aber er war entschieden anders als alle anderen in diesem rückständigen Ort; er war interessant: verbannt, schikaniert, gequält, gedemütigt und mit letzter Kraft wiederauferstanden. Und nichts davon war ihm anzumerken. Er brüstete sich nie mit seinem literarischen Talent und zitierte lieber andere Dichter und Schriftsteller, anstatt etwas über das Buch zu erzählen, an dem er gerade schrieb. Auch wenn es um ihn selbst ging, war er durch und durch diskret.

Maria Dmitrijewna Isajewa konnte die Augen nicht von ihm lassen. Auch die Frau seines Kompaniechefs Stepanow war vernarrt in ihn. Ihr Mann war ein notorischer Säufer; deswegen hatte man ihn aus Petersburg wegversetzt. Er war nicht nur sehr trinkfreudig, sondern konnte auch ganz schönen Unsinn verzapfen und recht hübsch dichten. Er lud Dostojewski zu sich nach Hause ein, damit dieser seine Verse korrigiere; Frau Stepanowa sah dann mit verliebten Blicken zu.

Auch Maria Dmitrijewna Isajewa schrieb Gedichte und auch sie legte sie Fjodor Michailowitsch vor. Sie brauchte nicht zu drängen: Schon bei ihrer ersten Begegnung bot Fjodor Michailowitsch ihr seine Dienste an.

Ein unheilvoller Glanz

MARIA DMITRIJEWNA ISAJEWA WAR MAGER, für eine Frau ihres Alters außergewöhnlich mager. Ihr genaues Alter[23] habe ich nie erfahren; ich schätzte sie auf Anfang dreißig. Eine ziemlich hübsche Brünette mit einem faszinierenden Glanz in den Augen. Ich hielt diesen Glanz für unheilvoll. Maria Dmitrijewna war von exaltierter Wesensart; ihr jeweiliger Gemütszustand tanzte wie Kerzenlicht auf ihrem blassen Gesicht. Sie war durchschnittlich groß und konnte schwer still sitzen. In alle ihre Gesten legte sie die Heftigkeit eines Menschen, der überzeugen will. Ihre Augen standen weit auseinander und verliehen ihrem Gesicht einen frechen Ausdruck.

Für F.M. war sie unwiderstehlich attraktiv, redegewandt wie eine Schauspielerin, galant, kultiviert, aber auch heftig, ungestüm. Mehr als einmal hörte ich ihn sagen, sie sei eine »richtige Frau«. Ich wusste noch nicht recht, was eine richtige Frau war, und vermutete, dass er ihr eine gewisse Launenhaftigkeit zuschrieb. Tatsächlich konnte sie im einen Moment über eine nahezu gelungene Verszeile jubeln und im nächsten um eine versehentlich zertretene Ameise trauern. In beiden Fällen sah F.M. sie an, als wäre ihm ein wundersames Glück widerfahren. Nicht ganz abwegig für jemanden, der gerade aus einem Straflager kam. In Petersburg hätte Maria möglicherweise nicht gleich seine Aufmerksamkeit erregt, möglicherweise hätte er sie auch für zu alt befunden. Im Übrigen war nicht ihr Alter das Problem, das Problem war ihr Mann.

Wenn ich mich nicht irre, war Maria Dmitrijewna die Tochter des Direktors des Gymnasiums in Astrachan[24]. In jener Hafenstadt nahe dem Kaspischen Meer hatte sie eine vorzügliche Bildung erhalten. Sie war belesen, kultiviert, lerneifrig. Mütterlicherseits war sie Französin, ihr Mädchenname lautete Constant.

Ich habe gerüchteweise vernommen, dieser Constant sei ein Mameluck gewesen, ein Soldat der ägyptischen Reitermiliz, der an der Seite Napoleons gekämpft habe; auf dem Rückzug von Moskau habe er sich abgesetzt und sei nach Astrachan geflüchtet. Es ist eine schöne Geschichte und könnte erklären, woher Maria diese faszinierenden dunklen Augen hatte. Wie dem auch sei, sie sprach hervorragend Französisch.

In Astrachan hatte Maria den Lehrer Alexander Iwanowitsch Isajew geheiratet. Wie dieser in Sibirien gelandet war, ist mir nicht mehr erinnerlich; jedenfalls hatte er einen unbedeutenden Posten als Zollbeamter in Semipalatinsk erhalten. Damals war es üblich, jedem Staatsdiener einen militärischen Rang zu verleihen: Er durfte sich Zollhauptmann nennen. Hauptmann klang ja ganz nett, hatte aber nichts zu bedeuten.

Einige Monate bevor wir ihn kennenlernten, hatte er seine Entlassung eingereicht. Die Arbeit interessierte ihn nicht, und außerdem war er ein Mann, der früher oder später einen Konflikt mit seinen Vorgesetzten ausficht, von dem schon bald niemand mehr weiß, worum es eigentlich geht. Er hatte die Tür des Zollamts hinter sich zugeknallt und sich zu Hause dem Nichtstun hingegeben. Herr Isajew lebte von seinen letzten Ersparnissen. Er war krank, litt an Schwindsucht, dem Tode geweiht. Er trank erschreckend viel. Dostojewski, der eine Schwäche für die Verdammten der Erde hatte, sah in Marias Gatten einen ruhigen, noblen, sanftmütigen Menschen. Das war er auch. Doch mit Wodka im Leib wurde er rüde. Das Ehepaar hatte einen kleinen Sohn.

Dostojewski lernte die Isajews bei einer Soiree seines Bataillonskommandeurs Belikow kennen. Auch ich gehörte zu den Gästen. Bei Belikow gingen wir ein und aus. Eine höchst originelle Persönlichkeit, zu deren vornehmsten Tugenden Gastfreiheit und Umgänglichkeit gehörten. Belikow stammte aus Kanton. Er war halber Chinese – und das merkte man an allem. Er war sehr klein von Statur, hatte einen ulkigen runden Bauch, war agil und sogar behände wie ein Fechter. Und ja, er becherte gern, hatte eine große rote Nase. Er war immer angetrunken, erpicht aufs Kartenspiel und noch erpichter auf das schöne Geschlecht. Seine Wahl ging nie weiter als bis zur Frau oder Tochter eines Soldaten, was ihn in ständige Konflikte mit dem jeweiligen Mann oder Vater brachte. Trotzdem vergötterten seine Untergebenen ihn: Er war bereit, dem Erstbesten, dem er begegnete, sein letztes Stück Brot zu schenken. Einen Tag später sprang er wieder in die Kiste mit einer Soldatenfrau oder entwendete Geld aus der Bataillonskasse. Letztendlich wurde ihm alles zu viel, der Alkohol, die Frauen, das unterschlagene Geld, und er jagte sich eine Kugel in den Kopf.

Aber wie gesellig es in seinem Hause war! Die Tür

stand jedem offen, auch dem Saufbold Isajew und seiner viel zu mageren Frau.

Maria war ungewöhnlich lebhaft. Ich hielt sie anfänglich für gut- und weichherzig, für sanftmütig und leicht verletzbar. Auf Dostojewski hatte sie die Wirkung eines Magneten. Gleich am ersten Abend bei Belikow sah ich, wie es ihn durchfuhr. Wie soll ich es ausdrücken: Maria Dmitrijewna empfand ein leidenschaftliches Mitgefühl mit Fjodor. Schon von den allerersten Blicken an schenkte sie ihm Wärme.

Beide waren an jenem ersten Abend überaus erregt. Ich hatte nie zuvor erlebt, dass F. M. so viel gestikulierte, um seinen Worten Kraft und Glut zu geben. Maria ergriff irgendwann auf schon sehr freimütige Art und Weise seine beiden Hände. Vielleicht war es das, was F. M. mit »richtiger Frau« meinte.

Ich glaube nicht, dass sie tiefen Respekt vor Dostojewski hatte, eher Mitleid mit dem unglücklichen, vom Schicksal geschlagenen Mann. Es ist sogar möglich, dass sie Zuneigung zu ihm entwickelte. Aber – und dafür lege ich meine Hand ins Feuer – verliebt war sie nicht in ihn.

Maria wusste, dass Fjodor eine schwache Gesundheit hatte und unter ungeheurem Geldmangel litt. Ich hörte sie ein paarmal sagen, er sei »ein Mann ohne Zukunft«. Fjodor begriff ihr Mitleid und ihre Anteilnahme als beinahe devote Hingabe. Er verliebte sich in sie mit der vollen Leidenschaft der Jugend – trotz seiner vierunddreißig Jahre.

Die Rollen waren vertauscht. Von dem Augenblick an, als Maria in sein Leben trat, glaubte ich F. M. warnen und ermahnen zu müssen. Er wollte nicht auf mich hören, schleppte mich jedes Mal mit zu den Isajews, aber die

Atmosphäre war mir dort ihres Mannes wegen unangenehm.

Außer den Isajews besuchte ich fast niemanden oder zumindest so wenig Leute wie möglich. Das Alleinsein schreckte mich nicht. Ich war meistens zu Hause, las und schrieb viel. Mit wem ich damals nicht alles korrespondierte! Ich war sogar so vermessen, dem berühmten Gelehrten Alexander Baron von Humboldt[25] aus Anlass seiner Briefe über Sibirien zu schreiben. Wenn man jung und unbekannt ist, hat man den Mut, an jeden heranzutreten. Nicht, dass Humboldt mir das übel genommen hätte: Als ich 1857 auf der Durchreise nach Berlin kam, empfing er mich herzlich und wollte alles über meine Erfahrungen in Sibirien wissen.

Fjodor Michailowitsch kam nicht viel häufiger unter Leute als ich, er suchte lediglich immer wieder die Familie Isajew auf. Ganze Abende verbrachte er dort und willigte sogar ein, ihr einziges Kind zu unterrichten. Pascha sollte später ein unausstehlicher Lackaffe werden, damals aber war er ein keckes, nettes Kerlchen von acht, neun Jahren.[26] Dostojewski brachte ihm bei, fehlerlos zu schreiben, und erzählte ihm Märchen.

Um zu verhindern, dass er nur noch mit den Isajews verkehrte, lockte ich Fjodor Michailowitsch in andere Häuser mit. Zum Beispiel in das von Oberst Messarosch, Kommandeur des Kosakischen Linienregiments, ein wohlerzogener Junggeselle mit allen Unsitten der Aristokratie. Bei Messarosch wurde weder dem Kartenspiel noch dem Alkohol gefrönt. Eine gute Entscheidung, könnte man sagen, aber es war noch schlimmer, er hatte in seinem Regiment ein Blasorchester gegründet. Die Instrumente hatte er aus Nischni Nowgorod kommen lassen; als Kapellmeister hatte er einen verbannten Konvertiten eingestellt, einen polnischen Juden. Der war lächerlich klein, dreckig und speckig und so schmächtig, dass er in seinem Kosakenkaftan ertrank. Nach endlosen Anstrengungen war es ihm gelungen, mit den Bläsern *einen* Marsch, *eine* Polka, *einen* Galopp und *einen* Walzer einzustudieren. Die mussten wir uns so oft nacheinander anhören, dass wir dem Weinen näher waren als dem Lachen.

Semipalatinsk bot keinerlei Vergnügung. In den zwei Jahren meines Aufenthalts kam nie ein Musiker vorbei. Damit meine ich nicht das erwähnte Blasorchester, sondern einen richtigen Künstler. In der Stadt gab es *ein* Klavier, das manchmal als Kuriosität zur Schau gestellt wurde, denn spielen konnte es niemand. F. M. sann mehr als einmal über den unvergleichlichen Auftritt von Franz Liszt nach, den er in Petersburg erlebt hatte, oder über die Auftritte von Anton Rubinstein. Das schien ihm eine Ewigkeit zurückzuliegen. In Semipalatinsk gab es nicht einmal einfachste Vergnügungen … einen Jahrmarkt, einen Zirkus, einen Zauberkünstler … Einmal organisierten die Schreiber des Bataillons eine Theateraufführung im Reitstall. Sie baten Dostojewski – immerhin ebenfalls ein Schreiberling – um Rat, und weil er nie Nein sagen konnte, ging er den Abend in groben Zügen mit ihnen durch. Die ganze Stadt strömte herbei, in den ersten Reihen drängten sich die neugierigen Jungfern; die Reitbahn war proppenvoll. Die ersten Akte des Stücks – ein ganz netter Schwank – gingen plangemäß über die Bühne, doch in der Pause glaubten die Schreiber, das Publikum noch etwas mehr erheitern zu müssen, und stimmten sibirische Lieder an, eines schlüpfriger als das andere. Die Offiziere gerieten in Erregung durch die anzüglichen

Texte und gluckten vor Vergnügen; die Damen suchten das Weite. Nach der Pause saßen nur noch Männer im Saal.

Ich erinnere mich an keinen einzigen Tanzabend in Semipalatinsk und auch an kein Picknick oder einen Ausflug in Gesellschaft. Die Männer tranken, aßen, spielten Karten, stritten sich und machten Besuche bei reichen Tataren; die Frauen klatschten.

Wir spielten nicht Karten und frönten auch nicht dem Weingenuss, abgesehen von dem üblichen Gläschen zum Mittag- und zum Abendessen. Ein einziges Mal habe ich F. M. alkoholisiert gesehen, und da trank er sozusagen von Amts wegen. Brigadegeneral Tschomjantowski war nach Semipalatinsk gekommen, um das Kosakenregiment zu inspizieren, ein netter, gebildeter Mann, der gern zechte. Er mochte Dostojewski auf Anhieb, und es war ihm, wie er lauthals verkündete, »scheißegal«, dass dieser zwangsweise Soldat war. Er nahm ihn mit in seine Unterkunft, trank ein paar Gläser mit ihm, holte dann seine beiden lieben Schwestern hinzu, die mit ihm gereist waren, organisierte unterwegs noch zwei Flaschen echten französischen Veuve Clicquot … und dann stand die ganze Gesellschaft bei mir vor der Tür. Keine Minute später knallte der ersten Korken an die Decke, und am nächsten Tag hatten wir einen furchtbaren Kater.

Aber auch mit Kater wollte F. M. zu den Isajews. Und ich mit, ich musste immer mit, und bevor wir klingelten, sagte er zu mir: »Trink mit ihm, rauch mit ihm, rede mit ihm, dann kann ich mich Maria Dmitrijewna widmen oder dem kleinen Pascha …«

Der einäugige Adam

JE NÄHER WIR UNS KAMEN, umso unkomplizierter und ungekünstelter wurde unsere Beziehung. Meine Tür stand Fjodor Michailowitsch Tag und Nacht offen. Ich gewann den Eindruck, dass er dabei war, die verlorenen Jahre seiner Jugend nachzuholen. Es störte ihn keineswegs, dass uns gut elf Jahre trennten; er spiegelte sich an meiner Unbefangenheit und meiner munteren Art. Sobald er mich sah, wandelte sich seine besorgte Stimmung zu einer fast übermütigen Vergnügtheit.

Oft fand ich Dostojewski bereits in meinem Haus vor, wenn ich von der Arbeit kam. Er war dann von einer Übung freigestellt worden oder von der Regimentskanzlei, in der er immer häufiger Sekretariatsarbeiten verrichtete. Wegen der extremen Kälte von Januar bis April oder der extremen Hitze im Sommer wurden die Übungen am frühen Nachmittag abgehalten. Er hatte immer vor vier Uhr frei.

Mit aufgeknöpfter Uniformjacke, den Pfeifenstiel im Mund, ging er im Zimmer umher und führte Selbstgespräche. Er plante, *Onkelchens Traum* zu schreiben sowie *Das Gut Stepantschikowo und seine Bewohner* und probierte Szenen aus, indem er sie sich selbst oder mir laut vorsagte. Er erzählte mir Onkelchens Abenteuer, lachte schallend und sang aus voller Kehle Stücke aus einer Oper. Er war allerbester Laune, die Welt ringsum verwandelte sich in die Welt, die er sich zusammenfantasierte, bis er plötzlich ausrief: »Was rieche ich? Was rieche ich?«. Dann begann er an meinem guten Adam zu zupfen, damit die Sterletsuppe schneller auf den Tisch kam.

Sterlet war so ungefähr das Köstlichste, was man in der Stadt bekam; diese Störart wurde in den Flüssen gefangen, die ins Schwarze und ins Kaspische Meer mündeten. Adam verstand sich darauf, eine dicke bernsteinfarbene Suppe aus ihnen zu kochen, die so wunderbar duftete, dass man einen Bärenhunger bekam.

Adam war eine Quelle der Inspiration. F. M. bedachte ihn immer großzügig, solange er selbst noch eine Kopeke besaß. Die setzte Adam sofort in Schnaps um, denn er war der denkbar größte Saufbold. Er war klein, schrumpelig und hatte krumme Beine wie alle Schneider, die den größten Teil ihrer Zeit mit gekreuzten Beinen dasitzen und die Nadel schwingen. Er hatte einen riesigen Kopf mit hohen Wangenknochen und eine winzig kleine Knopfnase. Seine weißen kurz geschnittenen Flachshaare standen in die Höhe wie bei einem Stachelschwein. Er war schmutzig, schmierig und fast immer betrunken. Sein Finnisch war besser als sein Russisch; wenn er betrunken war, spielte er Akkordeon und sang traurige finnische Lieder, bei denen er heftig schluchzte. Meist war er mürrisch und unzufrieden, weil mein Vater ausgerechnet ihn ausgewählt hatte, mich als Diener und Leibwächter auf der langen Reise zu begleiten, wodurch er seine guten Nebenverdienste als Schneider in Petersburg verloren hatte. Sobald er stark betrunken war, wurde er gutartig und zärtlich – bei den meisten Menschen ist es genau umgekehrt. Wenn er richtig blau war, torkelte er mit seinem Akkordeon die Treppe hinunter, suchte sich einen Platz unter den Fenstern und brachte uns auf dem Innenhof ein Ständchen. Wir kugelten uns vor Lachen. Mit seiner heiseren, trübseligen Stimme sang er in langsamem Jammerton: »Aj-van, tan-tu-u-u« und beendete sein Lied mit einem verzweifelten: »Tu-u-u-u-u-pilu-u.« Oft stimmten wir mit ein und unterstützten ihn mit der zweiten Stimme. Seine Ständchen schleppten sich endlos dahin, und irgendwann geriet er außer sich. Um ihn zu beruhigen, schütteten wir ihm von oben eine Kanne frisches Wasser auf den Kopf. Dann sprang Adam auf, wetterte los, ging in den Gemüsegarten, kroch unter ein dort liegendes umgedrehtes Ruderboot und setzte sein Konzert fort. Einmal stieß er unter dem Boot auf ein junges Tatarenpärchen, das sich dort der Liebe hingab, und musste ordentlich Schläge einstecken. Natürlich gab F. M. ihm auch da wieder Geld für einen Schnaps: »Es ist unsere Schuld, wir haben dich verjagt.«

Es schienen Szenen wie aus *Tote Seelen*. F. M. las gern Gogol. Die alte Generation hielt wenig von ihm, doch wir Jüngeren waren hell begeistert. Viele meiner Kameraden auf dem Lyzeum kannten ganze Seiten seiner Werke auswendig, und wir bedachten uns gegenseitig mit Spitznamen aus *Tote Seelen*. So hatten wir einen Tschitschikow, einen *durchtriebenen Burschen*, einen Selifan, eine *Schlammschleuder*, und eine Korobotschka, ein *Dusselchen* (wirkt ziemlich dumm, ist aber weder gemein noch bösartig). Bei einem meiner hochgestellten Verwandten, einem langweiligen, dicken Onkel, rief ich Empörung hervor, als ich Gogol rühmte. Der hätte längst verbannt werden müssen, befand er, und die *Toten Seelen* hätte man verbrennen müssen. »Ich werde mich dafür beim Zaren einsetzen. Das ist doch die Höhe! Diese Dreistigkeit, mit der er die Beamten durch den Schmutz zieht … Beamte, die mit Autorität ausgestattet sind und Vollmachten von der Regierung haben. Euch jungen Leuten trübt dieser Gogol nur den Geist.«

Welch bornierte Haltung gegenüber dem großen Gogol.

F. M. las auch gern Victor Hugo. Und natürlich Puschkin. Wenn er guter Laune war, deklamierte er Puschkin, und dann vor allem sein Lieblingsgedicht »Das Festmahl der Kleopatra« aus Ägyptische Nächte. Sein Gesicht strahlte, die Augen leuchteten, seine Stimme wurde seelenvoll und bekam einen vollen, feierlichen Klang:

Das Haus erglänzt. Im Chore dröhnte
zur Flöt' und Zymbel der Gesang,
mit Stimme und mit Blick verschönte
die Königin des Festes Gang.[27]

Ich will mich nicht anders darstellen, als ich es damals war: In jenem Alter beschäftigte ich mich wenig mit Literatur. Ich widmete mich ganz der Wissenschaft, der »öden Wissenschaft«, wie F. M. sagte. Ich las philosophische Werke mit ihm – auch wenn wir beide an Hegel scheiterten – und solche der Naturwissenschaften.

»Jetzt hören Sie doch mal auf mit diesen Professorenbüchern«, sagte er kichernd.

»Ich lese etwas über Sibirien, ich will alles über Sibirien wissen.«

»Sinnlos. Zeitverschwendung. Sibirien hat keine Zukunft. Alle seine Flüsse münden ins Nördliche Eismeer. Einen anderen Zugang zur See gibt es nicht. Sibirien ist eingeschlossen, ist genauso gekettet wie die Gefangenen, die es beherbergt.«

Von der Expedition zum Stillen Ozean unter Leitung von Murawjow-Amurski wusste damals noch keiner in Semipalatinsk; von einer Eisenbahnlinie quer durch Sibirien träumten nur Fantasten und halb Verrückte. Ich selbst brach in unbändiges Gelächter aus, als ich drei Jahre später am Ufer des Amur stand und hörte, wie der revolutionäre Anarchist Bakunin die Idee einer quer durch Sibirien verlaufenden Bahnlinie darlegte – Bakunin war 1857 nach Sibirien verbannt worden. Eine Bahnlinie von Moskau bis zum Großen Ozean? Nur ein Revolutionär mit Größenwahn konnte an eine derartige Idiotie glauben.

F. M. schob alle wissenschaftlichen Studien und Zeitschriften beiseite. Nach vier Jahren Straflager wollte er sich ausschließlich mit Literatur beschäftigen. Endlich konnte er wieder schreiben, er hatte Jahre nachzuholen. Ins sibirische Leben vertiefte er sich dennoch, indem er die dortigen Bewohner beobachtete. Ich war immer wieder erstaunt über das Wohlwollen, das F. M. an den Tag legte. Die schlechtesten Seiten eines Menschen beschönigte er noch und erklärte sie mit einem Mangel an Erziehung, den verderblichen Einflüssen ihrer Umwelt und oft sogar mit dem Wesen und Temperament des jeweiligen Mannes oder der jeweiligen Frau. »Ach, mein guter Freund Alexander Jegorowitsch«, pflegte er zu sagen, »auch diese Menschen hat Gott erschaffen.« Allen Geschöpfen, die von Schicksal oder Unglück geschlagen waren, den Kränkelnden und Erbarmenswerten, galt sein Mitgefühl. Bei jedem, der ihn näher kennenlernte, war diese außergewöhnliche Güte berühmt. Er machte sich Sorgen um die Familie seines Bruders Michail, kümmerte sich um den kleinen Pascha; ich neige sogar dazu, seine Liebe zu Maria Dmitrijewna so zu begreifen. Er ließ nicht nach, sie als »sehr erhabene und leidenschaftliche Seele« zu bezeichnen, und versuchte mich davon zu überzeugen, dass sie so »rein und naiv ist wie ein kleines Kind«. Ich hoffte für ihn, dass er sich nicht irrte.

Als ich gut zehn Jahre später für einen kurzen Besuch auf unser Gut Terpilitsy zurückkehrte, fand ich die Briefe, die ich aus Sibirien nach Hause geschickt hatte. Mein Vater hatte sie in einem kleinen Stapel auf seinen Schreibtisch gelegt. Er war einer dieser strengen, rigorosen Väter, die von dem Moment an, da Söhnchen oder Töchterchen das Haus verlassen, ins Gegenteil umschlagen und nur noch Bewunderung an den Tag legen. Diese Briefe stellten den Beweis für meine Existenz dar. Alle paar Tage zog er einen aus dem Stapel und las ihn, ohne ihn wirklich zu lesen. Er kannte ihn auswendig.

Auch meine Schwester Anastasia hatte die Briefe, die ich ihr geschickt hatte, aufgehoben und mit einem Band zusammengebunden.

Am 2. April 1855 schrieb ich aus Semipalatinsk an meinen Vater:

> *Das Schicksal hat mich mit einem ganz seltenen Menschen zusammengeführt, ungewöhnlich ist sein Herz, und auch seine geistigen Fertigkeiten sind es: das ist unser junger, unglücklicher Schriftsteller Dostojewski. Ich bin ihm zu Dank verpflichtet, und seine Worte, Ratschläge und Ideen haben mich fürs ganze Leben gestärkt. Jeden Tag studiere ich mit ihm, und jetzt werden wir* Philosophie *von Hegel übersetzen und* Psyche *von Carus. Er ist*

ein sehr gottesfürchtiger Mensch, kränklich, hat aber einen eisernen Willen. Könnten Sie herausfinden, mein guter Papa, ob in Gottes Namen vielleicht eine Amnestie in Sicht ist?
So viele Unglückliche hegen Erwartungen, hoffen und greifen sich wie Ertrinkende an jedem Strohhalm fest.

Am 15. Mai 1855 schrieb ich aus Semipalatinsk an meine Schwester:

Bitte Vater, ich flehe dich an, mit Hilfe von Alexander Fjodorowitsch Weimarn herauszufinden, ob es anlässlich der Krönung des neuen Zaren eine Amnestie für einige Delinquenten geben wird und ob er bei Dubelt oder Fürst Orlow nicht ein gutes Wort für Dostojewski einlegen kann. Muss dieser bemerkenswerte Mann denn hier als Soldat sterben? Das wäre schrecklich.
Ich finde es traurig und peinlich für ihn; ich liebe ihn inzwischen wie einen Bruder und respektiere ihn wie einen Vater.[28]

Heiliger oder böser Geist

MANCHMAL VERBRACHTE ICH DEN ABEND bei Dostojewski. Meist war es umgekehrt, dann kam er in mein Haus, das viel komfortabler war. Bei ihm war es peinlich unangenehm, und es stank nach diesem schrecklichen Tabak, den er in dem viel zu kleinen Raum rauchte, aber ich wollte F. M. zeigen, dass ich mich nicht schämte, ihn bei sich zu Hause zu besuchen.

Seine Zimmerwirtin war eine Soldatenwitwe. Ihre älteste Tochter, eine Schöne von zwanzig Jahren, kümmerte sich um die Wäsche, die Näharbeiten und putzte die Zimmer, auch für F. M. Sie sorgte für ihn, und zwar, so schien es, mit Liebe. Sie wusch seine Kleidung, kochte und hielt sich ständig in seiner Nähe auf. Ihre sechzehnjährige Schwester war womöglich hübscher noch als sie. Ich war so an die beiden Mädchen gewöhnt, dass es mich keineswegs erstaunte, wenn sie im Sommer in *grand négligé* bei uns zum Tee erschienen, das heißt: barfuß, angetan lediglich mit einem Hemd und rotem Gürtel und nur einem Tuch um den Hals.

Die Armut der Mutter und ihrer Töchter war groß. Bis auf einen kleinen Gemüsegarten besaßen sie nichts. Ihr einziges Einkommen bestand aus der Miete, die F. M. bezahlte, und dem Geld, das er ihnen für Essen, Waschen und Haushalten gab.

Die Mutter versuchte unverhohlen, Kapital aus der Jugend und Schönheit ihrer Töchter zu schlagen. Ich vermutete sogar, dass der lässige Aufzug der Mädchen auf die Mutter zurückging. Über eine derartige Schamlosigkeit wunderte sich keiner in Sibirien – das lag nun mal in der Natur der Sache.

Eines Tages warf Fjodor Michailowitsch der alten Frau vor, ihre sechzehnjährige Tochter zur Zügellosigkeit anzuhalten. Er sagte ihr unumwunden ins Gesicht: »Schämen Sie sich nicht, dass …«

»Ach, Herr«, entgegnete sie ihm, »sie wird irgendwann ja doch für zwei Spekulatiusse oder für ein Pfund Nüsse mit einem Bataillonsschreiber oder einem Unteroffizier mitgehen … Sie, meine Herren, sind eine Mischung aus Schlauheit und Keuschheit … ein Glück, das nicht jedes Mädchen bei einem Beamten oder einem Militär hat …«

Dieser praktischen Logik konnten wir schwer etwas entgegenhalten.

In einem Roman hätte Dostojewski die Tochter der Zimmerwirtin von einem ehemaligen Zwangsarbeiter vergewaltigen oder das spärlich bekleidete Mädchen von dem geilen Rohling zumindest betatschen lassen. Er hätte das Mädchen jünger gemacht, vierzehn anstatt sechzehn, oder sogar noch jünger, um die Leserschaft zu schockieren: zwölf, elf. Das arme Kind wäre krank geworden und hätte sich aus purem Elend erhängt. Übermannt von Schuldbewusstsein hätte sich der Schänder der Polizei gestellt, aber nach seiner Verurteilung und Verbannung nach Sibirien hätte er mit den Achseln gezuckt und gebrummelt: »Ach, dieses freche Ding …«

Im wirklichen Leben benahm Dostojewski sich wie ein Heiliger, in seiner Fantasie war er ein böser Geist.

Seine Liebe zu Maria kühlte nicht ab, im Gegenteil. Immer wenn er Gelegenheit dazu hatte, verbrachte er seine freie Zeit bei ihr. Jedes Mal kam er in Ekstase und höchster Verzückung zurück und wunderte sich dann, wenn ich nicht die zweite Stimme sang. Seine Maria, seine Marrrrja, war sein Ein und Alles.

Einmal, als ich ihn zu den Isajews begleitete, trat uns aus dem Halbdunkel ein in Lumpen gehülltes, schmutziges, aber hübsches Mädchen von fünfzehn, sechzehn Jahren entgegen. Es war, wie sich herausstellte, die Tochter des polnischen Bataillonszahlmeisters. Er, ein fragwürdiges Individuum, ständig betrunken, war wegen irgendeines Vergehens nach Semipalatinsk versetzt worden. Ein Witwer mit drei Töchtern, von denen Marina die älteste war. Er heiratete schon bald sein Küchenmädchen, das die Töchter wie den letzten Dreck behandelte. Marina erfüllte zu Hause die Pflichten einer Putzfrau und eines Dienstmädchens – sie schrubbte die Fußböden und erledigte die Wäsche. Eine Ausbildung oder zumindest etwas Ähnliches erhielt sie nicht, Vater und Stiefmutter vernachlässigten ihre geistige Entwicklung.

Dieses armen Mädchens nahm sich Maria Isajewa an. Sie schenkte ihr Wärme, zeigte Interesse und Anteilnahme und bat Dostojewski, sie zu unterrichten. Maria hatte ein großes Herz. Es ist daher völlig idiotisch, dass später von ihr behauptet wurde, sie habe das Ende ihres Mannes rasch nahen sehen und sei auf Dostojewskis Geld und Schutz aus gewesen.[29] Ich will sie nicht ständig verteidigen, aber so durchtrieben war sie nicht.

Das Anziehende an Maria war für Dostojewski, dass

sie über allem zu stehen schien. In ihren funkelnden dunklen Augen verbarg sich die Kraft einer selbstbewussten Frau, die sich von niemandem etwas vorschreiben lässt. Auf den ersten Blick wirkte sie übermäßig stolz und sogar anmaßend. Tatsächlich gelang es ihr nicht immer, ihr gutes Herz zu zeigen. Von Natur aus war sie ein Mensch voller prächtiger Ideale und integrer Prinzipien, aber es war, als sei sie in einem fort damit beschäftigt, ihr Gleichgewicht zu finden, ohne dass ihr das gelang, weil sie dafür zu chaotisch, zu erregt, zu rastlos war.[30]

Ich denke mir das nicht aus, sondern paraphrasiere nur das Porträt, das F. M. von Lisa in *Die Dämonen* zeichnet, und Lisa war nahezu Maria, wenn auch nicht ganz eins zu eins. Ich sollte es besser umdrehen: Durch Lisa erkannte ich erst, wer Maria für Dostojewski gewesen war. Er hielt sie für einen rettenden Engel, für die Frau seines Lebens.

Ich fragte mich auch weiterhin, was an ihr ihn so anzog. Verliebtheit ist eine Luftspiegelung, die sich als Wirklichkeit ausgibt, murmelte er, oder irgendetwas in diesem Sinne. Während der ersten Monate, die ich in Semipalatinsk verbrachte, war ich noch nicht sehr mit Verliebtheiten beschäftigt. Damit war ich keine Ausnahme und auch kein bizarrer Fall. Russische Männer heirateten in jener Zeit weit nach ihrem dreißigsten Lebensjahr, und zwar junge Damen unter zwanzig. So war es jedenfalls in den besseren Kreisen, abgesehen von einem gewissen Prozentsatz an Ausnahmen, doch der Zeitgeist ging deutlich in diese Richtung.

Ich habe einmal gelesen, dass Geruch der ausschlaggebende Faktor bei Verliebtheit ist. Wenn das stimmt, dann dürfte zwischen F. M. und Maria nicht eitel Wohlgeruch geherrscht haben: Er stank nach dem billigsten Pfeifentabak und sie nach Armut. Trotzdem kleidete sie sich wie ein vornehmes Mädchen und nicht wie die nicht mehr ganz jugendliche Frau eines arbeitslosen Zollbeamten. Ihre realen Umstände schienen ihr nichts anhaben zu können.

Maria hatte etwas von einem verwöhnten Kind, mit allem Egoismus eines solchen, aber ohne dessen Unschuld. Sie war jung und unbesonnen, nicht jung an Jahren, sondern jung in Haltung und Gebaren. Ich selbst war dafür auch nicht ganz unempfänglich, ich musste sie immer wieder anschauen, auch wenn ich es ein wenig leid war, dass Maria in einem fort nach Aufmerksamkeit heischte. »Mensch, benimm dich doch normal«, sagte ich mir, und dennoch starrte ich sie weiter mit offenem Mund an.

Sie suchte die Extreme, und wenn jemand das Extreme liebte, dann Dostojewski. Ein Mann oder eine Frau wurde erst dann wirklich interessant für ihn, wenn es extrem viel an ihm oder ihr auszusetzen gab. Ein Mensch konnte für ihn gar nicht sonderbar genug sein.

Von seiner Seite war es reine Liebe. Oder suchte er mit ihr nach einem neuen Experiment, das genauso heftig war wie sein Leben unter Verbrechern?

Vorläufig kam ich nicht dahinter.

Der Tod des Zaren

DIE NACHRICHT, dass Nikolaus I. gestorben war, erreichte uns einen knappen Monat nach seinem Tod. Anfang März war ein Flügeladjutant mit der Nachricht in zehn Tagen von Petersburg nach Omsk galoppiert. Die Strecke Omsk – Semipalatinsk erforderte ebenfalls etliche Tage. Am 12. März erfuhren endlich auch wir, dass der Imperator am 18. Februar plötzlich verstorben war. Unter mysteriösen Umständen, doch das vernahmen wir erst ein ganzes Jahr danach. Es ging das Gerücht, dass der Zar eine Lungenentzündung absichtlich vernachlässigt hatte, weil er keinen Ausweg mehr im Krimkrieg sah.

Die Belagerung von Sewastopol dauerte schon fast ein Jahr, und alle Räder in diesem unseligen internationalen Konflikt steckten fest. Die Hauptsorge der Behörden galt der Frage, wie die islamische Bevölkerung auf den Tod des Zaren reagieren würde. Ihre Sympathie lag bei den Türken, unseren erbittertsten Gegnern im Krimkrieg. Ich erhielt den Auftrag, in allen sechs Moscheen der Stadt den Muslimen den Treueeid zum neuen Zaren abzunehmen. Ich kann nicht sagen, dass die Nachricht sie sehr getroffen hätte; wie die meisten Asiaten waren sie verschlossen und wenig mitteilsam. Mit den Russen hatten sie gemein, dass sie vor Nikolaus zitterten. Ihr Mitgefühl beschränkte sich auf Besorgnis hinsichtlich der direkten Konsequenzen und ihre eigene Zukunft. Nach der Vereidigungszeremonie bedrängten sie mich mit Fragen, ob der Krimkrieg weitergehen würde und ob sie Gefahr liefen, zum Militärdienst eingezogen zu werden.

Die Intelligenzija der Stadt war vom Tod des Zaren völlig überrascht. Die meisten waren Opfer seiner harten Herrschaft. Die aus politischen Gründen Verbannten witterten den Geruch einer neuen Zeit und jubelten. Allerdings nur innerlich, denn niemand wusste, ob und wie sich das Fähnlein drehen würde. Das erste Manifest des Nachfolgers von Nikolaus war jedenfalls wohlwollend und vielversprechend. Bereits vor seiner Thronbesteigung ging Alexander II. ein guter Ruf voraus. Gerüchte über seinen sanftmütigen und humanen Charakter waren bis nach Sibirien gedrungen.

Gemeinsam mit F. M. ging ich in die (noch eingerüstete) Voskresenski-Kathedrale zur Totenmesse für Nikolaus. Dort herrschte eine wirklich feierliche Atmosphäre, aber es floss keine Träne. Lediglich die alten Militärs und einfachen Soldaten seufzten schwer und demonstrativ. Einer von ihnen, ein bejahrter Riese, der dem Preobraschenski-Regiment[31] angehört hatte, wiederholte immer wieder: »Er wird uns nie mehr den Christuskuss geben, der gute Mann, er wird uns nie mehr den Christuskuss geben.«[32] Dostojewski schüttelte fast unmerklich den Kopf. Bei ihm regte sich die Hoffnung auf eine Wende seines Schicksals, auf Amnestie. Er war nach wie vor ein *zwangsverpflichteter* Soldat, der Sibirien nicht verlassen durfte.

Vor allem aber beschäftigte uns die Frage, wie lange

der Krieg noch dauern würde. Wegen des Krimkriegs herrschte in den Städten der Steppe ständige Unruhe. Die Horden waren in Aufruhr. Unter den Kara-Kirgisen bildete sich eine bis zu den Zähnen bewaffnete Bande, die blitzartig zuschlug. Der Khan von Taschkent hatte neuntausend Reiter am Ufer des Tschüi eingesetzt und war nach Alma Ata vorgerückt, unserem letzten Posten an der Südgrenze. Wir befürchteten, dass er die Verbindung zwischen Vernoje und Kopal am Fluss Ili abschneiden könnte. In der kleinen Festungsstadt Kopal war lediglich eine Kompanie Soldaten stationiert: dreihundert Kosaken mit vier leichten Geschützen. Unsere Spione und Geheimagenten unter den Kamel-Kosaken in Taschkent, Kokand, Buchara und Chiwa bestätigten, dass Agenten im Dienste der Engländer und Türken im Begriff waren, das gesamte Khanat gegen uns aufzuwiegeln.

Die Flüchtlinge aus Zentralasien nannten wir scherzhaft *Tschalo*-Kosaken, Kamel-Kosaken. *Tschal* ist ein turkmenisches Getränk, das aus Kamelmilch zubereitet wird. Überall in den Steppen Kirgisiens hatten sich die Kamel-Kosaken niedergelassen. Häufig handelte es sich dabei um unsere desertierten Soldaten und Zwangsarbeiter, die die Landessprache erlernt, den muslimischen Glauben und die muslimische Kleidung übernommen hatten. Man kam nur selten dahinter, wer genau sie waren. Sie wurden als Fremde geduldet, die versehentlich die russische Staatsbürgerschaft erhalten hatten. In Semipalatinsk gab es zwei reiche Kaufleute, deren Herkunft im Dunklen lag, selbst für mich als Staatsanwalt. Ich wusste nicht, woher sie stammten und wie sie in die Stadt gekommen waren, ich bekam nur zu hören, sie seien russische Untertanen. Besucher des Badehauses sahen bei einem von ihnen das Brandzeichen, das Zwangsarbeiter trugen.

Gleichzeitig mit dem Aufruhr der Kara-Kirgisen kam es zu Unruhen an der Südostgrenze zu China. Verbannte Chinesen erhoben sich, mit ihnen auch das Gesindel. Es war nicht das erste Mal, dass chinesische Abenteurer unsere Grenzen durchbrachen: Sie suchten nach Gold, raubten, mordeten und verjagten die Goldarbeiter. Der Generalgouverneur befahl, die Verbrecher mit der Karbatsche zu vertreiben oder mit der stumpfen Spitze der Lanze.

Von Semipalatinsk aus zogen Truppen in die Berge. Entlang den Ufern des Lepei vertrieben unsere Leute die chinesischen Eindringlinge mit Waffengewalt. Ich bekam die Berichte zu Gesicht: Woraus dieses aufrührerische Gesocks nicht alles bestand! Räuber aus Kokand, Vergewaltiger aus Alaman, kirgisische Viehdiebe – »Schafstecher« sagte man in der Steppe – und alle möglichen *baiguschi* – Habenichtse. Eigentlich wusste damals niemand, wo unsere Grenze genau verlief. Noch im Herbst 1854 schickte der Khan von Taschkent eine Brigade in unsere Richtung, die unter dem Kommando eines desertierten russischen Soldaten stand. Dieser Kriegsherr hatte vergessen, genügend Patronen mitzunehmen, und sein selbst fabriziertes Schießpulver erwies sich als so wirkungsvoll wie nasser Sand – keine Kanone feuerte. Daraufhin trat er mit seiner Brigade den Rückzug an. Der Khan war so erbost, dass er befahl, dem Mann die Nase abzuschneiden.

In Omsk herrschte Alarmstimmung. Kopal beschloss, eine Militärbrigade aufzustellen. Semipalatinsk erhielt den Befehl, einen Feldzug vorzubereiten. Aus Tobolsk wurden Kugeln und Kanonen herbeigeschafft, die Zar Paul I. fünfzig Jahre zuvor für einen Indienfeldzug hatte einsetzen wollen. Überaus taugliches Material! Der Generalgouverneur versprach, vor dem Feldzug eine Truppenschau abzuhalten. Die Kommandeure gerieten in helle Aufregung oder sichtliche Unruhe. Um ihre Nerven zu beruhigen, ordneten sie verschärften Drill an und beriefen die Mannschaften zu Übungen und zum Exerzieren ein.

Der arme F. M. musste täglich zwei, drei Stunden in Reih und Glied antreten. Was ihn noch mehr erschöpfte, war der langsame Paradeschritt in drei Bewegungen. Während meiner Zeit auf dem Lyzeum war auch ich selbst in den Genuss gekommen, und schon damals verstand ich nicht, wer diese Beingymnastik aus der Zeit Friedrichs des Großen brauchte. Es ist vielleicht bezeichnend, dass dieser Schritt von Zar Paul I. in Russland eingeführt wurde, ebendem, der von einem Feldzug nach Indien träumte – zweifellos im Stechschritt.

Die Datscha »Der Kosakengarten«

DIE KRIEGSGEFAHR WICH NICHT SOFORT, doch wir ließen uns nicht verrückt machen. Der *Augsburger Allgemeinen Zeitung* und der *L'Indépendance Belge* entnahmen wir, dass die Diplomaten in den Vorzimmern an einem Friedensabkommen arbeiteten. Die Petersburger Zeitungen schwiegen sich vorläufig noch dazu aus – der neue Zar hatte seinem Vater auf dem Sterbelager versprochen, keinen Zentimeter russischen Bodens aufzugeben. Dostojewski und ich hofften das Beste und gaben uns sommerlichem Nichtstun hin.

Der Sommer in Semipalatinsk ist unerträglich. Der Sand erhitzt sich durch die brennenden Sonnenstrahlen auf Backofentemperatur. Schon die leiseste kleine Brise lässt den Staub aufwirbeln, der feinste pudrige Sand füllt einem die Augen und dringt tief in Nase und Ohren. Die Kopfhaut beginnt zu kribbeln, der Sand scheuert unter dem Hemdkragen. Die Hitze im Schatten erreicht im Juni bereits 32° Réaumur.[33]

Ich beschloss, mein Heil außerhalb der Stadt zu suchen. In der Umgebung von Semipalatinsk konnte ich nur eine einzige Datscha mit einem größeren Garten finden:

kurz hinter der Kosakensiedlung. Das kam auch F. M. gelegen. Ich schlug ihm vor, sein Loch zu verlassen, das im Sommer noch düsterer war als im Winter, und mit mir hinauszuziehen. Die Datscha gehörte einem reichen Kosakenkaufmann und trug den Namen Kosakengarten. Allein schon dieses Namens wegen wollte F. M. dorthin.

Unter den Verbannten verpflichtete ich einen Küchengehilfen, der Adam assistieren sollte. Für Dostojewski kaufte ich ein Pferd; ich selbst hatte bereits drei Pferde im Stall. Anfang April siedelten wir in unsere Sommerbleibe um.

Wer jetzt denken mag, ich sei ein Krösus – das nicht. Aber viel fehlte nicht! Das Salär eines Staatsanwalts betrug 750 Rubel pro Jahr, und von meinem Vater erhielt ich weitere 600. Von 1350 konnte in Kirgisien sogar ein Verheirateter mit einer Familie wie ein Fürst leben. Die Datscha kostete mich für den ganzen Sommer dreißig Rubel an Miete. Und was das Pferd anbelangt, das ich für F. M. kaufte: Für sieben bis acht Rubel bekam man eines, und als ich mich an den kirgisischen Sultan wandte und ihn bat, für fünfzehn Rubel das beste Pferd aus seiner Herde auszuwählen, bekam ich in der Stadt zu hören, ich verdürbe die Preise.

Die Ausdauer kirgisischer Pferde ist verblüffend. Hafer und Gerste brauchen sie nicht, nur Heu. Es kostete mich größte Mühe, sie an Hafer zu gewöhnen, und in der ersten Zeit bekamen sie Ausschlag von dem neuen Futter. Meine kirgisischen Pferde zogen einen Schlitten, den ich mir aus Perm hatte kommen lassen, und im Sommer ein Fuhrwerk mit langer Pritsche, eine Art Miniaturtarantas.[34] Waren sie erst einmal eingeschirrt, liefen die vier geschwind und in wunderbar gleichmäßigem Takt.

Sobald der Sommer anbrach – und das war schon im

Mai –, ließ ich alle möglichen Blumensamen, Gemüsesamen und Blumenzwiebeln aus Riga kommen. Wir hatten Frühbeete angelegt und zogen Sämlinge vor. Dostojewski bereitete es viel Freude, etwas zu tun zu haben. Er liebte die Gartenarbeit und erinnerte sich häufig an das elterliche Stückchen Land aus seiner Kindheit. Es hatte in Moskau gelegen, er war ein richtiges Stadtkind, aber Kinder, die zwischen hohen Mauern aufgewachsen sind, lieben die Natur oft mehr als Landkinder.

Vor der Terrasse des Hauses legten wir Blumenbeete an. Das Haus selbst war sehr verfallen. Das Dach war undicht, die Fußböden sackten ab. Möbel mussten wir selbst mitbringen, das Holzhaus war leer. Aber es war großzügig bemessen, und wir hatten mehr als genug Platz.

Ein alter baumbestandener Weg durchschnitt den Garten. Ich hätte links und rechts gern blühende Sträucher gesehen wie auf unserem Gut Terpilitsy, aber Flieder, Jasmin und Rosen waren selten in Semipalatinsk. Der Küchengarten lieferte uns kiloweise Gemüse. Aus den Quellen in der Mitte des Gartens kam das sauberste, kühlste Wasser. Es gab drei Becken, in denen wir Sterlet und kleine Störe hielten. Jeden zweiten Tag konnten wir Fisch aus eigener Zucht essen.

Die Datscha ähnelte mit den Pferdeställen und den Schuppen, die sich an das Haus lehnten, sowie dem großen Innenhof auch einem Bauernhof. Rings um Haus und Garten zog sich ein hoher Bretterzaun.

Wir beschäftigten uns begeistert mit dem Blumengarten und verhalfen ihm rasch zu großer Pracht. F. M. half mir eifrig beim Begießen der jungen Kulturen. Ich sehe ihn wieder vor mir, glücklich, wie er damals war: mit verschwitztem Gesicht, ohne Soldatenrock, angetan lediglich mit einer verschossenen rosafarbenen Chintzweste.

Am Hals baumelte eine große zwiebelförmige Uhr an einer langen Kette aus himmelblauen Perlen, die ihm jemand mal geschenkt hatte. Viel sprachen wir dann nicht miteinander; F. M. ging völlig in seiner Beschäftigung auf, und obwohl es ein angenehmer Zeitvertreib für ihn war, hatte ich immer den Eindruck, dass er in Gedanken schrieb. Während er die Pflanzen besprühte, mussten Ereignisse und Dialoge in ihm aufwallen.

Mehr als nur einmal erhielten wir Hilfe von den Töchtern von Dostojewskis Zimmerwirtin. Sie übernahmen das Gießen, sodass wir die etwas schwereren Arbeiten erledigen konnten. Nach einer Stunde oder so gingen wir im Fluss schwimmen. Unser Grundstück lag am hohen rechten Ufer des Irtysch. Wir gingen über eine leicht abfallende grüne Wiese und sprangen kopfüber ins Wasser. Die Mädchen taten es uns nicht nach, sondern schauten uns kichernd zu.

Nach dem erfrischenden Bad nahmen wir auf der Terrasse Platz, um Tee zu trinken oder zu Mittag zu essen. Wir lasen Zeitung, rauchten Pfeife, kramten Erinnerungen an Verwandte und uns nahestehende Menschen aus, träumten von Petersburg und schimpften auf Europa.

Ja, wir waren böse auf Europa. Warum mussten die Franzosen und die Briten sich uns auf der Krim in den Weg stellen? Warum eilten sie den Osmanen zu Hilfe? Warum sprachen sie Russland die Herrschaft über Konstantinopel, die Wiege des orthodoxen Glaubens, ab?

Wir trauerten um die Tausenden, die ihr Leben ließen, und sorgten uns, ob Sewastopol der Belagerung würde standhalten können. Schließlich war es der wichtigste Hafen der russischen Flotte im Schwarzen Meer.

Wurden wir der Politik müde, so besprachen wir unsere landwirtschaftlichen Angelegenheiten wie wahre

Großgrundbesitzer. Ich hielt Hühner, hatte drei Wildschweinferkel und aus Spaß einen kleinen Wolf, so zahm wie ein Hund, doch die Tigerkatze, die mir ein netter Artillerieoffizier aus Kopal mitgebracht hatte, lehnte ich dankend ab: Die kratzte zu heftig.

Tiger und Leoparden gab es noch viele in den südwestlichen Ausläufern des Altaigebirges, in den Schilfgürteln des Balchaschsees oder entlang den Flüssen. In Bezug auf Größe und Farbe glichen die kirgisischen Tiger den indischen, nur im Winter wuchs ihnen ein längerer und dickerer Pelz.

Von der Datscha aus hoffte ich größere Ausflüge zu unternehmen. Seit meiner Kindheit bin ich versessen aufs Reiten. Es kostete mich einige Mühe, Dostojewski dazu zu überreden, sich auf eines der vier Pferde zu setzen, das zahmste. Anfangs war er köstlich unbeholfen in seiner grauen Soldatenjacke, doch schon bald gewann er Spaß daran und bekam den Bogen raus.

Wir ritten durch den Nadelwald in jenen Teil der Steppe, in dem die Kirgisen ihre Hauptquartiere aufgeschlagen hatten. Die Steppe stand in Blüte und duftete wie ein Feldblumenstrauß. Der grellgrüne Teppich, der sich endlos weit vor uns erstreckte, war übersät mit Blumen. Im späteren Verlauf des Sommers begann das Gras zu verdorren, doch im Mai war es ein Genuss, zu den Hauptquartieren der reichen Kirgisen Mendi-Bai und Teni-Bai zu reiten. Ihre jungen Frauen begrüßten uns mit dem erquickenden Getränk Kumys, mit Schafsfleisch, hart wie Stein, mit Käse, Pilaw mit Schafsfleisch, Wurst aus geräuchertem Fohlenfleisch. Alles sehr ungezwungen – kirgisische Frauen trugen keinen Schleier und durften sich in männlicher Gesellschaft zeigen.

Einmal nahm Fjodor Michailowitsch sogar an einer

von Oberst Messarosch veranstalteten Jagd mit Hunden teil. Es war auch gleich das letzte Mal: F. M. verabscheute nicht nur die Jagd, sondern weigerte sich zudem auch noch zu galoppieren. Am liebsten ritt er in gemächlichem Trab dahin, sodass er die Umgebung betrachten konnte.

Schon bald ließen uns die Damen keine Ruhe mehr. Der Kosakengarten stand in voller Blüte, die wunderschönen Ranunkeln, Anemonen, Nelken, Levkojen bildeten ein Tableau, das sich kein Maler der Umgebung hätte ausdenken können. Mit Ausnahme von Sonnenblumen hatte man in Semipalatinsk noch nie Blumen gesehen. Plötzlich gab es dort ein erstaunliches Wunder, einen fremdartigen Schmuck nahe der Stadt, und das dank des »menschenscheuen Barons«, wie die Damen mich nannten. So viele Leute kamen, um unsere Blumenpracht zu bewundern, dass wir keinen Moment mehr Ruhe hatten. Die meisten der Damen wurden sehr aufdringlich: Sie blieben lange im Garten sitzen, ließen sich durch nichts hinauskomplimentieren, und wenn sie dann schließlich doch irgendwann aufbrachen, räuberten sie die Blumenbeete leer. Das Maß war schnell voll, und trotzdem machte ich gute Miene zum bösen Spiel. F. M. wusste auch nicht, wie wir uns der ungebetenen Besucherinnen entledigen könnten; wir waren beide in dieser Beziehung sehr ungeschickt und stellten etwas trübsinnig fest, dass wir zumindest aus einem Grund zufrieden sein würden, wenn die Blumen verwelkten.

Schließlich wurden wir aus einem viel amüsanteren Grund gemieden. Im Salon unseres Palastes war der Fußboden eingebrochen. Auch in den anderen Räumen steckte Schimmel im Holz, zuweilen Flecke, so groß wie Röhrlinge. Ein Raum war von mir in Beschlag genommen, ein anderer von F.M. Dazwischen lagen zwei leere Zimmer. Auch unsere eigenen Räume waren nur spärlich möbliert. Aus Brettern und kleinen Fässern hatten wir etwas zusammengeschustert, was einem Salontisch ähnlich sehen sollte. Die einzige Dekoration, die wir im Haus vorgefunden hatten, bestand aus Ratten, Mäusen und Ringelnattern. Am interessantesten waren die Letzteren. Die meisten tummelten sich unter unserer Terrasse in der brennenden Sonne. Ich merkte, dass sie die Milch tranken, die ich in einem Schälchen auf die Terrasse gestellt hatte. Einmal sah ich, wie zwei von ihnen zu dem Schälchen krochen, schnell die Milch tranken und dann in eine Ritze schlüpften. Es amüsierte mich so, dass ich auf die Idee kam, die Schlangen an uns zu gewöhnen, indem ich sie mit Milch fütterte. Jeden Tag stellte ich ein Schälchen oder eine Tasse unter die Bank. Die Schlangen krochen näher, taten sich an der Milch gütlich und ließen sich mit der Zeit durch unsere Anwesenheit nicht mehr stören. Sie gewöhnten sich an uns (wie ein Gefangener sich an seine Wärter gewöhnt, sagte Fjodor Michailowitsch) und hatten keine Angst mehr vor Menschen.

Einmal hatte ich die Milch für die Ringelnattern gerade unter die Terrassenbank gestellt, als Damen zu Besuch kamen. Diesmal fröhliche, lebhafte Besucherinnen. Erschrocken von ihrem Gekicher und Getrappel wichen die Schlangen zurück. Sie glitten so eilig in verschiedene Richtungen davon, dass sie sich in den gefältelten Kleidersäumen verfingen. Die Damen kreischten wild und flüchteten wie die Besessenen. Zu allem Überfluss strichen die Schlangen bei jedem Schritt an ihren Knöcheln entlang.

Unsere Datscha wurde für verhext erklärt. Endlich Ruhe – bis ich im August einige Wochen Urlaub nahm.

Dostojewski blieb allein zurück. Als ich wiederkam, sah ich überall in Semipalatinsk Blumen in Töpfen und Kästen vor den Fenstern der amtlichen *Beau monde* stehen. Ich dachte: Die sehen ja aus wie unsere Blumen. In der Datscha fand ich einen Dostojewski, der betrübt und hilflos die Arme hob.

»Ich konnte nichts, aber auch gar nichts dagegen tun«, erklärte er mir. Durch meine Abwesenheit ermutigt hatten sich die Frauen seiner Vorgesetzten, die Gattinnen der Hauptleute, Obristen, Majore, auf die Astern, Levkojen und Dahlien gestürzt. Er hatte es nicht gewagt, es ihnen zu verbieten.

Sommer im Kosakengarten, Lethargie. Wir aßen viel Obst und schwelgten in seiner Süße. Äpfel und Birnen waren in Westsibirien nicht zu bekommen, Kirschen, Erdbeeren und Stachelbeeren nur selten, wir aber ließen uns Himbeeren, schwarze Johannisbeeren, Walderdbeeren, Arktische Brombeeren und Wegedorn munden. Wir schnabulierten Pinienkerne mit Honig – eine der Köstlichkeiten, für die F. M. bereit war, eine volle Stunde seiner Schreibzeit zu opfern. Die Karawanen brachten Unmengen von getrockneten Früchten mit, wir taten uns an getrockneten Aprikosen und an Rosinen gütlich. Jenseits von Omsk waren Confiserien unbekannt; die von mir in Kasan bestellten Fruchtmuspastillen erwiesen sich als exotische Delikatesse bei Tee-Einladungen, und nachdem ich einer Dame zehn kandierte Ananas geschenkt hatte, machte sich ganz Semipalatinsk auf, dieses Wunder zu bestaunen.

Wenn wir am nächsten Morgen sehr früh Verpflichtungen in der Stadt hatten, gingen wir in der Abendkühle zu meiner Wohnung zurück. Auf diesen Spaziergängen im

Dämmerlicht führten wir die freimütigsten Gespräche. Doch sobald es wieder möglich war, verbrachten wir alle Abende und Nächte im Kosakengarten.

Wir hatten es gut in jenem Sommer. Dostojewski begann, die Jahre der Zwangsarbeit zu vergessen oder dachte zumindest viel weniger daran zurück. Ich riet ihm, darüber zu schreiben, sonst würde er auch die Bitterkeit vergessen. Direkt nach seiner Freilassung hatte er seine Tinte nur auf humoristische Geschichten verwandt; ich nahm an, dass er allmählich auch für ernsthaftere Dinge wieder die nötige mentale Kraft besaß. Wenn ich derlei äußerte, nickte er, reagierte aber weiter nicht darauf; er hörte sich Ratschläge an, verfolgte beim Schreiben jedoch seinen eigenen Weg – unbeeinflusst von wem auch immer.

Er wurde ruhig, energiegeladen, fröhlich. Mit dieser Ruhe war es allerdings vom einen auf den anderen Tag vorbei.

Marias Wegzug

EINES ABENDS KAM F. M. DÜSTER NACH HAUSE, völlig aufgelöst. Isajew sollte nach Kusnezk versetzt werden, ungefähr fünfhundert Werst nördlich von Semipalatinsk.

»Und sie ist einverstanden«, rief er verzweifelt. »Ohne Widerrede, ohne die geringste Widerrede.«

Er zeterte, lamentierte.

»Maria geht mit ihm, als hätte sie keinen eigenen Willen und als spielte ich überhaupt keine Rolle. Das ist ja gerade das Ärgerliche daran: Sie akzeptiert alles.«

Ich hatte angenommen, dass Isajew längst die Arbeit an den Nagel gehängt hatte, wie er uns in betrunkenem Zustand so manches Mal zugerufen hatte (»Ich habe den Kram hingeschmissen, den Kram, Mann, den Kram«), doch offenbar war er lediglich für eine gewisse Zeit vom Dienst befreit gewesen und musste jetzt wieder antreten. Die Versetzung sollte schon in wenigen Tagen erfolgen.

Fjodor Michailowitschs Verzweiflung war grenzenlos. Die Vorstellung, von Maria getrennt zu werden, machte ihn wahnsinnig. Er hatte das Gefühl, sein Leben sei sinnlos geworden.

»Ohne sie bin ich zu nichts mehr imstande. Zu nichts.«

Wie sich herausstellte, hatten die Isajews Schulden. Die meisten Möbel mussten verkauft werden, und trotzdem reichte das Geld nicht, den Umzug zu bezahlen. Nachdem ich ihnen zu Hilfe gekommen war, konnten sie ihre Siebensachen packen. Viel mehr als Matten, Kleidung, Stiefel und Geschirr war ihnen nicht geblieben.

Der Abschied war tragisch, aber auch lautstark und theatralisch wie die Schlussszene in einer Oper. Dostojewski heulte lauthals und mit langen Schluchzern. Es ging mir durch Mark und Bein. Zehn Jahre später erinnerte er mich noch einmal an die Szene, in seinem Brief vom 31. März 1865. Ein denkwürdiger Tag, schrieb er. Kann man wohl sagen.

Gemeinsam begleiteten wir die Isajews zu ihrer neuen Bleibe oder zumindest ein Stück in diese Richtung. Wir brachen am späten Abend auf und wollten die halbe Strecke mitfahren. Es war eine wunderschöne Maiennacht. Geplant war, dass F. M. bei mir in der Break sitzen sollte und dass die Isajews den offenen Pritschenwagen nehmen sollten. Für eine Kutsche fehlte es ihnen an den nötigen Mitteln.

Vor der Abfahrt kredenzte ich Champagner, und wir tranken auf eine gute Reise. Maria sah aus wie ein Engel auf einer Ikone. Sie trug ein weißes Sommerkleid mit tiefem Dekolleté, das das nahezu Durchsichtige ihrer Haut zeigte. Über die Schultern hatte sie einen Schal mit rotem Muster auf goldgelbem Grund geschlungen. Dieses Goldgelb war es, das mich an eine Ikone erinnerte, aber es wird auch an ihrem Gesichtsausdruck gelegen haben: Sie hatte einen entrückten Blick in ihren sonst so dunklen Augen.

Um Fjodor zum Abschied die Möglichkeit zu geben, noch ein wenig mit Maria zu turteln, schenkte ich ihrem Mann bei mir zu Hause ein Glas nach dem anderen ein.

Nach bewährtem sibirischem Brauch wiederholte ich das noch einmal, als wir uns in der Diele die Mäntel anzogen: wieder Champagner. Isajew war mir jetzt völlig zu Willen und mit allem einverstanden, was ich vorschlug. Zu mir in die Equipage? Prima. Er ließ sich hineinfallen und schlief sofort wie ein Stein. F. M. setzte sich zu Maria. Dass ihr Wagen offen war, war ihnen nur recht. Sie schlüpften unter einen Mantel und vergaßen, wo sie waren. Hinter ihnen lag der kleine Pascha und schlief.

Die beiden Kutscher zogen die Schultern hoch und blickten stur nach vorn. Dichter Nadelwald, schwacher Mondschein. Die Straße war wie gewalzt. Die Luft roch süß und machte schläfrig. Meine Turteltäubchen umarmten sich; ich hatte Isajews schnarchendes Haupt auf meiner Schulter. So ging es Stunde um Stunde.

Das Turteln der Täubchen … Ja, ich konnte es nicht ganz ernst nehmen. Hätte ich gewusst, dass die beiden heiraten würden, so hätte ich es mit anderen Augen betrachtet. Ich sah es nicht als das Auseinandergehen eines Mannes und einer Frau, die sich sehr liebten und die Zeit vor dem unabwendbaren Moment noch ein wenig in die Länge dehnen wollten. Ihre ganze Beziehung sah ich als Kompromiss zwischen Traum und Wirklichkeit, mangels etwas Besserem. Er war inzwischen vierunddreißig und durfte langsam davon ausgehen, dass er die Hälfte seines Lebens hinter sich hatte; ein gesunder Bursche, den die Entbehrungen der Zwangsarbeit nur noch stärker gemacht hatten, trotz der gelegentlichen epileptischen Anfälle. Er sagte es mir nicht ausdrücklich, aber er sehnte sich nach dem Streicheln einer Frauenhand. Für sie war es kaum anders. Sie war inzwischen dreißig und fristete ihre Tage mit einem Wrack von Mann, für den der Alkohol das letzte Mittel war, das die Schmerzen betäubte. Wie lange wird es her gewesen sein, dass sie in die feurigen Augen eines Liebhabers geblickt und die warmen, starken Hände eines gesunden Mannes auf ihren Hüften gespürt hatte? Beide hatten Trost beieinander gefunden, doch das Schicksal hatte ihre Trennung gewollt, und bald würden sie sich auf die Suche nach einem neuen Retter in der Not machen. So sah ich es.

Meinen Irrtum begann ich in dem Augenblick zu erkennen, als wirklich Abschied genommen werden musste. Die Liebenden gaben einander einen letzten ungestümen Kuss und wischten sich die Augen. Ich schleppte den immer noch betrunkenen Isajew aus meiner Kutsche und hievte ihn auf den offenen Wagen. Sofort begann er zu husten und zu prusten, war sich aber offenbar nicht im Klaren über Zeit und Ort. Bald schon schlief er wieder so tief wie sein Sohn Pascha. Maria nahm neben ihm Platz. Die Pferde zogen an, und das Fahrzeug setzte sich in Bewegung. Wolken von Sand stoben auf. Der Wagen verschwand außer Sicht, die Kutschglocke verstummte.

Dostojewski rührte sich nicht. Er blieb wie angewurzelt stehen, schweigend, mit gesenktem Haupt. Tränen rollten ihm über die Wangen. Ich ging zu ihm und ergriff seine Hand. Er schien aus einem tiefen Schlaf zu erwachen. Ohne ein Wort setzte er sich zu mir in die Break. Erst in dem Moment dachte ich: Er ist bis über beide Ohren verliebt, und die Vorstellung, dass er sie nicht mehr berühren, nicht mehr sehen und nicht mehr riechen kann, macht ihn verrückt. Und nicht nur ein bisschen, es besteht die reale Gefahr, dass er den Verstand verliert.

Im Morgengrauen waren wir wieder zu Hause. Dostojewski ging nicht ins Bett. Er stapfte im Zimmer umher und sprach mit sich selbst.

Erschöpft ging er am nächsten Morgen ins nahe gelegene Militärlager und nahm an den Übungen teil. Zurückgekehrt, lag er den ganzen weiteren Tag auf der Bank, ohne zu essen oder zu trinken. Mit nervösen Zügen rauchte er eine Pfeife nach der anderen.

Doch die Zeit siegte. Nach einigen Tagen verebbte seine krankhafte Verzweiflung.

Mit Kusnezk begann eine intensive Korrespondenz, die F. M. keineswegs froh machte. Marias Briefe waren ein einziges Lamento über die ärmlichen Umstände, in denen sie sich befand, über ihre Krankheit, die unheilbare Krankheit ihres Mannes, die freudlose Zukunft. Das alles musste Dostojewski ja niederdrücken. Er wurde noch magerer als ohnehin schon, düster wie zu der Zeit, als er Ketten an den Füßen trug, leicht gekränkt – ich brauchte nur etwas zu sagen, schon zog er sich verstimmt in sein Zimmer zurück. Er verwandelte sich in einen Geist. Sogar an seinen *Aufzeichnungen aus einem Totenhaus* schrieb er nicht mehr weiter, obwohl er einige Wochen zuvor beflügelt damit begonnen hatte.

An warmen Abenden ging ich mit ihm ins Freie. Ich streckte mich im Gras aus; er folgte schon bald meinem Beispiel. Auf dem Rücken liegend schauten wir zu den Myriaden von Sternen hinauf, die aus der dunkelblauen Tiefe des Himmels funkelten. Wenn er tief Luft holte, wusste ich, es war gut.

Die Großartigkeit der Schöpfung bewegte uns. Der Gedanke an die allwissende, allmächtige göttliche Kraft machte uns die eigene Nichtigkeit bewusst und erfüllte uns mit Demut. Nicht, dass wir oft und viel über die Religion gesprochen hätten; Dostojewski war im Innersten fromm, ging aber selten in die Kirche, und von Popen wollte er nichts wissen, schon gar nicht von sibirischen

Popen. Über Christus hingegen sprach er verzückt. Göttliches lag für ihn vor allem im Handeln des Messias. Man hörte seine Stimme zittern, wenn er »der Messias« sagte.

Ohnehin war seine Art zu sprechen originell. Er sprach nicht laut, begann ein Gespräch fast flüsternd. Wenn ihn das Thema oder die Betrachtungsweisen, die er entwickelte, animierten, wurde er lauter und lauter. In Momenten besonderer Erregung redete er wie ein Wasserfall und nahm die Aufmerksamkeit des Zuhörers völlig in Anspruch durch sein überdrehtes Reden.

Doch selbst Christus söhnte ihn nicht mit Maria Dmitrijewnas Wegzug aus. Ich beschloss, ihn auf andere Weise abzulenken.

Ich schleppte ihn überallhin mit. Bei jeder nur denkbaren Gelegenheit waren wir mit von der Partie. Er sträubte sich und lamentierte, er habe keine Lust mehr auf das Leben. Ich blieb hartnäckig und machte ihn mit den Bergbauingenieuren der Kupfer- und Silberminen im Altai-Bezirk bekannt. Es befreite ihn kaum von seinen düsteren Grübeleien.

Plötzlich wurde er abergläubisch. Er erzählte mir von Hellsehern, besuchte Wahrsagerinnen und zerrte mich mit zu einem alten Mütterchen, das die Zukunft aus Bohnen las. Sie sollte mir vorhersagen, ob für mich Glück am Horizont schimmerte.

»Man sollte es vorher wissen«, sagte er, während die Alte sich über die Bohnen beugte. »Ein gewarnter Mann lässt sich nicht so leicht hinreißen. Die Liebe überrumpelt einen, und nichts ist gefährlicher.«

Erst jetzt verstand ich: Er wollte mein Gemüt dämpfen. Zum ersten Mal hatte ich mich in ein Liebesabenteuer gestürzt. Die Romanze hatte noch schneller, ungestümer und unerwarteter begonnen als die Affäre zwischen F. M. und Maria. Ich lernte sie auf einem Ball kennen, und im nächsten Moment lag ich in ihren Armen. Zweifellos werden einige Stunden verstrichen sein, bevor die Liebkosungen begannen. Für mein Gefühl waren es nur Minuten.

Schon bald befanden F. M. und ich uns in einer ähnlichen Situation. Auch ich hatte mich in eine verheiratete Frau verliebt und auch mir stellte sich ein Hindernis von vierhundert Werst Entfernung in den Weg. Während seine Maria nach Kusnezk umgezogen war, befand sich meine Jekaterina in Barnaul. Der Unterschied war, dass meine Heldin fünfzehn Jahre älter war als ich und dass sie nicht, wie Maria, einen kleinen Sohn hatte, sondern sechs Kinder. Was sie im Übrigen nicht daran hinderte, einen Liebhaber nach dem anderen mit Toiletten zu bezirzen, die sie sich aus Paris hatte kommen lassen. *Ein* Liebhaber genügte ihr ganz offensichtlich nicht; wäre sie ein Mann gewesen, so hätte sie sich einen Harem gehalten.

»Ach du liebe Zeit«, rief Dostojewski aus, als ich es ihm beichtete. »Mein grandioser Freund! Wäre es nicht noch komplizierter gegangen? Was für ein endloser, erbärmlicher Kummer.«

Erbärmlich oder nicht erbärmlich, es lenkte ihn ab. »Erzähl, erzähl.« Endlich hatte ich ein Thema gefunden, das seine volle Aufmerksamkeit genoss und ihn aus seiner Betäubung herausholte.

Aber erzähle nie etwas einem Schriftsteller. Ein Vierteljahrhundert später schlug ich nichtsahnend eine Zeitschrift auf, las eine Novelle meines alten Freundes F. M. mit dem rundheraus komischen Titel *Der ewige Gatte*, erkannte in Natalja Trusotskaja mühelos meine Jekaterina und in ihrem gutmütigen, leicht trotteligen Ehemann General Andrej Rodionowitsch Gerngross.[35]

Das Wort »trottelig« erweckt vielleicht einen falschen Eindruck. Jeder, der ihn kannte, hielt Andrej Rodionowitsch für einen sehr netten, bescheidenen, fröhlichen Mann. In Wissenschaftskreisen war er als brillanter Bergbauingenieur bekannt. Seit 1854 leitete er die Minen bei Barnaul im Altaigebirge und die Erzverarbeitungsanlage in Lokot. Durch eine neue Bohrtechnik verringerte er die Produktionskosten bei der Kupfergewinnung. Allein schon deshalb genoss er die höchste Anerkennung seitens seiner militärischen Vorgesetzten – der Bergbau unterstand der Militärverwaltung. Gerngross war als Oberst nach Barnaul gekommen und sofort zum General aufgestiegen. Wegen der riesigen Vorkommen an Bodenschätzen war Sibirien für die politischen Bonzen in Petersburg das Land der Zukunft geworden. Allein in den Kupfer- und Silberminen von Barnaul arbeiteten sechstausend Arbeiter.

Mit Gerngross hatte ich die baltische Herkunft gemein und die Studienjahre in Petersburg. Ich kannte alle seine Verwandten, bevor ich Andrej selbst begegnete. Er war klein von Wuchs, agil, dunkelblond. Zweifellos wird er Baron gewesen sein, doch das vermag ich nicht mit Sicherheit zu sagen. Er ließ sich nur mit seinem militärischen Rang ansprechen, weil das Kind nun mal einen Namen haben muss. Gerngross schien mit einem ausgeprägten Mangel an Selbstwertgefühl geboren zu sein und litt keineswegs darunter. Wenn ich auf irgendetwas neidisch war, dann auf die Mühelosigkeit, mit der er sich zurücknahm.

Ich lernte ihn und seine Frau während eines Diners kennen, das von einem der Direktoren der Mine gegeben wurde. Anschließend gab es einen Ball. Nicht ich bat sie um einen Tanz, sondern sie mich. Noch bevor ich meine

Hand auf ihren Rücken gelegt hatte, wusste ich, dass sie eine männermordende Frau war. Als ich mich ihr vorstellte, drang ihre Antwort nicht zu mir durch: Ich befand mich zweifellos bereits in ihrem Bann. Ich hatte sie zwei- oder dreimal geküsst, bevor ich hörte (oder endlich mitbekam), dass sie Jekaterina Osipowna hieß.

Mit der Leichtigkeit einer Kurtisane bezirzte sie mich. Sie war durch und durch Lust, ich kann es nicht anders sagen. So wie andere süchtig nach Opium sind, war sie es nach der Liebe. Jekaterina – kurz Katja – liebte große, starke Männer. Ich fürchte, das war ihr einziges Kriterium.

Die Konkurrenz war beträchtlich. Ich musste es gegen einen Marquis aufnehmen und gegen einen Leutnant, der genauso jung war wie ich. Doch wenn ich mit ihr allein war, tat sie so, als sei ich der einzige Mann, der für sie zählte, ein Mann, auf den sie ihr ganzes Leben gewartet hatte und um den sie, sollte er sie unverhofft verlassen, ihr ganzes weiteres Leben lang trauern würde. Sie brachte dies mit so viel Hingabe zum Ausdruck, dass ich nicht merkte, dass sie nur spielte.

Ich dachte, dies sei die Liebe, die Eis in Wasser verwandelt und Wüste in blühende Felder. Wenn sie mit weit ausgebreiteten Armen auf mich zustürmte, fürchtete ich, mein Herz würde noch größer als eine Glocke. Ich geriet völlig durcheinander; allein schon ihr Duft betäubte mich. Ich kannte ihren Ruf und glaubte, dass sich alle irrten. Das war nur Eifersucht, niemandem konnte sie so viel Liebe schenken wie mir, ich hielt es für ausgeschlossen, so unglaublich viel Liebe, nein, die konnte sie unmöglich auch noch X und Y und Z schenken.

Nie mehr in meinem Leben würde ich einer solchen Frau begegnen, das wusste ich vom ersten Moment an, als ich auf jenem Ball mit ihr tanzte. Man sah ihr nicht an, dass sie sechs Kinder zur Welt gebracht hatte; sie war groß und schlank. Wie gesagt, sie kleidete sich auf äußerst anziehende Weise, nach der jüngsten Pariser Mode. Sie war provozierend, scherzte in einem fort, machte sich in aller Öffentlichkeit über mich lustig. Ich fand das prickelnd und erregend. Von süßen Schmeicheleien hielt sie nichts. Ein maliziöser Scherz rettete ihren Tag.

Auf F. M. machte sie einen gewöhnlicheren Eindruck. Genau genommen, so las ich viele Jahre später in *Der ewige Gatte*, gehörte sie zu den Damen aus den »begüterten« Provinzkreisen, die kaum auffielen. In Dostojewskis Augen besaß sie Manieren, Takt und einen verfeinerten Geschmack. Sonderlich hübsch fand er sie nicht, aber sehr lebhaft und ausdrucksstark. Schöne Augen hatte sie seiner Ansicht nach auch nicht, allerdings lag ständig etwas Resolutes in ihrem Blick.

Doch selbst Dostojewski musste anerkennen, dass diese Frau eine außergewöhnliche Gabe besaß, Männer anzulocken, zu ihren Sklaven zu machen und zu beherrschen. Zum Sklaven zu machen ist nicht übertrieben; ich hätte auf der Stelle etwas Ungeheuerliches und Unsinniges getan, falls Katja das auch nur im Entferntesten verlangt hätte. Es war Leidenschaft, und nach Dostojewskis Ansicht »dumme Leidenschaft«.

Dostojewski mochte sie nicht. Sie betrachtete ihn mit Misstrauen und zugleich mit so viel Neugier, dass er zugeben musste, sie begegne ihm charmant und höflich. Er wies mich warnend darauf hin, dass Madame X – so nannte er sie immer, um Gerede in der Gegend vorzubeugen – lediglich imstande sei, mir kurze Momente der Lust und des vollkommenen Glücks zu gewähren. Diese Momente solle ich auskosten und ihr dafür unendlich dankbar sein, doch damit basta. Mehr dürfe ich nicht von ihr wollen oder gar verlangen, denn sie könne mich ja unmöglich heiraten. Mein Herz würde nur in einem friedlichen Leben Ruhe finden, nicht in einer leidenschaftlichen Romanze. Ich müsse eine Frau suchen, der ich vertrauen könne, nicht eine wie Madame X, die möglicherweise zehn Liebhaber habe, an jedem Finger einen!

Eine vertrauenswürdige Frau! Eine ausgeglichene Frau! Eine Frau, auf die man sich stützen kann! Das waren genau die Worte, die ich verwendet hatte, um ihm klarzumachen, dass Maria nicht zu ihm passte. Meine Einwände gegen sie erhielt ich auf einem Präsentierteller zurück. Und dazu auch noch in geschriebener Form, in einem sechsseitigen Brief, den er am 9. März 1857 abschickte – da war er noch in Semipalatinsk und ich in Petersburg. Madame X tauge nicht. Madame X halte mich zum Narren, nutze mich aus, missbrauche mich. Madame X halte sich selbst nie in irgendeiner Hinsicht für ungerecht oder schuldig. Die fortwährende und vielfältige Untreue ihrem Mann gegenüber belaste ihr Gewissen in keiner Weise.

F. M.s Sympathie lag bei ihrem Gemahl. Nicht, weil er aufgrund des augenfälligen Betrugs seiner Frau Mitleid erweckt und ebenso wenig, weil er Ähnlichkeit mit einem ewigen Gatten bekommen hätte – einer, der, war er erst einmal verheiratet, zum Attribut seiner Frau wird. Nichts von alledem. General Gerngross hatte Dostojewski als renommierten Schriftsteller begrüßt, nicht als den Zwangssoldaten, der er damals noch war. Vor allem aus diesem Grund war er in F. M.s Augen ein prima Kerl. Er verhielt sich nicht wie die anderen Offiziere, die auf ihn herabsahen und jeden Kontakt mieden, aus Angst, das könne ihrer Karriere schaden. Diese Offiziere wussten zumeist nicht, dass Dostojewski eine militärische Ausbildung genossen und wie Gerngross die Militäringenieursschule in Petersburg absolviert hatte. Für Gerngross zählte nur, dass er ein bekannter Schriftsteller war. Ich muss zugeben, er war großmütig. Zwischen einem Zwangssoldaten und einem General war der Standesunterschied in Sibirien genauso groß wie zwischen einem Obdachlosen und einem Minister in der Hauptstadt.

Unterwegs mit ihm

ER SCHRIEB WIEDER an seinen *Aufzeichnungen aus einem Totenhaus.* Dann und wann las er eine Passage vor, nicht, um nach meinem Urteil zu fragen, sondern um zu hören, wie es klang. Ich wunderte mich über den heiteren Ton. Er rühmte Sibirien, als wäre es Mazedonien. Ein ausgezeichnetes Klima, viele reiche und gastfreie Kaufleute, die jungen Mädchen rosengleich und äußerst sittsam; das Wild fliegt durch die Straßen und fällt dem Jäger sozusagen in den Schoß; es wird anormal viel Champagner getrunken, und der Kaviar ist exzellent. Als er das vorlas, prustete er los. Ich fragte, ob er nicht ein wenig übertreibe, aber nein, eine Geschichte über Gefangenschaft und Zwangsarbeit wolle er nicht jämmerlich beginnen, dann gäbe es keinen Kontrast. Tieftraurig dürfe es auch nicht werden, in einem schallenden Gelächter stecke häufig mehr Tragik als in einer Träne.[36]

Auffallend fand ich, dass er seine eigenen Erfahrungen in einer fiktiven Figur verarbeitete, einem Lehrer adliger Abstammung, der wegen des Mordes an seiner Frau zu zehn Jahren Zwangsarbeit verurteilt worden war. Eine Figur, die einige Ähnlichkeit mit ihm selbst aufwies, ihm aber zugleich sehr fern war. Dostojewski hatte nie einen Mord begangen, auch wenn ich ihn oft behaupten hörte, in Gedanken seien wir alle Mörder.

Ich verstand, weshalb er sich von seiner Hauptfigur distanzierte: Er wollte Mitleid vermeiden. Er war ein Mensch, der mit fast jedem Mitleid hatte, es aber demütigend fand, wenn man es ihm gegenüber bewies. Wenn er einen politischen Gefangenen beschrieben hätte, der zu Unrecht verurteilt worden war, wäre das Buch einer Anklage gegen seine eigene ungerechte Behandlung gefährlich nahe gekommen. Das war nicht sein Ziel. Er wollte das Leben eines Zwangsarbeiters beschreiben, der getriezt wurde, weil er von Adel war und sich würdig und adlig verhielt, aber nicht vorhatte, den Kopf hängen zu lassen, und in der schweren Arbeit eine Möglichkeit sah, körperlich zu erstarken. In dieser Überlebensstrategie hatte Selbstmitleid keinen Platz.

Falls Fjodor aus seiner Hauptfigur einen politischen Gefangenen gemacht hätte, hätte er das Buch sicherlich nicht durch die Zensur gebracht. Mit dem von ihm gewählten Ansatz versuchte er, die Behörden mild zu stimmen und ein Veröffentlichungsverbot zu vermeiden. Er war nach wie vor zwangsverpflichteter Soldat, seine Strafe war noch nicht zu Ende, und wenn er begnadigt werden wollte, musste er sich in politisch heiklen Fragen bedeckt halten. Im Übrigen sollte es noch Jahre dauern, bevor das Buch gedruckt werden konnte.[37]

Ich erhielt gute Nachrichten aus Petersburg. Einem Brief entnahm ich, dass der neue Zar gnädig und überaus sanftmütig war. In der Hauptstadt wehte ein neuer Wind; große Reformen standen bevor. Als ich das Dostojewski erzählte, richtete ihn das sichtlich auf. Es gab ihm den Mut, weiterzuschreiben, und er weigerte sich nicht mehr so halsstarrig, mich zu begleiten, wenn ich ihm etwas Ablenkung verschaffen wollte.

Der reiche Rachim-Bei lud uns zur Hochzeit seiner Tochter ein. Er hatte sie an einen reichen Kaufmann aus Taschkent verheiratet. Mangels eines großen Saals im Haus war der Innenhof der Schauplatz der Festlichkeiten. Hundertfünfzig Tatarinnen saßen in einzelnen Grüppchen auf Teppichen, die Beine unter sich gezogen. Sie hatten ihre Schleier abgelegt, trugen kurze Seidenkleider und darunter weite Pluderhosen. Weiß gepuderte Gesichter mit grellrot geschminkten Wangen und schwarzen Punkten über den Augenbrauen verliehen ihnen ein wahrlich orientalisches Aussehen. Schweigend aßen sie ein Gericht nach dem anderen. Nach dem Festmahl standen sie auf und leckten sich die Finger ab – die Benutzung von Messer und Gabel galt als unschicklich.

Die Braut befand sich nicht unter ihnen. Nach traditioneller Sitte musste sie drei Tage lang fasten, unsichtbar für die Gäste und in Erwartung des Bräutigams, der am vierten Tag erschien. Während des Fastens durften höchstens zwei Freundinnen der Braut Gesellschaft leisten; währenddessen feierten die männlichen Gäste tagelang.

Die Zeremonie endete mit dem Verlesen eines Gebets durch einen muslimischen Geistlichen, den *achun.* Dann setzte der Bräutigam seine Braut in den Sattel und machte sich zu Pferd auf den 1500 Werst langen Weg. Das war das Ende des Festes.

Das Bild von Braut und Bräutigam, die auf dem Schimmel in einer Staubwolke verschwanden, hielt ich für ein Märchen. Dostojewski war es zu schön, zu süßlich; es berührte ihn nicht. Das Wesentliche verbarg sich für ihn in den schlechten und verdorbenen Seiten der Menschen;

den Rest betrachtete er als schönen Schein. Auf dem Rückweg bombardierte er mich mit Fragen. Ich musste ihm von den Männern und Frauen erzählen, die mir zum Verhör vorgeführt wurden, als suchte er nach einem Gegengewicht zum gerade Gesehenen.

In *Verbrechen und Strafe* sollte ich gut zehn Jahre später der Frage begegnen, die Raskolnikow quält: »Wie kommt es, dass fast alle Verbrechen so leicht entdeckt und aufgeklärt werden und die Spuren fast aller Verbrechen so deutlich sind?«, der Frage, die Dostojewski mir fast wörtlich stellte, als ich ihm erzählte, ich hätte ein schweres Vergehen »im Handumdrehen« aufgeklärt.

Ich kam täglich mit Verbrechen in Berührung, doch für mein Gefühl blieb ich trotzdem außen vor. Dostojewski hatte im Zuchthaus von Omsk vier Jahre lang mit Schwerstkriminellen zusammengelebt. Er konnte sie, wie er selbst sagte, riechen.

Wird das Verüben eines Verbrechens von Krankheit verursacht oder geht das Verbrechen durch seine besondere Erscheinungsform stets mit etwas einher, was einer solchen ähnelt? Diese Frage beschäftigte ihn immer mehr.

Einige Monate bevor *Verbrechen und Strafe* erschien, schrieb er mir in einem offenherzigen Brief: »Ende November war viel geschrieben und fertiggestellt. Ich habe alles verbrannt; das kann ich jetzt zugeben. Es gefiel mir nicht. Ich geriet in den Bann einer neuen Form, einer neuen Konzeption und fing von vorne an.«

Was er tat, war dies: die Beweggründe eines gewalttätigen Menschen deuten. Völlig unüblich in jener Zeit; Verbrecher gehörten zum Abschaum, ihre Motive wurden kaum untersucht, auch nicht von Staatsanwälten und Richtern. Für Dostojewski entsprang Verbrechen einer Krankheit. Der Verbrecher unterliegt im Moment des

Verbrechens einem gewissen Verfall der Willenskraft und des Verstandes, an deren Stelle eine phänomenale, kindliche Leichtsinnigkeit tritt, genau in dem Moment, in dem vor allem Verstand und Vorsicht geboten sind. Dieser Zustand der Geistesverwirrung und des Verfalls der Willenskraft überkommt ihn wie eine Krankheit, vergleichbar mit einem schweren Fieberanfall, der kurz vor dem Begehen des Verbrechens seinen Höhepunkt erreicht. Ist das Verbrechen begangen, geht das Fieber zurück und das Gefühl der Schlappheit verschwindet. Der Verbrecher will dann am liebsten gestehen, um endgültig von dem Leiden befreit zu sein und zu genesen.

Kluge Theorie. Irrsinnig gut durchdacht. Ich habe der richterlichen Macht nicht lange angehört, sondern wurde von Seiner Exzellenz dem Zaren in den diplomatischen Dienst berufen, doch weder im Gerichtssaal noch außerhalb davon habe ich jemals jemanden scharfsinniger über Verbrechen sprechen hören als F. M.

Verbrechen berührten ihn genauso wie Gewaltausbrüche, Unterdrückung oder Ausbeutung. Ich habe eine Vermutung, woher das kommt. Nicht in allererster Linie durch Sibirien – obwohl die Zwangsarbeit ihn in täglichen Kontakt mit Kriminellen brachte –, sondern in viel stärkerem Maße noch durch den geheimnisumwobenen Tod seines Vaters. Dieser war Arzt gewesen. Zunächst beim Militär, später im Mariinski-Krankenhaus für Arme in Moskau. Nach zwanzig Jahren ärztlicher Tätigkeit hatte er den Sankt-Anna-Orden dritter Klasse erhalten, wodurch er automatisch in den Adelsstand erhoben wurde. Er hatte seine Söhne in das Adelsregister eintragen lassen, damit der Titel erblich wurde. Trotzdem blieben die Kinder niederen Adels. Die Familie hatte in einer Wohnung in einem der Nebengebäude des Krankenhauses gewohnt; die sieben Kinder spielten im Innenhof, umgeben von Kranken und Auge in Auge mit der Sterblichkeit.

Wie Doktor Dostojewski an das Geld gekommen war, um ein kleines Gut, einhundertfünfzig Werst von Moskau entfernt, kaufen zu können, hat F. M. mir nie erzählt. Er sprach sowieso nie von seinem Vater, jedenfalls nicht auf direkte Weise. Doktor Dostojewski muss ein schwieriger, fordernder und vielleicht sogar hartherziger Mann gewesen sein. Groß war das Gut nicht, und viele Leibeigene hatte er auch nicht. Im Frühjahr 1839 kam er auf diesem Gut ums Leben. F. M. ließ durchblicken, dass er von seinen Leibeigenen ermordet worden war. Gelyncht.

Damals war Fjodor achtzehn Jahre alt. Zwei Jahre zuvor war seine Mutter gestorben. Er hatte sie unendlich geliebt, genau wie ich meine Mutter. Die Vornamen der beiden unterschieden sich lediglich durch einen einzigen Buchstaben: Seine Mutter hieß Maria, meine Darja. Ein Buchstabe, ja, Fjodor sprach Maria immer mit weichem i wie Marja. Beide Mütter waren hochsensibel und geistig unabhängig, beide starben jung.

Nach dem Tod seiner Mutter hatte sein Vater ihn und seinen älteren Bruder in ein Internat in Sankt Petersburg gesteckt. Mit den jüngeren Kindern hatte Vater Dostojewski sich auf das Gut Darowoje zurückgezogen. Ein Jahr später war Fjodor in die Pionierschule aufgenommen worden und hatte seine Ausbildung zum Militäringenieur begonnen; wieder ein Jahr später kam sein Vater zu Tode.

Nicht nur Fjodor, sondern auch seine Brüder Michail und Andrej hatten schlimme Vermutungen hinsichtlich dieses gewaltsamen Todes. War ihr Vater so grausam zu den Bauern gewesen, dass sie Rache geübt hatten? Niemand von der Familie hatte es mit eigenen Augen gesehen. Was genau war passiert?

Über seinen Vater sprach F. M. nur auf Umwegen. Die Einzelheiten seines Todes gehörten ins Reich der Vermutungen.[38] Doch als ich ihm einmal erzählte, wie schwierig mein Verhältnis zu meinem eigenen Vater war, sagte er: »Ich stelle mir Ihren Vater als merkwürdige Mischung aus allerfinsterstem Argwohn, krankhafter Überempfindlichkeit und ... Großzügigkeit vor.« Er versicherte mir, er habe das gleiche Verhältnis zu seinem Vater gehabt wie ich zu meinem. Dann fügte er etwas Sonderbares hinzu: »Er ist auch sehr zu bedauern, das wissen Sie besser als ich.«

Er hatte recht. Mindestens genauso stark wie ich selbst litt mein Vater unter seinem Argwohn und seinen raschen Stimmungswechseln.

Dostojewski riet mir, weiterhin viel zu reisen und meiner Heimat fernzubleiben. »Das ist die einzige Art und Weise, wie man unerträgliche Reibereien vermeiden kann.«

Jahre später erteilte er mir denselben Rat in einem Brief und wiederholte noch einmal, was er über meinen Vater – und im Grunde über seinen – gesagt hatte. Wir hatten böse und misstrauische Väter, die mit sich selbst im Unreinen waren und ihren Zorn an ihren Kindern oder ihren Untergebenen ausließen. Obwohl mein Vater genau wusste, wo er aufhören musste, und seiner das offenbar in einem entscheidenden Augenblick vergessen hatte.

Heimliche Reisen

ZUSAMMEN MIT DEM GOUVERNEUR besuchten wir einen alten reichen Mann aus Kokand namens Bukasch. Einen Mann zwischen fünfundsechzig und siebzig, hager, mittelgroß, gewitzt, mit der Gesichtsform eines schlauen Fuchses. Seinen Spitzbart hatte er nicht gefärbt, wie es bei Asiaten sonst üblich ist. Er hatte Kasan und Moskau besucht und war das Gegenteil eines weltfremden Religionsfanatikers. Doch was stellte sich heraus? Soeben hatte er sich aus Kokand eine junge Frau geholt, die seine fünfte Ehefrau werden sollte, und mit ihr wollte er angeben. Aus diesem Grund hatte er uns zu einem *dastarchan* eingeladen, einer Mahlzeit, die im Sitzen auf einem Teppich eingenommen wird. Wir waren die einzigen Gäste.

Das Khanat Kokand, im Osten Usbekistans gelegen, zweihundert Werst südöstlich von Taschkent, war von uns erst vor Kurzem kolonisiert worden. Ein rentables Gebiet dank des Baumwollanbaus. Das Khanat zählte etwa sechshundert Moscheen, allein schon in dem Tal bei der Stadt Kokand standen an die dreihundert.

Mochte Bukasch auch kein orthodoxer Muslim sein, so war die Tatsache, dass er seine Frau einem Fremden zeigte, und dazu auch noch unverschleiert, auch für ihn ein ungewöhnlicher Ausdruck von Liberalität und Beweis blinden Vertrauens zu seinen Gästen. Wir mussten es als große Ehre verstehen.

Zu dritt saßen wir im Schneidersitz auf den Teppichen. Vor uns wurden niedrige orientalische Tischchen mit Süßigkeiten gestellt. Der Gastgeber persönlich ging das Mädchen holen. Offenbar schämte sie sich und traute sich nicht aus ihrem Zimmer: Er kehrte unverrichteter Dinge zurück.

Zweimal erschien eine alte Tatarin und flüsterte ihm etwas ins Ohr. Irgendwann erhob sich Bukasch zornig und erschien kurz darauf mit seiner jüngsten Eroberung. Das Mädchen wurde mit Gewalt von ihrem Gebieter zu unserem Teppich geschleppt.

Ich schätzte sie auf noch nicht einmal vierzehn. Ein kleines, scheues Wesen, zitternd wie ein ängstliches Tier. Sie blickte sich schüchtern um, warf uns aber doch aus ihren wunderbaren großen schwarzen Augen einen kurzen Blick zu. Ihr alter Ehemann befahl ihr, uns die Pokale mit Champagner zu bringen. Wieder blickte sie sich scheu um und brach in Tränen aus.

Es war peinlich mit anzusehen; ein Kind aus den Baumwollfeldern, das plötzlich die Verführerin spielen sollte und kaum zu wissen schien, was Betörung war. Schließlich gehorchte sie, und fast im gleichen Moment verwandelte sie sich in eine Frau von Welt. Fast aufreizend langsam reichte sie uns nacheinander die Pokale. Dann kehrte sie in die Kindheit zurück und rannte Hals über Kopf aus dem Raum.

Bukasch sah uns triumphierend an, fragend, als wolle er sagen: »Na? Wie findet ihr sie?« Wir konnten kaum etwas anderes tun als den Mann zu loben: Worauf die Herren weisen, das müssen die Narren preisen. Trotzdem machten wir uns über den alten Mann lustig. Hatten ihm nicht schon seine anderen Frauen den Kopf gewaschen? Und seine Stammesgenossen?

Auf dem Rückweg entdeckte ich einen schmerzlichen Blick in Dostojewskis Augen. Ein vierzehnjähriges Mädchen, das an den Haaren hereingeschleppt wird, das musste ihn schockiert haben. Er kam später noch ein paarmal darauf zurück. Ich glaube, er nahm es sich selbst übel, nicht eingegriffen zu haben.[39]

Wir erhielten eine Einladung von den Ingenieuren, die die Anlage in Lokot betrieben, in der das Erz aus den Gruben im Altaigebirge weiterverarbeitet wurde. Sie lag ziemlich weit von Semipalatinsk entfernt.

Für einen Besuch außerhalb der Stadtgrenzen musste ich für Dostojewski eine Genehmigung beantragen. Je weiter wir uns fortbewegten, umso schwieriger war diese Genehmigung zu bekommen. Im Prinzip musste F.M. innerhalb von zwölf Stunden wieder in der Kaserne sein können. Daran hielten wir uns selten, obwohl ich es als Hüter des Gesetzes nicht allzu bunt treiben wollte. Ich machte mir auch immer mehr Feinde, weil ich mit jugendlichem Elan Korruption anprangerte, »die Einkünfte ohne Sünde«, wie man sagte. In Sibirien erhielten die Beamten die niedrigsten Jahresgehälter des Russischen Reichs, da war Korruption einfach unvermeidbar. Ich übersah viel, aber manche Leute benahmen sich wie die schlimmsten Gauner. Und ja, wer den Unbestechlichen herauskehrt, wird schnell Heuchler gescholten. Schließlich war ich alles andere als untadelig und nahm Dostojewski am liebsten überallhin mit.

Entfernungen sagen wenig in Sibirien, zumal im Sommer. Hundert Werst ist nichts, man stiebt in fünf bis sechs Stunden über die Steppe, ohne müde zu werden. Zu den Minen von Lokot brachen wir abends auf. Ich hatte eine hübsche Kutsche gemietet, einen kleinen Zweisitzer mit einem Bastmattenverdeck und sehr langen Deichseln, wodurch wir nicht allzu sehr unter dem Gerüttel und Geschüttel litten. Hinten war der Koffer mit einem Strick festgebunden. Durch die Geschwindigkeit wurden wir von Zeit zu Zeit aber doch hin und her geschleudert.

Mein Spürhund, der mir nie von der Seite wich, saß vorn neben dem Kutscher. Er bellte auffallend oft. Wir konnten nicht schlafen, ein seltsamer Teergeruch hielt uns wach. Wo er herkam, blieb ein Rätsel. Es konnte nicht schaden, in diesen Gegenden wachsam zu bleiben. Im Nadelwald versteckten sich zwielichtige Gestalten oder Verbannte, die sich aus Geldmangel schlaue Methoden ausdachten, um ein Fahrzeug zum Anhalten zu zwingen. Armut sucht List. Der Kutscher schwatzte in einem fort, um den Anschein von Besorgtheit auszuräumen. Wir hörten kaum zu, die Müdigkeit tat ihr Werk. Der Teergeruch verschwand, als wir den Nadelwald hinter uns gelassen hatten und an endlosen Wiesen entlangfuhren. War es falscher Alarm gewesen? Oder doch ein Versuch, uns in einen Hinterhalt zu locken?

Als es hell wurde, nahm unsere Schläfrigkeit unverhältnismäßig zu. Wir dösten vor uns hin, an den Rücken unseres redseligen Kutschers gelehnt. Um nicht aus dem kleinen Wagen geschleudert zu werden, suchten wir in einer festen Umarmung nach Gleichgewicht. Während wir uns so gegenseitig hielten, fuhren wir der Morgenröte entgegen. Der Himmel begann immer heftiger und intensiver zu glühen. Eine enorme Feuerglut, wie über einer Stadt, in der Hunderte von Holzhäusern brennen. Wie eine blutrote Scheibe tauchte die Sonne aus dem Schoß der Erde hervor. Sie bestrahlte die Steppe und wärmte uns. In der Luft hing der wunderbare Geruch von Wermut.

Wir dehnten und reckten uns, verrichteten unsere Notdurft. Um uns herum grasten Kamele, Pferde, Schafe. Wir waren über die Steppe geflogen, doch für eines der Pferde war es zu schnell gewesen: Es begann zu lahmen. Der kirgisische Kutscher spannte es aus, sprang auf seinen Rücken und galoppierte zur nächsten Herde, wo er es dem Hirten übergab und ein anderes aussuchte. Das war so üblich in dieser Gegend. Er setzte sich auf das frische Pferd, galoppierte zu unserem Wagen zurück und schirrte es ein. Es widersetzte sich, doch die Peitsche brach seinen Widerstand, und der volle Trab machte es rasch ruhig.

Am Vormittag kamen wir beim zweiten Biwak an. F. M. setzte den Samowar auf und kümmerte sich um den Tee; ich ergriff das Gewehr und ging zum nahe gelegenen See. So wenig Vögel es in den Wäldern Sibiriens gibt, so viele fliegen über den Steppen, den Binsen und Seen. Ganze Schwärme zogen dicht über mich hinweg; es war wie Preisschießen. Nach kurzer Jagd kehrte ich trophäenbehängt zurück. »Das gibt einen Schmaus«, murmelte F. M., während er von seinem Tee nippte. Er war kein Liebhaber von Gewehren, wohl aber von gebratenen Fasanen und Rebhühnern.

Es ging weiter. Stundenlanges Fahren, Schütteln und Schaukeln. An einem Friedhof hielten wir kurz an, streckten die Beine und sahen zu unserer Freude einen Fluss. Es war ein glühend heißer Tag, und durch den Staub hatten wir uns in Mohren verwandelt. Wir zogen uns aus, hängten die Kleider über die Grabsteine und sprangen in den

Fluss. Fjodor schwamm mit kräftigen Zügen. Es war, als würde er von Monat zu Monat stärker und gesünder.

Am späten Nachmittag erreichten wir das Werk in Lokot. Nach guter sibirischer Sitte wurde unsere Ankunft sofort mit Champagner gefeiert. Ohne Champagner fand in Sibirien nicht einmal das kleinste unerwartete Ereignis statt. Eine Begegnung, ein Geliebter, der erschien, Freude, Kummer, ein Abschied, der zu schnell kam, alles war Anlass, einen Veuve Clicquot zu entkorken.

Wir liefen in Lokot General Gerngross in die Arme, dem Generaldirektor der Minen im Altaidistrikt. Zu meinem ungeheuren Bedauern war er nicht in Begleitung seiner Frau; ich hatte natürlich gehofft, in Lokot Katja wiederzusehen. Durch ihre Abwesenheit wurde mir plötzlich bewusst, dass meine Gefühle für sie noch viel stärker waren, als ich angenommen hatte. Es war keine bloße Anwandlung gewesen, der ich mich hingegeben hatte, und auch nicht der Wunsch nach einem kleinen Abenteuer; ich war in inniger Liebe zu ihr entbrannt, und, wie ich felsenfest glaubte, sie zu mir.

Gerngross lud uns in sein Haus in Barnaul ein und zu einem anschließenden Besuch in Smeinogorsk, wo die Generalsfamilie den Sommer in einer fürstlichen Reichsdatscha verbrachte. Die Werksleitung wagte es allerdings nicht, Dostojewski nach Smeinogorsk weiterreisen zu lassen. Es lag noch sehr viel weiter von Semipalatinsk entfernt, und die Direktoren befürchteten, denunziert zu werden. Denunzianten sind überall zu finden, auch in den entlegensten Gebieten. Außerdem waren es unruhige Zeiten, ein Feldzug wurde vorbereitet, und die Chance war groß, dass Soldat Dostojewski daran würde teilnehmen müssen. Er konnte jeden Moment zu den Waffen gerufen werden.

Ich wollte F. M. nicht allein zurückfahren lassen, nahm aber trotzdem heimlich die Einladung in die Datscha in Smeinogorsk an. Ich würde einige Wochen später dorthin reisen. Eine fantastische Umgebung, so schien mir, um Katja wiederzusehen. Ich besprach es aber wohlweislich nicht mit Dostojewski: Das hätte mir mit großer Sicherheit den soundsovielten Verweis eingetragen. So viele Bedenken ich gegen seine Beziehung zu Maria hatte, so entschieden war Dostojewski gegen mein Verhältnis mit Katja. Er behauptete, ich würde mir nur selbst schaden, indem ich mich ausgerechnet in die Frau eines der mächtigsten Männer Sibiriens verliebte; ich wies ihn warnend darauf hin, dass er sich in Maria täuschte. Sie sei zweifellos die intelligenteste und lebendigste Frau, der er seit Jahren begegnet sei, aber sie sei auch furchtbar schwierig.

Wieder in Semipalatinsk, fanden wir die Stadt in heller Aufregung vor. Aus Omsk waren besorgniserregende Nachrichten über Unruhen an der Südgrenze und einen Aufruhr der Kirgisen gekommen. Ein Feldzug schien nötig, um die Ordnung wiederherzustellen. Zur Vorbereitung würde der Generalgouverneur in höchsteigener Person die Truppen in allen sibirischen Departements inspizieren.

Auch Soldat Dostojewski musste sich auf den Feldzug vorbereiten. Ich sagte ihm, wir müssten uns Gedanken über die Anschaffung von Stiefeln, Sohlen, einem wasserdichten Mantel und über die am dringendsten erforderliche Unterwäsche machen. Sein ganzer Besitz bestand aus dem, was er am Leibe trug: Im Grunde musste er sich von Kopf bis Fuß ausstatten.

»Wieder Sorgen und Unruhe«, maulte er, denn er

brauchte wieder Geld. Wo sollte er es hernehmen? Diese verdammten Geldprobleme ließen ihn nie in Ruhe.

Kein Wunder, er konnte damit auch nicht umgehen. Sein Bruder Mischa und seine Tante in Moskau hatten ihm unlängst etwas Geld geschickt, sie wagte er nicht schon wieder um Hilfe zu bitten. Die materielle Not fraß an ihm.

Dieses Problem konnte ich vorläufig für ihn lösen. Viel schwerer war es, seinen Kummer zu zerstreuen. Aus Kusnezk kamen elende Nachrichten, eine noch beunruhigender als die nächste. Maria Dmitrijewna war der Verzweiflung nahe.

Das heimliche Treffen

MARIA KÜMMERTE DAHIN. Maria hatte Heimweh. Alle ihre Briefe waren voll von Klageliedern über ihre Einsamkeit.

Fjodor las sie laut vor.

Maria hatte so ein schreckliches Bedürfnis nach einem aufmunternden Wort von jemandem, würde ihr Herz so furchtbar gern mal bei jemandem erleichtern …

Ich war verblüfft. Merkte Fjodor denn nichts? War er denn völlig blind, taub, naiv? Von mir sagte er manchmal, ich sei zu jung und zu nett, ich hätte einen besonders sanften Charakter und sei empfänglich wie eine Frau, und alles, was andere reize oder wütend mache, bereite mir lediglich Kummer. Aber war es nicht genau umgekehrt?

Maria erwähnte immer häufiger einen neuen Bekannten in Kusnezk, der ihr Hilfe und Trost biete, ein Freund ihres Mannes, ein reizender junger Lehrer. Mit jedem Brief wurden die Äußerungen über ihn überschwänglicher und begeisterter. Sie stimmte ein Loblied an über seine Güte, seine Anhänglichkeit und seinen aufgeklärten Geist.

Fjodor wurde von Eifersucht gequält. Es war schrecklich, Zeuge seiner düsteren Stimmung zu sein, die sich auf seine Gesundheit niederschlug. Doch was tat er? Was schrieb er? Nichts. Oder: Schön, dass du jemanden gefunden hast, bei dem du dein Herz ausschütten kannst, der dir Trost bietet, der nett zu dir ist. Studenten würden sagen: Quatsch, dummes Zeug.

Er tat mir so fürchterlich leid, dass ich beschloss, ein Wiedersehen mit Maria Dmitrijewna irgendwo auf halbem Wege zwischen Kusnezk und Semipalatinsk zuwege zu bringen. Um genau zu sein: in Smeinogorsk, wohin General Gerngross uns erst kürzlich so ausdrücklich und herzlich eingeladen hatte. Außer meinem Mitleid hatte ich dafür auch zwei persönliche Motive. Ich rechnete damit, dass dieses Treffen und die Aufklärung über die Rolle, die dieser nette, liebe, verständnisvolle Lehrer in ihrem Leben spielte, wirklich und wahrhaftig das Ende der unglücklichen Romanze zwischen Maria und Dostojewski bedeuten würde. Es würde, da war ich mir so gut wie sicher, ihre letzte Begegnung sein. Und an zweiter Stelle hoffte ich, Katja wiederzusehen.

Doch wie bekam ich F. M. in aller Heimlichkeit zu einem Ort, hundertsechzig Werst von Semipalatinsk entfernt, und wieder zurück? Die Behörden genehmigten solche weiten Ausflüge nicht; der Gouverneur und der Bataillonskommandeur hatten Dostojewski schon zweimal ihre Zustimmung verweigert, mit mir nach Smeinogorsk zu reisen. Ich suchte nach einer Lösung und dachte schließlich: Wir müssen es einfach wagen.

Als ich es Fjodor vorschlug, ging er begierig darauf ein; er lebte wieder richtiggehend auf. Ich schrieb einen energischen Brief an Maria Dmitrijewna, um sie zu überreden, unbedingt an einem bestimmten Tag nach Smeinogorsk zu kommen. In der Stadt ließ ich das Gerücht verbreiten, Dostojewski sei nach einem epileptischen Anfall so geschwächt, dass er das Bett hüten müsse. Das meldete ich auch dem Bataillonskommandeur: »Die arme Seele ist krank, liegt zu Bett und wird von Militärarzt Lamotte behandelt.«

Natürlich stand Lamotte auf unserer Seite. Er war unser Freund, ein Mann von äußerst edler Gesinnung, ein Pole, der an der Universität Wilnius sein Examen gemacht hatte und wegen irgendeiner politischen Sache in unsere Gegend versetzt worden war.

Ich hatte meinem Dienstmädchen aufgetragen, jedermann zu erzählen, dass Dostojewski krank sei und bei mir zu Hause im Bett liege. Die Fensterläden blieben geschlossen, angeblich um den Kranken nicht zu stören. Ich hatte dem gesamten Personal – Adam, dem Küchengehilfen, dem Dienstmädchen – eingeschärft, niemanden ins Haus zu lassen. Zu unserem Glück waren die höchsten Behördenvertreter zu einer Inspektion in die Steppe gezogen, auch der Militärgouverneur. Alles sah günstig aus.

Unter dem Sprechen des Reisesegens machten wir uns um zehn Uhr abends auf den Weg. Wir fuhren nicht, sondern rasten dahin wie ein Wirbelwind. Mein armer F. M. bemerkte das nicht einmal; er maulte, dass wir wie eine Schildkröte kröchen, und spornte den Kutscher von Zeit zu Zeit zu größerer Eile an. Es war noch dunkel, als wir die Anlage in Lokot erreichten. Aus Angst, bemerkt zu werden, machten wir nicht halt. Wir flogen weiter, immer weiter. Als es Morgen wurde, erreichten wir Smeinogorsk.

Hier schlugen bei Fjodor Enttäuschung und Verzweiflung zu. Sie war nicht gekommen. Stattdessen wurde ihm ein Brief von ihr übergeben. Er las ihn mit zitternden

Händen. Maria Dmitrijewna ließ ihn wissen, dass es ihrem Mann erheblich schlechter gehe und sie Kusnezk nicht habe verlassen können. Sie habe auch kein Geld für eine Kutsche – was eine lasche Ausrede war, hatte ich ihr doch geschrieben, ich würde ihre Reisekosten übernehmen.

Ich wage hier keine Beschreibung von Fjodors Gemütszustand, ich zerbrach mir lediglich den Kopf, wie ich ihn binnen eines Tages wieder so weit in die Normalität zurückführen konnte, dass er sich nicht auf der Stelle die Pulsadern aufschnitt.

Noch am selben Tag ging es im Galopp zurück, sodass wir in achtundzwanzig Stunden dreihundertzwanzig Werst zurücklegten, was sogar für die damaligen Verhältnisse in Sibirien schnell wie der Teufel war. Unterwegs hatte ich gesprochen, nicht ständig, nicht aufgeregt und nervös, sondern dann und wann ein Wort, einen Satz, eine Frage, ob er es noch aushalte.

Als wir zu Hause ankamen, zogen wir uns um und gingen, als wäre nichts passiert, zu einem Bekannten, der seinen Geburtstag feierte. So blieb es in Semipalatinsk unbekannt, dass wir den Behörden ein Schnippchen geschlagen hatten.

Fjodor reagierte unterschiedlich auf die furchtbare Enttäuschung, die er zu verarbeiten hatte: Einen Tag war er lustlos, am anderen schrieb er in zügigem Tempo. Er konnte einen ganzen Nachmittag, Abend und die Nacht über ohne Pause schreiben; am nächsten Morgen erschien er dann wieder pünktlich zum Appell auf dem Kasernengelände, genauso wie ich mich zum Gericht begab. Ich sagte manchmal zu ihm: »Wir füllen unsere Tage mit den erschöpfenden Stunden des täglichen Amtes, für das weder mein noch Ihr Herz schlägt.«

Aus Kusnezk kam wochenlang keine Nachricht. Maria war ein Mann noch nicht einmal eine halbe Träne wert, doch darüber hielt ich wohlweislich den Mund.

Wanka-Tanka

WENN MAN JUNG IST, ist man eindeutig: Etwas ist so und nicht anders. Ich erkannte nur langsam, dass ein Mensch mehrere Spuren verfolgen kann. Bei genauerer Betrachtung war Maria wie geschaffen für ihn. Er flog nicht auf liebliche Jungfrauen auf weißen Pferden, das war ihm alles zu schön und zu süß. Maria hatte ein Kind, eine angegriffene Gesundheit und einen todkranken Mann. Materiell balancierte sie am Rande des Abgrunds. Verlässlich war sie auch nicht, an ihrem neuen Wohnort hatte sie schon wieder einen Liebhaber. Eine gefallene Frau, eine Maria Magdalena. Für sie konnte er wie der Messias sein.

Das fiel mir erst auf, als Wanka-Tanka auf der Bildfläche erschien. Nach der vergeblichen Reise nach Smeinogorsk war das Leben wochenlang eintönig gewesen. Wir unternahmen immer die gleichen Spaziergänge entlang dem Irtysch, schwammen, versorgten die Blumen, tranken Tee auf der Holzterrasse, rauchten lange Pfeifen, angelten. Das heißt: Ich angelte und Fjodor lag lang ausgestreckt im Gras und las mir etwas aus unserem armseligen Bücherbestand vor. In der Stadt gab es keine Bibliothek und auch keine Buchhandlung. Er las aus dem Handbuch

Fische fangen von Aksakow vor oder aus *Aufzeichnungen eines Jägers* oder aus den von mir mitgebrachten Büchern über Geologie und Naturwissenschaften, die ich fast auswendig kannte. Fjodor bevorzugte die Literatur, und wir stürzten uns gierig auf jedes neue Buch, aber das musste uns erst jemand aus Petersburg oder Moskau schicken. Seit wir Victor Hugo fast zerlesen hatten, war wenig hinzugekommen.

Die Eintönigkeit der Tage verschwand, wenn sich vom einen Moment zum anderen der Schöpfungsdrang regte. F. M. wurde dann so lebhaft, dass seine Begeisterung sich auch auf mich übertrug. Er schrieb in erstaunlich hohem Tempo und las dann nach einigen Stunden ganze Passagen laut vor, meist im Stehen. Alles lief besser, wenn es mit dem Schreiben klappte: Er aß mit Appetit, verputzte doppelte Portionen, genoss seine Pfeife, lachte über den kleinsten Scherz und fand sogar das Leben in Semipalatinsk durchaus akzeptabel. Doch ein einziger trauriger Bericht aus Kusnezk genügte schon, um alles zunichtezumachen: Er verkümmerte und welkte dahin und schrieb keinen einzigen Buchstaben mehr.

Eines Tages erschien bei uns völlig unerwartet ein höchst origineller Gast. Sie war die neueste Eroberung des Bürgermeisters von Semipalatinsk, eines Witwers mittleren Alters, der sich einen ganzen Harem hielt. Die junge Frau stammte aus Omsk, stand unter polizeilicher Aufsicht und war nach Semipalatinsk verbannt worden, wo sie sofort beim Bürgermeister Unterschlupf gefunden hatte. Eine bildschöne Zigeunerin mit einer prächtigen Stimme, die auf der Gitarre klimperte und sang und jedem den Kopf verdrehte.

Nach allgemeinem Urteil war sie ein Flittchen. Die *jeunesse dorée* von Semipalatinsk verlieh ihr den Spitznamen

»Feuer-Wasser« wegen ihres launischen Wesens; in Omsk war sie unter dem Beinamen »Wanka-Tanka« bekannt gewesen, abgeleitet von »Stehaufpüppchen« *(wanka-wstanka)*, weil sie offenbar Tatjana hieß, wovon Tanka eine pejorative Kurzform ist. Wenigstens nehme ich das an, aber vielleicht hieß sie nur deshalb Wanka-Tanka, weil das spielerisch-ausgelassen klang.

Dostojewski kannte sie aus seinen Jahren als Zwangsarbeiter in Omsk; sie war eine der Frauen, die am Gefängnistor Brotringe verkauften, eine der *kalatschnitsy*. Aber, so erzählte Fjodor, ihre Dienste bot sie nur hohen Tieren an und nicht den armen Teufeln, wie er selbst einer war.

Der Bürgermeister war vernarrt in sie. Sie lief in seidenen oder samtenen Sarafanen herum, tanzte durchs Haus und führte ein unbekümmertes Leben.

Eines Nachmittags saßen wir beim Tee, als Adam auf die Terrasse stürzte und keuchend hervorstieß, eine junge Frau sei im Anmarsch, die Herrn Dostojewski zu sehen wünsche. Er zögerte kurz, sah mich an und sagte: »Ja, dich auch, Herr.«

Alle Hunde in der Nachbarschaft begannen zu bellen – das taten sie immer, wenn etwas Ungewöhnliches geschah –, und schon schritt sie durch den Garten herein.

Fjodor erkannte sie sofort wieder. Ich glaube, dass er sogar kurz erschrak. War doch etwas zwischen ihnen vorgefallen? Oder wusste er etwas über sie, das gewiss nicht an die große Glocke gehängt werden durfte?

Wanka-Tanka war die Tochter einer Zigeunerin, die wegen des Mordes an ihrem Mann verbannt worden war. Das Motiv für das Verbrechen war Eifersucht. Wanka-Tanka selbst sei sowohl in die polnische als auch in die ungarische Angelegenheit involviert, erzählte mir F. M., ohne ins Detail zu gehen. »Das spielt auch alles keine Rolle«, sagte er plötzlich heftig. Es gelang ihm nicht länger, den Schein aufrechtzuerhalten: Ihr Kommen verwirrte ihn. Ich vermutete einen trunkenen Moment hitziger Gefühle nahe des Gefängnistors, gefolgt vom Kater dummen Geldverlusts, denn so ungestüm Lüste auch sein können, nach ihrer Befriedigung sind sie abrupt vorbei. Doch wie gewöhnlich täuschte ich mich.

Unser Gast trat munter und geräuschvoll ein. Eine gebräunte Frau von zwanzig, höchstens zweiundzwanzig Jahren. Ihre Augen brannten wie heiße Kohlen. So werden Zigeunerinnen immer beschrieben, und ich sollte andere Worte finden, doch ihre Augen brannten nun mal wie glühende Kohlen, genauso wie ihr Gesicht von widerspenstigem lockigem Haar eingerahmt war. Sie lächelte in einem fort, ihre Zähne blitzten wie Perlen. Wieder alles andere als originell, und wieder wahr. Sie war von mittlerer Größe, schmal, biegsam und agil.

Das Wiedersehen mit Dostojewski machte sie froh. Ich glaube nicht, dass die Freude gespielt war. Nach Gefängnissitte duzte sie ihn. Dennoch wahrten beide ein gewisses Misstrauen, so im Stil von: Wenn ich laut sagen würde, was ich alles über dich weiß, dann würden unserem jungen Freund hier die Ohren schlackern.

Auf mich wollte sie aus Koketterie Eindruck machen. Das musste sie nun mal bei jedem Mann tun, den sie noch nicht kannte. Sie lachte laut, benahm sich ungezwungen, freimütig und bald schon frivol. Eine unerschrockene *coquette*, für die es undenkbar war, dass jemand an ihr vorbeigehen konnte, ohne von ihr betört zu werden.

»Ihr wohnt hier gut«, sagte sie mit ihrer tiefen Stimme in leicht melodiösem Tonfall. »Ich hatte schon lange vor, mal vorbeizukommen, aber dieser alte Knacker hat mich davon abgehalten. Bloß nicht, hat er mich gewarnt, du wirst auf der Stelle von dem Gutsherrn weggejagt, bei dem er wohnt.«

Bei diesen Worten wandte sie sich mit ihrem ganzen Körper mir zu und sog sich mit ihren betörenden Augen an mir fest. Fjodor sah meine Verwirrung, hielt sie für Schüchternheit und beeilte sich, dem Gespräch eine andere Wendung zu geben.

»Den Bürgermeister«, begann er zögernd, »kennen wir …«

So gut kannten wir ihn nicht!

»… als vortrefflichen Menschen.«

»Was schaut ihr denn so?«, fuhr sie völlig ungeniert fort. »Mutter und ich müssen doch von irgendwas leben, oder? Wir leben vom Geld dieses alten Schweinigels, aber er ist nicht lieb zu mir. Er behandelt mich wie den letzten Dreck. Und du« – sie warf Fjodor Michailowitsch einen flammenden Blick zu – »brauchst dich nicht um anderer Leute Angelegenheiten zu kümmern.«

Als sie sah, dass ich nur schwach auf ihre flinke Zunge reagierte, zwinkerte sie mir zu, sprang auf und hüpfte in den Garten. Dort waren die Mädchen gerade dabei, die Blumen zu gießen. Ohne Rücksicht auf ihren seidenen Sarafan griff sie nach einer Gießkanne und gesellte sich zu ihnen. Keine fünf Minuten später hörten wir sie »Beeil dich« rufen und Anweisungen erteilen, als wäre sie bei sich zu Hause und spräche zu ihren Dienstboten.

Sie blieb zum Tee da. Beim Abschied versprach sie, »etwas öfter« zu kommen. »Ausgezeichnet«, sagte Fjodor zerstreut.

Aus irgendeinem Grund machte ihm dieser Besuch in den Tagen danach schwer zu schaffen. Mir zuliebe und wegen meiner jugendlichen Unerfahrenheit gab er mir den Rat, sie nicht an mich heranzulassen.

»Sie wird dich umgarnen und dein Geld verjubeln. Lass dich nicht ködern.«

»Da kenn ich noch mehr«, murmelte ich.

»Aber bei ihr wirst du es nicht merken. Du wirst etwas ganz Besonderes in ihr sehen, die Frau deines Lebens. Und schon bist du dein Geld los.«

Bei anderen sah er die Dinge immer scharf.

Wanka-Tanka kam noch ein paarmal. Sie stieß bei mir auf völlige Gleichgültigkeit. Zu F. M.'s großer Befriedigung, kann ich wohl sagen, der achtgab, dass ich ihr jedes auch nur verstohlene Lächeln vorenthielt. Er begann wirklich, wie ein älterer Bruder über mich zu wachen.

Viel mehr als Wanka-Tanka war Katja dafür der Grund. Er sah mich schon die dümmsten Dinge mit der Frau von General Gerngross tun. Ganz unrecht hatte er damit nicht, im Kopf schmiedete ich wilde Pläne.

»Völlig vergessen«, sagte Dostojewski eines Morgens.

»Für das Buch?«

Wenn er so redete, in Bruchstücken, einfach so vor sich hin, dann sprach er mit Figuren aus den Kapiteln, an denen er gerade schrieb.

»Keinen Moment mehr daran gedacht. Es war ein erschütterndes Ereignis für uns Gefangene, ein fast unfassbares Wunder. Blöd, dass ich nicht eher daran gedacht habe.«

Die erneuerte Bekanntschaft mit Wanka-Tanka weckte plötzlich so viele Erinnerungen in ihm, dass er beschloss, den *Aufzeichnungen aus einem Totenhaus* ein neues Kapitel hinzuzufügen. Es sollte Kapitel IX aus dem zweiten Teil werden: »Flucht«.

Wanka-Tanka – er nennt sie auch so im Manuskript, ebenso bei ihrem Spitznamen »Feuer« – hatte etwas mit der Flucht von zwei Gefangenen zu tun.

Aus einem sibirischen Lager zu entkommen war so gut wie unmöglich, weniger wegen der Einzäunung oder der strengen Bewachung als vielmehr wegen der flachen, offenen Landschaft und der Sichtbarkeit der Gefangenen. Zwangsarbeiter trugen Ketten an den Füßen und Brandmale am Arm oder am Kopf und waren zur Hälfte kahl geschoren. Vor allem durch den halb kahlen Schädel waren sie aus Hunderten von Metern zu erkennen. Gefangene konnten das Lager nur unter Begleitung eines Wächters oder Soldaten verlassen. Trotzdem gelang zwei Gefangenen die Flucht, mithilfe eines Soldaten und unter Einschaltung von Wanka-Tanka, die unweit des Lagers in einem Vorort wohnte und für die einer der Flüchtlinge ein Jahr lang sein gesamtes Geld ausgegeben hatte. Bei den Flüchtlingen handelte es sich um einen Polen und einen Ungarn. Der Pole war ein politischer Gefangener, der Ungar ein gewöhnlicher Verbrecher mit einem düsteren aufrührerischen Plan, in dem es um eine ganze Revolution ging. Das Ziel ihrer Unternehmung war absurd und völlig verrückt: die Steppe erreichen, die unzufriedenen Kirgisen aufwiegeln, Anschluss beim Heer des Khan suchen und gemeinsam mit all diesen Aufständischen ihre Kameraden im Lager befreien.

Die Flucht an sich gelang: Sie entwischten aus dem Gefangenenlager und konnten sich wochenlang verstecken. Das an sich schon war eine Leistung, die ihnen zwanzig Jahre lang keiner nachmachen sollte. Doch nach einigen Wochen wurden sie in einem Wald gefunden, und einen Tag später saßen sie wieder hinter den Palisaden. Die Beteiligung Wanka-Tankas kam schon bald ans Licht, und sie durfte froh sein über ihre Verbannung nach Semipalatinsk, denn die Strafe hätte viel härter ausfallen können.

Über die Auflösung der Geschichte ließ F. M. sich in seinem Buch nicht weiter aus: Was sich außerhalb des Lagers abspielte, konnte er damals noch nicht wissen, er beschränkte sich auf das, was die Gefangenen nach der Rückführung der Entflohenen mit eigenen Augen sehen konnten: Der eine wurde mit fünfhundert Stockschlägen bestraft, der andere mit fünfzehnhundert.

In einer Betrachtung über *Aufzeichnungen aus einem Totenhaus* las ich ein Vierteljahrhundert später, Dostojewski habe am Ende des Buchs einen genialen Schachzug gemacht. Erst im vorletzten Kapitel, als der Protagonist seine Strafe bis auf ein paar Wochen verbüßt hat, bringt Dostojewski zum ersten Mal die Möglichkeit einer Flucht zur Sprache. Als wäre das Leben eines Gefangenen so aussichtslos, dass er die Idee einer Flucht aus seinem Gehirn verbannt und erst wieder zulässt, wenn das Ende der Strafe nahe ist.

Ich musste lächeln, als ich das weit von Russland entfernt und so lange nach Semipalatinsk las. Es war keine Absicht von F. M. gewesen, diese Szene ans Ende des Buches zu stellen, das Schicksal hatte es so gewollt. Wenn Wanka-Tanka nicht erschienen wäre, als er dabei war, seine Geschichte zum Abschluss zu bringen, dann hätte er diese missglückte Flucht nicht angerührt. Die ganze Szene wurde ihm durch ihren Besuch eingegeben.[40]

Er warnte mich vor ihr, aber im Grunde warnte er sich selbst. Ich sah mit eigenen Augen, wie sehr er sich zu Wanka-Tanka hingezogen fühlte. Sie war eine Maria hoch zwei.

Aus Fleisch und Blut

ÜBER UMWEGE ließ Katja mir die Nachricht zukommen, wir könnten uns heimlich treffen.

Ohne F.M. Bescheid zu sagen, eilte ich nach Smeinogorsk, wie ein Bär, der Honig riecht. Ich hatte vor, in zwei Tagen wieder zurück zu sein, aber es wurden zwei Wochen.

Wieder in Semipalatinsk, fand ich einen ratlosen Fjodor vor. Warum ich ihn nicht über meine Abreise informiert hätte? Er hatte erst am Sonntag von den Blumenmädchen vernommen, dass ich am Samstag zu Madame X aufgebrochen war. Zu allem Unglück war auch unser treuer Adam für ein paar Tage weggefahren, wodurch ein für Maria bestimmter Brief in seiner Jackentasche geblieben war.

Dass er selbst hätte versuchen können, den Brief aufzugeben, war ihm offenbar nicht in den Sinn gekommen. In praktischen Dingen benahm er sich wie ein Kind.

Einem der Bergbauingenieure hatte er eine Nachricht mitgegeben, ich solle so schnell wie möglich nach Hause kommen. Es ging das Gerücht, der Generalgouverneur sei im Anmarsch und Seine Durchlaucht würde sicherlich fünf Tage in Semipalatinsk bleiben. Wenn ich ihn verpasst hätte, dann hätte ich meine weitere Karriere vergessen können.

Großer Gott, wie viel Kopfzerbrechen ich ihm bereitete! Es sei furchtbar dumm von mir, dass ich mich von meinen Trieben leiten ließe. Katjas Mann würde früher oder später seine Maßnahmen ergreifen, und dazu riskierte ich auch noch den Zorn des Generalgouverneurs. Doch am allerschlimmsten war, dass der Brief an Maria Dmitrijewna nicht abgeschickt worden war.

Eine geregelte Postzustellung gab es noch nicht in Sibirien und Kasachstan, geschweige denn die Möglichkeit einer telegrafischen Benachrichtigung – so weit war man im Übrigen auch im Westen Russlands noch nicht. Ich sorgte stets dafür, dass ein Bote oder ein Kurier des Gerichts Dostojewskis Briefe nach Kusnezk mitnahm oder dass sie in einem Sack mit amtlicher Post nach Moskau oder Petersburg mitbefördert wurden. Diesmal war ich nicht da gewesen, um dafür zu sorgen.

Ich kann nicht sagen, dass er böse gewesen wäre: Er verbarg seine unmittelbaren Gefühle stets hinter einem Schirm der Besorgnis. Angenommen, der Generalgouverneur wäre plötzlich erschienen? Angenommen, ich wäre in jenem fernen Ort im Nordosten krank geworden? Was hätte er dann tun sollen?

Es war natürlich schrecklich, dass Maria Dmitrijewna keine Nachricht von ihm erhalten hatte. Was würde sie wohl denken? Seit wir sie ein Stück des Weges in Richtung Kusnezk begleitet hatten, hatte er lediglich vier Briefe an sie senden können. Vier! Ein Mann, der auch nur ein bisschen verliebt war, hätte sie unter Briefen begraben.

Um mir klarzumachen, wie sehr ich gesündigt hatte, las er mir Teile des Briefes vor, den er an Maria Dmitrijewna geschrieben hatte. Ein langer Brief, ich denke, sechs Seiten. Er begann einigermaßen schleimig: wie es ihrem Mann gehe, »seinem Freund« Alexander Iwanowitsch? Er dürfe ihn doch wohl als »seinen Freund« bezeichnen?

Ich schüttelte den Kopf, bis ich mir klarmachte, dass ich genauso lobende Worte über Katjas Ehemann gesagt hatte, der ja im Grunde mein schlimmster Rivale war. Selbst Fjodor gegenüber hatte ich General Gerngross mehrmals als liebenswerten Mann gepriesen, der – eine große Ausnahme – die in Russland so ärgerliche Selbstgefälligkeit hochgestellter Persönlichkeiten vermissen ließ. Kurzum, ich war ein genauso großer Heuchler wie er.

Zugegeben, Maria Dmitrijewnas Mann hatte sympathische Seiten, jedenfalls solange er nicht betrunken war. Es war nur so, dass F. M. mir jedes Mal aufgetragen hatte, ihn nur so kurz wie möglich in nüchternem Zustand zu belassen. Ich fand es merkwürdig, was er über ihren Ehemann schrieb. *Ein Bruder hätte nicht besser für ihn gesorgt* als Alexander Iwanowitsch. Meines Wissens wusste der Saufbold nicht einmal, wer Dostojewski genau war und was er in seinem Haus trieb!

Nach Herrn Isajew beklagte er dessen Frau. Dass sie so niedergeschlagen sei und krank. Dass sie so viele Sorgen habe, so viel Ärger durch die Übersiedlung nach Kusnezk. Wie werde sie mit alledem fertig? Er denke in einem fort an sie. Sie müsse wissen, dass er ein Hypochonder sei. Ob sie sich vorstellen könne, wie beunruhigt er sei? Verdiene sie dieses Los, sie, die die Zierde jeder Gesellschaft sein könne? Welch elendes, verfluchtes Leben sie dort führen müsse! Er warte voller Ungeduld auf einen Brief von ihr. In den zurückliegenden zwei Wochen habe er weder ein noch aus gewusst vor lauter Kummer. Wenn sie nur wüsste, wie einsam er sei und wie verstoßen er sich fühle. Die zurückliegenden Wochen glichen der Zeit, als er '49 festgenommen und zum ersten Mal inhaftiert worden sei, abgeschnitten von seinen Angehörigen und von allen, die ihm lieb waren.

Ich muss gestehen, dass ich das eine Spur übertrieben fand, obgleich ich inzwischen wusste, wie schwierig es ist, an die Frau seines Lebens zu schreiben.

Sie, Maria, sei wie eine Schwester zu ihm. Eine bewundernswerte Frau, deren Herz eine erstaunliche Güte in sich berge. Und dann kam es: »Schon allein die Tatsache, dass eine Frau mir die Hand reicht, ist in meinem Leben ein unermessliches Ereignis.«

Dostojewski glaubte ernsthaft, er habe aufgrund seiner Fallsucht kein Recht auf weibliches Interesse, geschweige denn auf Liebe, sei es platonische, sei es körperliche. Beide meinte er sich versagen zu müssen aus, ich weiß nicht welchem, Prinzip. Es war, als fühlte er sich wegen der Schaumflocken, die dreimal auf seinen Lippen erschienen waren, nicht mehr rein, und als wäre der Schmutz auf seinem Gesicht zu lesen. Wie ein Mörder, der gestehen will, lechzte er danach, seine Krankheit an die große Glocke zu hängen.

Ekelhaft, halb verrückt … so sah er sich selbst. Doch sie hatte ihm die Hand gereicht, und das löste eine so große Dankbarkeit in ihm aus, dass ihm die Worte fehlten, um ihre immense Güte zu preisen und ihr Mitgefühl, ihre Besorgtheit, ihre Ehrlichkeit und ihren edlen Charakter. Die Heimsuchungen, die wie Blitzeinschläge aufeinander folgten, das kümmerliche Dasein, das sie führte, die Anfälle von Kurzatmigkeit, hatten zwar große Irritation bei ihm geweckt, doch ihr edles Wesen machte das hundertfach gut. Wäre sie nicht gewesen, so wäre er vielleicht für immer versteinert, während er sich jetzt wieder wie durch ein Wunder wie ein Mann aus Fleisch und Blut fühlte.

Das Leben sei leer ohne sie. Ein-, zweimal sei er in den Kosakengarten gegangen, und wie traurig sei das gewesen! Er habe an die Male gedacht, als sie einen kleinen Ausflug hinaus aus der Stadt hätte machen wollen, um wenigstens ein bisschen Luft zu bekommen. Letztendlich habe sie dafür aber nicht die nötige Kraft gehabt. Ein einziges Mal nur habe sie es geschafft, einige Augenblicke im Kosakengarten zu verbringen. Das sei der herrliche Moment gewesen, in dem sie gemeinsam auf der Bank vor der Außenmauer gesessen hätten.

Als er mir das vorlas, sah ich es wieder vor mir: Sie bleich wie ein Laken und er gesund wie ein Gärtner, der jeden Tag unter einer strahlenden Sonne und einem knallblauen Himmel im Garten arbeitet. Nichts erinnerte mehr an seine Gefangenschaft, während jeder Zug in ihrem Gesicht eine sorgenbeladene Zukunft prophezeite. Trotz Marias zarter Gestalt sah er in ihr die von der Vorsehung für ihn Bestimmte, die gekommen war, um ihn zu retten. Sie hatte ihm die Hand gereicht wie der barmherzige Samariter dem Aussätzigen.

Er jagte einem außerordentlich bizarren Traum nach, aber na schön, das tut jeder in der Liebe.

Eine Passage las er mir nicht vor: Sie handelte von mir. Er gab mir den Brief, ohne ihn zu versiegeln, und drängte mich zur Eile: Maria Dmitrijewna habe lange genug auf eine Nachricht von ihm gewartet. Im Gericht konnte ich es nicht lassen, einen Blick in die Epistel zu werfen, sagen wir mal wegen der Handschrift, die trotz der beschriebenen Emotionen wunderbar gleichmäßig war.

Maria schien Fjodor geraten zu haben, endgültig bei mir einzuziehen, auch wenn der Sommer zu Ende war und wir vom Kosakengarten in die Stadt zurückkehren würden. Der gute Fjodor widersetzte sich ihrem Vorschlag auf das Entschiedenste (zumindest in diesem Brief an Maria), und zwar aus vier Gründen: 1) Wegen *des Geldes*. Wenn er bei mir wohnen würde, wäre er selbstverständlich verpflichtet, mehr für die Wohnung, die Diener, das auf den Tisch kommende Essen zu zahlen; und es wäre ihm sehr unangenehm, auf meine Kosten zu leben. 2) Wegen seines Charakters. 3) Wegen meines Charakters. 4) Soweit er es beurteilen könne, kämen bei mir alles in allem doch ziemlich viele Menschen ins Haus, und er könne Menschen, die er nicht kenne, furchtbar schlecht ertragen. Im Grunde liebe er das Alleinsein; er sei nun mal daran gewöhnt, und die Gewohnheit sei eine zweite Natur.

Ach, wie einnehmend! Er hatte in der Tat seinen Charakter und ich hatte meinen, aber sie standen nicht im Konflikt zueinander. Im Gegensatz zu dem, was er vorgab, war er durchaus erpicht auf Gesellschaft, vor allem von Menschen, denen er zum ersten Mal begegnete. Er war überaus neugierig und suchte instinktiv nach neuen Betrachtungsweisen und wissenswerten Dingen, die er in seinen Erzählungen und Romanen verarbeiten konnte. In ihm steckte ein Fahnder, der den Dingen ständig auf der Spur war, auch wenn er vermeintlich uninteressiert an seiner Tonpfeife nuckelte und die Gesellschaft beobachtete. Nach jeder Begegnung wollte er wieder eine Weile allein sein, das stimmte, doch selbst wenn er am Schreiben war, brauchte er Zuhörer und wollte mir manchmal ganze Kapitel vorlesen.

Was das Geld anbetraf, so machte es keinen Unterschied, ob er nun bei mir wohnte oder nicht, er lebte ohnehin auf meine Kosten. Aber na schön, es tat gut zu wissen, dass ihm das unangenehm war.

Seine Exzellenz der Generalgouverneur

DIE LIEBE MUSSTE KURZ ZURÜCKTRETEN. Der Besuch des Generalgouverneurs bot Fjodor Michailowitsch eine ausgezeichnete Chance auf Milderung seiner Strafe und machte uns vor allem aus diesem Grund nervös. Möglich wäre aber auch, dass Seine Exzellenz schlechte Nachrichten bezüglich eines bevorstehenden Krieges oder eines Feldzugs mitbrachte. F. M. graute bei diesem Gedanken und mir nicht minder.

Als Erstes kam die Nachricht, dass General Gasfort in Omsk aufgebrochen war mit dem Ziel Kopal. Als Nächstes wollte er Wernoje besuchen. In zwei bis drei Wochen konnten wir ihn in Semipalatinsk erwarten.

Das verursachte allgemeines Herzklopfen, die Militärs übten, die Beamten arbeiteten, Amtsstuben wurden in Ordnung gebracht, Straßen gesäubert, Gebäude gestrichen. Die Frage, die viele beschäftigte und Fjodor als infamer Klatsch amüsierte, lautete, wen »der Revisor« erwischen würde und wobei: Tagaus, tagein wurde darüber spekuliert, wer von den Beamten des Generaldirektorats von Omsk den Generalgouverneur auf seiner Inspektionsreise begleiten würde.

»Berater S.«, summte es allerorten und zur allgemeinen Zufriedenheit.

»Der ist nicht so schlimm.«

»Mit ihm kann man verhandeln.«

»Er ist nur sehr teuer, der Spitzbube.«

Anscheinend musste man sein Erspartes opfern, um ihn sich gewogen zu machen. Auf der Raffgierskala stand er ganz oben, auf der Integritätsskala weit unten.

Auch mein guter Bekannter Kramer tauchte in den Spekulationen auf: Er war derjenige, der mich von dem Billardtisch in Omsk erlöst hatte. Beim Vernehmen seines Namens erstarrten alle Amtsgesichter.

»Himmelherrgott noch mal! Der Teufel soll ihn holen!«

»Verrecken soll er!«

»Warum muss ausgerechnet er kommen?«

Inspekteure erschienen. Adjutanten mit Stapeln von Rapporten und amtlichen Papieren unter dem Arm folgten einander in raschem Tempo. Anfang Juli kam ein Kosakeneilbote mit der Nachricht angaloppiert, das Unwetter rücke näher. Der Chef sei bereits in Ajagus und würde am nächsten Morgen bei uns eintreffen.

Am Tag seiner Ankunft, einem klaren, sonnigen Tag, war das gesamte Volk zum Fluss geströmt. Der Irtysch war voll von Booten und Flößen. Wir, die Beamten, waren wie befohlen im Frack erschienen, weil wir nach der Begrüßung sofort zum Empfang beim Generalgouverneur mussten. Auf mehreren Flößen setzten wir über. Am anderen Ufer gesellten wir uns zu den aus Omsk eingetroffenen Aristokraten, die uns von oben herab behandelten – wir waren ja nur Federfuchser aus den Außenprovinzen.

An der Spitze einer größeren Gruppe ehrwürdiger Kirgisen und Tataren ritt General Spiridonow dem Generalgouverneur entgegen – die Kirgisen, in langen Gewändern, in den Troikas, die Tataren auf edlen Rössern. Wir, die Beamten, mussten warten, und zwar so lange, dass wir, angegafft von Tausenden Kirgisen, in der Sonne brieten. Nach einer Stunde wurden auch sie etwas ungeduldig und drängten sich vor. Es gab einige Ablenkung, als die Ordnungstruppen sie mit der Karbatsche verjagten, doch unsere Kehlen trockneten trotzdem nach und nach aus, auch weil wir in einem fort murrten.

Dann endlich preschten in der Ferne drei Reiter in gestrecktem Galopp näher. Es waren die Eilboten, die Vorhut, also konnten wir uns ausrechnen, dass der Chef in der nächsten halben Stunde erscheinen würde. In die Menge kam Bewegung. Und tatsächlich, in etwa drei Werst Entfernung stieg eine kuppelförmige Staubwolke auf und kam immer näher auf uns zu. Schon bald zeichneten sich die ersten Dreispänner ab, die mit ihren charakteristischen Glöckchen vorneweg galoppierten. Hinter ihnen kam eine Tarantas angeflogen, die mit acht Pferden bespannt war – jeweils vier nebeneinander. Hinter der Tarantas eine Troika und noch eine und noch eine, ein langer Zug. Eine Hundertschaft Kirgisen in grellbunten Gewändern bildete die ehrwürdige Eskorte – links und rechts malerisch stolz zu Pferd gesessen. Durch den Sandstaub, der den Tross die ganze Strecke über begleitet hatte, waren die Reisenden bis an den Hals und hinter die Ohren schwarz geworden.

Die Pferde vor der Tarantas des Generalgouverneurs waren so in Fahrt, dass sich ein Dutzend diensteifriger Beamter an die Zügel hängen musste, um die acht erhitzten Tiere zum Stehen zu bringen, anderenfalls wäre der Generalgouverneur mitsamt Gemahlin im Fluss gelandet.

Das Ehepaar stieg aus der Equipage, begleitet von den

ersten gedämpften Kommentaren aus der Ecke der Beamtenschaft. Warum musste der alte Gasfort seine Gattin überallhin mitschleppen? Die arme Frau war purpurrot vor Hitze!

Gasfort – er sah tatsächlich steinalt aus – hatte kaum ein Nicken für uns übrig. Er stieg ins Boot, die Überfahrt begann, alle folgten ihm zum anderen Ufer.

Nachdem sich der Generalgouverneur in einem eigens dafür bestimmten Häuschen erfrischt hatte, ging er in die Kirche. Er wurde auch in der Moschee erwartet, um alle dort versammelten muslimischen Geistlichen zu begrüßen, doch Seine Exzellenz hielt es nicht für nötig, ein paar des Russischen kaum mächtigen Bartträgern einen kurzen Besuch abzustatten.

Mir war aufgetragen worden, bei allem anwesend zu sein. Da wir in erster Linie Dinge inspizierten, die in den Verantwortungsbereich des Bezirksgerichts fielen, ein Bereich, mit dem ich kraft meines Amtes nichts zu tun hatte, erhob ich Einspruch bei Kramer. Das kam nicht gut an.

»Um Himmels willen, widersprechen Sie dem alten Knaben nicht. Egal, was für einen Unsinn er verzapft, Widerspruch schätzt er nicht.«

Ich bemühte mich aufrichtig, dem Generalgouverneur nicht zu widersprechen. Dennoch kam es ungewollt dazu, und zwar schon sehr bald. Zu Beginn der Inspektion griff sich Gasfort aufs Geratewohl zwei Fälle heraus. Zufällig ging es in beiden um behördliche Betrügereien. Er eilte auf mich zu und fing an zu wettern. Warum ich nicht eingegriffen hätte? Warum ich das Protokoll nicht unterzeichnet hätte?

Das Protokoll? Ich blieb ruhig.

»Eure Exzellenz, ich bin nicht befugt, Bezirksjournale

abzuzeichnen, sondern nur die der Regionalverwaltung. So steht es im Gesetz.«

»Ich gebe hier die Befehle«, unterbrach er mich schroff. »*Ich* bin das Gesetz.«

»Wie dem auch sei«, sagte ich, »es obliegt dem Justizminister, Befehle zu erteilen.«

»Was?!!«, schrie er mit rauer Stimme. »*Ich* bin hier der Justizminister.«

Da konnte ich nicht mehr an mich halten.

»In dem Fall ersuche ich Eure Exzellenz, mir lediglich eine Weisung zu erteilen. An diese Weisung werde ich mich dann halten.«

Der alte Mann schnaubte, schwieg kurz und sagte dann in erheblich ruhigerem Ton: *»Bien, nous en reparlerons!«*

Für alle, die von der Inspektion betroffen waren, verlief der Tag bedrohlich und unlogisch. Vom Bezirksgericht gingen wir zur Regionalverwaltung. Dort nahm der allseits respektierte Spasski die Inspektion vor. War der Inspekteur kompromissbereit, so war in der Regel nichts zu befürchten. Aber siehe da, die flott verlaufende, einfache Inspektion ermüdete den Generalgouverneur; er hatte plötzlich Lust, etwas zu essen, und teilte uns mit, er müsse sich unbedingt erholen. Ich schlug vor, das Gefängnis und seine Insassen noch einer Prüfung zu unterziehen, was ja schließlich in mein Ressort fiel.

»Was soll ich da?«, fragte Gasfort erschrocken.

»Die Männer und Frauen im Gefängnis inspizieren.«

»Gott sei mit ihnen.«

Und er eilte zu seiner Equipage: Es wurde höchste Zeit für das Frühstück, den Empfang und die Vorstellung der Beamtenschaft. Ich war bis ins Innerste meiner Seele gekränkt.

In der letzten Zeit hatte die völlige Ohnmacht, etwas Wesentliches zu Verbesserungen beitragen zu können, an mir genagt. Meine amtliche Tätigkeit kam mir sinnlos vor. Die Haltung der obersten Führung machte alles doppelt so schlimm. Was immer du tust, du kommst keinen Schritt weiter, sagte ich mir: Die Führung will keine Veränderung. Alle Energie verließ mich; ich verlor den Mut.

Ein richtiges Gefängnis gab es nicht in Semipalatinsk und auch kein Durchgangslager für Verbannte. Häftlinge wurden in der Kaserne gefangen gehalten: in zwei großen Räumen für die Männer und einem kleineren Raum für die Frauen. Sie waren dort zusammengedrängt wie Sardinen in der Büchse und mussten nicht nur dicht beieinander schlafen, sondern dazu auch noch in Hockstellung. Sie konnten sich kaum bewegen. Die Häftlinge schliefen, aßen und arbeiteten im selben Raum, in dem ihr Essen zubereitet wurde; für die Häftlingsunterkünfte gab es keine Küche. Schlimmer noch, im selben Raum standen auch die Fäkalienkübel; der Gestank war unerträglich, bei meinem ersten Besuch dort wurde mir schwindlig. Bei den höllischen Temperaturen in Semipalatinsk (es kam vor, dass wir uns im Sommer ein Ei im Sand brieten) kamen die Häftlinge keine Minute auf dem Innenhof an die frische Luft. Der Wärter war ein ausgemusterter analphabetischer Unteroffizier, assistiert von zwei Soldaten. Zu dritt nahmen sie sich nur der Dinge an, die ihnen selbst nützten. Sie erpressten die Häftlinge, behielten einen Teil ihrer Essensrationen ein, unterschlugen Brennholz und zogen den armen Teufeln für die kleinste Gefälligkeit die letzte Kopeke aus der Tasche. Niemand kümmerte sich um die Gefangenenquartiere, und lange Zeit kam ich nicht dahinter, an wen und an welche Abteilung ich mich wenden musste, um irgendwelche Verbesserungen zu erreichen. Es war hoffnungslos, für jede Angelegenheit, die weniger als einen Stecknadelkopf wert war, schrieb ich stapelweise Papier voll, mit dem einzigen Ziel, jemanden in Omsk oder Petersburg zu erreichen. Ich tat, was ich konnte, doch es war nur ein läppischer Teil von alldem, was ich in Bewegung bringen wollte. Ich begann in der hochfliegenden Absicht, einen nützlichen Beitrag zur Besserung der Gesellschaft zu leisten; ich besuchte das Gefängnis nicht weniger als zweimal die Woche für eine Umfrage und die Entgegennahme von Beschwerden; ich richtete einen Schalter ein, wirkte darauf hin, dass es genug zu essen gab, sorgte dafür, dass mehr Soldaten zur Verfügung standen, die die Häftlinge auf dem Weg von der Kaserne zum Badehaus beaufsichtigen konnten, sodass diese sich säubern konnten. Von mehr brauchte ich gar nicht erst zu träumen. Diese kleinen, unbedeutenden Verbesserungen erhöhte die Zahl der Gegner, mit denen ich zu kämpfen hatte. Sie probierten verschiedene Listen aus. Da sie wussten, dass ich keine Bestechungsgelder annahm und anderen, wenn irgend möglich, nicht gestattete, welche zu verteilen, dachten sie sich andere Methoden aus, mich in die Falle zu locken. Ich entwickelte in jenen Jahren eine wahre Leidenschaft für die Mineralogie und war dabei, eine Sammlung anzulegen. Also versuchten sie, mir entsprechende kleine Geschenke zuzustecken: einen Klumpen Gold, einen Beryll, einen Smaragd. Dass ich sogar den Goldklumpen zurückgab, machte mich zu einer unangenehmen Person, die möglichst schnell entfernt werden musste. Von dem Augenblick an dachten sie nur noch daran, wie sie mir von Amts wegen ein Bein stellen konnten.

Welche Freude also für diese Herren, dass der Generalgouverneur noch nicht einmal einen Blick in die Gefängnisräume werfen wollte! Er eilte zum Frühstück. Ich hatte den Eindruck, dass er viel und lange aß, um eine Stunde lang von allen Behelligungen erlöst zu sein. Nach einem letzten Brötchen stellte der Gouverneur von Kasachstan ihm die Beamten vor. Ich war der Erste, der aufgerufen wurde.

Eigens für diese Gelegenheit trug ich die Paradeuniform, die Gasfort selbst entworfen hatte, *pour imposer à ces sauvages*, wie er mir während meines Aufenthalts in Omsk mit gönnerhaftem Lächeln gesagt hatte. *Um Eindruck auf die Eingeborenen zu machen!* Ach ja, das also waren für Gasfort alle Völker östlich und südlich von Omsk: Wilde. Es war eine schöne Uniform, die ich aus Petersburg mitgebracht hatte und die von Adam so fantasiereich umgeschneidert worden war, dass andere Beamte und Militärs sie sich zum Vorbild genommen hatten. Der halblange Rock wies eine Knopfreihe auf und Stickereien je nach Ressort (bei mir kasachische Muster in Weiß und Blau), und die Hose war mit glänzenden Generalsbiesen paspeliert. An der Mütze die gleiche Stickerei wie auf dem Rock; der Handsäbel der Kavallerie hing an einem goldenen Koppel. Für Reisen durch die Steppen konnte die Uniform durch Sporen und eine Pistole mit Lunte ergänzt werden, aber die trug ich nicht während der Parade.

Ich hatte die Hoffnung noch nicht aufgegeben, dass der Generalgouverneur mir bei der Vorstellung wenigstens eine Frage stellen würde, die sich auf den Dienst bezog. In dem Fall, so hatte ich mir vorgenommen, würde ich ihm alle aufgestauten Nöte anvertrauen. Doch Gasfort hatte lediglich Blick für seinen eigenen Geniestreich: meine

Uniform. »Sie sitzt gut«, stellte er fest, »sie steht Ihnen gut, wahrscheinlich in Petersburg genäht, aber entgegen den Vorschriften ist der Rock drei *werschok*[41] zu lang, *faites le couper.*«[42] Doch keine Sekunde später fügte er quasi billigend hinzu: »Nächstes Jahr schenke ich Ihnen den Zügel, der zu der Uniform gehört, und ein paar Satteldecken.«

Das war eine feine Manier, deutlich zu machen, dass ein Gespräch über das Gefängnis, die Krankenhäuser oder die Schulen ungelegen kam. Ich durfte mit einer Einladung zum Mittagessen abtreten und meinen Kollegen Platz machen, die einen Rüffel nach dem anderen einstecken mussten. Und wieder nicht den Dienst, sondern den lamentablen Eindruck betreffend, den ihre Uniform auf den Generalgouverneur machte. Ein Kostümball, so nannte er die Uniformen, ein Riesenwitz. Und tatsächlich konnte man sich totlachen: In ihren altmodischen, daheim geänderten und an Vaters Säbel angepassten Paradeuniformen warfen sich die Beamten wie Militärs in die Brust, als spürten sie, dass sie wie verkleidete Affen aussahen und keinerlei Autorität ausstrahlten.

Wer es aber richtig abbekam, war der arme Priester. Warum er bei Ankunft des Generalgouverneurs in der Stadt nicht die Glocken geläutet habe? Ehrwürden bemerkte schüchtern, nach den kirchlichen Vorschriften dürfe lediglich bei der Begrüßung des Zaren oder königlicher Personen geläutet werden. Der alte Gasfort erhob sich und schnaubte drohend: »Hier bin ich der Zar! Ich befehle dir, bei meinem nächsten Besuch alle Glocken zu läuten!«

Trotz dieser Kapriolen war Gasfort im Grunde seines Herzens kein unrechter Mensch. Seine Schwäche war, dass er sich gern drohend und wichtig gab. Er besaß keine natürliche Autorität und liebte es, groteske Pläne zu entwerfen. Nicht gebremst durch so etwas wie Bescheidenheit dachte er sich sogar eine neue Religion für die Kirgisen aus. Die waren zwar Muslime, aber das Gegenteil von Fanatikern und bedurften daher keinerlei Korrektur. Trotzdem dachte sich Gasfort eine neue Religion für sie aus, »ähnlich der orthodoxen«. Man muss schon ein bisschen gestört sein, um auf so etwas zu verfallen. Als seine neue Religion von den Ministern in Petersburg voller Hohn abgelehnt wurde, war der arme Mann schrecklich beleidigt. Nachdem er eine Weile den Kopf hatte hängen lassen, nahm er unverdrossen ein neues Projekt in Angriff.

Wenn er mit jemandem unzufrieden war, sagte er sarkastisch süß: »Sie, mein Lieber.« Oder: »Du, mein Guter.« Besser, er wurde böse auf einen. Dann sprach er einen schlichtweg mit »Sie« an, erkannte aber wenigstens an, wen er vor sich hatte.

Mich siezte er. Außerdem war ich zum Mittagessen eingeladen. Das hing zweifellos damit zusammen, dass ich seine Frau aus Petersburg gut kannte. Sie empfing mich äußerst herzlich und bot mir den Platz neben sich auf dem Diwan an. Die Kameraden, die nach mir kamen und mich auf dem Plüsch so entspannt plaudern sahen, hielten das für unerhörte Vermessenheit. Es war noch lange Stadtgespräch. Hatte ich etwas mit der Frau des Generalgouverneurs, so wie ich etwas mit der Frau des Bergbauingenieurs hatte? Anders war meine Freimütigkeit doch nicht zu verstehen? Es war ein beklagenswertes Städtchen, arm an Eindrücken, festgefahren in Klatsch und Zank.

Während des Mittagessens erfuhr unser Generalgouverneur eine Metamorphose. Man spürte auf einmal, dass man mit einem gewöhnlichen Sterblichen sprach. Er war gut aufgelegt, erkundigte sich nach meiner Familie und sagte, er wisse von meiner freundschaftlichen Beziehung zu Dostojewski. Dies war der Moment, den es auszunutzen galt, um ihn für Fjodor Michailowitsch einzunehmen.

Etliche Wochen zuvor hatte dieser ein Gedicht anlässlich des Todes von Imperator Nikolaus geschrieben. Ich brauche hier nicht zu wiederholen, was F. M. über den Zaren dachte, der ihn vor das Erschießungskommando geschleppt und die komplette Hinrichtung inszeniert hatte, um seinen Gegnern eine Höllenangst einzujagen. Doch um wieder ein normales Leben führen zu können ohne das Joch der Zwangsarbeit oder ein Dasein als zwangsverpflichteter Soldat, hatte er sich über seine Abneigung hinweggesetzt. Nach gemeinsamer Beratung hatten wir beschlossen, das Gedicht über Gasfort der Zarenwitwe zukommen zu lassen. Es dürfte bezeichnend sein, dass mir von dem Gedicht nur die ersten beiden Zeilen in Erinnerung geblieben sind, und selbst die nur vage. Wenn ich mich nicht irre, lautete der Anfang so:

So wie das Wetterleuchten am Himmel verblasst,
Ist Ihr erhabener Gemahl erloschen …

Auf meine höfliche Frage, ob er das Gedicht der Zarenwitwe überbringen lassen würde, weigerte Gasfort sich allerdings brüsk. Seine Stimme klang richtig böse, als er sagte: »Für ehemalige Feinde der Regierung werde ich mich niemals einsetzen.«

Aber …

»Wenn Sie ihn selbst in Petersburg in Erinnerung bringen wollen, dann werde ich mich dem nicht widersetzen.«

Nun, das war zumindest etwas. Dostojewski wartete den ganzen Tag gespannt im Kosakengarten.

Der Kammervirtuose der Kaiserin

DAS MITTAGESSEN tat dem Generalgouverneur sichtlich gut: Er schlemmte, als hätte er tagelang nicht gegessen. Am nächsten Morgen inspizierte er die Truppen, und noch immer konnte nichts seiner Laune etwas anhaben, nicht einmal, als die Artillerie sich bis auf die Knochen blamierte. Die Kugeln schlugen an der falschen Stelle ein, prallten ab und begruben sich selbst im Sand.

»Können Sie sich das erklären?«, fragte er, an niemanden im Besonderen gewandt.

»Das liegt am klapprigen Geschütz und dem feuchten Schießpulver«, sagte ein Major.

»Mir scheint, es ist die vornehmste Aufgabe einer Armee, das Pulver trocken zu halten. Oder irre ich mich?«

Es gelang mir, ein Hohngelächter zu unterdrücken, indem ich mir fest auf die Lippe biss. Alles, was mit Macht und Autorität zusammenhängt, hat auch das Lächerliche einer Farce.

Der Generalgouverneur erteilte den Ranghöchsten einen Verweis und präsentierte im gleichen Atemzug eine Überraschung. Er gab bekannt, der Feldzug sei bis auf

Weiteres vom Tisch. Ich dachte: Diese Neuigkeit wird Fjodor guttun!

Der eine oder andere Offizier, der sich von einem Feldzug persönliche Vorteile erhoffte – auf Kosten der armen Soldaten –, zog eine betretene Miene, doch die übergroße Mehrheit der Mannschaften war nicht darauf erpicht, sich mit untauglichem Material auf den Kriegspfad zu begeben.

Kurz bevor er tags darauf abreiste, nahm Gasfort mich beiseite.

»Sie können Ihrem Freund Dostojewski mitteilen, dass er zum Unteroffizier befördert ist.«

Dann stob der Generalgouverneur mit seinem vielköpfigen Gefolge zurück in seine Residenz Omsk. Alle seufzten tief auf: Das Unwetter hatte sich verzogen. Semipalatinsk fiel in seinen normalen schläfrigen Zustand zurück.

Fjodor Michailowitsch reagierte mit vagem Lächeln auf seine Beförderung, als könnte er es noch nicht recht glauben.

»*Unter-ofitser.*« Er nahm das Wort wie eine saure Pflaume in den Mund.

Ich zählte ihm die Vorteile auf: Sein Sold würde sich erhöhen; er würde von den stumpfsinnigsten Arbeiten in der Kaserne verschont, und er würde eine bessere Uniform bekommen und bessere Stiefel …

»Aber ich werde *Zwangs*sergeant bleiben«, unterbrach er mich, »genauso wie ich *Zwangs*soldat gewesen bin.«

Das stimmte. Begnadigt war er noch nicht, in seiner Freiheit würde er eingeschränkt bleiben, sodass er Semipalatinsk allenfalls heimlich verlassen konnte. Und, was viel schmerzlicher für ihn war, noch immer galt das Publikationsverbot.

»Es ist ein weiterer Schritt zur Rehabilitierung«, sagte ich.

Er nickte langsam.

Für ihn dauerte es lange, zu lange. Allmählich verlor er die Zuversicht, jemals wieder ein normales Leben führen zu können, ohne Armut, Erniedrigung und Strafe.

Nur eine Begnadigung konnte ihm den Platz zurückgeben, den er in der Gesellschaft verdiente. Daher tat ich alles, damit sein Gedicht bei Hofe bekannt würde. Auf Anraten meines Vaters schaltete ich Seine Hoheit Prinz Oldenburgski ein.

In jener Zeit korrespondierte ich wieder eifrig mit zu Hause und überschüttete meinen Vater mit Fragen; er seinerseits holte sich Ratschläge bei allen möglichen einflussreichen Verwandten. Es tat mir gut, dass er sich so für mich einsetzte; seit ich in Sibirien stationiert war, schien ihm alles daran gelegen, unser Verhältnis zu verbessern und die Entfernung zwischen uns auf eine geografische zu reduzieren. Aus seinen Briefen sprach große Anteilnahme an meinem Leben, und auch das Schicksal Dostojewskis lag ihm am Herzen.

Der Prinz, so gab mir mein Vater zu verstehen, könne von großer Bedeutung für mich sein. Er sei ein in ganz Russland berühmter Philantrop, ein Mäzen der Künste und Wissenschaften, ein großer Musikliebhaber und … ein erbärmlicher Komponist, der es trotzdem geschafft habe, dass sein Klavierkonzert in Sankt Petersburg aufgeführt wurde. Das verdanke er seinem Freund Adolf von Henselt, der sein Werk stark verbessert und das Orchester dirigiert habe.

Ich schrieb dem Prinzen, und er schlug mir vor, ebendiesen Adolf von Henselt für die Überreichung des Gedichts einzuschalten. Das erschien mir als gute Idee; ich kannte Adolf schon von frühester Jugend an.

In jenen Jahren war es immer noch unwahrscheinlich schwierig, den Hof zu erreichen, geschweige denn, dort auch nur einen gewissen Einfluss auszuüben. So wichtig man auch war, der Zar und die Zarin hatten eine göttliche Aura, und angesichts einer solchen Ausstrahlung verblassten sogar Helden und Genies zu gewöhnlichen Sterblichen. Musik konnte einem etwas weiterhelfen, sofern man es zumindest geschickt anging und die richtigen Musiker auswählte.

Adolf von Henselt war bereits ein Klaviervirtuose, als er von Bayern nach Russland zog, um dort sein Glück zu versuchen. Er war zudem ein vielversprechender Komponist, der in die Fußstapfen seines Lehrmeisters Hummel zu treten hoffte. Mit etwa vierundzwanzig Jahren kam er nach Petersburg, wo er sofort Zugang zum Hof erhielt, weil Großfürstin Maria Pawlowna, eine Schwester von Zar Nikolaus, ebenfalls von Hummel unterrichtet worden war. Aha, so ging es in Hofkreisen zu: Auf Fürsprache der Großfürstin ernannte die Zarin Adolf zum Hofpianisten und verlieh ihm den Titel »Kammervirtuose der Kaiserin«.

Meine Mutter Darja liebte sein Klavierkonzert in f-Moll über alles, ebenso seine Nocturnes, Impromptus, Walzer und Balladen. Wie die meisten Musikkenner dachte sie, dass Henselt sich der kleinen Gruppe brillanter Neuerer zugesellen würde, unter denen zu jener Zeit vor allem Chopin, Liszt und Mendelssohn auf sich aufmerksam machten. Henselt jedoch litt an Versagensangst. Mit noch nicht einmal dreißig Jahren bekam er einen Nervenzusammenbruch. Er komponierte nicht mehr und stellte letztendlich auch das Konzertieren ein.[43] Von dieser Zeit an unterrichtete er nur noch junge Talente und junge Damen aus den vermögenden Petersburger Familien. Zum Beispiel meine beiden Schwestern, meine jüngeren Brüder Mischa und George und für ganz kurze Zeit auch mich.

Ich wunderte mich, wie dieser krankhaft unsichere Mann so eitel in Bezug auf sein Äußeres sein konnte. Seine Frisur entsprach stets der neuesten Mode, und manchmal hatte er seine dunklen Locken auf der Schädelmitte mit viel Pomade spitz nach oben zu einem Hahnenkamm geformt. Damit erregte er allgemeine Aufmerksamkeit und war das Gespräch des Abends in Hofkreisen sowie überall dort, wo er erschien.

In meiner Familie lohnte sich der Musikunterricht mehr bei Mischa als bei meinen Schwestern. Mein kleiner Bruder schwankte lange, ob er sich auf eine Künstlerkarriere verlegen sollte. Trotz Adolfs Ermunterung, der der Ansicht war, Mischa spiele »wie ein junger Gott«, sah er letztlich davon ab. Allerdings komponierte er noch einige Stücke, von denen er das erste seinem Lehrmeister widmete.

Henselt blieb ein gern gesehener Gast bei uns zu Hause in Terpilitsy. Mein Vater hatte uneingeschränktes Vertrauen zu ihm und bat ihn, seinen jüngsten Sohn Nikolai in die Schweiz zu begleiten, als dieser in Genf zu studieren begann. Henselt war ein ungemein netter Mann, und wenn ich seinen Namen höre, muss ich sofort an meine Mutter denken, die noch kurz vor ihrem Tod vierhändig mit ihm in Terpilitsy spielte.

Adolf schrieb mir, er sei gern bereit, Dostojewskis Gedicht bei Hofe zu überreichen. Im nächsten Brief vertraute er mir an, er habe es der Kaiserin sozusagen in die Hände *gedrückt*.

Ich war trotzdem nicht beruhigt. Um zu überprüfen, ob er das wirklich getan hatte, schaltete ich einen weiteren Bekannten meines Vaters ein: Schachtinski, den Leiter der Dritten Abteilung. Er bestätigte mir, dass die Zarin das Gedicht zu Gesicht bekommen hatte.

Die Dritte Abteilung befasste sich nicht nur mit politischen Vergehen, Zensur, religiösen Sekten und Ausländern, sondern auch mit dem geistigen Schutz der kaiserlichen Familie. Schachtinski kontrollierte höchstpersönlich, was die Zarin las, und griff ein, wenn er vermutete, ein Buch, eine Zeitschrift oder ein Brief könne ihren Zorn erregen.

Ob das Gedicht Eindruck machte, erfuhr ich nicht. Als es viele Jahre später veröffentlicht wurde, musste Dostojewski es entgelten. Die Kritiker waren von dem demütigen Ton angewidert – sechsmal »Verzeihung« in den ersten sechs Zeilen – und von der unverfälscht patriotischen Botschaft. Für die literarischen Prinzipienreiter war es sonnenklar, dass sich Dostojewskis kreatives Leben in eine Periode vor und eine Periode nach Sibirien trennen ließ. Die Art und Weise wie er die uneingeschränkte Vergebung der höchsten Stellen zu erlangen versuchte, tendiere zur Kriecherei. Warum musste er sich unbedingt lieb Kind beim Zaren machen?

Purer Unsinn. Dostojewski war von Natur aus und in seinem ganzen Wesen ein Patriot, im weitesten Sinne des Wortes. Dass er sich durch die Zeit in Sibirien charakterlich sowie in seiner Überzeugung und Einstellung verändert haben soll, scheint mir höchst übertrieben. Er hat Russland niemals verdammt; von Schwarz wechselte er nicht zu Weiß, von Rot nicht zu Blau. Vor Sibirien äußerte er Kritik an der Leibeigenschaft und zahlreichen anderen Missständen. Wer tat das nicht? Ein Russe lebt in ständigem Zwist mit Russland, sonst ist er kein Russe. Doch nimm ihm Russland, und er stirbt einen langsamen Tod.

Auf seine tiefste Überzeugung hat Sibirien keinen Einfluss gehabt. Mit den Gedichten – er schrieb noch ein zweites – kroch er zwar tief durch den Staub, allerdings ohne seiner Überzeugung Gewalt anzutun. Er wollte wieder schreiben, publizieren und am öffentlichen Diskurs teilnehmen; er wollte nach Petersburg zurückkehren, von jeglichem Joch befreit. Alexander II. betrachtete er wie alle in jenen Tagen mit Zuneigung; im neuen Zaren erblickte er die Wiedergeburt Russlands. Was war unterwürfig daran, einen Fürsten auf dem Thron willkommen zu heißen, den Hoffnungsträger all derer, die ihre Heimat lieben?

Ich fürchte, dass letztlich nur wenige Dostojewski kannten. F. M. konnte nur schwer bösartige Gefühle hegen, nicht einmal gegen Zar Nikolaus, der ihn aufs Schafott geführt hatte. Und das begriffen die Kritiker nicht. Für die Belanglosigkeit seines politischen Vergehens war Fjodor Michailowitsch übermäßig hart bestraft worden. Um nicht zu verbittern, erkannte er seine persönliche Schuld an und betrachtete seine Verbannung als »gerechte Sache«, so seltsam sich das auch anhören mag. Er war ohnehin ein Mensch, der die Schuld eher bei sich sucht als bei einer Autorität, die ihm das Leben schwer gemacht hatte. Rein prinzipiell tat er seinen Überzeugungen keinerlei Gewalt an, und schon gar nicht um des persönlichen Vorteils willen. Die Kritik an seiner Handlungsweise war erbarmungslos.

Er war geschwächt durch epileptische Anfälle. Von

Zeit zu Zeit fürchtete er, den Verstand und sein Gedächtnis zu verlieren. Schreiben hielt ihn aufrecht. Sein literarisches Werk war ihm heiliger als irgendetwas sonst im Leben. Die einzige Strafe, die ihn wirklich traf, war das Publikationsverbot für seine Bücher.

In seiner Verzweiflung hatte er mir sogar vorgeschlagen, unter *meinem* Namen zu veröffentlichen. Das war ein allzu schmeichelhafter Vorschlag, und ich wies ihn zurück, betrachtete ihn aber als Besiegelung unserer Freundschaft. Ich war so sehr zu seinem Vertrauten geworden, dass er über *Aufzeichnungen aus einem Totenhaus* A. J. Wrangel auf die Titelseite hatte setzen lassen wollen. Ich will gerne beichten, dass mir bei diesem Vorschlag Tränen in die Augen traten.

Abgesehen vom Ruhm war die Literatur sein einziger Nebenverdienst. Und er brauchte jede zusätzliche Kopeke. Die Ehe wartete auf ihn, davon war er felsenfest überzeugt. Er träumte vom »endlosen Glück«, wie er mir sagte und wie er mir einige Monate später schrieb, doch die ewige himmelschreiende Armut drohte seine Zukunftspläne zu durchkreuzen. Eine Frau und eine Familie zu unterhalten kostete Geld, zumal eine Frau wie Maria, die nach seiner festen Überzeugung irgendwann die Seine werden würde. Jahrelang fehlte es ihm am Notwendigsten. Die materielle Abhängigkeit von Verwandten und Freunden war erniedrigend für einen Mann mit seiner Geisteshaltung und Gemütsverfassung. Die Notwendigkeit zu betteln dauerte an; ständig musste er den Kopf neigen und sich bedanken. Wenige Wörter waren ihm schließlich so zuwider wie das Wort »Dank«.

Möglicherweise hätte er niemals Zuflucht zu dem Mittel genommen, das seine Kritiker so scharf missbilligen sollten, hätte er sich nicht in Maria verliebt. Dann hätte er weder das erste Gedicht geschrieben noch das zweite: *Zur Thronbesteigung Alexanders II.* Dieses Gedicht nahm ich für ihn mit, als ich nach Petersburg zurückberufen wurde, auch wieder in der Absicht, es mithilfe des Kammervirtuosen oder wem auch immer bei Hofe bekannt zu machen.

Das sind Spekulationen. Ohne Marias Liebe wäre die Wildnis Sibiriens der vorzeitige Untergang eines der größten russischen Schriftsteller geworden. Was sage ich: von Russlands Stolz. Das ist die eine These: Maria gab ihm die Hoffnung auf ein normales Leben. Oder war diese Hoffnung schon von Anfang an eine Illusion und hätte er besser daran getan, das früher zu erkennen? Ich glaubte an Letzteres, wenngleich ich sehr wohl verstand, dass er sich in seinem dreiunddreißigsten, fast vierunddreißigsten Lebensjahr nach dem »endlosen Glück« sehnte.

Die Unlauterkeit von Absichten

DIE MILITÄRMANÖVER WAREN ANSTRENGEND gewesen und hatten durch die anhaltende Hitze ziemlich viel Energie gekostet. Nach der Abreise des Generalgouverneurs bekamen die Soldaten Ruhe. Fjodor hatte ganze Nachmittage lang frei, und so verbrachten wir viele Stunden in unserem Kosakengarten.

Der Geruch schwarzen Tees vermischte sich mit dem des Tabaks. Wenn Fjodor nicht rauchte, kratzte er seine Pfeife sauber oder suchte nach einem Schwefelholz. Ich rauchte tüchtig mit, weil das die beste Methode war, ihn zum Reden zu bringen.

Wenn es ihm gut ging, warf er sich in ein Gespräch, als säße er dem interessantesten Mann gegenüber, dem er je begegnet war. Er fragte mich nach Kant, Hegel und hob dabei unweigerlich so an: »Ich verstehe nichts von Philosophen und schon gar nicht von deutschen Philosophen.« Noch viel mehr wollte er von den kleinen und großen Ganoven wissen, die täglich vor Gericht erschienen. Er bat mich, wörtlich zu wiederholen, was ein kleiner Dieb zu seiner Verteidigung angeführt hatte, und dann passte er so gut auf, dass er sich im Kopf Notizen zu machen schien.

Er ermutigte mich in meinem Kampf gegen Bestechung und Korruption, bewahrte mich aber auch vor allzu dreisten Aktionen. Meine Jugend und mein Mangel an Lebenserfahrung ließen mich manchmal an dem ruchlosen Milieu verzweifeln, in dem zu arbeiten ich gezwungen war. Bisweilen verließ mich die Kraft im Kampf gegen das Böse, und gerade dann machte mir F. M. Mut und erteilte mir mancherlei Ratschläge. Für viele menschliche Eigenarten öffnete er mir die Augen. Während der Gespräche, die wir führten, pflanzte er ein tiefhumanistisches Gefühl in mich. Doch sobald der Trübsinn zuschlug, schloss er sich in einem halsstarrigen Schweigen ein, und das konnte ich nur dadurch durchbrechen, dass ich ihm die Tabakdose noch einmal reichte.

Jedes Mal war es ein Brief von Maria, der ihn in Grübeleien versinken ließ oder in die Verzweiflung trieb. Aus Kusnezk kamen keine aufheiternden Nachrichten. Der Gemahl war unverändert »todkrank«, der Sohn »geschwächt« und sie selbst »matt« und »lustlos«. Ich begann zu glauben, dass die Liebe zwischen Fjodor und Maria einzig und allein auf Mitleid beruhte. Brief um Brief flehte sie um Mitgefühl, und er steckte in seine ellenlangen Antworten sämtliche Trostworte, die es im Russischen gibt. Sechs Bögen waren eine kurze Nachricht; mit sechzehn dicht beschriebenen Seiten glaubte er, die schlimmste Besorgtheit bei ihr zerstreuen zu können. Ich verschickte Briefe für ihn, die so viel wogen wie ein ganzes Heft. Keiner dieser Briefe hatte ein anderes Ziel als Madame M. D. Isajewa in Kusnezk.

Ob diese intensive und ausführliche Korrespondenz ihnen irgendeine Erleichterung schenkte, wage ich zu bezweifeln. Ein schlechtes Zeichen war, dass er, der Abergläubische, nicht länger Wahrsagerinnen aufsuchte. In einem Moment war er niedergeschlagen, im nächsten gereizt; er langweilte sich, war nicht in der Stimmung, an seinen *Aufzeichnungen aus einem Totenhaus* weiterzuschreiben, und wusste nicht, wie er die Zeit überstehen sollte.

Da erinnerte er sich an Marina O.

Ich hatte die vernachlässigte Tochter des polnischen Bataillonszahlmeisters schon fast vergessen. Bis zu ihrer Übersiedlung nach Kusnezk hatte Maria sich des in Lumpen gehüllten Mädchens angenommen. Sie hatte Dostojewski gebeten, das Kind zu unterrichten – mit sechzehn war Marina des Lesens und Schreibens noch nicht mächtig und konnte nur die allereinfachsten Rechenaufgaben lösen. Das war nicht ungewöhnlich, in jenen Tagen beherrschte kein Mädchen aus dem Volke das ABC, und Dostojewski hätte Hunderten anderer Kinder von Leibeigenen oder Handwerkern in Semipalatinsk und Umgebung Unterricht erteilen können. Was Maria Dmitrijewna für das Mädchen einnahm, war die Tatsache, dass es von seinem Vater und der Stiefmutter grün und blau geschlagen wurde. Maria wollte das misshandelte Kind aus christlicher Nächstenliebe retten, eine Eigenschaft, die sie mit Dostojewski gemein hatte und die ich respektierte, obgleich ich misstrauischer von Natur bin, zumal wenn es sich um uneigennützige Güte handelt. Maria wollte zu offenkundig demonstrieren, wie gut sie von ihrem innersten Wesen her war, weil sie wusste, wie empfänglich ihr geliebter Fjodor dafür war.

Nach ihrem überstürzten Wegzug aus Semipalatinsk hatte Maria ihn in ihren Briefen wiederholt gebeten, sich um das Mädchen zu kümmern. Bei sich daheim wurde Marina von ihrem Vater, dem polnischen Verbannten, der wenige Monate nach dem Tod seiner Frau das Küchenmädchen geheiratet hatte, wie der letzte Dreck behandelt. Die Stiefmutter benutzte den Besen häufiger dazu, Marina und den beiden anderen Töchtern den Hintern zu versohlen, als die Küche zu fegen.

F. M. wollte Maria Dmitrijewna zweifellos für sich einnehmen, suchte das Mädchen auf und kehrte kopfschüttelnd zurück.

»Das alte Lied?«, fragte ich.

Ja. Erst hatte die Stiefmutter ihn beschimpft, dann der Pole.

»Vergiss nicht«, warnte ich ihn, »dass er wegen eines Mordes nach Sibirien verbannt worden ist.«

»Ich versuche es noch ein Mal.«

Die Szene wiederholte sich, doch ein paar Tage darauf ließen die Eltern das Mädchen zum Unterricht in den Kosakengarten gehen.

Marina O. war inzwischen siebzehn Jahre alt. Sie war gewachsen, erblüht. Sie war nicht nur auffallend hübscher geworden, sondern auch überraschend kesser. Sie hüpfte durch die Räume und den Garten, kokettierte wie Wanka-Tanka und flirtete lachend und girrend mit ihrem Lehrer. F. M. täuschte anfangs Strenge vor, lebte aber sichtlich von den Avancen des Mädchens auf. Auch ich fühlte mich auf angenehme Weise leicht berauscht durch die jugendliche Frische, die sie verbreitete. Marina munterte das ganze Haus auf.

Von dieser Zeit an stürzte F. M. sich förmlich auf den Unterricht. Er stand früher auf, wusch sich, rasierte sich die Wangen, stutzte den Schnurrbart. Bevor das Mädchen erschien, klopfte er seine Uniformjacke ab und polierte die doppelte Messingknopfreihe. Auch das fiel Marina auf, und sie zeigte sich F. M. gegenüber noch entgegenkommender.

In mir reifte ein wenig edler Plan. Ich merkte, wie froh Marina ihren Lehrmeister machte und wie leicht es ihr fiel, seine Niedergeschlagenheit zu vertreiben. F. M. braucht nur noch einen kleinen Schubs, dachte ich, dann wird ein neues Gefühl in ihm erwachen, das ihn von seiner unseligen Leidenschaft zu Maria Dmitrijewna ablenken wird. Ja, ich erblickte in diesem siebzehnjährigen Mädchen den Keil, den ich zwischen F. M. und M. D. treiben konnte.

Der junge Baron Wrangel in der Rolle eines Luzifers! Es war ein teuflischer Plan, ganz eindeutig. Dostojewski war verflixt noch mal doppelt so alt wie das Mädchen, er war ein Sprachvirtuose, während sie erst noch ordentlich lesen und schreiben lernen musste, er lechzte nach intellektueller Herausforderung, während sie dachte, Gogol sei der Krämer um die Ecke. Ich schätzte Maria Dmitrijewna eindeutig zu gering ein, wenn ich vermutete, dieses junge Ding könne ihren Platz einnehmen.

Zu meiner Verteidigung kann ich anführen, dass Dostojewski, bevor Marina O. aufgetaucht war, seinem unvollendeten Manuskript keinen einzigen Buchstaben mehr hinzugefügt hatte. Dass er keinerlei Lebenslust mehr besaß, geschweige denn Lust auf Literatur, und dahindorrte wie eine Pflanze in sengender Hitze. Er schrieb Briefe an M. D. Wenn sie abgeschickt waren, starrte er stundenlang dumpf vor sich hin und wirkte genauso niedergeschlagen wie kurz nach seiner Entlassung aus dem Straflager. Marina brachte das Leuchten in seine Augen zurück.

Lass ihn mit ihr allein, dachte ich, ganz im Banne meiner guten Absichten. Ein paar Tage mit ihr allein, wenn möglich ein paar Wochen. Er war nicht aus Stein; gegen Marinas übermütiges Lachen war kein Mann immun, und schon gar kein Verbannter, der Jahre hinter einem Gitterzaun zugebracht hatte und nach einer Frau verlangte wie eine Hummel nach einer Blüte.

Der Zufall wollte es, dass Madame X mich genau in dieser Zeit mit süchtig machender Regelmäßigkeit zu sich rief. Sie konnte ohne mich nicht mehr leben. Im Grunde unterschied ich mich kaum von meinem gequälten Hausgenossen: Wenn F. M. Marias Sklave war, dann war ich der von Katja. Sie brauchte mich nur um etwas zu bitten, und schon kam ich ihrer Bitte nach. Schrieb sie: »Komm!«, so ließ ich meine Arbeit im Stich, täuschte eine Dienstreise vor und stob über die Steppe zu ihr.

War es Liebe oder Lust? Das wage ich auch heute, so viele Jahre später, noch immer nicht zu sagen. Auf jeden Fall war es ein flirrendes Gefühl, das meinen Verstand vollkommen ausschaltete.

Ich war mit Katja in den Bergen des Altai, in Ust-Kamenogorsk, in Buchtarma. Ich biwakierte mit ihr am Ufer des Irtysch und verbrachte mehrere Tage mit ihr in der Nähe der Anlagen in Lokot und Smeinogorsk. Alles Orte, die sie mit ihrem Mann, dem Bergbauingenieur, aufsuchte. Ich reiste ihr nach und ließ mein Pferd den Spuren folgen, die der Wagen des Ehepaars Gerngross im Wüstensand hinterließ. Es hatte etwas von einer Posse, doch im Gegensatz zu harmlosem Zeitvertreib konnte diese Posse mich teuer zu stehen kommen, wie F. M. mir immer wieder vorhielt. An derlei dachte ich so wenig wie möglich, ich ließ mich von ihrem Duft berauschen und von der Kraft, mit der sie mich umarmte.

Wie es ihr immer wieder gelang, ein Zimmer oder ein

Zelt zu organisieren, in das wir uns zurückziehen konnten, bewies, wie geschickt sie mit ihrem Personal umsprang. Alle zerrissen sich für sie. Mit meinem alten Vertrauten Adam ging ich nicht besser um als sie mit ihren Zofen und Kutschern. Alles taten sie für sie, und zugleich auch für mich. So langsam glaubte ich, dass ein wohlwollender Bediensteter der halbe Weg zum Glück ist.

Alles war so romantisch wie ein Sonnenuntergang, auch wenn man das in der Nähe von Verhüttungsanlagen nicht sagen würde. Unter dem Rauch der Schornsteine in Lokot flüsterte sie mir ins Ohr: »Du bist groß, du bist stark, ich habe schon sechs Kinder, aber mit dir würde ich gerne noch ein paar machen.«

Es bereitete ihr einen unvergleichlichen Genuss, mich zu schockieren. Bei all meiner Größe und Stärke war ich noch grün hinter den Ohren. Ich sagte, ich wolle sie heiraten. Daraufhin brach sie in Gelächter aus. Was ich mir einbildete? Aber ich wollte sie wirklich heiraten und flehte sie monatelang, jahrelang an. Ich stellte sie vor die Entscheidung. »Entscheidung?«, schimpfte sie. Ja, sie solle sich für mich entscheiden anstatt für ihren Mann, der nur von Bergwerksschächten träume, noch länger als die, die er bereits tief in die Erde habe bohren lassen.

»Alexander!«

In den Bergen des Altai wolle sie derlei »Narreteien« nicht hören. Sie wolle sich nur »zerstreuen«; es sei schließlich herrlich, so frei in der Natur; in Petersburg würden wir dieses Leben nie und nimmer führen können.

»Der Vorteil dieser Wüsteneien ist, dass kaum jemand einen beachtet, außer den Mücken, die einem in die nackten Arme stechen.«

Und wieder ertönte ihr Gelächter.

Ein wenig feige schrieb ich F. M., ich suchte Ablenkung im Reisen. Im Verlauf von zwei Monaten hatte ich tatsächlich zweitausend Werst zurückgelegt, doch die wären mir schwergefallen, wäre nicht Katja das Ziel all meiner Touren gewesen. In Wort und Schrift war ich immer ehrlich zu Fjodor gewesen. Wirklich lügen wollte ich auch nicht; eher fürchtete ich, ihn in Verlegenheit zu bringen. Er würde dieses Wissen über Katja geheim halten müssen, und das obwohl er ein so herzliches, offenes Verhältnis zu ihrem Mann hatte.

Ob er sich in jenen Sommerwochen genauso »zerstreut« habe wie ich, traute ich mich in meinem Brief nicht zu fragen. Als ich nach Hause zurückkam, zeigte sich, dass ich gut daran getan hatte, nicht daran zu rühren. Ich erfuhr nämlich nicht von einer frischen Romanze, sondern von einer ranzigen Tragödie.

Bei Marina wunderte ich mich über das düstere Aussehen. In ihrem Blick sah ich Verachtung und Ärger. Sie war stark abgemagert und wieder genauso schmutzig wie in früheren Zeiten. Das Mädchen, das bei meiner Abreise hinreißend gewesen war, kam mir jetzt wie die erstbeste Schlampe vor.

Ich nahm Fjodor beiseite und sagte, Marina gleiche in nichts mehr der Marina von vor ein paar Wochen. Das sei ihm auch aufgefallen, doch so sehr er sich bemüht habe, es sei ihm nicht gelungen, den Grund dafür herauszubekommen.

»Versuch du es doch mal«, seufzte er. »Du hast inzwischen doch einige Erfahrung mit Verhören.«

Es war eines der ersten Male, dass er mich ausdrücklich duzte, und das zweimal nacheinander.

Wir begannen beide, sie zu befragen.

Sie wollte nichts sagen, schüttelte wild den Kopf, nein,

es sei nichts, gar nichts, doch dann rückte sie doch ziemlich schnell mit dem Sohn des Bürgermeisters heraus.

In der Stadt trug er den Spitznamen »Der feurige Hengst«. Er war achtzehn Jahre alt und schätzte sich selbst mindestens so hoch ein wie seinen Vater, der sowohl Bürgermeister war als auch ein gefürchteter Charmeur. Ein Don Juan war der Junge bei Weitem nicht, er hatte ein pockennarbiges Gesicht, auf dem selten ein anderer Ausdruck lag als ein hinterhältiger. Er hatte die Augen nicht von Marina lassen können. Sie anzusprechen fehlte ihm allerdings der Mut, und so schickte er die Haushälterin der Familie zu ihr, die Marina goldene Berge versprach, wenn sie zu einem Stelldichein mit dem Jungen bereit sei. Schließlich schwamm er im Geld. Marina gab schnell nach. Der Junge amüsierte sich eine Nacht lang mit ihr, verabredete sich noch zwei-, dreimal, genoss die Aufmerksamkeit, die die mittlerweile heftig verliebte Marina ihm schenkte, und ließ sie dann fallen wie eine heiße Kartoffel.

»Ist dir noch ein anderes Unglück widerfahren?«, erkundigte ich mich.

»Was meinst du?«

»Ich fürchte, ja.«

»Wenn du schon alles wissen willst, ja, ja, ja«, schrie sie.

Mit der Haushälterin hatte sie abgemacht, sich vom Kutscher des Bürgermeisters an einen bestimmten Ort bringen zu lassen, der sich für das amouröse Rendezvous eignete. Der Kutscher, ein alter Kirgise, holte sie ab und brachte sie im Morgengrauen wieder nach Hause. Auf der zweiten Fahrt bedrohte er sie: Wenn sie sich ihm nicht hingäbe, würde er ihrem Vater und ihrer Stiefmutter von ihrem Abenteuer berichten. Die ohnehin nicht besonders willensstarke Marina bekam Angst und gab nach.

»Blieb es bei diesem einen Mal?«, fragte ich.

Sie schnaubte tief und verächtlich. Und weinte.

Der Mann missbrauchte sie noch immer, er saß ihr auf den Fersen, wollte sie immer wieder nehmen und forderte außerdem auch noch Geld von ihr. Wenn sie nicht bezahle, würde er alles weitersagen. Sie hasste ihn, hatte eine Heidenangst vor ihm und flehte uns an, ihr zu helfen.

»Wie abscheulich«, meinte Fjodor, »wie widerlich und roh, nicht zu fassen, so viel Schlechtigkeit.«

»Ich glaube, hier muss ich meine Autorität walten lassen«, sagte ich.

»Unbedingt, Alexander Jegorowitsch«, ermutigte Fjodor mich. »Das arme Kind … Das muss ein Ende haben.«

Ich rief den Kirgisen am nächsten Tag zu mir und zwang ihn, die Stadt zu verlassen.

»Warum?«, fragte er. »Ich arbeite hier, ich bin der Kutscher des Bürgermeisters.«

»Wenn du den genauen Grund wissen willst, lasse ich einen Haftbefehl ausstellen und werfe dich auf der Stelle ins Gefängnis.«

Wir haben den Kirgisen nie wieder in Semipalatinsk gesehen.

F.M. informierte Maria Dmitrijewna über den Vorfall. Maria schrieb ihm seelenruhig zurück, dass die arme Marina gewiss auch ihn verführt habe. Das gab Fjodor den Rest: Jedes Mal wenn er etwas Gutes tat, ging es verkehrt aus.

Mit mir hatte Maria es sich damit gleich wieder verscherzt. Ja, ich hatte schlechte Gedanken gehegt und einen teuflischen Plan ausgetüftelt, ich war durch und durch schlecht, und das glaubte ich so lange, bis Fjodor mir berichtete, was Maria ihm geschrieben hatte. Dann dachte ich: Wäre es nur so, hätte er sich nur in Marina O. verliebt.

Viel hatte im Übrigen dazu nicht gefehlt. Zehn, zwölf Jahre später besuchte Dostojewski mich in einer fernen Stadt in einem fremden Land. Wir kramten Erinnerungen aus und blieben lange bei Semipalatinsk, dem Kosakengarten und der fast unwirklichen Schönheit von Marina O. Bei Dostojewski entdeckte ich so etwas wie Bedauern im Blick. Oder bildete ich mir das nur ein?

Bei einem jungen Mädchen wie Marina hatte er vielleicht noch stärker als bei Maria Dmitrijewna das Gefühl, sie wegen seiner Krankheit nicht lieben zu dürfen. Die epileptischen Anfälle hielten ihn von jeder amourösen Annäherung ab. Oder nahm er doch Anstoß an ihrem völligen Mangel an Bildung? Mit Maria Dmitrijewna beugte er sich über deren Gedichte, während Marina nicht einmal wusste, was Poesie war.

F.M. hatte eine Schwäche für Schlampen. Er sprach viel lieber mit einer Frau von schlechtem Ruf als mit einer edlen Dame aus dem Hochadel. Seit ich Wanka-Tanka kennengelernt hatte, hätte ich freilich wissen müssen, dass es dann aber eine scharfsinnige Femme fatale sein musste, die eine schlaue Meisterin in Durchtriebenheit war. Marina O. sollte das letztendlich auch werden – schlau –, war damals aber ausschließlich das misshandelte Mädchen, mit dem man eigentlich nur Mitleid haben konnte.

Es endete nicht gut mit ihr. Ihr Vater verheiratete sie mit einem alten analphabetischen Kornett vom Kosakenregiment. Marina verabscheute ihn zutiefst. Sofort nach der Hochzeit machte sie jedem schöne Augen, der sich für sie interessierte. Der alte Mann starb vor Eifersucht und quälte sie. Er dachte sich eine originelle Methode aus, um seine Ehre zu retten: Wenn er das Haus verließ, sperrte er sie ein. Um zu verhindern, dass sie durch ein Fenster entkam, zwang er sie, sich mit dem Rücken zur Kommode hinzuknien. Er legte ihre Zöpfe in die Schublade, schob diese zu, verschloss sie und nahm den Schlüssel mit.

Ein paar Wochen lang schaffte er es, Marina auf diese Weise im Haus zu halten. Bis Marina einen Freund der Familie flüsternd anflehte, einen Zweitschlüssel von der Kommode anfertigen zu lassen. Dieser Freund befreite sie während der Abwesenheit ihres Mannes, als Erster in einer langen Reihe von Liebhabern, die zu ihr ins Haus kamen.

Sie war also nicht nur zu bedauern. Auch Fjodor Michailowitsch machte sie weiterhin schöne Augen. Als Maria Dmitrijewna davon Wind bekam, regte sie sich schrecklich auf. Sie hatte noch nie vor Gesundheit gestrotzt, nun aber musste sie jeden zweiten Tag das Bett hüten. Sie begann stark zu husten, und ihr Haar verlor allen Glanz. Marina O. wurde zum Anlass für Eifersucht und Streit zwischen ihr und Fjodor, bis sie endgültig aus dem Blickfeld verschwand.

Ich kann im Übrigen gut verstehen, weshalb Maria Dmitrijewna vor allem in diesem Mädchen ihre Rivalin sah. Erst vor Kurzem hatte ich einen Traum, in dem Marina O. erschien. Sie hatte das spitze Gesicht einer Wölfin und eisblaue Augen. Mit einem einzigen Blick erweckte sie Unruhe.

Der kleinste Knacks in der menschlichen Seele

ICH HATTE DOCH EINIGE SCHULDGEFÜHLE, dass ich Marina O. mit meinem Freund hatte verkuppeln wollen, und beschloss, mein Gewissen dadurch zu entlasten, dass ich einen neuen Versuch wagte, ein Treffen zwischen Fjodor und Maria Dmitrijewna zu arrangieren. Dank der Vermittlung des Militärgouverneurs erhielt ich vom Bataillonskommandeur die Genehmigung, ihn auf eine Reise nach Smeinogorsk mitzunehmen. Auch mir selbst passte das nicht schlecht, denn wer uns eingeladen hatte, war der Generaldirektor der Minen, General Gerngross, Katjas Mann. So schlug ich zwei Fliegen mit einer Klappe: Ich konnte Katja wiedersehen und Fjodor ein Treffen ermöglichen, das ihn zumindest für einige Tage glücklich machen würde. Kusnezk lag nicht weit von Smeinogorsk entfernt, und ich hatte mich wieder erboten, die Kosten für Wagen und Kutscher für Maria zu übernehmen.[44]

Die erste Etappe der Reise führte uns zur Verhüttungsanlage in Lokot. Dort brachten wir einen Tag zu und jagten gegen Abend in der Troika über eine Straße, so glatt wie das Parkett eines Ballsaals. Kein Loch, kein Stein, das einzig Störende war nur der Staub, der schon bald als dicke schwarze Schicht auf unseren Gesichtern und unserem Gepäck haftete.

Auf der Strecke nach Smeinogorsk erschienen rote Wolken am Himmel, wie bei einem gewaltigen Feuer. Beim Näherkommen sahen wir Feuerschlangen hoch über den Horizont züngeln. Es war ein Feldbrand, der zweimal pro Jahr absichtlich von den Bauern entfacht wird, das erste Mal nach dem Verschwinden des Schnees, um das Wintergras abzubrennen, das zweite Mal im August, um das verdorrte Sommergras in Asche zu verwandeln. Im Herbst wuchs dann noch das »Nachgras«: frisches, saftiges Futter fürs Vieh.

Das Feuer bot einen grandiosen Anblick, die Flammen flossen immer weiter auseinander, und zum ersten Mal verstand ich, woher die Bezeichnung »Flammenmeer« kam. Vom Wind angefacht strömte das Feuer mit rasender Geschwindigkeit auf uns zu.

Die Pferde spitzten die Ohren und schnaubten. Sie witterten das nahende Unheil, hörten das Knistern der Flammen in der Ferne und blieben plötzlich wie angewurzelt stehen. Der Kutscher sprach mit ruhiger Stimme auf sie ein und erklärte uns, dass keine wirkliche Gefahr drohe. Beiderseits der Straße war das Gras auf einer Breite von jeweils ungefähr fünfzig Metern von den Bauern abgemäht worden. Vorsorglich hatten sie auch die Stoppeln abgebrannt, sodass eine geschützte Allee von hundert Metern Breite entstanden war. Das Feuer konnte sich der Straße nähern, ohne Karren, Wagen, Kutschen zu erfassen.

Nach einem Stück Zucker und einem Tätscheln der Mähne liefen die Pferde weiter, obgleich sie in einem fort schnaubten und ihre Schritte verlangsamten, wenn dicke Rauchwolken auf uns zutrieben.

»Diese Tiere haben recht«, murmelte F. M. »Wir Menschen gehen immer viel zu hohe Risiken ein.«

Er fand das Schauspiel dantesk, ein Inferno, wie man es sich in einem bösen Traum vorstellt. Ich weidete mich an den bezaubernden Farben.

Es wurde Abend. Am dunkelblauen Himmel erschienen rosarote Wolken. Funkenbündel und sich in einem fort windende Feuerschlangen zauberten ein riesiges Feuerwerk an den Himmel. Alles war in Bewegung. Flammen flackerten in die Höhe, verblassten und fielen ins Feuermeer zurück. Es war ein großartiger Anblick.

»Aber dieser erstickende Rauch und die Hitze von den Flammen«, wandte F. M. brummelnd ein. »Ich bekomme schrecklichen Durst davon.«

»So etwas siehst du nie wieder«, sagte ich.

»Das ganze Spektakel kann mir gestohlen bleiben.«

Für ihn zählte nur, dass wir vorankamen, um schneller in Marias Nähe zu sein. Ich riet ihm, sich einen Schal vor den Mund zu binden.

Gegen Morgen erreichten wir die Poststation Giljowo. Wir tranken drei Tassen Tee, und gestärkt durch das warme Getränk, in dem ein paar Pfefferminzblätter mitgekocht worden waren, ging es im Galopp weiter. Es waren noch ungefähr fünfundvierzig Werst bis nach Smeinogorsk, und wir mussten noch zweimal die Pferde wechseln.

Der Rauch verschwand, wir konnten wieder tief durchatmen. Als wir den Altai-Bezirk erreichten, veränderte sich die Umgebung auf einen Schlag. Wir fuhren im Trab sechshundert bis tausend Meter hohe Berge hinauf und hinunter und genossen den Fernblick. Auf Sibirisch wurden die Berge – im Grunde nur Hügel – »Schlammvulkane«

genannt. Die Erde war äußerst fruchtbar. Im späten Frühjahr färbten sich die Hügel violett durch die sibirischen Rhododendren, etwas später wurden sie gelb von den Azaleen. Das hob sich hübsch ab gegen die schneelosen Gipfel des Altaigebirges in der Ferne, die ins Dunkelblaue spielten. Wenig Wald – die meisten Bäume waren für den Bergbau gefällt worden.

Die Straße diente fast ausschließlich dazu, die Anlagen von Lokot und Smeinogorsk zu verbinden. Stunde um Stunde fuhren wir dahin, ohne jemandem zu begegnen. Wir näherten uns dem Tal, in dem die Smiow-Mine lag. Ich wusste, dass der Blick auf den Fluss in der Tiefe atemberaubend war, und als ich ihn F.M. zu beschreiben begann, fragte er, ob ich denn schon einmal dort gewesen sei. Ich war hier zweimal vorbeigekommen, einmal an der Seite Katjas und einmal in der Staubwolke, die der Wagen von General Gerngross hinter sich ließ. Aber ich sagte, ich sei auf Dienstreise gewesen. Das war nicht ehrlich; Freundschaft verlangt, dass man offen zueinander ist, sonst ist es keine Freundschaft mehr.

»Wegen Katja«, fügte ich hinzu.

»Eine Dienstreise wegen Katja?«

Ich nickte, und er begann leise zu kichern.

»Du wirst noch als richtiger Beamter enden.« Es war, als würde er mir mit der Spitze eines Messers den Mantelkragen durchbohren. Dann fing er furchtbar zu lachen an. »Staatsanwalt Alexander Jegorowitsch Wrangel auf Dienstreise zu den Silberminen für ein heimliches Treffen mit der Gemahlin des Generaldirektors General Gerngross. Bravo, Sie werden es weit bringen im Staatsdienst, mein Guter; ich frage mich, wo Sie enden werden.«

»In einem fernen Land, reisend, immer wieder neue Eindrücke gewinnend.«

»Ist das dein tiefster Wunsch?«

Ich nickte langsam und deutete auf das Tal. Hinter der ersten Biegung hügelabwärts sahen wir Smiow in der Nachmittagssonne flimmern. Über die Hügel verstreut lagen die kleinen Häuser der Fabrikarbeiter, etwas tiefer im Tal die stattlichen Häuser begüterter Bürger, Kaufleute und Beamter im Dienste der Mine; die meisten waren von Gärten und Baumgruppen umgeben. Noch weiter unten erstreckte sich die Fabrik über mehrere Hügel, wie eine Stadt für sich. Ganz unten im Tal wand sich wie ein blaues Band der Fluss; an seinen Ufern standen die schönsten Häuser der Stadt, die ausgefallenen, fast spektakulären Landhäuser der Bergbauingenieure, die in dieser Gegend »Minenbauern« genannt wurden. Auf der gesamten Strecke bis dort hinunter war die Straße von Vogelkirschbäumen in voller weißer Blütenpracht und von Heckenrosen gesäumt.

Das Bergwerk war das älteste in Sibirien und lange Zeit das reichste. Anfangs war der Überfluss der Silbermine so groß, dass die Jungen, die hinunterstiegen, Plättchen aus purem Silber zu einem festen Preis pro Tag in ihren Handschuhen sammelten und nach der Zahl der gefüllten Fäustlinge bezahlt wurden. Alle in der Gegend hatte die Mine reich gemacht, sogar die jüngsten Arbeiter. Die ersten Schächte waren zu Beginn des achtzehnten Jahrhunderts gegraben worden; hundertfünfzig Jahre später lebten dreizehntausend Menschen in Smeinogorsk, die alle direkt oder indirekt mit der Mine zu tun hatten. Die meisten Häuser waren aus Stein, und man sah ihnen schon von außen an, dass sie unvergleichlich komfortabler waren als die Häuser bei uns in Semipalatinsk.

Wie in den Außenregionen üblich, wurden wir in der Wohnung eines reichen Kaufmanns untergebracht. Die

Direktion des Bergwerks hieß uns aufs Allerherzlichste willkommen. Am ersten Tag wurde uns bereits ein üppiges Mittagsmahl aufgetischt, am ersten Abend waren wir Gäste auf einem Ball. Ein vierzehnköpfiges Orchester, zusammengestellt aus Büroangestellten der Fabrik, spielte eine Polka nach der anderen. Alle waren unbefangen fröhlich, ausgenommen Dostojewski.

Maria Dmitrijewna war nicht erschienen. Wieder nicht.

Dieses Mal hatte sie F.M. nicht einmal einen Brief geschrieben, sondern lediglich einem Boten die Nachricht mitgegeben, sie sei verhindert. Ihrem Mann gehe es zu schlecht. Sie könne Isajew nicht im Stich lassen.

Und auch nicht diesen Schulmeister, dachte ich im Stillen, als Fjodor es mir erzählte.

Ich fürchtete, er würde verrückt vor Kummer.

Das dauerte einen Tag. Am nächsten erschien er wie ein Dandy zum Mittagessen. Zum ersten Mal trug er nicht seinen Uniformrock, sondern den halblangen taillierten Gehrock, den Adam ihm genäht hatte. Er hatte meine graue Hose angezogen und meine Weste mit dem hohen, gestärkten Stehkragen. Die Kragenecken reichten bis an seine Ohren, das verlangte die Mode jener Zeit. Eine gestärkte Hemdbrust und eine schwarze Satinkrawatte vervollständigten seine Aufmachung. Eine fabelhafte Erscheinung, wie aus dem Ei gepellt. Er lachte, er lachte unentwegt.

Wir blieben fünf Tage in Smeinogorsk. Man würde meinen, es wäre ein erbärmliches Schicksal, im tiefen Sibirien und dazu hoch oben auf den Hügeln zu weilen, weit entfernt von der zivilisierten Welt. Die Realität sah anders aus: Wir kamen uns vor wie im schicken Viertel einer wohlhabenden Stadt.

Die Gemeinschaft der Bergbauingenieure unterschied sich stark von der der übrigen gesellschaftlichen Gruppen in Sibirien. Ungeachtet ihres militärischen Ranges waren alle Führungskräfte wissenschaftlich ausgebildet. Nach ihrem Studium am Bergbau-Institut in Sankt Petersburg waren die meisten von ihnen ins Ausland gezogen, um an der berühmten Bergbauakademie in der sächsischen Silberstadt Freiberg weiterzustudieren. Die Ehefrauen stammten entweder aus Petersburg oder dem Ausland. Dank der hohen Gehälter, die die Bergbauleute erhielten, lebten die Damen auf großem Fuß. Im Sommer zogen sie für drei, vier Monate in ihre Datschen in den Hügeln bei Smeinogorsk um. Die Theatertruppe aus Barnaul reiste mit, um ihnen Abend für Abend Unterhaltung zu bieten. Die Damen prunkten mit ihren Toiletten aus Paris, mit ihren Equipagen aus Paris, mit ihren Köchen aus Paris. Die *cuisiniers* tischten gastronomische Mahlzeiten für hundert oder zweihundert Gäste auf. Der Champagner strömte wie der Fluss unten im Tal. Es war kaum zu glauben, dass man in der sibirischen Wildnis war.

Zwei Damen stachen im Hinblick auf Schönheit und Zuvorkommenheit heraus: die kesse, willensstarke Jekaterina Osipowna – meine Liebste Katja – und die verträumte Olga Abaza, die sich als sehr gewitzt in Gelddingen erwies und Dostojewski später einmal aus der Not helfen sollte.

Katja war wild auf Picknicks und Tanzabende. Beides organisierte sie während unseres Aufenthalts folglich auch fast jeden Tag. Es war ein mondänes Vergnügen, sich auf einer Wiese am Fluss, auf einem großen weißen Tuch halb liegend, an kalten Hühner- oder Fasanenkeulen und mit viel Mayonnaise angemachten Salaten gütlich zu tun und nach einigen Gläsern moussierendem Wein im Schatten von Sonnenschirmen zu schlummern, die die Bediensteten mitgeschleppt hatten. Die Bälle organisierte Katja zu unser beider Vergnügen. Von einer Wienerin hatte sie den Walzer gelernt, und sie fand es erregend, ihn mit mir zu tanzen, vor allem wenn ich eigens für diese Gelegenheit meine Galauniform angelegt hatte. Dann fand sie mich unwiderstehlich. Ich konnte das Gleiche von ihr sagen: An allen fünf Abenden erschien sie in einer anderen Abendtoilette eines berühmten Pariser Couturiers.

Fjodor tanzte nicht. Er hielt es für unpassend, in Marias Abwesenheit den Arm um die Taille einer Frau zu legen. Eher für sich selbst als in der Absicht, Eindruck zu machen, kleidete er sich allerdings jeden Abend geschmackvoll und vornehm. Er genoss die Gesellschaft der Bergbauingenieure. Die Gespräche kreisten um die bevorstehende Krönung des neuen Zaren, um die künftigen Reformen, den Krimkrieg, die Berichte über den Kampf um Sewastopol, die ein Offizier mit literarischen Ambitionen verfasst hatte: Tolstoi.

Dostojewski hörte aufmerksam zu, nahm gelegentlich vorsichtig an den Diskussionen teil. Er war hier endlich wieder unter gebildeten Leuten, wechselte ab und zu mit einer Dame ein paar Worte auf Französisch, der einzigen Fremdsprache, die er während seiner Ausbildung an der Pionierschule gelernt hatte und mit herrlich russischem Akzent sprach. Wenn wir am späten Abend zu unserer Unterkunft zurückgingen, rief er mit unerwartet jugendlicher Stimme, er wähne sich »schon fast wieder in Petersburg«.

Doch ich konnte ihn nicht überreden, zum Kolywan-See mitzukommen, der achtzehn Werst von der Mine entfernt lag. Jeder, der Smeinogorsk besuchte, wollte ihn sehen. Der bekannte Naturforscher und Entdeckungsreisende Baron von Humboldt war entzückt vom Anblick des Sees und sagte, er sei, nachdem er die ganze Welt bereist habe, an keinem schöneren Ort gewesen.[45] Ich konnte der Verlockung nicht widerstehen, ihn mit eigenen Augen zu sehen.

Fjodor fühlte sich nicht wohl. Er war wieder niedergeschlagen und blieb zu Hause.

»Gemeinsam mit Maria würde ich hinfahren«, sagte er. Doch von Maria hatte er seit ihrer Nachricht, sie sei verhindert, kein Sterbenswörtchen mehr vernommen.

In großer Gesellschaft machte ich mich auf den Weg. Die Bergbauleute packten alles in großem Stil an: Sie nahmen nicht nur ihre Köche mit und reichliche Vorräte an Speisen und Getränken, sondern auch Zelte und Musikanten, die für Stimmung sorgen sollten. Ehrlich gesagt war es totale Dekadenz. Der herrlich sonnige Tag trug zu der vergnügten Stimmung bei, und die Eheleute waren allesamt fröhlich und unbekümmert.

Der Kolywan-See ist sehr schmal und windet sich über etliche Werst zwischen hohen Felsen und Schluchten dahin. Von oben würde man ihn eher für einen Fluss halten. Wir hatten Glück mit dem Wetter: Es war ein windstiller und wolkenloser Tag. Die Wasserfläche war glatt wie ein Spiegel und reflektierte den dicht über den Hügeln dunkel- und in den höheren Luftschichten hellblauen Himmel.

Auf der ebenen Seite des Sees ließen wir uns neben einem etwa vierzig Meter hohen Felsgebilde auf einem Grasteppich nieder. Am gegenüber gelegenen Ufer standen hohe Felsen stramm in Reih und Glied. Über diese Felsen lagen kreuz und quer verstreut die Ruinen von Burgen, Türmen, zinnenbewehrten Festungsmauern, Standbildern. Es war ein beeindruckendes Bild.

In mir erwachte der Abenteurer. Der riesige Felsblock, neben dem wir unser Lager aufgeschlagen hatten, lief in eine Art Turm mit einer Aushöhlung in der Mitte aus – von fern würde man sagen: ein Fenster. An einem Seil kletterte ich hinauf. Eine unerschrockene Dame schloss sich mir an, die sich für die Besteigung mit Spezialschuhen mit großen Nägeln unter den Sohlen ausgerüstet hatte.

Wieder zurück im sicheren, weichen Gras ließ ich mich in der Nähe von Katja nieder – nicht allzu nahe, denn ihr Mann war dabei. Von ihr blickte ich zum See und vom See wieder zu ihr. Ich sollte in meinem Leben noch viele Bergseen sehen, vor allem als ich in einer Mission auf den Balkan entsandt wurde, doch nie wieder sollte ich so verzaubert sein wie am Ufer des Kolywan-Sees. Widerwillig erhob ich mich, um die Rückreise anzutreten.

Was mich bei Fjodor Michailowitsch wunderte, war, dass er den Naturerscheinungen so gleichgültig gegenüberstand – sie berührten ihn nicht, ließen ihn kalt. Er ging vollkommen in der Beobachtung des Menschen mit all seinen Qualitäten, Schwächen und Leidenschaften auf. Alles andere war für ihn von untergeordneter Bedeutung. Er suchte und fahndete, bis er den kleinsten Knacks in der menschlichen Seele wahrnahm. Wie ein Anatom sezierte er, schnitt tiefer und tiefer, nicht zufrieden, bevor er nicht Herz und Seele freigelegt hatte. Ein Berg war nur ein Berg, auch wenn er Schlangenberg hieß wie jener, auf dem sich die Stadt Smeinogorsk ausbreitete.[46] Das Absurde, das Unglaubliche und das Bestürzende fand er im Menschen.

Der gebratene Skorpion

ER HORCHTE MICH ÜBER VERBRECHER AUS, große und kleine Schurken, Diebe und Kindermörder. Ebenso sehr genoss er mein Genörgel über die Polizisten. Ich verwende absichtlich das Wort »genießen«. So wie ich angesichts eines Sonnenuntergangs still werden konnte, war er imstande, vier Stunden hintereinander nickend und strahlend zuzuhören, wenn ich von den Schurkenstreichen von Richtern und Anwälten erzählte.

Wieder in Semipalatinsk, geriet ich mit meinen Untergebenen aneinander. Abendelang machte ich meinem Herzen bei ihm Luft. Ich konnte das Gezerre und Gezanke mit dem Amtsgesindel kaum mehr ertragen und erklärte ihm bis in alle Einzelheiten, wo es mit der Rechtsprechung im Argen lag.

Er sah mich an, als offenbarte ich ihm große Geheimnisse und verschaffte ihm die klarsten Erkenntnisse. Ich hatte noch nie auf vertraulichem Fuß mit einem Schriftsteller verkehrt und glaubte in meiner Arglosigkeit, dass Literaten nur auf ihre Fantasie zurückgreifen. Nicht, dass ich meine Offenherzigkeit bereuen würde, eher im Gegenteil, ich glaube, ich habe den Zipfel so manchen Schleiers für ihn gelüftet.

Meine Position war eine prekäre: Ich wurde als Staatsanwalt gefürchtet, weil ich Beziehungen zu den hohen Kreisen in Petersburg hatte, und ich wurde gehasst, weil ich gegen die Korruption vorging und mir das Los der Gefangenen zu Herzen nahm.

Mein größter Feind war ein gewisser Malosaposchkow. Ich denke mir diesen Namen nicht aus, obwohl es gewiss kein Zufall sein kann, dass er »Kleinstiefelchen« hieß. Angelegenheiten der Gouvernementsverwaltung fielen in sein Ressort – Polizei, Gefängnisse, Personal, Rekrutierung. Genau die Art von Dingen, an denen ein sibirischer Beamter sich die Hände wärmen konnte. Alle von ihm getätigten Ausgaben musste er bis zum letzten Heller in seinen Journalen verantworten. Auch die von ihm getroffenen Entscheidungen hatte er schriftlich zu erläutern, woraufhin ich meinerseits die Journale abzeichnen musste. Ich weigerte mich. Er pfuschte ständig in den Büchern herum, sein ganzes Verhalten roch nach Betrug. Malosaposchkow war das Musterbeispiel eines richterlichen Federfuchsers. Ein widerlicher, abstoßender Mensch, auch äußerlich. Angeblich hatte er eine Universitätsausbildung genossen, sei aber wegen irgendeiner dunklen Angelegenheit nach Sibirien versetzt worden. Ich hätte zu gern gewusst, welche akademische Ausbildung das gewesen war, mit Sicherheit nicht die höhere Algebra.

Malosaposchkow erinnerte an einen Garderobenständer. Lang. Dürr. Ausgemergelt. Hochgezogene Schultern. Auf dem Rumpf saß ein mickriges Köpfchen. Das Gesicht übersät mit blutroten Pickeln. Eine Hakennase in Form eines Schnabels. Kleine Spalte, in denen graue Augen flackerten wie unheilverkündende Irrlichter. An dem schrecklichen Rumpf baumelte – wie an einem Garderobenständer – seine verschmutzte Beamtenuniformjacke.

Es war seine einzige, getränkt mit Fett, Tintenklecksen und dem Mistgeruch billigen Tabaks. Der Schnitt dieses Kleidungsstücks stammte aus der Zeit Alexanders I. Ein Kragen bis zu den Ohren, eine Taille mitten auf dem Rücken, Schöße und zu kurze Ärmel, aus denen ein schmutziges Chintzhemd und knochige Hände mit klauenartig gekrümmten Fingern hervorschauten. Ewig schwarze Nägel, der Kopf immer ungekämmt: halb Besen, halb Bürste. Zur Arbeit kam er in ungeputzten roten Stiefeln. Nur in Anwesenheit des Gouverneurs zog er die Hosenbeine aus den Schäften.

Er war so geizig wie Harpagon. Wenn er während der Rekrutierung Geld sammelte, legte er die Hände schlaff zusammen, neigte den Kopf leicht nach rechts und sagte in singendem süßlichem Tonfall zu den Tataren: »Legen Sie für den treuen Diener Ihres Zaren noch etwas drauf.«

Dieses nicht vertrauenswürdige und nie ganz erwachsen gewordene Subjekt ärgerte sich über meine Jugend. Den Rang eines Titularadvokaten in meinem Alter empfand er als glatte Beleidigung seiner Person. »Dieser Grünschnabel, und so was erdreistet sich, mich zu kontrollieren«, beschwerte er sich bei jedem, wenn ich nicht dabei war.[47] F. M. nannte ihn einen »gebratenen Skorpion«.

Eines Tages lese ich die mir zur Abzeichnung vorgelegten Journale des Amtsbezirks. Zwei, drei, vier Journale. Plötzlich sehe ich schwarz auf weiß: »Beschlossen wurde, dem Generalgouverneur und dem Justizminister Meldung zu machen, dass derjenige, der das Amt des Staatsanwalts bekleidet, in Verletzung des Gesetzes einen Schnurrbart trägt. Da die Befolgung des Gesetzes die vornehmste Aufgabe eines Staatsanwalts ist, scheint die Entscheidung gerechtfertigt, ihn zu veranlassen, sich den

Schnurrbart abrasieren zu lassen, ihm einen Verweis zu erteilen und darüber an höherer Stelle Bericht zu erstatten.«

Der Staatsanwalt, das war ich. Um ein Haar hätten sie mich in den Knast gesteckt, weil irgendwann einmal aufgrund des Allerhöchsten Gebots von Zar Nikolaus ein Rundschreiben ausgefertigt worden war, das Staatsanwälten das Tragen von Schnurrbärten verbot.

Der Militärgouverneur machte diese Denunziation natürlich nicht anhängig – so dumm und humorlos war er nun auch wieder nicht. Er kannte den Mann, wusste, zu welchem Gestänker er imstande war, und befahl ihm, den Mund zu halten. Kleinstiefelchens Reaktion war bezeichnend: Er begann, vor mir zu kriechen. Währenddessen fuhr er heimlich fort, mich zu beschädigen und zu verleumden.

Solche Vorfälle erlebte ich zu Dutzenden. Haarspaltereien, eine kleinlicher als die andere. Üble Nachrede. Bestechung. Dazu fühlte ich mich völlig machtlos, etwas zum Guten zu verändern oder einen wesentlichen Beitrag zu einem geregelten Rechtsgang zu leisten. Es wurde Zeit, sich nach einer neuen Position umzusehen. Ich spielte mit dem Gedanken, nach Ostsibirien zu wechseln, wo meine Kameraden vom Kaiserlichen Lyzeum unter Leitung von Graf Amurski großartige Arbeit leisteten und Russlands Macht und Einfluss immer weiter in Richtung China ausdehnten. Das erschien mir als gewaltiges Unternehmen im Vergleich zu der Korinthenkackerei um mich herum. Doch dann würde ich Dostojewski im Stich lassen müssen! Und Katja! Und die launenhafte Maria, die mir so viel Kopfzerbrechen bereitete und trotzdem die große, heftige Liebe meines Freundes blieb!

Der Generalgouverneur lud mich ein, nach Omsk zu kommen. Offensichtlich hatte ich einen so guten Eindruck auf Gasfort gemacht, dass er mich als außerordentlichen Beamten einstellen wollte, will sagen: als seinen engsten Mitarbeiter und persönlichen Assistenten. Omsk war etwas lebendiger als Semipalatinsk, wenngleich nicht viel. Der einzige wirkliche Vorteil bestand darin, dass ich Petersburg um siebenhundert Werst näher wäre.

Dem standen lauter Nachteile gegenüber. Gasfort hatte das Pulver nicht erfunden, und ich verspürte wenig Lust, seine Schnitzer auszubügeln. Ich fand es schrecklich, F. M. zu verlassen. Mit keinem Freund hatte sich in meinem jungen Leben eine stärkere Verbundenheit entwickelt als mit ihm. Und ich muss auch gestehen, dass meine Romanze mit Katja weit größeren Raum in meinem Herzen einnahm, als ich mir selbst eingestehen wollte. Madame X verankerte mich fest in dieser Region.

»Was soll ich tun?«, fragte ich Fjodor.

»Eine gute Zwischenlösung finden«, sagte er, ohne eine Sekunde zu zögern.

Dass er bald begnadigt würde, daran zweifelten wir nicht. Die letzten Nachrichten, die ich aus Petersburg erhalten hatte, deuteten in die richtige Richtung. Besonders tröstlich waren die Briefe meines Vaters. Es konnte vielleicht noch ein paar Monate dauern, aber das Ende war in Sicht.

Nach langem Diskutieren und Nachdenken gelangten wir zu dem Schluss, dass ich eine Stelle in Barnaul suchen solle und dass F. M. dann direkt in diese Stadt am Fuße des Altaigebirges übersiedeln würde. Das musste ich natürlich für ihn regeln, aber wir beide rechneten mit der Hilfe von Gerngross. Die Entfernung zwischen Barnaul und Kusnezk war überschaubar, etwa dreihundert Werst.

»Ich werde dann dem Ort des Leidens von Maria Dmitrijewna etwas näher sein«, scherzte Fjodor, »und Sie dem Liebesnest mit Madame X.«

Die Aussicht darauf stimmte ihn außerordentlich fröhlich.

Eines verstand ich nicht recht: warum er mir nicht vorschlug, eine Stelle in Kusnezk zu suchen – sozusagen bei Maria um die Ecke. Dann könnte er nach seiner Freilassung sofort bei mir einziehen. Etwas hielt ihn davon ab, Maria allzu nahe zu sein. Ich nahm an, dass es Isajew war, ihr Ehemann. Aber seltsam kam es mir trotzdem vor.

Eines Abends fragte ich ihn geradeheraus, was an Maria Dmitrijewna ihn so stark anzog.

Über die Antwort brauchte er kaum nachzudenken.

»Das Unbekannte.«

»Aber Sie kennen sie doch?«

»Noch nicht mal zu einem Tausendstel. Ich kenne ihre Stimme und auch ihr Äußeres in verschiedenen Situationen. Aus den Gesprächen mit ihr und aus den Briefen kenne ich ihre Sorgen und Überlegungen. Ich kenne ihren Geruch, und ich habe sie einige Male umarmen dürfen. Alles andere muss ich erst noch entdecken. Die Menschen geben sich nicht so schnell zu erkennen und sie tun es nie vollständig. Zumal ihre harschen Seiten verbergen sie gekonnt. Ich hoffe, sie mit der Zeit zu kennen, wie ein Geliebter eine Geliebte kennt oder ein Mann eine Frau. Ich hoffe es. Hoffen ist manchmal eine heftigere Erfahrung als das Erleben selbst.«

Ich sah ihn lange an, bevor ich nickte.

Mord und Strafe

DIE TAGE WURDEN KÜRZER, die Abende dunkler. Es war noch heiß, Niederschläge und Sandstürme blieben vorläufig noch aus, aber trotzdem kam der Moment, da wir den Kosakengarten verlassen und in die drückende Stadt zurückkehren mussten.

Ich richtete mich in meiner Stadtwohnung häuslich ein, und Dostojewski zog zusammen mit mir um. Der Nachteil war, dass er wieder jeden Tag ein ganzes Stück von der Festung in die Kaserne laufen musste. Er murrte, bevor er morgens wegging, und beruhigte sich erst bei seiner Rückkehr am Nachmittag. Ich war genauso unzufrieden. Der Gedanke, Semipalatinsk zu verlassen, verfestigte sich bei mir immer mehr.

Von meinem Freund ermuntert beschloss ich, sechs Wochen Urlaub zu nehmen, um in Barnaul die Möglichkeiten für eine andere Stelle und eine andere Unterkunft zu erforschen.

Es kam anders.

Bevor ich Urlaub nehmen konnte, erforderte ein abscheulicher Fall meine ganze Aufmerksamkeit, und ich selbst landete beinahe vor dem Richter.

Ich trank mit Fjodor Michailowitsch gerade im vorderen Zimmer Tee, als ein Gefängniswärter erschien und berichtete, eine neue Gefangene sei soeben eingeliefert worden.

»Eine Jungfer.«

»Jungfer?«

»Nun ja, ähm, eine junge Dame.«

Die Inhaftierung weiblicher Personen war in Semipalatinsk eine Seltenheit und ein Ereignis, das alle in Verlegenheit brachte. Die Kirgisen, die nichts mit den russischen Behörden zu tun haben wollten, befassten sich auf eigene Weise mit weiblichen Delinquenten und schalteten ihre eigenen Laienrichter ein. Die Bauern und die Kosaken waren zum größten Teil Altgläubige: Ihre Frauen waren sittsam und fromm.[48] Zügellosen Typen begegnete man unter Kaufleuten und Beamten sowie unter Bürgern, wenn auch nicht in großer Zahl.

»Wer ist die Festgenommene?«, fragte ich den Wärter.

»Eine von hier.«

»Kenne ich sie?«

»Praskowja Ogarjowa.«

Die ganze Stadt kannte Praskowja. Sie war die Tochter eines reichen Kosaken, eine achtzehn- oder neunzehnjährige Schönheit.

»Wessen wird sie beschuldigt?«

»Also … sie hat ihr neugeborenes Kind getötet. Kindsmord.«

»Das erscheint mir schlichtweg unmöglich«, war meine erste Reaktion. »Da wird es sich um einen Irrtum handeln. Oder eine falsche Verdächtigung.«

Praskowja Ogarjowa war bekannt für ihre strenge Moral. So ungefähr alle jungen Männer der Stadt stellten ihr nach, was sie kaum zu bemerken schien. Die junge Frau war unnahbar. Scherze über ihre Schönheit und ihren olivfarbenen Teint brachten noch nicht einmal das leiseste Lächeln auf ihr Gesicht. Ihr Ruf war makellos; sie genoss allseits Respekt.

Ihrem Kind das Leben genommen … Ich dachte: Die ist übergeschnappt. Und: Hier ist eine Verwechslung im Spiel. Es kann der Versuch einer Erpressung sein. Oder pure Verleumdung.

»Geh so schnell wie möglich hin«, riet mir Dostojewski. Es ging um ein Verbrechen, und dann war er wie ein Brandwächter, der Rauch riecht.

Ohne einen Augenblick zu verlieren, ließ ich die Pferde einspannen.

Zusammen mit dem Wärter fuhr ich in das Arrestlokal, eine Baracke direkt neben dem Gefängnis.

Ich fand Praskowja allein im Vernehmungsraum. Als sie mich sah, bedeckte sie ihr Gesicht mit den Händen und begann laut zu schluchzen. Mir wurde ganz schlecht – die falsche Anschuldigung musste sie verwirrt haben.

Voller Mitleid und in warmem, umgänglichem Ton begann ich sie zu vernehmen. Es kostete mich größte Mühe, ihr Vertrauen zu gewinnen.

Eine Zeit lang schwieg sie und hielt den Kopf hartnäckig abgewandt. Alles zuckte in ihrem Gesicht, von den Lippen bis zu den Nasenflügeln und Augenbrauen.

Ich hatte die Hoffnung schon fast aufgegeben, ihr ein vernünftiges Wort zu entlocken, als sie mich plötzlich mit weit aufgerissenen Augen ansah und sagte: »Es ist wahr.«

»Unmöglich«, sagte ich, »du fantasierst. Du bildest dir etwas ein, du malst dir die schrecklichsten Dinge aus, aus welchem Grund auch immer.«

»Nein, nein, nein«, schrie sie, »ich habe es getan … mit diesen Händen.«

Sie spreizte beide Hände und hielt sie mir dicht vors Gesicht.

»Mensch«, schrie ich zurück, »wie kommst du bloß darauf? Dein neugeborenes Kind? Du hattest doch noch nicht mal ein Kind.«

Sie stieß einen grässlichen Schrei als Beweis des Gegenteils aus. Ich gab ihr ein Glas Wasser. Sie trank die ganze Karaffe leer. Der verwilderte Blick verschwand aus ihren Augen; ihr Gesicht erstarrte zu einer Maske. Sie begann mit einer Stimme zu sprechen, die wie eine Feile auf Eisen raspelte. Als sage sie eine Lektion auf, legte sie ihr Geständnis ab.

»Ich habe die Männer immer auf Abstand gehalten. Trotz meiner abweisenden Haltung begann mein Herz aber zu sprechen. Ich habe mich in einen jungen Mann verliebt, mit dem ich noch keine zwei Worte gewechselt hatte. Ein ekelhaftes Verlangen schaltete meinen Verstand aus. Ich wurde schwanger; der Vater verschwand aus der Stadt. Ich gebar in einem Schuppen mit der Küchenmagd als Hebamme. Die Scham und die Angst vor meinen Eltern haben meinen Geist getrübt. Ich wollte mein Unheil verbergen. In einem Moment wahnsinniger Verzweiflung habe ich mein Kind ermordet.«

»Eine Tochter?«

In ihre Augen und ihre Stimme schlich sich dumpfe Schwermut.

»Es war ein kleiner Junge.«

In jener Zeit sah das Gesetz noch Körperstrafen vor. Auf Kindsmord stand die Knute. Eine grausame und brutale Strafe. Frauen, aber auch Männer von schwacher Konstitution starben fast immer unter diesem grässlichen Instrument.

Es hing vom Henker ab, wie er die Schläge verabreichte. Kundige Henker ließen die Knute so auf den Körper niedergehen, dass lediglich ein roter Schnitt entstand. Bösartige oder weniger geschickte Henker rissen mit jedem Hieb Fleischfetzen los. Wenn der Schlag diagonal auf den Rücken traf und das Knutenende sich um die Rippe wand, die das Herz schützte, war das fast ausnahmslos der Gnadenhieb.

Henker wurden unter den verzweifeltsten Zwangsarbeitern rekrutiert. Sie kamen auf eigenen Wunsch in dieses Amt. Weil sie kaum entlohnt wurden, trieben sie schlankweg Handel mit den verurteilten Verbrechern oder deren Angehörigen und Freunden. Im Tausch gegen beträchtliche Summen linderten sie das Leiden der Kapitalkräftigen unter den Häftlingen. Die Armen, die Waisen und die Unglücklichen waren dazu da, die Massen abzuschrecken, und die schlugen sie tot.

Ich spreche aus Erfahrung. Eine meiner Amtspflichten bestand darin, den Exekutionen beizuwohnen und darauf zu achten, dass sie gesetzeskonform und ordnungsgemäß verliefen. Ich musste nicht nur dem Verurteilten sein Urteil vorlesen, sondern auch kontrollieren, ob der Henker seine Arbeit vorschriftsmäßig verrichtete, ohne in Exzesse zu verfallen.

Großer Gott, was für Qualen ich durchstanden habe! Was ich nicht alles an abgerissenen Gliedmaßen gesehen habe in meiner sibirischen Zeit! Welch schreckliche Beispiele unmenschlichen Leidens sind in jener Periode nicht vor meinen Augen geschehen! Sie haben einen unauslöschlichen Eindruck in meinem Gedächtnis hinterlassen. Beim Anblick einer solchen Szene drehte sich mir der Magen um, und wenn ich nach Hause kam und Fjodor Michailowitsch berichtete, was ich mit eigenen Augen beobachtet hatte, brach ich in Schluchzen aus. Er brummte dann, ich sei zu sanftmütig, doch ich hielt den letzten Rest meiner Jugend dafür verantwortlich. Vor dem zwanzigsten Lebensjahr ist man menschlich, nach dem zwanzigsten setzt der Abstumpfungsprozess ein, der letztendlich zu völliger Teilnahmslosigkeit führt.

Wieder stand mir also ein solches Schauspiel bevor, und dazu auch noch mit einer jungen Frau, die ich kannte und so lange als Inbegriff von Anstand betrachtet hatte. Das Verbrechen musste sie in einem Anflug geistiger Verwirrung begangen haben. Die arme Praskowja hatte einfach keinen anderen Ausweg gesehen. Ich fing an nachzudenken. Ich fragte mich, wie ich im Rahmen des Gesetzes das Strafmaß für sie lockern konnte.

Drei, vier Tage nacheinander führte ich Gespräche mit ihr. Langsam aber sicher brachte ich sie auf den Gedanken, dass sie das Vergehen tatsächlich verübt hatte, aber unbewusst, wie in einem Fiebertraum. Ich hämmerte ihr ein, sie müsse dem Untersuchungsrichter beweisen, dass sie aus purer Ratlosigkeit gehandelt habe und nicht sie selbst gewesen sei.

Je mehr Druck ich auf sie ausübte, umso standhafter und hartnäckiger wies sie meine Darstellung zurück. Schließlich beharrte sie rasend auf folgender Aussage: »Ich habe mein Kind ermordet. Absichtlich ermordet. Ich erinnere mich an alles, ich will die Strafe Gottes auf mich nehmen. Ich will mir durch großes und schreckliches Leiden Seine Vergebung verdienen.«

Während sie das sagte, schlug sie verkrampft und hysterisch um sich.

Kurz darauf wiederholte sie: »Ich will die Strafe Gottes auf mich nehmen. Ich will durch das schlimmste Leiden Seine Vergebung verdienen.«

Als ich Dostojewski von dieser Szene berichtete, rief er aus: »Sie will ihre Strafe. Sie *lechzt* nach ihrer Strafe. Begreifst du das denn nicht?«

Nein, die Szene überstieg eindeutig meine geistigen Kräfte.

Er setzte nach. »Wenn du ihr die Strafe nimmst, nimmst du ihr das Verbrechen. Sie bittet nicht um Vergebung, sie bittet um deine, um meine, um unser aller Unerbittlichkeit. Wer sie nicht strafen will, nimmt ihr Verbrechen nicht ernst.«

Am nächsten Tag versuchte ich sie davon zu überzeugen, dass ihre Sünde zwar schwer war und dass sie ihr ganzes Leben lang Abbitte würde leisten müssen, dass sie aber ganz gewiss unter der Knute sterben würde, noch bevor sie von ihren Sünden erlöst war.

Es schien, als würde sie das beruhigen.

Währenddessen bearbeitete ich den Henker. Ich stellte ihm eine Belohnung in Aussicht, wenn er die Strafe gewissenhaft und fachmännisch ausführen und die Verletzungen auf ein Minimum beschränken würde. Andernfalls würde ich ihn ohne Pardon in die Strafkolonie zurückschicken.

Praskowja gab zum Schluss meinen Argumenten nach.

Ich beeilte mich, das Protokoll der Vernehmungen zu erstellen, es für sie zu unterzeichnen – sie war Analphabetin – und rechtsgültig zu machen, indem ich sie drei Kreuze unter meine Unterschrift setzen ließ. Bevor die Tinte richtig trocken war, gab ich das Protokoll beim Laienrichter ab.

Ich hatte alles getan, was in meiner Macht lag, ohne an das lateinische Sprichwort »Dura lex, sed lex« zu denken.

Fjodor kannte es nicht.

»Das Gesetz ist hart, aber es ist nun einmal das Gesetz.« Und dieses Gesetz muss eingehalten werden, so hart die Strafe auch ist.

Ich war froh, dass ich zumindest *ein* Opfer aus den Klauen des Henkers hatte retten können. Menschliche Bestien darf man nicht füttern. Alles würde wie geschmiert laufen; Praskowja würde ein paar leichte Schläge erhalten und danach zu ihrer Familie zurückkehren können. Ich hatte nur vergessen, dass ich einen Zusammenstoß mit dem Laienrichter gehabt hatte, wegen eines Falls von Korruption, bei dem ich ihn erwischt hatte.

Die Ermittlungen im Fall des Kindsmordes begannen. Ungefähr eine Woche später legte der Laienrichter mir seine Protokolle vor. Ich fiel vom Stuhl.

Praskowja hatte nicht nur die Aussage geändert, die ich zusammen mit ihr formuliert hatte, sondern zudem deutlich erklärt, dass sie ihr Kind ermordet habe, dass sie bei klarem Verstand gehandelt habe, dass sie vollkommen bei Sinnen gewesen sei, als sie das Verbrechen beging, und dass sie, von Reue gequält, die Strafe Gottes in vollem Umfang annehmen wolle. Sie gestand zugleich und in aller Ehrlichkeit, dass ihr die ursprüngliche Aussage von mir aufgedrängt worden sei.

Da stand es schwarz auf weiß: Die ursprüngliche Aussage war eine ihr von mir aufgedrängte Lüge. Zu allem Überfluss fügte der Laienrichter dem Protokoll noch hinzu, dass die wegen Analphabetentums gesetzten Kreuze in der ursprünglichen Aussage nicht von ihr, sondern von mir stammten.

Hinterlistiger ging es nicht. Der Laienrichter war froh,

sich auf einen Vorfall stürzen zu können, bei dem er mir gleichzeitig ein Bein stellen konnte. Die Raubtiermeute, die das Recht aus Eigennutz nur allzu gern verdreht, schloss sich ihm an, allen voran der gebratene Skorpion Malosaposchkow.

Der Henker hatte rasch spitz, dass ich mich in die Klemme manövriert hatte. Mich brauchte er nicht länger zu fürchten, und so berichtete er dem Laienrichter, dass ich ihm gegen eine Vergütung aufgetragen hätte, die Strafe für die Missetäterin erträglich zu machen. Ich wurde von allen Seiten verraten und verkauft.

Es kam zu einem riesigen Skandal. Die unehrenhafte Entlassung sowie ein Strafprozess wegen unlauterer Beeinflussung des Rechtsgangs hingen wie ein Damoklesschwert über meinem Haupt. Sogar der Justizminister drohte informiert zu werden.

Ich weiß nicht, womit ich das verdiente, doch erst eilte mir der Gouverneur zu Hilfe und dann Generalgouverneur Gasfort.

Letzterem gelang es, die Sache zu entschärfen. Vielleicht hatte er genauso viel Mitleid mit Praskowja bekommen wie ich oder aber Mitleid mit dem Grünschnabel, der ich war. Wie dem auch sei, er hatte das Herz auf dem richtigen Fleck. Ich blieb im Amt und erhielt nicht einmal einen Verweis.

Bei Praskowjas Hinrichtung war ich nicht zugegen. Ich wurde mit einem vagen Auftrag nach Barnaul geschickt, wahrscheinlich, damit ich keinen Anstoß während der öffentlichen Urteilsvollstreckung erregte und der Missetäterin nicht in die Augen blicken musste.

Ich hörte im Nachhinein, dass sie mit dem Ochsenziemer bestraft worden war und nicht mit der Knute. Der

Henker hatte sie nicht malträtiert, wofür ihre Eltern tief in die Tasche hatten greifen müssen. Ohne ihre Tochter zu informieren, hatten sie eine beträchtliche Summe hingeblättert. Praskowja selbst glaubte, sie habe es dank ihres Charakters überlebt.

»Im Grunde ist das auch so«, sagte Fjodor Michailowitsch, als ich ihm von dem Ausgang berichtete. »Sie wollte in allem bis zum Äußersten gehen. An ihr hat es nicht gelegen.«

Ich sah ihn leicht gekränkt an.

»Aber du bist auch bis zum Äußersten gegangen, Alexander Jegorowitsch«, beeilte er sich hinzuzufügen. »Mehr Langmut konntest du nicht zeigen. Du bist ein guter Mensch, ein durch und durch guter Mensch. Ich bin stolz auf dich, mein Freund. Aber gute Menschen treffen nicht immer die richtigen Entscheidungen.«

Der Teufel und der Tiger

DADURCH, DASS ICH MEIN HERZ hatte sprechen lassen, hatte ich meine Karriere aufs Spiel gesetzt. Ein Staatsanwalt trägt nicht umsonst einen Säbel zu seiner Uniform: Er hat streng und gerecht zu sein anstatt zartfühlend. Es hatte nicht viel gefehlt, und ich hätte die Uniform einmotten können.

Der Schreck schlug erst so richtig zu, als die Affäre ausgestanden war. Ich ließ meinen alten, treuen Diener Adam bei F. M. zurück und suchte das Weite. Ich hatte den Eindruck, dass alle es auf mich abgesehen hatten und nur eine Jagdpartie mir Ablenkung verschaffen könne.

Manchmal kehrte in meinen Reaktionen etwas von meiner Herkunft zurück, und ich suchte wie ein verwöhnter Landjunker nach Amüsement.

Fjodor Michailowitsch hielt mich für einen Idealisten. Die Sympathie, die ich auf dem Lyzeum für die Utopisten gehegt hatte, war tatsächlich noch nicht ganz abgeflaut, doch plötzlich hatte ich wirklich genug von meiner eigenen Güte. Oder von der »weiblichen Empfänglichkeit«, die F. M. mir regelmäßig unter die Nase rieb.

»Weiblich empfänglich«, »von sanftem Charakter«,

»treffliche Wesensart«, »*très comme il faut*« – er hatte eine Fülle solcher Charakterisierungen auf Lager, die er mit dem liebenswürdigsten Lächeln und in der allerbesten Absicht verstreute. Trotz des sanftmütigen und tadellosen Eindrucks, den ich auf ihn machte, wollte ich jetzt mal nicht *très comme il faut* sein.

Ich wählte mein bestes Gewehr, nahm zwei Kirgisen mit und gab ihnen meine eigenen Pferde – die besten weit und breit. Nun musste ich nur noch einen Grund für meinen Ausflug angeben. Der war schnell gefunden: gerichtliche Ermittlungen zu dem Vieh, das die Kirgisen im Schilf rund um den Balchaschsee versteckt hielten, damit sie keine Steuer dafür zahlen mussten! In der Nähe des Sees wimmelte es von Enten und Tigern; bessere Jagdgründe gab es nicht.

Um zu diesem See zu gelangen, musste ich ein Stück durch die Berge galoppieren. Am Fuße des Semitau brachte ich die Pferde in einem Stall unter und stieg mit meinen Begleitern weiter den Berg hinauf. Jagen war nicht einfach in diesem Gebiet: Man musste klettern, man rutschte ständig aus, der Boden war übersät mit Felsbrocken, in denen sich die Stiefel verklemmten und wieder herausgezogen werden mussten, aber nicht zu ungestüm, damit man sich den Fuß oder Fußknöchel nicht verletzte. Mal war es warm, mal fegte einem ein eisiger Bergwind durch die Kleider. Für alle Anstrengungen wurde ich mehr als belohnt, als ich mit einem einzigen Schuss einen Sibirischen Steinbock niederstreckte, einen ungewöhnlich großen Widder. Vier Männer waren nötig, um ihn den Berg hinunterzutragen; mitsamt den Hörnern wog er an die hundert Kilo.

Am Morgen darauf hatte ich Gewissensbisse und warf

mir Pflichtverletzung vor. Ich beschloss, tatsächlich Ermittlungen zu den Steuerhinterziehungen aufzunehmen, und führte fünf Tage hintereinander Vernehmungen unter den nomadischen Kirgisen durch.

Das Leben in der Steppe war von äußerster Einfachheit. In meiner Jurte gab es weder Tisch noch Stuhl. Ich saß im Schneidersitz auf einem Teppich. Schreiben konnte ich in dieser Haltung nicht, das musste ich auf dem Bauch liegend tun. Es wimmelte von Schlangen, Taranteln und Skorpionen, die alle besonders gern unter einen warmen Teppich, ein Filztuch oder eine Decke krochen. Bevor man wusste, wie einem geschah, war man gebissen. Kirgisen wissen Abhilfe dafür: ein Schaffell unter dem Kissen, vorzugsweise das Fell eines kurz zuvor geschlachteten Widders. Der Geruch stößt die Skorpione ab. Mich auch; mir wurde speiübel davon.

Insgesamt befragte ich ungefähr hundert Kirgisen. Viel Unstatthaftes erfuhr ich nicht, und ehrlich gesagt suchte ich auch nicht allzu eifrig danach. Ich habe eine Schwäche für Nomaden.

Die Schikanen im Fall Praskowja verfolgten mich nicht länger als vager Kopfschmerz, der einen plötzlich schwindlig macht. Ich habe immer daran geglaubt, dass man auf Distanz zu seinen Problemen gehen kann, indem man tatsächlich eine größere Entfernung zurücklegt, am besten auf dem Rücken eines Pferdes. Im Rhythmus des Galopps verfliegen die Sorgen. Doch als hätte der Teufel die Hand im Spiel, hatte ich erneut mit einem Neugeborenen zu tun.

Kirgisen glauben, dass die Wehen einer Gebärenden dem *schaitan*, dem Teufel, zuzuschreiben sind, der die Frau quälen will, indem er die Geburt hinauszögert. Noch bevor das Kind zur Welt gekommen ist, kann der Teufel dann Besitz von seiner Seele ergreifen. Infolge dieses doppelten Kampfes geht eine Geburt mit den heftigsten Schmerzen einher. Dagegen lässt sich jedoch etwas tun. Bei den ersten Wehen stellen die Kirgisen die zukünftige Mutter auf die Beine und bilden dann einen Kreis um sie. Zwei Hebammen stützen sie, die anderen Frauen und Männer des Stammes umkreisen sie singend, tanzend, schreiend, jammernd, wie die Besessenen, aufgepeitscht von Gesang und Tamburinschlägen. Auf diese Weise wird dem Teufel Schrecken eingejagt. Auf dem Höhepunkt des Wahnsinns tanzen die Leute in Trance und spucken und schlagen der Gebärenden ins Gesicht. Wenn sie dann selbst zu jammern beginnt, bekommt der Teufel Angst.

Nach der Überzeugung der Kirgisen fürchtet der *schaitan* Beamte noch mehr als alle bösen Geister. Russische Beamte, wohlgemerkt. Am fünften Tag meiner Ermittlungen kamen zehn, zwanzig Kirgisen auf mich zugerannt und flehten mich an, ihnen beim Verjagen des *schaitan* zu helfen. Erst verstand ich nicht recht, worum es ging, ließ mich aber zum Ufer eines Bachs führen; dort sah ich eine Frau stehen, die kurz davor war, zu gebären. Die Umstehenden riefen, dass der Teufel furchtbare Angst vor einem amtierenden Staatsdiener habe, »furchtbare Angst, Väterchen, schreckliche Angst«.

Alle begannen zu rufen, zu schreien, zu hüpfen, die Frau ging fast in die Knie, das Köpfchen des Kindes trat bereits aus, und ich dachte: O Gott, das gibt auch wieder Ärger. Ich verbeugte mich tief und sprach mit sonorer Stimme: »Meine Damen, meine Herren, meinen herzlichsten Dank für die Ehre, aber darf ich dieses Vergnügen ausschlagen?«

Strammen Schrittes ging ich weg. Keine hundert Fuß entfernt hörte ich die ersten Schreie des Kindes. Selbstverständlich wurde die rasche und unproblematische Geburt der Anwesenheit des Beamten zugeschrieben, dieses Teufelsbeschwörers hoch zwei. Für kurze Zeit war ich der Held der Steppen und trank die ganze Nacht mit den Kirgisen auf den kleinen Jungen, der, wie man mir versprach, den Namen Alexander erhalten sollte.

In Ajagös untersuchte ich die Schätzungen für die Steuern, die von den Laienrichtern auferlegt worden waren. Unverhältnismäßig hohe Schätzungen.

Die Laienrichter waren der größte Abschaum des sibirischen Beamtentums. Ein anständiger und gebildeter Beamter hütete sich davor, seine Zelte in einem entlegenen Winkel des Landes aufzuschlagen; da konnte man sich besser lebendig begraben lassen. Die Arbeit trug einem den Hungerlohn von 270 Rubeln pro Jahr ein. Beim Eintreiben der Steuern stahlen die Laienrichter folglich ohne die geringsten Skrupel bei den Kirgisen. Sie genossen den Hass aller.

Ich war gerade fertig mit den Vernehmungen, da erhielt ich eine Einladung zur Tigerjagd.

Wenn man gewohnt ist, Rehe, Hirsche, Wildschweine zu erlegen, ist ein Tiger schon ein anderes Kaliber. Die Vorstellung, im Schilfgürtel des Balchaschsees einem Tiger aufzulauern, erregte mich so sehr, dass ich mir schon wie ein halber Entdeckungsreisender und Naturforscher vorkam.

Den Spuren nach zu urteilen war es ein Respekt einflößendes Tier. Es hatte sich tagsüber im Schilf verborgen und würde in der Abenddämmerung erscheinen, um einen Hirsch, Widder, ein Reh oder einen Büffel anzuspringen und durch einen Biss ins Genick zu töten. Ihre

Beute schleppen die Tiger ins Schilf, um sie am nächsten Tag in aller Ruhe zu verspeisen.

Die Jagdmethode zeichnete sich nicht durch Verwegenheit aus. Vom Schilf führte eigentlich nur ein Weg ins Tal. An diesem Weg nahmen etwa zwanzig Mann im Halbkreis Aufstellung, die Flinte im Anschlag. Ich kam mir eher wie ein Preisschütze vor denn als Jäger, als ich mich ihnen anschloss. Eineinhalb Werst von uns entfernt wurde das Schilf angesteckt. Der Wind wehte in unsere Richtung, sodass das Feuer den Tiger auf uns zutreiben würde. Hinter der Jägerkette standen zweihundert kirgisische Reiter. Ihre Aufgabe war es, laut zu schreien, sobald der Tiger erschien, und ihn dadurch so zu erschrecken, dass er stehen blieb. In dem Moment konnten die Jäger ihn ins Visier nehmen.

Gegen zweihundertzwanzig Gegner hatte der Tiger keinerlei Chance. Dennoch gab er sich nicht so leicht geschlagen. Mochten wir Jäger uns nicht gerade durch Mut auszeichnen, der Tiger tat es. Er ließ lange auf sich warten, damit begann es. Das Schilf brannte schon seit Stunden, bevor das Tier ohne die geringste Panik erschien. Es kam langsam und lautlos aus der Deckung, nahm die Situation ruhig in Augenschein, blickte uns stolz an und machte ein paar majestätische Schritte, wie um zu zeigen, wie riesig groß, schön und stark es war.

In meinem späteren Jägerleben sollte ich noch mit so mancher beeindruckenden Trophäe nach Hause kommen, nie mehr aber Auge in Auge mit einem Tiger von dreieinhalb Meter Länge stehen. Plötzlich sank das Tier auf den Boden. Es machte sich klein, stemmte sich mit den Hinterbeinen ab und setzte zu einem gewaltigen Sprung zu einem Felsblock auf dem Hügel zur Linken der Jäger an. Sibirische Tiger können gut zehn Meter weit springen, dieses Exemplar hatte überhaupt keine Mühe damit. Hätte er den Felsblock erreicht, dann hätte er vielleicht entkommen können, doch als er hoch in der Luft schwebte, ertönte eine Salve aus zwanzig Gewehren. Das Tier landete elegant auf dem Felsblock, ging zu Boden und heulte noch einmal kurz auf, bevor es starb.

Das Fell dieses prächtigen Tigers erstand ich für zehn Rubel und schickte es meinem Vater. Er schrieb mir daraufhin einen lobenden Brief mit den Worten, die ich so verabscheute: »Du wirst jetzt wirklich zum Mann.«

Ich reiste weiter in den Südwesten des Altai. Ausgedehnte unberührte Wälder. Prachtvolle Berge, die Gipfel größtenteils schneebedeckt. Herabstürzende Wasserfälle. Das gesamte Gebiet war wild und unwirtlich. Die wenigen russischen Dörfer lagen Hunderte von Werst auseinander. Reiche Dörfer: Die Bauern und Jäger wussten nicht, wohin mit ihren Überschüssen. Die weichen Frühjahrsgeweihe des *maral*, eines großen sibirischen Edelhirsches, verkauften sie an Chinesen, die hundertfünfzig Rubel pro Stück dafür bezahlten. Verkaufte man zehn davon im Jahr, so war man schon ein reicher Mann: Dann hatte man das Doppelte dessen, was ich als Staatsanwalt verdiente. Die Chinesen betrachteten das Gelee, das aus dem pulverisierten Frühlingsgeweih gewonnen wurde, als das beste Mittel, Kraft, Energie und Potenz zu erhalten.

In den Dörfern und der Wildnis des Altaigebirges lebten ganze Kolonien geflohener Soldaten und Verbannter, die sich dort ohne irgendeine Führung oder Leitung eine Existenz aufbauten. Weil sie keine Steuern zu zahlen brauchten, lebten sie im Überfluss. Der Bergbauingenieur, der dann und wann in dieses Gebiet vordrang, war überrascht von dem Luxus, in dem diese Menschen badeten. Auch ich staunte. Neben den Hirschgeweihen brachten die Pelze des Zobels enorme Summen ein. Mit dem Geld konnten die ehemaligen Soldaten und Verbannten jedoch wenig anfangen. Läden gab es in den Dörfern nicht, und Markthändler wagten sich nie in diese verlassenen Gegenden. Die Siedler wollten mir folglich alles abkaufen, was ich am Leibe trug, von meiner Westentaschenuhr bis zu den Stiefeln. Im Tausch für meine goldenen Manschettenknöpfe und meine goldene Krawattennadel ergatterte ich einige seltene Pelze: den eines schwarzen Wolfs, eines schneeweißen Zobels und das Winterfell eines Tigers mit gut und gerne eineinhalb Werschok langem Haar.

Zwei Jahre später schenkte ich diese Raritäten dem berühmten Naturforscher Alexander Baron von Humboldt aus Erkenntlichkeit darüber, dass er bereit war, mich zu empfangen. Er war entzückt über die Pelze, konnte mir aber kaum danken: Infolge eines Schlaganfalls strengte das Sprechen ihn enorm an. Zuhören konnte er aber noch, und so erzählte ich ihm von Sibirien. Das brachte seine Augen zum Leuchten. Zweifellos dachte er an seine eigene Sibirienexpedition von 1829 zurück. Ich fragte mich, was wohl schöner sei, die Reise selbst oder die Erinnerung daran.

Verbrechen und Fieber

VON DER BERGLUFT und der Herzlichkeit der Kirgisen gestärkt kehrte ich nach Semipalatinsk zurück. Ich fand die Stadt in heller Aufregung. Zum ersten Mal wurde der Namenstag des neuen Zaren gefeiert. Eine Truppenparade stand auf dem Programm sowie ein Gebetsgottesdienst, an dem alle Beamten teilzunehmen hatten.

Fjodor Michailowitsch musste an einem Zelt im einzigen Park der Stadt vorbeimarschieren, in dem die Würdenträger standen; ich musste in die Kirche, wo nicht nur für Zar Alexander II. gebetet wurde, sondern auch für unseren Nationalhelden Alexander Newski.

»Und für dich, Alexander«, grinste F.M.

Es war natürlich auch mein Namenstag.

Ich traf Dostojewski bei allerbester Laune. Er hatte jeden Tag fürstlich gespeist, war von Adam verhätschelt und umsorgt worden und hatte jeden Nachmittag und Abend in Ruhe schreiben können. Woran genau, sagte er mir nicht – das erzählte er mir selten. Es konnte noch immer an seinen *Aufzeichnungen aus einem Totenhaus* sein, vielleicht aber auch an einem der Romane, die er in seiner Zeit in Sibirien abschloss, oder möglicherweise auch bereits an seinem großen Roman über Verbrechen und Strafe, für den er sich in jener Zeit die ersten Notizen machte.

Von Maria sprach er mit keinem Wort. Weil er einen so glücklichen Eindruck machte, dachte ich für einen Moment, er habe sich heimlich mit ihr getroffen. Als ich Adam danach fragte, stellte sich heraus, dass dem nicht so war. Er hatte nicht einmal einen Brief von ihr erhalten und auch keinen an sie geschickt.

Was F.M. die gute Laune bescherte, waren die überschwänglichen Nachrichten aus Petersburg. Jeder ließ sich lobend über den neuen Zaren aus wegen dessen Menschlichkeit und Güte. Er hatte einen seiner Söhne, Großfürst Wladimir, in den Regierenden Senat aufnehmen lassen. Der Großfürst sollte sich speziell mit der Reform und Modernisierung der Gerichte und der Rechtsprechung befassen. Wenn es nach Fjodor Michailowitsch ging, durfte er gleich mit der Freilassung aller politischen Gefangenen beginnen.

In der Stadt wurde gefeiert. Um das Volk zu amüsieren, hielten die Kirgisen Pferderennen ab und organisierten eine Wolfsjagd mit Steinadlern. Höhepunkt war ein Massenkampf am Ufer des Irtysch zwischen Russen und Tataren in Festkleidung auf der einen Seite – manche zu Pferde, die meisten zu Fuß – und Kirgisen auf der anderen. Sie griffen sich gegenseitig ohne Waffen an und benutzten nur ihre Fäuste. Nach der Schlägerei griffen sich die Reiter ein paar kräftige Männer heraus und warfen sie in den Fluss. Eine tausendköpfige Menge schaute zu und brüllte vor Lachen.

Marktfrauen verkauften Nüsse, getrocknete Aprikosen und *kischmisch*, kernlose kleine, süße Trauben. Es war ein wunderbares Fest, alle waren vergnügt. Nur bei F.M. schlug die Stimmung um. Weder die Wolfsjagd noch der

Faustkampf am Fluss konnte ihn reizen. Dieser Art Volksvergnügen stand er gleichgültig gegenüber. So einfühlsam er sonst auch über arme Menschen schrieb, ihre Vergnügungen konnten ihm gestohlen bleiben. Seine gute Laune kehrte erst wieder, als wir von ein paar kirgisischen Bekannten mit einer himmlisch süßen Torte bewirtet wurden, die an die russische *pascha* erinnerte, die pyramidenförmige Quarktorte, die wir zu Ostern essen. Ich ließ Adam Champagner holen. Bis spät in den Abend hinein leerten wir eine Flasche nach der anderen.

Während sich Fjodor Michailowitsch lebhaft mit unseren Gastgebern unterhielt, beobachtete ich ihn. Du bekommst keine Anfälle mehr, dachte ich plötzlich. Er strotzte nur so vor Gesundheit. Das Stirnrunzelnde, Besorgte, Kränkliche war aus seinem Gesicht verschwunden, es schien, als wäre seine quadratische Stirn weniger hoch und etwas weniger streng. Der Epileptiker hatte einem energiegeladenen Dreißiger Platz gemacht, der keineswegs unzufrieden mit sich selbst war. Ich war mir fast sicher, dass dieser sorglose Zustand anhalten würde, falls es ihm gelänge, Maria zu vergessen. Als wir nach Hause zurücktorkelten, lachte er noch immer. Und mit einem Mal weinte er, leise schniefend, leise schnaubend, wie bei der Beerdigung einer Geliebten.

Eines Morgens, als er nicht in die Kaserne musste, saß ich mit ihm beim Frühstück. Da trat Adam ins Zimmer und unterbrach unser Gespräch. Er meldete, dass ein Büttel vom Polizeirevier mit zwei kriminellen Typen vor der Tür stehe. Sie wünschten mich zu sprechen. Ich ging hinaus und hörte, dass Fjodor Michailowitsch mir folgte und in der Eingangsdiele stehen blieb, nahe genug an der Tür, um das Gespräch mithören zu können.

Einer der Kerle war ein Riese, der den Polizisten um drei Köpfe überragte, der andere ein alter, grauer zerbrechlicher Mann. Ich fragte, was sie wollten. Der Büttel ergriff das Wort. Er sei mit den beiden Männern vom Polizeichef zu mir geschickt worden. Der Chef habe schon einmal mit ihnen zu tun gehabt und kenne beide gut. Er verbürge sich dafür, dass das, was die Männer mir erklären würden, die reine Wahrheit sei, und bitte mich dringend, ihrem Wunsch stattzugeben.

»Nun, dann mal raus mit der Sprache«, sagte ich zu den Männern.

»Es ist eine ziemlich ungewöhnliche Bitte«, begann der Greis.

»Ein Haftbefehl«, murmelte der Riese.

»Ihr wollt«, fragte ich, weil ich es noch nicht ganz verstand, »dass ich einen Haftbefehl gegen euch erlasse?«

»Und wir bitten darum, eingesperrt zu werden«, ergänzte der Riese.

»Im Gefängnis? Aber warum denn, um Himmels willen? Werdet ihr verfolgt? Will jemand sich an euch rächen?«

»Es ist wegen dem Fieber«, sagte der alte Mann. »Wir wollen an Händen und Füßen gefesselt in einer Zelle eingesperrt werden, bis das Fieber gesunken ist.«

»Was für ein Fieber denn? Seid ihr krank? Oder verrückt?«

»Wir spüren, dass wir Blut vergießen werden«, sagte der Riese. »Wir haben so eine wahnsinnige Lust, jemanden zu ermorden.«

»Wir müssen es sehen, das Blut«, ergänzte der alte zerbrechliche Mann. »Seien Sie so gut und geben Sie den Befehl, uns zu fesseln.«

»Na schön«, sagte ich mit kaum verhohlener Verwunderung. Es war die seltsamste Bitte, die mir je vorgetragen worden war.

»Die richtige Entscheidung«, nickte F. M., als der Polizist mit den beiden Arrestanten abgezogen war. »Alles Schlechte erwächst aus Fieber. Halte mich auf dem Laufenden, wie es weitergeht.«

Sechs Tage später konnte ich Fjodor Michailowitsch berichten, dass die beiden Männer den stellvertretenden Staatsanwalt gefragt hatten, ob ihnen die Fesseln abgenommen und sie in die Freiheit entlassen werden könnten. Ich meinerseits hatte den Stellvertreter gefragt, was der Grund dafür sei.

»Sie sagen, dass das Fieber gesunken ist.«

Diese Worte wiederholte Dostojewski ein paarmal, wobei er jedes Mal nickte.

»Das Fieber ist gesunken. Das Fieber …«

Und plötzlich sah er mich an und sagte: »Ein Mord entspringt einem düsteren, zwingenden Fieber, das kurz vor dem Verüben des Verbrechens seinen Höhepunkt erreicht und genau so lange andauert, bis Blut geflossen ist – Blut.«

Es war eine Idee, die ihn ein Stück voranbrachte, das erkannte ich an den Lichtpünktchen in seinen Augen.

Keine Geschichte schreckte ihn ab. Um mir ein Bild vom Gefängniswesen zu machen, besuchte ich die besonders gesicherte Abteilung des Gefängnisses von Tobolsk, das bestbewachte in ganz Russland, eine uneinnehmbare Festung auf einem steilen Felsen, in dem elftausend Verurteilte im Gestank von Kot und Kotze verrotteten. Der dortige Staatsanwalt warnte mich davor, zu dicht bei den Gefangenen zu stehen. In der geschlossenen Abteilung saßen Blaubärte, Lustmörder, Meuchelmörder, gedungene Mörder, Rückfalltäter. Manche hatten mehr als zwanzig Opfer auf dem Gewissen. Bis zu ihrem Tod würden sie nie mehr etwas von Gottes Schöpfung sehen und nie wieder den Geruch von Wäldern, Feldern oder Steppen schnuppern. Die Lebenslänglichen saßen in achtundzwanzig Verschlägen, in schummrigen Höhlen, in Löchern. Wie Tiere waren sie an der Wand angekettet. Über sein Los verbittert konnte so ein Verbrecher die gefesselten Arme plötzlich heben und die Kette um den Kopf eines Wärters oder Büttels winden. Auf einen Mord mehr oder weniger kam es ihm nicht an. »Nehmen Sie sich vor allem vor Orlow in Acht«, sagte der Staatsanwalt, »halten Sie sich möglichst fern von ihm.«

Orlow konnte nicht nur lesen und schreiben, er hatte jahrelang die Schule besucht und war sogar so gescheit, dass er sich an der Universität hatte einschreiben lassen können. Er kam aus Petersburg. In ziemlich jugendlichem Alter beging er einen bestialischen Mord. Er wurde zu »lebenslänglich« verurteilt und nach Sibirien verbannt. Indem er Bewacher bedrohte und im Folgenden bestach, gelang ihm die Flucht aus dem Straflager. Mit einigen anderen Entflohenen schloss er sich zu einer Räuberbande zusammen, die viele Seelen tötete. Er wurde gefasst, floh erneut, raubte und stach wie ehedem seine Opfer nieder, bis man seiner wieder habhaft wurde. Dann wurde er in das Gefängnis von Tobolsk gebracht.

Ich betrachtete ihn aus gebotenem Abstand. Er war ein Athlet von ungefähr vierzig Jahren, ein gut aussehender Mann mit braunem Haar und gepflegtem Bart. Das einzig Schreckliche an ihm waren seine Augen.

Im Gefängnis tat Orlow sich mit einem gewissen Korenew zusammen. Diesem wurden achtzehn Morde zur

Last gelegt. Auch er war mehrmals aus einem Straflager entflohen, bevor er in Tobolsk untergebracht wurde. Sein Äußeres hatte nichts mit dem eines Banditen gemein. Er war ein älterer Mann mit kurzem Bart und grauem Haar. Im Gegensatz zu Orlow hatte er friedfertige, gütige Augen. Nicht die unsteten Irrlichter, die ich so oft im Blick ruchloser Verbrecher gesehen habe. Korenew war mittelgroß, kräftig gebaut, ein gesunder Kerl, allerdings mit einem Gesicht, das zu lange Luft und Sonne hatte entbehren müssen und daher fahlbleich war wie das einer Mumie.

Nicht lange nach meinem Besuch in Tobolsk gelang es Korenew erneut, zusammen mit einem weiteren Häftling auszubrechen. Nicht mit Orlow, obwohl dieser ihm genau die Ratschläge erteilt hatte, die seiner Flucht zum Erfolg verhalfen. Korenew hatte einige Wärter bestochen und dafür natürlich absurd hohe Summen gezahlt. In runden dunklen Brotlaiben versteckt wurden ein paar Feilen ins Gefängnis geschmuggelt. Korenew machte sich an die Arbeit. Tag und Nacht feilte er an seinen Fesseln, der Kette zwischen seinen Füßen und dem Gitter am schmalen Zellenfenster.

Auszubrechen war Schritt eins, danach galt es, im Sträflingsanzug nicht aufzufallen. Die Bauern hatten eine Heidenangst vor entflohenen Verbrechern und zeigten sie ohne die geringsten Skrupel bei der Polizei an. Also mussten andere Kleider her. Sie lagen an einem vereinbarten Ort, nicht weit vom Gefängnis entfernt, für Korenew und seinen Kumpel bereit.

Nur Korenew gelang die weitere Flucht. Während des Ausbruchs verlor sein Gefährte, schwindlig geworden von der frischen Luft, das Bewusstsein und brach sich ein Bein. Man konnte ihn sofort wieder einkassieren. Korenew dagegen schaffte es bis in die Wälder, wo er verschwand.

Der Ausbruch war für die Gefängnisleitung zwar unangenehm, doch niemand erwartete, dass es Korenew gelingen würde, sich dem langen Arm des Gesetzes auf Dauer zu entziehen. Typen wie er sind keine Menschen; wie Bestien dürsten sie nach Blut.

Ungefähr drei Wochen später benachrichtigte mich der Staatsanwalt von Tobolsk, Korenew sei gefasst worden. Er sitze wieder sicher angekettet an einer Wand im dunkelsten Loch des Gefängnisses. Wenn ich noch etwas lernen und beim Verhör zugegen sein wolle, sei ich herzlich willkommen.

Ich war nicht gerade versessen darauf, an diesen düsteren, ekelhaft stinkenden Ort zurückzukehren, doch Dostojewski sprach von einer unvorhergesehenen Chance, und wenn er gekonnt hätte, so wäre er an meiner Stelle hingefahren. Ich versprach ihm, gut aufzupassen und gut zuzuhören und ihm nach meiner Rückkehr genauestens Bericht zu erstatten.

Friedlich und vollkommen ruhig berichtete Korenew von seinen Erlebnissen, ohne auch nur die geringste Gefühlsregung, als spräche er von den Taten eines anderen und nicht den eigenen.

Nachdem er aus dem Gefängnis geflohen und die Kleider am vereinbarten Ort gefunden hatte, war er zu einem guten Bekannten gegangen. Er hatte sich gewaschen und umgezogen. Mit etwas Essen im Beutel hatte er sich in die Wälder geschlagen. Schon bald hatte er ein paar Kameraden zusammengetrommelt, entflohene Zwangsarbeiter, die durch die Wälder streiften, dann und wann einen Bauern beraubten und ihm die Kehle durchschnitten. Tagelang hatten sie unbekümmert und außer sich vor Freude gelebt. Sie raubten hie und da, mordeten hie und da und ließen den roten Hahn krähen. Das Haus eines Opfers musste angezündet werden, das stand fest, es war die beste Methode, um die Spuren zu verwischen. Doch irgendwann war der Wodka alle, und da war es vorbei mit dem Spaß.

Hier unterbrach mich Fjodor Michailowitsch.

»Versuche, es so zu erzählen, wie dieser Schurke es dir erzählt hat. Kannst du dich noch wörtlich erinnern?«

»Mehr oder weniger, ja. Nein, ziemlich genau sogar. Es war ein derart grauenvoller Bericht, dass ich in jener Nacht in Tobolsk kein Auge zugetan habe und auch in den darauffolgenden Nächten nicht.«

»Erzähl.«

»Also, so wie er, ja?«

»Ja, ohne Scham vor Grobheiten. Wort für Wort.«

»Am Rande des Waldes schlichen sie sich in einen Gasthof.«

»Nicht sie, *wir*. Er erzählt, nicht du.«

»Am Rande des Waldes schlichen wir uns in einen Gasthof. Der Wirt war ein reicher Stinker, so wie's aussah. Er war allein in der Bude und konnte keinen Mucks mehr tun, als wir ihn uns vorknöpften. Wir schauten in alle Schubladen und scharrten das Geld beisammen. In großen Koffern fanden wir Goldmünzen. Dann bemerkten wir den verflixten Wodka. Wir stürzten uns darauf und haben ihn uns schmecken lassen. Plötzlich hörten wir, wie draußen das Quietschen von schlecht geschmierten Rädern näher kam. ›He, Brüderchen‹, sag ich, ›jetzt haltet mal schön eure Ohren und Augen offen, da kommt neue Beute.‹ Wir suchten uns alle einen Platz an den Fenstern und gingen in Deckung. Draußen kam ein Wagen näher. Das Pferd wird von einem alten Kerl gelenkt. Neben ihm sitzt eine junge Braut auf dem Bock, mit 'nem Säugling im Arm. Mit dem Alten hatten wir nicht viel Arbeit. Ein paar Schläge, und er war hinüber. Als ich das Blut sah, geriet ich in Feuer und Flamme. Vielleicht war mir aber auch der verfluchte Wodka in den Kopf gestiegen. Wie dem auch sei, ich schubste die Mutter weg, packte das Kind an den Beinen und schleuderte es im Kreis herum. Worauf er zu kreischen anfing, der Schlingel. Das konnte ich nicht gut haben. Um's rauszuzögern ließ ich ihn noch mal rumkreisen und knallte ihn dann mit dem Kopf gegen das Rad. Der platzte auf, und das Gehirn tropfte raus. Ich war voll von dem warmen Blut und meine Kumpels auch. Wir verschmierten es über unsere Hände, übers Gesicht. Während wir uns damit vergnügten, ja, wir hatten wirklich Spaß, war das Weib – der Teufel soll sie holen – in den Wald gerannt, ins nächste Dorf. Dort hat sie Leute zusammengerufen, und die Bauern kamen mit Mistgabeln, Beilen, Messern angerannt. Wir haben gar nicht erst versucht davonzurennen, sie haben uns auf der Stelle gepackt. Blöd, dass sie uns nicht gleich aufgespießt haben. Vielleicht hatten sie Angst, wir wären stärker als sie alle zusammen, und haben nicht gesehen, dass wir huckevoll waren. Ja also, das war's so in etwa.«

Bevor ich nach Sibirien kam, war ich kein großer Verfechter der Todesstrafe. Die Vorstellung, dass ein Unschuldiger durch Fehler in der gerichtlichen Untersuchung oder die Borniertheit unserer Machthaber auf dem Schafott enden konnte, ging mir gegen den Strich.

Die erste Hinrichtung, die ich miterlebte, war die Dostojewskis und seiner vierzehn Kameraden. Mochte sich das letztlich nur als verrückte Inszenierung erwiesen haben, so erinnere ich mich doch noch gut an die Empörung, die mich damals Minute für Minute ergriff. Es hatte wenig gefehlt, und Fjodor Michailowitsch wäre der Verfasser von *Arme Leute* sowie einem zweiten, nicht ganz vollendeten Roman geblieben. Wäre Zar Nikolaus an jenem Morgen mit dem falschen Bein aufgestanden, hätte keiner der zum Tode Verurteilten überlebt.

Ich bin bis in meine alten Tage ein sanftmütiger Mensch geblieben. Auf Ehre und Gewissen kann ich sagen, dass ich in meinem ganzen Leben niemandem absichtlich Böses getan habe. Und dennoch hat Sibirien etwas Wesentliches in mir verändert: Nach allem, was ich mit eigenen Augen in der Strafkolonie gesehen habe, kann ich die vollständige Abschaffung der Todesstrafe nicht unterschreiben. Die Liberalen fordern ein humanes Rechtswesen. Ich habe immer gesagt, man muss die Gefängnisse besuchen, um ein richtiges Bild von einem Land zu gewinnen. Dennoch wage ich es, in voller Überzeugung zu behaupten, dass die Gesellschaft vor Monstren geschützt werden muss. Hoffnung auf eine Besserung und Rückkehr in den Kreis normaler Menschen ist für sie ausgeschlossen. Die Gesellschaft hat keine andere Möglichkeit, sich vor Unmenschen zu schützen, als durch die höchste Strafe.

Nicht jeder Mörder wird rückfällig, aber wenn das doch der Fall ist und er zum zweiten, dritten, vierten Mal zuschlägt, dann stellt er eine Gefahr für die Gesellschaft dar und führt ein völlig sinnloses und sogar schädliches Dasein. Mit Steuergeldern einen Korenew zu unterhalten, der, an die Gefängnismauer gekettet, auf neue Ausbrüche und Verbrechen sinnt, wie zum Beispiel nur so zum Spaß einen Säugling zu erschlagen, ist nicht löblich, geschweige denn »human«, was immer die Liberalen behaupten mögen.

Das Schlimmste war der Machtmissbrauch in Sibirien. Und die Korruption im Justizapparat.

Eines Abends kam ich nach Hause und knallte mit den Türen.

»Böse?«, fragte Fjodor. »Doch nicht auf die Türen, die sind nämlich die Einzigen in Semipalatinsk, die nicht klemmen.«

»Ich habe Ihnen doch von Korenew erzählt. Und von Orlow …«

»Ja, ja, diese blutrünstigen Ungeheuer.«

»Sie lächeln, Sie haben vier Jahre zwischen Mördern zugebracht, Sie kann nichts mehr aus der Fassung bringen und mich halten Sie für einen Weichling, aber ich habe Ihnen noch lange nicht alles erzählt. Über Orlow zum Beispiel. Orlow landete zum dritten Mal im Gefängnis wegen Unzucht mit seinen minderjährigen Töchtern. Um dieses Verbrechen zu vertuschen, hatte er beide Mädchen ermordet. Da hatte er schon zwei oder drei Morde auf dem Gewissen und unzählige Grausamkeiten. Ich übertreibe doch nicht, wenn ich diese Rückfalltäter als Ungeheuer bezeichne?«

»Nein, keineswegs. Aber was macht Sie so verbissen?«

»Dieses hinterhältige Denunzieren von Leuten. Habe ich Ihnen schon erzählt, dass über die geschlossene Abteilung des Gefängnisses in Tobolsk hinterrücks Beschwerden eingegangen sind? Hintenrum gepetzt. Beim Generalgouverneur. Beim Justizminister in Petersburg. Korrupte Wärter sind verraten worden, Abteilungsleiter, der Direktor des Gefängnisses und sein Stellvertreter, aber auch viele Verbrecher mit genauen Angaben darüber, wie sie die Wärter bestochen haben. An sich ist es natürlich richtig, dass Korruption ans Licht gebracht wird. Aber gestern erscheint doch plötzlich ein Abgesandter von Fürst Orlow in Tobolsk.«

»Fürst Orlow? Ein Verwandter des Mörders Orlow?«

»Nicht mal ein entfernter Verwandter! Ein direkter Cousin! Der Abgesandte forderte im Namen des Fürsten eine sofortige Untersuchung der Missstände im Gefängnis und eine Inspektion der besonders gesicherten Abteilung. Ohne mit der Wimper zu zucken teilte er mit, dass die Vorwürfe vom Sträfling Orlow stammten. Wärter haben augenscheinlich seit Jahren den Gefangenen in großem Umfang Wodka geliefert, Werkzeug wie Kneifzangen und Feilen, Obst und besondere Nahrungsmittel, Spielkarten … ja, sogar Frauen. So hatte Orlow offensichtlich schon seit Jahren ein Verhältnis mit der Frau des Gefängnisverwalters und war, wie sich herausstellte, der Vater einiger ihrer Kinder.«

»Fürst Orlow … Gibt's nur noch selten, diesen Adelstitel ›Fürst‹. Die Fürsten sind im Aussterben begriffen. Klingt gut, ›Fürst‹, man denkt sofort an sehr alten und sehr hohen Adel. Was genau wollte dieser Fürst Orlow denn? Doch nicht etwa die Freilassung seines Cousins?«

»Er wollte vor allem klarmachen, dass dem Verbrecher Orlow kein Härchen gekrümmt werden dürfe, und nicht nur, weil er ein Aristokrat sei, sondern vor allem weil er durch ein Netz bezahlter Informanten über sämtliche üblen Dinge im Gefängnis im Bilde sei, bis in alle Einzelheiten. Ich kann Ihnen versichern, dass die Behörden in Tobolsk schockiert sind. Wenige von ihnen haben saubere Hände, fast alle sind erpressbar geworden. Durch einen

Verbrecher! Ich gebe Ihnen schriftlich, dass Orlow heute Nacht nicht mehr wie ein Tier angekettet ist. Und das macht mich rasend.«

»Sibirien ist ein wildes Land, Alexander Jegorowitsch. Es wird bevölkert von halbwilden Menschen, die sich gegenseitig auffressen wie Spinnen in einem Glas. Von gedemütigten und verletzten Menschen, von verdorbenen Menschen, von dem ganzen Abschaum, den Russland ausgespuckt hat. Hier wimmelt es nur so von Dieben, Räubern, Banditen, die alle Wege unsicher machen. In den Städten ist es auch nicht viel besser.«

»Ich weiß. Die Polizeireviere sind unterbesetzt, die Polizei ist machtlos, die Beamten stehen selbst an der Spitze von Räuberbanden oder führen sie heimlich. Es ist nur so, dass ich das nicht mehr ertrage. Ich habe die Nase voll von diesem Rechtssystem, allmählich schäme ich mich, ein Teil davon zu sein, ich habe genug von Sibirien, von Semipalatinsk, von diesem dunklen Reich; ich bin inzwischen zweiundzwanzig Jahre alt und sehne mich unbändig danach, so bald wie möglich zu einem Ort weggelockt zu werden, an dem das Leben gut und fortschrittlich ist, an dem ich mit Freuden arbeiten und dem Vaterland nützlich sein kann, ohne fruchtlos meine Kräfte und Energie zu vergeuden. Ich will hier weg.«

»Wirst du mich verlassen, Alexander?«

»Du bist der Einzige, der mich davon abhält, es *stante pede* zu tun, Fjodor, aber lange halte ich es hier nicht mehr aus.«

»Ich kann dich nur schwer missen. Du bist nicht nur ein vortrefflicher Mensch und großartiger Freund, solange ich nicht begnadigt bin, kann ich nirgendwohin. Du bist der einzige einflussreiche Freund, den ich hier habe, ohne dich bin ich verloren.«

»Ich versichere dir, dass ich weiterhin unvermindert an deiner Rehabilitierung arbeiten werde.«

»Einmal ein Freund, immer ein Freund. So bist du, nicht wahr?«

»Nun ja, so hoffe ich zu sein.«

Schwarze Spitze

NÄHER KONNTEN WIR EINANDER kaum kommen. Trotzdem brach ich schweren Herzens nach Bijsk auf. Ich musste wegen einer gerichtlichen Untersuchung dorthin, hatte aber trotzdem das Gefühl, Fjodor Michailowitsch seinem Schicksal zu überlassen. Zumal als er mir sagte, er verstehe verdammt gut, weshalb ich in Richtung Norden eilte.

Die Strecke zwischen Bijsk und Barnaul – eine gerade, ebene Straße – ließ sich an einem Vormittag zurücklegen. Ich rechnete tatsächlich damit, Katja wiederzusehen. Nicht, dass ich eine konkrete Verabredung mit ihr getroffen hätte; kurz vor meinem Aufbruch hatte ich lediglich eine kurze Nachricht nach Barnaul geschickt, ich würde in wenigen Stunden nicht allzu weit von ihr entfernt sein. Ein derartiger Hinweis genügte meist.

Seit unserem letzten Treffen waren schon wieder Wochen verstrichen. Ich wollte ihr ein für alle Mal klarmachen, dass ich sie heiraten und mit ihr zusammen nach Sankt Petersburg zurückkehren wollte.

Weder für das eine noch für das andere räumte ich mir große Chancen ein. Katja genoss das luxuriöse Leben, das sie in der Nähe der sibirischen Silberminen führte. Außerdem fand sie mich viel zu jung. Trotzdem brach ich voller Verlangen auf und voll guten Mutes.

Bijsk entpuppte sich als angenehm grüne Stadt am Fuße des Altaigebirges. Ein vermögender Baumwollhändler bot mir seine Gästegemächer an: ein exotisch dekoriertes Schlafzimmer, einen Salon, der große Ähnlichkeit mit einem Boudoir hatte, und ein Bad von der Größe eines Hamams. Es kam vielleicht von dieser orientalisch anmutenden Umgebung, dass ich in jener Nacht seltsam träumte.

Katja erschien mir, groß und dunkel. Wir gaben uns der Liebe hin. Ich lag nackt und fast reglos auf dem Bett, sie ritt mich auf wollüstige, aber äußerst gelassene, fast träge Weise. Von Zeit zu Zeit, wenn ich vor Genuss stöhnte, beugte sie sich über mich und beschleunigte kurz das Tempo; dann richtete sie sich wieder auf, streckte den Rücken, lehnte sich leicht zurück, legte ihre Hände auf meine Knie und schob ihre Schenkel langsam und kontrolliert über meine Hüften, wie eine Ballerina, die jedem Ausdruck ihres Körpers einen eigenen Akzent verleihen will. Ich spürte ihre Nähe bis in die kleinste Faser meines Körpers.

Sie ließ sich Zeit. Sie machte immer weiter, wobei sie das Tempo gelegentlich beschleunigte, doch meistens auf eine wohltuende, liebkosende Weise, die auch noch den leisesten Anschein von Anstrengung und Erregung zunichtemachte. Keiner von uns sagte ein Wort. Das Einzige, was wir hörten – und das Einzige, was uns leitete –, war der Rhythmus unseres Atems. Die Liebkosungen kamen aus unseren Blicken, die durch das Kerzenlicht eine gewisse Verhangenheit behielten.

Was Katja mich spüren ließ, war erstarrte Ekstase. Manchmal bewegte sie sich so langsam, dass noch das kleinste Zucken flirrend aufgeladen wurde. Wenn ich mich aufrichten wollte, legte sie mir die Hände auf die Schultern und drückte mich nach unten.

Die äußerste Lust zögerten wir jedes Mal hinaus. Ich fand es himmlisch und schaurig zugleich. Es war, als gäben wir uns zum allerletzten Mal der Liebe hin oder, noch schrecklicher, als nähmen wir Abschied vom Leben und wollten noch *ein* Mal ineinander aufgehen, bevor ein erzürnter Engel uns ins Fegefeuer führte.

Die Beunruhigung entsprang unverkennbar dem Spitzengewebe, das Katja umhüllte. Sie gab sich mir nicht nackt hin, nicht einmal halb nackt; sie hatte lediglich ihre Dessous abgelegt. Ihr schwarzes Spitzenkleid hing in unzähligen Falten über meinen Bauch und meine Beine. Darüber trug sie ein hochgeschlossenes Pelzjäckchen, das nicht nur ihre Brüste und Schultern verbarg, sondern auch einen Teil ihres Halses und Nackens. Meine Hände mussten bis weit unter ihren Rock gleiten, um, oberhalb der Strümpfe, etwas von ihrer nackten Haut zu spüren. Katja ritt mich in Trauerkleidung.

Drei Tage nach diesem merkwürdigen Traum erhielt ich einen sehr emotionalen Brief von Fjodor Michailowitsch. Er teilte mir Isajews Tod mit.

Aus dem vier Seiten langen Brief sprach aufrichtige Sorge um Maria Dmitrijewna. Mit keinem Wort erweckte er den Eindruck, erleichtert zu sein, dass Marias Mann nun endlich gestorben war und ihm jetzt nichts mehr im Wege stünde, um um die Hand seiner Liebsten anzuhalten.

Fjodor Michailowitsch blieb natürlich Fjodor Michailowitsch, er begann den Brief mit Klagen. Es sei zwei Uhr nachts, er habe bereits zwei Briefe an Maria geschrieben, er habe Migräne, er sei müde und vor allem furchtbar deprimiert: An diesem Morgen habe er einen Brief aus Kusnezk erhalten, der arme Alexander Iwanowitsch sei verschieden.

Ich konnte ein Lächeln nicht unterdrücken: Migräne, Müdigkeit und, verflixt noch mal, auch Isajew noch tot – Unheil begann bei Fjodor immer bei ihm selbst. Doch in den nächsten Zeilen stimmte er Lobeshymnen auf den Verstorbenen an: Er, Fjodor Michailowitsch, sei möglicherweise der Einzige, der ihn zu schätzen wisse! Wenn Isajew Schwächen gehabt habe, so liege die Verantwortung dafür zur Hälfte bei dem schrecklichen Los, das ihm beschieden gewesen sei. »Ich wüsste gern«, schrieb er, »wer die Geduld aufbringen könnte, solches Missgeschick zu ertragen.« Nein, dieser Mann habe nur Güte und eine wahrhaftige Noblesse besessen.

So kannte ich Isajew nicht. Ich kannte ihn eigentlich nur betrunken. »Meine Schuld«, schrieb F. M., als läse er meine Gedanken. »Ich fürchte, dass ich bisweilen, in einem Moment der Bitterkeit und, vielleicht, etwas hitzig, nur seine schlechtesten Seiten erwähnt habe.«

Was Fjodor vermutlich mild stimmte, war der Umstand, dass Isajew unter unerträglichen Schmerzen gestorben war. Allerdings auf würdige Weise; Fjodor wünschte mir und sich selbst einen ähnlichen Tod. Bevor Isajew den letzten Atemzug tat, hatte er seine Frau und seinen Sohn Pawel gesegnet. Die einzige Angst, die er sich gestattet hatte, war die Sorge um deren Zukunft. Auch während des zwei Tage währenden Todeskampfes hatte er Maria ständig zu sich gerufen, hatte sie umarmt und in einem fort wiederholt: »Was soll aus dir werden? Was soll aus dir werden?« Die Sorgen um sie hatten ihn sein eigenes Leiden vergessen lassen.

Maria Dmitrijewna habe ihm das alles bis ins kleinste Detail beschrieben. In jeder Zeile schimmere so viel Kummer durch, dass er unbändig zu weinen begonnen habe, als er den Brief las. So wie er mich kenne, hätte ich ebenso viele Tränen vergossen, falls mir der Brief zu Gesicht gekommen wäre – ich hätte einen guten Charakter.

In dieser Hinsicht täuschte er sich. Ich war nach wie vor der Ansicht, dass Isajew besser für Frau und Kind hätte sorgen müssen, anstatt Streit mit jedem anzufangen, wodurch er seine Stelle verloren und sich dem Alkohol ergeben hatte. Faulpelz und Trunkenbold, einen anderen Eindruck hatte er bei mir nicht hinterlassen. Ich hatte ganz gewiss kein Mitleid mit diesem Kerl, und für Maria war es schade, dass er nicht schon viel früher den Geist aufgegeben hatte.

Schmerzlich war nur, dass er einen siebenjährigen Sohn hinterließ. Kinder tragen keine Schuld an den Dummheiten ihrer Eltern. Der Junge war vernarrt in seinen Vater – welcher Siebenjährige ist das nicht? Nachdem sein Vater den letzten Atemzug getan hatte, war Pawel mitten in der Nacht aus dem Bett gesprungen, zur Ikone gerannt, mit der sein Vater ihn zwei Stunden vor seinem Tod gesegnet hatte, war vor ihr niedergekniet und hatte laut für das Seelenheil seines Vaters gebetet.

Nur diese Sätze aus Fjodor Michailowitschs Brief ließen mir Tränen in die Augen steigen: Sie erinnerten mich an den viel zu frühen Tod meiner Mutter.

Im Rest des Briefes ging es um Geld.

Ich habe oft gehört, Dostojewski sei ein Pfennigfuchser, besessen von Geld. Die Knauserigkeit strafe nicht nur seine Weisheit Lügen, sondern vergälle das Verhältnis zu jedem, der ihm lieb sei. Er besitze das Geld nicht, das

Geld besitze ihn. Seine Bücher schreibe er, um seine Schulden abzuzahlen; ein anderes Motiv gebe es nicht.

Es mag sein, dass er später so geworden ist, als er an den Spieltischen hohe Schulden machte. Er muss einer dieser Spieler gewesen sein, die nach jedem Verlust weiter glauben, einmal den großen Coup zu landen. Doch in seiner Zeit in Sibirien habe ich ihn nur ein einziges Mal Karten spielen sehen – mittendrin schlief er ein.

Als er bei mir wohnte, war Fjodor Michailowitsch nicht geizig, im Gegenteil – das Geld zerrann ihm unter den Händen. Er lieh sich ein paar Rubel hier und ein paar Rubel da, allerdings nie für sich selbst, er gab das Geld Marina O., weil Maria Mitleid mit ihr hatte, er gab es Maria, Isajew, einer Zigeunerin, den Mädchen, die im Kosakengarten die Blumen versorgten, meinem Diener Adam, »der auch mal was außer der Reihe bekommen sollte« (als ob ich ihm nie etwas gegeben hätte!). Jeder, der sich an Fjodor Michailowitsch wandte, konnte mit seiner großzügigen Hilfsbereitschaft rechnen. Allerdings kam das Geld selten aus *seiner* Tasche.

Er war ein versierter Bettler. In seinem Brief leitete er die Bitte um Geld mit einer kurzen Beschreibung von Isajews Beerdigung ein. Nicht einmal einen Tag nach seinem Tod sei der arme Mann auf erbärmliche Weise beigesetzt worden. Die Gattin des Polizeichefs und eine andere Frau hätten etwas Geld für den Sarg und für ein Kreuz auf dem Grab gespendet. Maria selbst habe keinen roten Heller gehabt, nur Schulden bei den Ladenbesitzern im Ort. Während der Beerdigung sei sie erschöpft und wie betäubt gewesen. Sie habe nicht nur Tage und Nächte an Isajews Lager gewacht, sondern sich auch in schlechtem gesundheitlichem Zustand befunden. Sie fühle sich krank, bekomme keinen Bissen mehr hinunter, könne nicht mehr schlafen. Jemand habe ihr drei Rubel zugesteckt, und die Not habe ihre Hand gezwungen, das Almosen anzunehmen.

»Alexander Jegorowitsch«, fuhr er fort, »wenn Sie derselben guten Laune sind wie vor einigen Tagen in Semipalatinsk (denn ich bin sicher, dass Sie ein gutes Herz haben und dass Ihre wohlwollende Stimmung *ganz andere Ursachen hatte als das, wovon wir sprachen*), dann schicken Sie mir so schnell wie möglich die Summe, damit ich sie dem Brief beilegen kann, den ich ihr schicken werde.«

Ganz andere Ursachen als das, wovon wir sprachen schrieb er auf Französisch: *pour quelques vaines raisons n'ayant rien à voir dans l'affaire.* Wenn er mir eine Zeile auf Französisch schrieb, ging es in acht von zehn Fällen um Katja. Er war der Überzeugung, dass die Aussicht auf ihre Liebkosungen der Grund für meine gute Laune war. Und von ihr wollte er profitieren, indem er seinen laufenden Kredit bei mir auf fünfundsiebzig Rubel erhöhte, etwas, worum er mich schon zuvor gebeten zu haben schien.

Ich erinnerte mich nicht daran. Meines Wissens hatten wir über Fürst Orlow gesprochen und über den Machtmissbrauch in Sibirien. Ich war eher böse als gut gelaunt gewesen. Aber ich hatte ihm offenbar Geld zugesagt, und dieses Geld wollte er jetzt Maria zukommen lassen. Nicht in meinem Namen, das wäre zu peinlich für sie; ich hatte ihr und ihrem Mann ja schon früher Geld für die Übersiedlung nach Kusnezk geliehen und ihr auch zweimal vorgeschlagen, ihre Reisekosten für eine heimliche Begegnung mit Fjodor Michailowitsch zu übernehmen. Er hatte Maria geschrieben, dass ich immer prompt half, wenn jemand wirklich Hilfe benötigte, und dass er selbst nichts ohne mich wäre. Als Christ, schrieb er weiter, brauchte ich wirklich keine guten Taten mehr zu verrichten; ich sei auch nicht aus auf Dankbezeigungen. Er wollte auch nicht, dass Maria *ihm* für das Geld dankbar war, das er ihr lieh. Dieses Geld kam schließlich von mir.

Viel von alledem blieb mir unklar, mein guter Freund schien mir reichlich durcheinander. Jedenfalls bat er mich, Maria ein paar Zeilen zu schreiben, um ihr zum Verlust ihres Mannes zu kondolieren, diesen Brief würde er dann dem seinen beilegen und in ebendiesen Brief die Scheine schieben, die ihr aus der Klemme helfen sollten. Dann würde sie bestimmt verstehen, dass das Geld im Grunde von mir kam.

Er versicherte mir, dass er keinen Moment lang daran zweifele, dass ich besser als jeder andere begreife, wie ich mich jemandem gegenüber zu verhalten hätte, dem ich Geld geliehen hätte. Und fügte hinzu: »Mein Gott, das liest sich ja, als müsste ich Sie lehren, wie Sie einen Brief zu schreiben haben.« Das sei ganz und gar nicht seine Absicht. Er wolle lediglich sagen: »Noblesse oblige.« Und dann fing er wieder vom Geld an.

Trotz aller Sorgen, der Migräne, Isajews Tod, Marias drückender Geldnot erkundigte er sich im vorletzten Absatz seines Briefes, ob ich mich »schön amüsiere« und den Tratsch bereits gehört hätte, dass Mademoiselle A. heiraten werde. Mademoiselle Olga A(baza) war Katjas Busenfreundin.

Die gerichtliche Untersuchung in Bijsk dauerte länger als erwartet. Die Stadt war eine der am schnellsten wachsenden Städte Sibiriens, mit einer entsprechend hohen Kriminalität. In Bijsk erhob man Steuern sogar auf Morde: Nach der Verurteilung musste der Schuldige zahlen. Die Tarife reichten von zehn Rubeln für einen einfachen Raubmord bis hin zu fünfzehn für einen Giftmord.

Dostojewskis nächster Brief ließ relativ lange auf sich warten: neun Tage. Er begann in munterem Ton:

»Mein allerbester Alexander Jegorowitsch. Dies ist der zweite Brief, den ich Ihnen schreibe. Ich würde von Ihnen gern, notfalls in nur zwei Zeilen, hören, dass Sie das Richtige tun, will sagen, das Geld schicken werden. Auch würde ich Ihnen gern die Hand drücken. Hier ist es langweilig! Alles um mich herum ist schlecht, und es gibt keine Leute. Ich gehe fast nirgendwo hin. In diesem Moment kann ich mit niemandem Bekanntschaft schließen. Wirklich, meiner Meinung nach müssen wir jede neue Person als Feind betrachten, mit dem wir den Kampf aufnehmen. Und darin können wir ihn prüfen. Womit beschäftigen Sie sich und macht es Sie fröhlich? Sind Sie in Barnaul?«

Er dachte noch immer, ich läge in Katjas Armen. Zugegeben, ich hatte zweimal den Wagen nach Barnaul genommen. Katja hatte mir keine Zeit gewährt, in Ruhe mit ihr zu reden. »Konversieren kannst du mit deinem Schriftsteller daheim«, hatte sie gesagt. Ich fand sie zum ersten Mal etwas grob.

In der Liebe war sie ebenfalls nicht sanft, geschweige denn lasziv und subtil wie in meinem Traum. Ich kam mir wie ein kleiner Junge vor, mit dem Schlitten gefahren wird. Dafür aber war ich gerade noch stolz genug. Ich beschloss zweierlei: mich ernsthaft auf die Suche nach einem Posten in Barnaul zu machen und Katja die Pistole auf die Brust zu setzen, wenn ich in Barnaul wohnte. Dann würde sie sich wirklich zwischen ihrem Bergbauingenieur und mir entscheiden müssen.

Im letzteren Fall würde sie auch ihre freizügige Lebensweise aufgeben müssen. Nach meiner Ankunft in Barnaul kamen mir beunruhigende Dinge zu Ohren. Ich glaubte allmählich wirklich, dass kein Mann über eins neunzig ihrer Aufmerksamkeit entging.

Am Sonnabend, dem 22. August, verließ ich Bijsk und fuhr nach Barnaul, um klare Verhältnisse zu schaffen, am Sonntag, dem 23. August, schrieb Fjodor mir seinen zweiten Brief, den ich am Montagnachmittag erhielt. Er fragte sich, ob sein erster Brief mich erreicht habe. Beide Briefe habe er mir nicht direkt geschickt, sondern einem Gerichtsdiener mitgegeben. »Aus einem sehr einfachen Grund: Ein dickes Paket mit Postversicherung wird sehr teuer, und ich habe, wenn ich so frei sein darf, keinen roten Heller.«

Er berichtete mir nochmals, dass Isajew am 4. August gestorben sei, dass Maria allein zurückgeblieben sei, im Ungewissen, ob sie Hilfe erhielte, in Verzweiflung und nicht wissend, was zu tun sei, und – selbstverständlich – ohne Geld. Gott indes habe ihr eine Flut von Menschen gesandt, die ihr ihre Anteilnahme bekundet und ihr hie und da etwas zugesteckt hätten. Er habe inzwischen zwei Briefe von ihr erhalten. Sie sei noch sehr traurig, doch sowohl der Prokuror als auch der Polizeichef hätten ihr Hoffnung auf eine Reichszuwendung von 250 Silberrubeln gemacht. Isajew sei schließlich, bevor er krank wurde, im Staatsdienst gewesen, zuletzt beim Zoll. Um ihren unmittelbaren Lebensbedarf zu decken, habe Maria beschlossen, eine Reihe von ihren Sachen zu verkaufen. Für den Augenblick sei sie also nicht direkt in Geldnöten.

Daher frage er mich, ob ich die fünfzig Rubel schon an sie geschickt hätte. Falls nicht, sei es vielleicht besser, mit fünfundzwanzig Rubeln zu beginnen. Durch diese Hilfe von außen habe sie für eine Weile genug zum Leben. Später könne ich ihr ja noch einmal fünfundzwanzig Rubel leihen.

Er habe sie bereits darüber informiert, dass diese ersten fünfundzwanzig Rubel unterwegs seien. Postwendend habe sie ihm den Kopf gewaschen: Er selbst besitze keine Kopeke, warum habe er denn nie Mitleid mit sich selbst? Er habe ihr zurückgeschrieben, es sei nicht sein Geld, sondern meines, er habe nichts getan, ohne mich zuvor zu informieren, sie brauche sich um ihn keine Sorgen zu machen, Freundschaft habe eben ihre Vorteile. Nach meiner Rückkehr müsse ich Marias Brief mit eigenen Augen lesen. »Mein Gott! Was für eine Frau. Schade, dass Sie so einen schlechten Eindruck von ihr haben.«

Sein Brief endete mit: »In Christi Namen, mein allerbester Alexander Jegorowitsch, tun Sie das bitte und, das Wichtigste: Säumen Sie nicht. In Gottes Namen. Sind Sie vertraut mit den Formularen für die Ermächtigungen?«

Danach wurde er wieder normal. Die Zeit ziehe träge an ihm vorbei. Er sei traurig und nicht ganz gesund. Über Neuigkeiten sei er nicht im Bilde. In den allerletzten Zeilen schrieb er: »Von ganzem Herzen würde ich wünschen, dass Sie zehntausendmal fröhlicher sind als ich. Wenn Sie auf Ihren Wegen auf ein gutes Buch stoßen, dann greifen Sie zu. Bis bald, Alexander Jegorowitsch. Ich wünsche Ihnen das Allerbeste, aus ganzem Herzen. Ich nenne noch *ein* Mal das Postamt. Weise Sie auf die Ermächtigungen hin. In Gottes Namen, säumen Sie nicht. Ich drücke Ihnen fest die Hand.«

Traurige Liebe, Pokerliebe

SEIT SIE EINANDER KENNENGELERNT HATTEN, war Dostojewskis Liebe und Zuneigung zu Maria Dmitrijewna immer groß gewesen, doch seit sie einsam zurückgeblieben war, betrachtete er die Sorge für sie und ihren kleinen Sohn Pawel als sein Lebensziel.

Das Problem war nur, dass Maria ein Auge auf einen anderen geworfen hatte. In Kusnezk hatte sie große Sympathie – um es milde auszudrücken – für den Lehrer Nikolai Wergunow entwickelt, einen Freund ihres verstorbenen Mannes.

Der Lehrer schien eine völlig farblose Persönlichkeit zu sein, obwohl ich das weder bestätigen noch widerlegen konnte: Ich war ihm nie begegnet. Trotzdem besaß er vier Vorzüge gegenüber Fjodor Michailowitsch: Er war jung, fast so jung wie ich, nämlich vierundzwanzig; er litt an keiner chronischen Krankheit, sah nicht schlecht aus (ich hörte sogar, er sei »fast gut aussehend«), und er hatte ein festes Einkommen. Ein Hungerlohn, sollte sich bald herausstellen, aber in jedem Fall mehr als der Sold eines zwangsverpflichteten Sergeanten.

Fjodor war völlig überrascht, als der Lehrer als Heiratskandidat Nummer eins ins Bild kam. Ich hatte das, ehrlich gesagt, schon aus hundert Werst Entfernung kommen sehen. Vor Isajews Tod hatte Maria in ihren Briefen wiederholt erwähnt, welch vortrefflicher Freund dieser Lehrer sei. Fjodor hatte mir erzählt, dass er Maria »eine wahre Stütze« sei. Wenn ich vorsichtig äußerte, der brave Kerl sei für Maria möglicherweise mehr als nur ein teilnahmsvoller Zuhörer, hatte er mich äußerst erstaunt angesehen. Ich war unschlüssig, ob es Großherzigkeit von seiner Seite war, Gutgläubigkeit oder ein konsequentes Ausblenden der Tatsachen, um der Wahrheit nicht ins Auge blicken zu müssen.

Im Herbst kam es zu Komplikationen. Ich war in jener Zeit häufig auf Dienstreise, aber er musste seine Sorgen unbedingt mit mir teilen; kaum war ich abgereist, da schrieb er mir schon, wie es ihm ging und wie Maria auf seine Briefe reagierte.

Ihm ging es ausnahmslos schlecht, und sie reagierte auf alles gereizt.

Der Oktober wurde ein ebenso düsterer Monat wie der September. Maria kam schwer über den Tod ihres Mannes hinweg, Fjodor schrieb mir, sie sei nach wie vor schwermütig, verzweifelt und kränkele ständig. Allmählich verliere sie die Zuversicht, dass zwischen ihr und ihm eine dauerhafte Beziehung entstehen werde. Ihre hoffnungsvollen Erwartungen nähmen ab, sie glaube nicht länger, dass sie beide füreinander bestimmt seien. Es sei kein mangelnder Wille von ihrer Seite, sie möge ihn »mit ihrem ganzen Wesen«, glaube aber nicht, dass sie gemeinsam ein glückliches Leben führen könnten.

Ich fragte mich, ob sie seine ärmlichen Verhältnisse fürchtete oder seine Krankheit. Für ihn war sie nach wie vor die Richtige: »Sie erschien mir in der traurigsten Zeit meines Geschicks und erweckte meine Seele zum Leben.« Er schrieb mir das nicht nur, sondern sagte es auch wiederholt. Jedes Mal betonte er zwei Wörter: »traurigst« und »erweckte«. Es klang, als wolle er nicht nur mich, sondern auch sich selbst überzeugen.

Nach und nach begann der Ton ihrer Briefe seinen Argwohn zu wecken. Er gelangte zu der Überzeugung, sie verberge ihm etwas. Die Gerüchte, wonach sie einen anderen Heiratskandidaten im Auge habe, waren anfangs vage: Es ging angeblich um mehrere Kandidaten, was er sich gut vorstellen konnte. Maria war schließlich keineswegs hässlich, konnte charmant sein und war gebildet – ein enormes Plus in Sibirien. Dann hörte Fjodor, dass er nur einen Konkurrenten habe, den Lehrer. Daraufhin wurde er so eifersüchtig, dass er im Kosakengarten aus purem Ärger die letzten noch blühenden Blumen zertrat. Eine viel zu impulsive, unreife Reaktion, wie er gleichzeitig fand, »eher etwas für dich«. So gewöhnlich sei er nicht, seine Reaktion müsse von der Noblesse seiner Seele zeugen. Er stelle seine eigenen Interessen völlig zurück, um sich ausschließlich Marias Sorgen, Glück und Seelenfrieden zu widmen.

Ob er das selbst glaube?

»Ja, Alexander, ja.«

Wäre ich an seiner Stelle gewesen, ich hätte sofort, aber auch wirklich augenblicklich, die Beziehung beendet. Dennoch muss ich zugeben, mich beeindruckte die Tatsache, dass er es nicht tat. Die meisten Menschen sind in ihren Gefühlen oberflächlich, er war von einer grenzenlosen Tiefe. Es war, als führte er mir vor, dass Liebe im gleichen Maße eine Frage der Ausdauer sei wie das Leben selbst. Weitermachen, nicht aufgeben, sogar wenn du nicht mehr daran glaubst, beharren wider besseres Wissen; das alles wollte er mir auf die Seele binden.

Trotzdem war er, wie ich, ein Mann, der auf seine Ehre hielt und nicht gern als Trottel angesehen werden wollte. Die Sache nagte an ihm. Das war ihm nicht nur äußerlich anzusehen, sondern ließ sich auch aus seinen Briefen herauslesen.

»*Um meine Sache ist es furchtbar schlecht bestellt, und ich bin der Verzweiflung nahe.*«

»*Es ist schwer zu ertragen, ich habe schon so viel gelitten.*«

»*Ich kann nicht mehr schreiben.*«

»*Ich bin wie ein Geisteskranker … es ist schon jetzt zu spät.*«

»*Mir graut jetzt sogar bei dem Gedanken, dass sie nicht heiraten wird …*«

Schließlich beschloss er ihrem Glück zuliebe, nicht länger an sich selbst zu denken. Er opferte sich.

War es wirklich so? Konnte er alles für eine Frau opfern?

Er las mir einige Absätze aus dem Brief vor, den er an Michail geschrieben hatte. Auffälligerweise hatte er seit seiner Freilassung aus dem Straflager in Omsk lediglich zwei oder drei Briefe an seinen ältesten Bruder geschrieben. Die Antworten ließen oft lange auf sich warten: Ein Brief von Michail traf zwei Monate später ein, als er datiert worden war. Es war sehr gut möglich, dass die Antwort genauso lange unterwegs war. Diesen Gedanken ertrug er schlecht. Diesmal jedoch musste er trotzdem zur Feder greifen, um seinen Bruder um Geld zu bitten, für den Fall, es käme zu einer Heirat; er musste Michail darauf vorbereiten, dass eine Schwägerin im Anzug war.

Es war kein Brief, es war ein persönliches Glaubensbekenntnis. Er strebe nur noch dreierlei im Leben an: Schreiben (er gestand seinem Bruder in aller Bescheidenheit, er glaube, Talent dazu zu haben), Veröffentlichen (das eine war für ihn untrennbar mit dem anderen verbunden, er schrieb, um gelesen zu werden, nicht zu seinem eigenen Vergnügen, doch bevor er nicht rehabilitiert war, konnte er nicht veröffentlichen) und die Heirat mit der Liebe seines Lebens.

In dieser Reihenfolge.

Die paradoxe Situation, die entsteht, wenn eine Frau sich nicht entscheiden kann und zwei Männer hinhält, beschrieb er in *Erniedrigte und Beleidigte*. Er betrachtete den Roman als misslungen, doch das Thema beschäftigte ihn weiter, und er schrieb *Der Idiot*, um das Scheitern von *Erniedrigte und Beleidigte* vergessen zu lassen. Anstelle von zwei Männern, die um ein und dieselbe Frau werben, präsentiert er in *Der Idiot* zwei Frauen, zwischen denen Fürst Myschkin sich nicht entscheiden kann. Das bewirkte mehr Distanz zu den Figuren, während er gleichzeitig intensiv mit ihnen mitfühlen konnte, weil er das Gleiche durchgemacht hatte. So eine selbst erlebte Ausgangssituation brauchte er, um sie dann endlos zu variieren. Nicht was geschehen war, nährte seine Romane, sondern was hätte geschehen können. Das Thema ist in beiden Büchern das Gleiche: Künftiges Glück kann nur durch Leiden herbeigeführt werden; der Tribut, der dafür entrichtet werden muss, sind neue Rückschläge; alles im Menschen wird durch Leiden geläutert.

Dem Urteil, dass *Erniedrigte und Beleidigte* ein schlechtes oder süßliches Buch sei, wie er selbst im Nachhinein behauptete, wage ich mich nicht anzuschließen. Wenn ich

Dostojewskis Romane lese, mischen sich die Worte mit Erinnerungen. Ich höre seine Stimme, sehe die Traurigkeit, Verärgerung, Ironie oder Freude in seinem Blick. Allem, das wir zusammen erlebt haben, hat er in irgendeiner Weise einen Platz in seinen Romanen gegeben. Ich staune immer wieder, wie er aus belanglosen *fait divers* ein Epos über menschliches Unvermögen machen konnte.

Weil ich die Fakten kenne, weiß ich, dass er in *Erniedrigte und Beleidigte* sein besseres Ich beschrieben hat. Die Hauptfigur ist Schriftsteller – das sollte er später nie mehr tun. Ein junger, sanftmütiger Schriftsteller, der das Glück seiner Liebsten will und sich dafür opfert. So hätte Fjodor gern sein wollen. Doch in Wirklichkeit fühlte er sich abserviert und wünschte den Schulmeister zum Kuckuck.

Er war dermaßen aufgelöst, dass er nicht mehr recht imstande war, mir zu schreiben. Fjodor hatte eine ordentliche, gleichmäßige Handschrift. Bekannt ist die Geschichte über seinen ersten Roman, *Arme Leute*: Zwei Kritiker konnten das Manuskript an einem Abend und in einer Nacht lesen, weil es an Klarheit hinter keinem gedruckten Text zurückstand. Zuerst flog der Schriftsteller und Kritiker Dmitri Grigorowitsch durch das Manuskript, danach der Dichter und Kritiker Nikolai Nekrasow; und im Morgengrauen holten sie Fjodor aus dem Bett, um ihm zu erklären, er sei ein großer Schriftsteller.

Als er mir in seinen Briefen von Maria und dem Lehrer schrieb, konnte ich seine Sätze dagegen kaum lesen. Die Wörter tanzten auf dem Papier, die Buchstaben griffen ineinander und ließen sich schwer entziffern. Ich vermute, seine Hand zitterte so sehr, dass er körperlich nicht mehr in der Lage war, deutlich zu schreiben.

Ich fragte mich in jener Zeit mehr als einmal, ob er Maria weiter umworben hätte, wenn kein Lehrer aufgetaucht wäre. Fjodor sah sich in einen Konkurrenzkampf verwickelt, in dem er sich nicht so schnell geschlagen geben wollte. Es war wie beim Pokern: Er verlor, verdoppelte den Einsatz und spielte gegen seinen Konkurrenten einen Trumpf aus.

In diesem Spiel überlegte er sich schließlich einen meisterhaften Zug: Er begann den Schulmeister anzupreisen. Das trieb er so weit, dass er Maria davon überzeugte, Nikolai Wergunow sei der ideale Ehemann für sie und der ideale Stiefvater für ihren kleinen Sohn. Der Schulmeister würde Pawel eine ausgezeichnete Erziehung angedeihen lassen können. Durch den intensiven privaten Unterricht würde der Junge die höhere Schule besuchen können und vielleicht sogar die Universität. Für Maria würde der Lehrer uneingeschränkte Zuwendung und Hingabe an den Tag legen. Keinen Moment lang würde er sie ihrem Schicksal überlassen, trotz seiner geringen Einkünfte. Dank seiner Jugendlichkeit und strotzenden Gesundheit würde sie mit ihm sogar an die Gründung einer neuen Familie denken können, zumindest falls ihre eigene Gesundheit dies zulasse.

Was er ihr in Aussicht stellte, war so schön, wunderbar und idyllisch, dass Maria zu zögern begann. In ihren nächsten Briefen an ihn waren, so Fjodor, »Anflüge von Zärtlichkeit« zu finden. Obwohl sie weiterhin dabei blieb, sie könne Dostojewski nicht glücklich machen, sie beide seien zu unglücklich für ein gemeinsames Leben und es wäre besser, jeder von ihnen würde ein neues Leben beginnen. Oder beide sterben.

Dass der Tod einer unglücklichen Liebe vorzuziehen sei,

glaubte Maria nicht wirklich. Die Idee kam von ihm: Bei Fjodor war es alles oder nichts.

Die ungewisse Situation dauerte an. Nicht einige Wochen, nicht einige Monate, nein, ein volles Jahr und schließlich gut eineinhalb Jahre. Maria führte ein nobles Argument für die lange Zeit an: Sie würde erst dann konkret an eine Eheschließung denken, wenn ihre Trauerzeit vorbei sei. Gesetzlich ist deren Dauer nicht festgelegt; die Tradition schrieb einem Witwer ungefähr ein Jahr vor und einer Witwe eineinhalb bis zwei Jahre. Wer sich nicht daran hielt, lud Schande auf sich.

Fjodor wusste nicht mehr ein noch aus. Als Isajew noch am Leben war, hatte Maria kaum mehr Wertschätzung für ihren Mann aufgebracht als für einen Saufbold, der seinen Rausch ausschlief. Ich habe es selbst miterlebt, sie ignorierte ihren Ehemann und ging in den Gesprächen mit Fjodor auf, bis ihr Gesicht vor Wonne glühte. Nach Isajews Tod rühmte sie ihren Mann als Heiligen und wollte ihm noch lange treu bleiben.

Nur ein Gespräch mit Maria konnte Klarheit schaffen. Für dieses Gespräch unter vier Augen musste Fjodor nach Kusnezk, was ihm verboten war. Ich konnte nichts für ihn regeln und musste bald danach wieder nach Barnaul.

Er schrieb mir, er befinde sich in derart trübsinniger und schrecklicher Verfassung, dass er, falls sein Bruder ihm nicht die benötigten hundert Rubel für eine Reise nach Kusnezk schicke, zu einer Verzweiflungstat getrieben würde. »Man weiß nie, was geschehen wird«, schrieb er.

Dass er einen tragischen Ausweg für möglich hielt, war keine Anstellerei oder dramatische Aufschneiderei. Mehr als einmal hatten wir im Kosakengarten über den ultimativen Verzweiflungsschritt gesprochen, wobei wir aber das Wort »Selbstmord« sorgfältig vermieden, denn für gläubige Russisch-Orthodoxe ist es schlimmer als ein Fluch. Anlass für eine solche Tat war in unseren Gesprächen stets eine unmögliche Liebe: Wegen Katja oder Maria würden wir Hand an uns legen.

Noch am 9. November 1856 schrieb er mir: »Schließlich war mein Kummer um Sie in der letzten Zeit ganz unerträglich geworden (außerdem war ich in letzter Zeit oft krank). Ich bildete mir auch ein, dass Ihnen etwas Tragisches zugestoßen sei, in der Art dessen, worüber wir einst gesprochen haben.«

Ich legte nicht Hand an mich wegen Katja und er nicht wegen Maria. Er ließ den Mut nicht sinken und gab sich als edle und gutherzige Seele, der jegliche Missgunst fremd war.

Der Schulmeister blieb sein Rivale. Dennoch schrieb er mir, er sei bereit, den Mann auf Knien zu bitten, Maria zu heiraten. »Er ist mir inzwischen lieber als mein eigener Bruder, es ist keine Schande, ihn darum zu bitten, er ist es wert …«

Dann wieder packte ihn die Verzweiflung, er wollte nach Kusnezk, um unter vier Augen mit Maria zu reden, damit er seine eigenen Sehnsüchte und Wünsche erläutern könne. Doch wie solle er nach Kusnezk kommen?

»Um Gottes willen«, schrieb er mir, »tun Sie doch etwas, überlegen Sie sich doch etwas und seien Sie so, als wären Sie mein leiblicher Bruder.«

Armer Fjodor. Er war durcheinander, und ich war nicht imstande, ihm zu helfen.

Barnaul

WÄHRENDDESSEN VERSUCHTE ICH unermüdlich weiter, eine Lösung für unsere Probleme zu finden. Wir waren auf einem rutschigen Pfad gelandet, der uns immer weiter von dem wegführte, was wir mit unserem Leben wollten; wir mussten zurück zur Hauptstraße.

Im Herbst reiste ich zum dritten Mal nach Barnaul, um die Möglichkeiten eines neuen Postens und einer neuen Unterkunft zu erkunden. Fjodor Michailowitsch bestärkte mich sehr darin. Er seinerseits würde versuchen, Maria zu überzeugen, aus dem entlegenen, rückständigen Kusnezk nach Barnaul zu ziehen. Maria würde sich dort in aller Ruhe auf ein neues Leben vorbereiten können, mit ihm oder mit dem Schulmeister. Ich sollte für das Geld und die Wohnung sorgen.

Wir schmiedeten diese Pläne in völliger Harmonie. Der Knackpunkt war nach wie vor, ob Dostojewski rehabilitiert würde und wann. Ohne Begnadigung durfte er Semipalatinsk auf keinen Fall verlassen. Übertrat er dieses Verbot, so riskierte er erneut Gefängnis. Gelassen abzuwarten war nicht seine Sache; er hatte verschiedene Vorstöße unternommen, um eine Übersiedlung zu ermöglichen. Die Vorgesetzten hatte er auf seine Seite ziehen können – den Kommandeur, den stellvertretenden Kommandeur und alle Offiziere; was sie betraf, konnte er sofort und ehrenhaft aus dem Dienst ausscheiden. Beim Gouverneur und dessen Beratern war er gut angeschrieben. Sie würden sich seiner Rückkehr in die Zivilgesellschaft nicht widersetzen.

Noch wichtiger war, dass er in Barnaul den Befehlshaber der Minen, General Gerngross, für sich eingenommen hatte. Fjodor hatte die Pionierschule absolviert und war nach seiner Beförderung zum Offizier und nach seinem Examen in den Pionierstab in Sankt Petersburg berufen worden. Diese Pionierschule war keine Spaßeinrichtung, um Militärs zu beschäftigen; die Ausbildung dauerte fünf Jahre und war vergleichbar mit der zum Ingenieur. Gerngross ließ ihn wissen, er könne durchaus einen Pionieringenieur in den Minen gebrauchen. Solange ihm das Publizieren untersagt blieb, war das eine Lösung. Besser eine gut bezahlte Arbeit in Sibirien als in Moskau oder Petersburg zu darben. Katjas Mann wurde zu einem seiner wichtigsten Fürsprecher.

Ich machte meine Aufwartung beim Magistrat von Barnaul. Aus dem Justizministerium hatte man bereits vernommen, dass ich auf der Suche nach einem anderen Posten war. Man hatte Verständnis für meine Ambitionen. Barnaul hatte zehnmal so viele Einwohner wie Semipalatinsk: So ein Dorf in der Steppe war in Ordnung für einen frischgebackenen Staatsanwalt, nicht aber für einen Juristen, der sich weiterentwickeln wollte. Ich war dem juristischen Kleinklein entwachsen. Zu meiner Überraschung konnte ich in Barnaul sofort anfangen, falls ich das wollte. Mir wurde ein besonders guter Posten angeboten, inklusive einer geräumigen Dienstwohnung.

Ich hatte das Angebot gerade erst erhalten, als mich eine Nachricht des Generalgouverneurs erreichte. Gasfort wollte mich seinem Stab in Omsk als seinen persönlichen Berater hinzufügen. Das hatte mehr mit meiner Herkunft zu tun als mit meiner Person. In aller Aufrichtigkeit schrieb Gasfort mir, er lege Wert darauf, dass junge Leute aus Petersburg unter ihm dienten: Die seien westlicher orientiert, und ihnen fehle der Moskauer Durst nach Konspiration.

Um mir die Wahl noch mehr zu erschweren, kam aus Irkutsk die Nachricht, ich hätte Chance, von Murawjow eingestellt zu werden, für den Fall, dass ich mich bewürbe. Murawjow war zu jener Zeit in eine Auseinandersetzung mit den Engländern und den Franzosen verwickelt und hatte die russische Fahne an den Küsten des Pazifischen Ozeans in den Boden gerammt. Für das Russische Reich schuf er gerade einen weltumspannenden Wasserweg und begann mit der russischen Kolonisierung.

Dieser Posten interessierte mich am meisten: In mir schlummerte noch immer ein Pionier. Am anderen Ende Sibiriens würde ich allerdings wenig für Fjodor Michailowitsch tun können: Ich war dort näher an Japan als an unserer Hauptstadt. Ich hatte auch den Eindruck, irgendwann immer noch in Murawjows Dienste treten zu können. Viele meiner Kameraden vom Lyzeum arbeiteten für ihn, ich war dort jederzeit willkommen.

Ich dachte ein paar Tage über die verschiedenen Angebote nach und entschied mich schließlich für Barnaul. Doch Katja versalzte mir die Suppe.

Ich hatte mich direkt nach meiner Ankunft mit ihr verabredet. Entsprechend ihrer Gewohnheit erschien sie zwei Stunden zu spät. Es gelang ihr immer wieder, mich heimlich zu treffen, egal wo wir uns befanden, ich musste lediglich ein paar Stunden auf sie warten. Ich fragte mich manchmal, ob sie das absichtlich tat, um mich in eine gewisse erwartungsvolle Stimmung zu bringen. Falls dem so war, so funktionierte ihre Taktik ausgezeichnet. Mein Ärger verflog während der Wartezeit, und ich sagte mir nur noch: Möge sie um Himmels willen kommen, möge unserem Wiedersehen nichts im Wege stehen. Wenn sie dann endlich erschien, konnte ich meine Tränen kaum bezwingen und umarmte sie, als hätten wir uns jahrelang nicht gesehen. So auch an jenem Nachmittag in Barnaul.

Ich sah ihrer Haltung sofort an, dass sich an ihrer seelischen Verfassung etwas geändert hatte. Sie war nicht fröhlich und übermütig wie meist und auch nicht atemlos und erregt, brannte nicht vor Verlangen und hatte nach unserer Begrüßung gleich schon wieder genug von mir. Zum ersten Mal in meinem Leben sah ich eine niedergeschlagene Katja.

Das war sogar an ihrer Kleidung zu erkennen. Das Dekolleté war wie eh und je, nach der damaligen Mode zeigte sogar eine Witwe das Weiß ihrer Brüste. Nach unten hin war es ein formloses Kleid, braun mit ein paar gelben Punkten, keine Farben für eine Frau wie Katja. Bei ihr musste es dunkel sein, nachtschwarz wie ihre Haare oder von einer flamboyanten Grellheit.

Braun, das ich immer mit Vergänglichkeit assoziiere, war ein schlechtes Vorzeichen. Es zeigte sich, dass ich recht hatte: Ihr Sohn hatte Typhus bekommen. Die drei ältesten ihrer sechs Kinder besuchten das Lyzeum in der

Hauptstadt und waren bei Verwandten untergebracht; Katja hatte die Nachricht erhalten, dass ihr zweiter Sohn schwer erkrankt war, und wollte auf der Stelle nach Petersburg eilen.

»Oh nein«, stöhnte ich. »Ich habe gerade einen Posten übernommen, um Sie jeden Tag sehen zu können.«

Es zeugte gewiss nicht von Feinfühligkeit, das zu sagen, ich hätte erst die Sorgen um ihr Kind mit ihr teilen müssen. Sie antwortete trotzdem ruhig und beherrscht, wie eine *grande dame*.

»Wo, Alexander?«

»Hier in Barnaul. Ihretwegen.«

Sie dachte eine Weile nach. Auf ihrem Gesicht glühte Zärtlichkeit auf.

»Hast du Verständnis dafür, dass ich nach Petersburg muss?«

»Ihre Kinder gehen vor, das habe ich nie bestritten.«

»Kannst du nach Petersburg kommen?«

»Dann muss ich kündigen und unbezahlten Urlaub nehmen … für einige Monate … Aber dann lasse ich Fjodor Michailowitsch im Stich. Er hoffte gerade nach Barnaul übersiedeln zu können, um Maria näher zu sein.«

»Du kannst Fjodor Michailowitsch nicht deine ganze Zukunft opfern. Wenn du nach Petersburg kommst, werde ich mir Gedanken darüber machen, welche Möglichkeiten es für uns beide gibt.«

»Eine Heirat, meinen Sie?«

So war es zwischen uns: Ich sprach sie mit »Sie« an, sie mich mit »du«.

»Ich meine, was ich sage. Aber küss mich jetzt erst mal: geredet haben wir lange genug. Küss mich zum Abschied; morgen nehme ich die Kutsche nach Piter.«

Sie reiste Hals über Kopf ab, ließ mich Monate allein und machte mir Hoffnung. Ihr Verhalten war genauso widersprüchlich wie das Marias. Oder verstand ich noch zu wenig von weiblicher Logik?

Ich wusste nicht, ob ich freudig oder traurig nach Semipalatinsk zurückkehren sollte. Fjodor schickte ich eine einzeilige Nachricht: »Bin genauso verwirrt wie Sie.«

Er antwortete nicht.

Im Herbst gab es unerwartet noch ein paar schöne, warme Tage. Ich schlug Fjodor vor, ein letztes Mal in den Kosakengarten zu ziehen. Er fühlte sich schon seit Wochen nicht gut und fand deshalb, das sei eine ausgezeichnete Idee: Dort würde er ein wenig zur Ruhe kommen können. Ich schickte Adam voraus, um das Haus in Ordnung zu bringen, den Innenhof zu fegen und den Garten zu harken.

Ich hatte Fjodor den Grund für Katjas überstürzte Abreise erzählt, nicht aber, dass mir ein Posten in Barnaul angeboten worden war. Ich war noch immer in Zweifel, vielleicht würden die Tage im Kosakengarten mir Klarheit bringen.

Von den Blumenlauben war zu Fjodors Kummer nichts mehr übrig, doch auf dem Innenhof schien ein wunderbar mildes Licht. Wir rauchten ein paar Pfeifen – ich hatte exzellenten Tabak mitgebracht –, und Adam servierte uns Tee.

»Wissen Sie noch, dass ich kaum in der Lage war, ein Gespräch zu führen, als ich hier zum ersten Mal war?«, fragte er plötzlich.

»Sie waren misstrauisch. Verständlich in Ihrer Situation.«

»Nein, das war es nicht. Es war die *katorga*. Man war im

Lager ständig mit sich selbst beschäftigt, wie man an Essen kam, die Kleidung trocken hielt, wie man überlebte; man führte keine Gespräche und schon gar nicht über persönliche Dinge. Ich habe mit zwei oder drei Verbrechern gesprochen, die mir ihr Leben erzählten, aber das waren keine Gespräche, das waren Geständnisse: Ich nahm ihnen die Beichte ab, und sie sprachen. Als sie mir alles erzählt hatten, schwiegen sie; sie waren absolut nicht daran interessiert, was ich vom Gesagten hielt. Es war ihnen sogar völlig egal, ob ich ihnen glaubte oder nicht. Meinungen waren von Übel im Totenhaus. Niemand hatte eine Meinung in der *katorga*, man tat, was einem befohlen wurde, und hielt ansonsten den Mund. Ich hatte fünf Jahre lang kein Gespräch mehr geführt, als ich in den Kosakengarten kam, gewiss nicht über Gott und die Welt, über die netten Dinge des Lebens, ob die Pflanzen Wasser brauchen, diese Sachen. Ich hatte es verlernt, ich war wie ein Taubstummer. Aber du hast es geschafft, dass ich mich wohlfühlte, Alexander Jegorowitsch, durch dich bekam ich wieder Lust zu reden, über das Wetter, die Mädchen, die uns Gesellschaft leisteten, über Kant und Hegel und die Scherze unseres Adams, ganz egal worüber, über den Krimkrieg und die letzten Neuigkeiten aus *L'Indépendance Belge*, über Verbrechen und deinen Abscheu vor Korruption, und zuletzt über die Liebe oder alles, was der Liebe im Weg steht. Du hast wieder einen Menschen aus mir gemacht, Alexander. Als ich hierherkam, war ich in meinem Kopf noch ein Gefangener, du aber hast mich befreit, du hast wieder einen normalen Menschen aus mir gemacht oder, noch besser, einen normalen Bürger. Ich mag dieses Wort, Bürger, auf Französisch klingt es noch besser, *citoyen*, findest du nicht auch, dass es auf Französisch besser klingt?«

»Ein normaler Bürger wirst du nie werden, Fjodor Michailowitsch, und auch kein *citoyen*. Du bist hier wieder zu dem Romanschreiber geworden, der du warst. Du hast wieder zur Feder gegriffen und sie zum Instrument deines Denkens und Fühlens gemacht. Wenn ich auf irgendetwas stolz bin, dann darauf, dass ich die Umstände geschaffen habe, die dir das ermöglicht haben. Als du zu schreiben begannst, hast du gemerkt, dass dein Gefühl durch die Ketten, die du im Gefängnis trugst, nicht für immer gelähmt worden war, dass deine Seele durch all die Verbrecher um dich herum und die Schikanen der Bewacher nicht zermalmt worden war. Durch das Schreiben hat dein Gemüt wieder zu sprechen begonnen, und ich kann das Erwachen deiner Liebe zu Maria davon nicht trennen.«

»Ich hatte mich an die Brotmädchen am Tor des Gefängnislagers gewöhnt, an die Huren und Hürchen, bei denen es keine Liebe gibt und nicht einmal Sanftmut oder Trost. Durch das Schreiben habe ich diese gefühlsmäßige Betäubung tatsächlich ablegen können. Aber es ist mir vor allem hier im Kosakengarten gelungen, nicht in der Stadt. Ist dir das aufgefallen?«

»Trotzdem brauchst du die Stadt. Du bist kein Mensch fürs Land.«

»Ich sehne mich in der Tat nach Piter. Wenn ich zwei, drei Tage dort sein dürfte, würde ich es hier wieder zwei Jahre aushalten. Heute Morgen habe ich nachgerechnet: Ich stehe am Beginn meines siebenten Jahrs außerhalb von Petersburg. Mein siebentes Jahr! Die besten Jahre meines Lebens habe ich außerhalb von Petersburg zugebracht, die Jahre, in denen ich am kräftigsten war, am leistungsfähigsten. Und wie lange wird das noch so weitergehen?«

Wenige Tage nach diesem Gespräch brach der Winter plötzlich ein. Selbst tagsüber stieg das Thermometer nicht mehr über null. Ich lavierte mich mühsam auf einen Beschluss zu. Er schenkte mir keine Freude, es war eher ein Aufschub vor einer endgültigen Entscheidung und eine halbherzige Zwischenlösung. Ich nahm vier Monate unbezahlten Urlaub, um nach Petersburg zurückzukehren, und nach diesen vier Monaten würde ich in Sibirien wieder an die Arbeit gehen, zweifellos in Barnaul.

Die Nachricht von meiner Abreise lancierte ich vorsichtig. Ich fürchtete, Fjodor würde außer sich geraten. Ich hatte ihn zu mir eingeladen, damit Adam ihm ein ordentliches Essen vorsetzen konnte. Nach einem zarten Stück Fleisch und ein paar Gläsern Wein würde er die Enttäuschung leichter verkraften.

Die Vorsorgemaßnahmen waren überflüssig. Er zählte sofort die Vorteile meiner Abreise nach Petersburg auf. Er würde einen Brief an General Totleben schreiben, einen guten Bekannten meines Vaters und Bruder eines Offiziers, mit dem er auf der Pionierschule gewesen war. Ich sollte diesen Brief in die Hauptstadt mitnehmen und dafür sorgen, dass er dem General von mir selbst oder von einem Bediensteten überreicht würde. General Totleben würde das Verfahren zur Rehabilitierung in Gang setzen können. Besser noch, er würde General Totleben bitten, ihn vom zwangsverpflichteten Sergeanten zum normalen Offizier zu befördern. Durch eine solche Beförderung wurden sämtliche Einschränkungen hinfällig, im Grunde das Gleiche wie eine Begnadigung. Ich sollte meinen Vater dazu bewegen, möglichst viele hochgestellte Persönlichkeiten als Fürsprecher zu gewinnen. Er würde ein weiteres Lobgedicht auf den Zaren schreiben. Über Henselt, den Kammervirtuosen, könnte ich es der Zarin überbringen lassen. Ich sollte auch Kontakt zu seinem Bruder Michail aufnehmen.

Mit alldem platzte er nur so heraus wie nach einem Fieberanfall. Er fand es großartig, dass ich nach Petersburg fuhr. Von hier aus hatten wir alles versucht, mehr ließ sich nicht mehr tun.

»Das ist wirklich eine gute Neuigkeit, die du mir da überbringst«, versicherte er mir. »Du kommst in vier Monaten zurück, es ist kein Abschied für immer. In diesen vier Monaten kannst du viel für mich tun. Wenn du zurückkommst, bin ich vielleicht ein freier Mann und kann Maria um ihre Hand bitten. Du bringst mir da wirklich eine gute Nachricht. Auch wenn ich von dem Tag deiner Abreise an eine Waise sein werde, eine einsame und tieftraurige Waise.«

Ich atmete erleichtert auf, wenngleich ich ihn darauf hinweisen musste, dass er einen Verweis oder eine Disziplinarstrafe riskierte, wenn er seinen Brief direkt an General Totleben richten würde. Soldaten und Unteroffizieren war es strengstens verboten, sich direkt in Wort oder Schrift an einen General zu wenden. Für Zwangssoldaten war es sogar äußerst gefährlich, so etwas zu tun: Sie konnten sofort wieder eingesperrt werden.

General Graf Eduard Iwanowitsch von Totleben war nicht irgendwer, er war der Held von Sewastopol. Mein Vater kannte ihn gut, sie hatten gemeinsam im Kaukasus gekämpft, beide im Rang eines Hauptmanns. Wie meine Familie war er baltischer Herkunft. Totleben stammte aus Kurland und hatte die Kadettenschule in Riga durchlaufen. Er sah aus wie ein typischer Deutscher; als ich ihm an seinem Lebensabend noch einmal begegnete, fand ich, er habe Ähnlichkeit mit Bismarck. Aber er war doch ein liebenswerter Brummbär. Totleben galt weltweit als genialer Festungsbauer. In Sewastopol hatte er die Verteidigungsstellungen so ingeniös angelegt, dass die Alliierten die Stadt nicht einnehmen konnten. Er führte die Wende im Krimkrieg herbei und hieß seitdem Verteidiger von Sewastopol. 1855 erlitt er auf der Krim einen Schuss in den Fuß; der Zar berief ihn nach Petersburg zurück und beförderte ihn zum Generalleutnant und Generaladjutanten des Kaisers.

So jemandem näherte man sich nicht mit ein paar Zeilen. Doch Dostojewski sagte: »Ich habe nichts mehr zu verlieren, Alexander, ich versuche es. Und mit deiner Hilfe wird es mir gelingen.«

Der Abschied

DER RÜCKSCHLAG KAM, als ich Vorbereitungen für meine Abreise traf. Fjodor Michailowitsch magerte innerhalb weniger Wochen ab. Er bekam ein eingefallenes Gesicht, in seinen Augen lag ständig ein trübsinniger Blick, die Schultern hingen herab. Das sei wegen Maria, sagte er; solange ich noch da sei, könne ihm nichts passieren. Diese Reaktion war typisch für F. M.: Er nahm anderen gern das Schuldgefühl.

Ich fürchtete, seine Krankheit sei dabei zurückzukehren und er könne jeden Augenblick einen Anfall erleiden. Das stritt er ab, sagte, ich brauchte mir keine Sorgen zu machen: einen Anfall fühle er Tage vorher nahen. Es war unverkennbar meine Abreise, die ihm zu schaffen machte. Er hatte den Eindruck, künftig wirklich allein dazustehen, und fragte sich, ob er dem gewachsen sei.

»Ich brauche dich so, wie ich die Luft zum Atmen brauche.«

Es dauerte noch bis Ende Dezember, bevor ich abreisebereit war. Vorher musste ich noch die laufenden Fälle abschließen und die Prozesse führen, die ich als Staatsanwalt anhängig gemacht hatte.

Am letzten Tag ließ Fjodor Michailowitsch mich keinen Moment allein. Er half mir beim Packen, klopfte mir immer wieder auf die Schulter. Beide waren wir in labiler Gemütsverfassung, eben noch wehmütig, im nächsten Augenblick besorgt. Ungewollt überfiel uns der Gedanke, dass alles Mögliche passieren konnte – Krankheit, ein Unfall – und wir uns nie mehr wiedersehen würden.

Wir hatten eng zusammengelebt. Wir hatten große Zuneigung zueinander entwickelt, wir hatten begonnen, uns zu lieben. Freud und Leid des Lebens in Sibirien hatten wir geteilt. Wir hatten einander unsere Seelen geöffnet, wir hatten einander verstanden, weil wir beide unsere Familie, unsere Freunde, unser Petersburg und alles, was uns lieb und teuer war, hatten zurücklassen müssen. Das isolierte Dasein war nur deshalb erträglich geworden, weil wir Unterstützung beim anderen gefunden hatten.

»Du warst alles für mich hier an diesem Ort«, sagte er. »Freund, Bruder. Mit dir konnte ich reden, mit dir konnte ich meine Seelenregungen teilen …«

Für mein Gefühl hatte mein Weggang etwas von einer Desertion. Ich war jung, gesund, voller Pläne, die ich ungehindert in die Tat umsetzen konnte, falls ich das wollte. Und er? Er blieb hier, in der Wildnis, zurück als Soldat auf unbestimmte Zeit, von Maria seinem Schicksal überlassen, verlassen von mir, krank, einsam, ohne Unterstützung, ohne Worte des Mitgefühls. Mit mir verlor er den letzten Freund und mit Adam den einzigen Bediensteten, den er in seinem Leben gehabt hatte. Ich empfand Mitleid mit ihm. Da ist man ein so großes, von Gott bestimmtes Talent und weiß nicht ein noch aus!

Die Stunde des Aufbruchs war gekommen. Es dämmerte bereits. Adam band die Koffer im Wagen fest,

Fjodor begleitete mich nach draußen. Wir umarmten einander, überschütteten uns gegenseitig mit Küssen, versprachen einander aufs Wort, den anderen nie und nimmer zu vergessen. Zum letzten Mal versuchte ich, ihn so gut ich konnte aufzumuntern. Ja, ich würde in Petersburg alles für ihn in Bewegung setzen; ja, ich würde den Brief höchstpersönlich General Totleben überreichen. Wie bei unserer ersten Begegnung waren wir beide in Tränen.

Ich setzte mich in den Wagen und umarmte ihn zum letzten Mal. Der Kutscher ruckte an den Leinen, die Troika setzte sich in Bewegung, und im Galopp ging es los. Ich blickte mich ein letztes Mal um. Im Abenddunkel war seine düstere Gestalt gerade noch zu erkennen.

Der Kutscher machte Tempo. Plötzlich jagte ich dahin. Wohin? Wozu? Ich jagte über die endlose Steppe.

In Etappen reiste ich nach Petersburg zurück. Den Jahreswechsel feierte ich in Barnaul. Ich regelte noch einige Dinge in der Stadt, blieb vier, fünf Tage da, obgleich ich Barnaul beklemmend leer fand ohne Katja. Ich nutzte ihre Abwesenheit, mehr über Bob herauszubekommen. Der Name war eine Erfindung Dostojewskis: Im Kosakengarten baute er Brech- und Saubohnen an, und wenn er eine Saubohne aus der Hülse schälte, rief er: »Hier, Alexander, wieder ein *bob*.« Das bedeutete ganz einfach »Bohne«, aber mit diesen Bohnen meinte er die Männer, die Madame X umschwärmten.

Einer dieser Bobs hatte ein übermäßiges Interesse an Katja an den Tag gelegt. Es sah sogar so aus, als erwäge er, Katja nach Petersburg nachzureisen. Unnötig zu sagen, dass mir das keineswegs gefiel: Ich wollte wissen, wer er war und ob ich ihn tatsächlich als Rivalen betrachten musste.

Während des Neujahrsballes sah ich, dass er noch in Barnaul herumhing und sich mit dem erstbesten herausgeputzten Frauenzimmer vergnügte. Er war völlig überdreht. Katja mochte offenbar junge Männer, die mit glückseligem Lächeln von einer Frau zur anderen walzten, doch so sehr ich das Tanzen auch liebte, ich war kein *bob*. Ich nahm mir an jenem ersten Januar 1856 vor, Katja zu fragen, ob sie eigentlich *einen* Mann lieben könne.

Von Barnaul reiste ich weiter nach Norden. Ich machte in Omsk nicht Station, aus Angst, der Generalgouverneur könnte mich zu überreden versuchen, in seine Dienste zu treten. Gasfort war darüber sehr böse, schrieb Fjodor Michailowitsch mir drei Monate später. Er hatte das eine oder andere in Semipalatinsk mitbekommen und war seinerseits verstimmt, weil er auf Gasforts Hilfe bei seiner Rehabilitierung zählte. Ich machte F. M. klar, dass ich eine freundliche Bitte nie abschlagen könne, und daraufhin war alles wieder gut.

In Jalutorowsk, fünfhundert Werst hinter Omsk, wurde ich ruhiger. Ich konnte sehen, dass ich dem Herzen Russlands näher kam, ich zählte sechs Kirchen mit grünen, blauen oder goldenen Kuppeln, aber ich befand mich immer noch in Sibirien.

Ich hatte beschlossen, in Jalutorowsk haltzumachen, um die einstigen Dekabristenkameraden meines Vaters zu besuchen. Nicht nur die Generation vor uns, auch wir Jüngeren verehrten die Dekabristen abgöttisch. Ich wollte zeigen, dass sie in den dreißig Jahren, die ihre Verbannung inzwischen dauerte, nicht vergessen worden waren.

Die nächste Station war Kasan. Dort blieb ich zehn Tage hängen, nachdem ich einen Kameraden vom Lyzeum getroffen hatte sowie einige Bekannte aus Petersburg. Die

Bälle zur Feier des neuen Jahres hielten an, und die *beau monde* vergnügte sich, als würde sich die Erde in diesem Jahr aufhören zu drehen. Alle schwebten in den Wolken. So schien es hier zum Jahreswechsel immer zuzugehen; im Winter kamen alle Gutsherren aus der Umgebung in die Stadt, die dann überschäumte wie Champagner aus einer zu heftig geschüttelten Flasche. Ich tauchte in die allgemeine Fröhlichkeit ein und tanzte bis zum Umfallen. Es war, als wollte ich die in Sibirien verlorene Zeit nachholen.

In Moskau blieb ich nicht so lange, nur drei Tage. Ich kannte dort zu wenige Leute, und bei völlig Fremden findet man selten Amüsement. Mitte Februar bestieg ich den Zug nach Sankt Petersburg.

Obwohl die Eisenbahnlinie schon etliche Jahre zuvor fertiggestellt worden war, war der regelmäßige Zugverkehr zwischen Moskau und Sankt Petersburg erst während meines Aufenthalts in Sibirien in Gang gekommen. Ich kam kaum mit dem Schauen nach, so schnell flitzten die verschneiten Wälder vorbei. Ich hätte nicht gedacht, dass Zugreisen eine derart halluzinatorische Erfahrung sind. Es war, als würde ich von der einen in die andere Stadt katapultiert.

Am Nikolajewski-Bahnhof erwarteten mich mein Vater, meine drei Brüder und zwei meiner Schwestern. Es war das erste Mal in meinem Leben, dass ich von meiner Familie auf einem Bahnhof abgeholt wurde. Wenn ich daran zurückdenke, sehe ich zuerst einen windigen Bahnsteig und dann einen Palast im italienischen Renaissancestil – das Bahnhofsgebäude –, und wieder bebe ich vor Emotion. Die moderne Zeit brachte viel Gutes: Ich war auf einen Schlag mit meiner Familie vereint.

Mein Vater sagte zur Begrüßung: »Dass ich dich noch

leibhaftig wiedersehe!« Das hatte er nicht erwartet. Er hatte sich in den zurückliegenden zwei Jahren in einen alten, zerbrechlichen Mann verwandelt. Den einstigen Oberst konnte ich nur noch an seinem geraden Rücken erkennen. Er war ein Greis geworden, ebenso gewinnend wie die Dekabristen, von denen ich ihm sofort erzählte.

Von meinen Brüdern machte der fast zwanzigjährige Michail auf den ersten Blick am meisten her: Er war zum Offizier des Garderegiments befördert worden und erschien in Galauniform. Doch als der inzwischen fast vierzehnjährige Georgi mir sagte, er wolle künftig, englisch ausgesprochen, George genannt werden, musste ich sehr lachen: Er erschien mir wie ein gewaltiger Lausebengel, der ständig auf sich aufmerksam machte. Nikolai war einfach noch ein lieber Junge von neun Jahren.

Vera fehlte: Sie pflegte noch immer Verwundete auf der Krim. Anastasia, ebenso groß wie distinguiert, bekam mit ihren achtzehn Jahren die eleganten Züge einer Frau, die sich innerhalb einer Schar von Heiratskandidaten nur schwer entscheiden kann. Die kleine Dasja hüpfte auf mich zu und flog mir um den Hals. Sie war fast zwölf und erschrak lediglich kurz, als sie meinen Bart an ihrer Wange spürte.

Das letzte Stück nach Terpilitsy legten wir in zwei Kutschen zurück. Meine Brüder wie meine Schwestern kämpften darum, wer bei mir sitzen durfte. Sie hatten alle Angst, etwas von meinen Berichten zu verpassen.

Es waren nur siebzig Werst nach Terpilitsy, und trotzdem hatte ich den Eindruck, in die Zeit zurückzukehren, die noch keine zischenden Dampflokomotiven und Uhren auf den Bahnsteigen kannte, eine Zeit, die zwar langsamer voran, kroch, es den Menschen aber besser ermöglichte, einander näher zu kommen.

In der Eingangshalle unseres Gutshauses setzte George sich ans Klavier und spielte ein fröhliches Stück, das er eigens für meine Heimkehr einstudiert hatte. Anastasia erzählte mir, er sei musikalisch außerordentlich begabt, vielleicht so begabt wie Michail, dass sein Musikunterricht aber oft mit einem Skandal ende. Henselt, der Virtuose, der uns alle unterrichtet und auch George in seine Obhut genommen hatte, packte ihn mehr als einmal am Schlafittchen und rief: »Schämst du dich nicht, du Flegel? Mit deinem Talent müsstest du die Sterne vom Himmel herunterspielen, aber du haust nur wie ein Schuster auf die Tasten.«

Ich lauschte George und applaudierte stürmisch. Ach, wenn ich daran zurückdenke: Der Junge, der da Klavier spielte, sollte an der Juristischen Fakultät ein guter Freund von Tschaikowski werden … Und Tschaikowski würde von George das Gleiche sagen wie sein Klavierlehrer: »Wenn man ihm zuhört, weiß man nicht, ob man ihn umarmen oder umbringen soll.« Umarmen seines Talentes wegen, umbringen, weil er so nachlässig damit umsprang. In George erkannte ich viel von mir selbst wieder.

Erst als wir zu Tisch gingen, erschien Njanja. Sie umarmte mich, als wäre sie meine Mutter.

Beim Essen wies mein Vater ihr den Stuhl neben meinem zu und nahm selbst zu meiner Linken Platz. Mit kurzem, kaum merklichem Nicken erteilte sie den Bediensteten Anweisungen. Es war deutlich, dass meine alte Gouvernante den Haushalt leitete und zum stillen Kraftzentrum der Familie geworden war. Ich fühlte mich wohl bei ihr, ich fühlte mich zu Hause in Terpilitsy.

Alle Fußböden und alle Treppen knarrten in dem Holzhaus, und jedes Mal, wenn ich dieses Knarren hörte, dachte ich, meine Mutter nähere sich und stehe auf einmal vor mir. Von allen Familienangehörigen im Haus war sie trotz ihrer Abwesenheit die am meisten Anwesende; bei jedem Schritt, den ich in den Zimmern tat, stieg eine Erinnerung auf oder ich hörte sie etwas sagen.

»Du bist wieder in Russland«, sagte mein Vater, als er einen Toast auf mich aussprach. Ich war wieder da, kannte jeden Schilfgürtel an den Seen rings ums Haus und jede Linde an der Auffahrt, doch in Gedanken weilte ich noch oft in Sibirien. Nach Hause zu kommen benötigt mehr Zeit, als eine Zugreise vermuten lässt; ich konnte mich nur schwer daran gewöhnen, mich wieder in der Position des »ältesten Sohnes« zu befinden und keine selbstständigen Entscheidungen treffen zu können. Mein Vater nahm das Heft sehr bald wieder in die Hand.

Totleben

WIEDER IN PETERSBURG, wurde mir klar, dass Dostojewskis Rückkehr in die Zivilgesellschaft kein Kinderspiel sein würde. Im Frühjahr 1856 bestand noch keinerlei Klarheit über sein weiteres Schicksal. Die Wahrscheinlichkeit war groß, dass er die volle Zeit seiner Verurteilung in Sibirien würde absitzen müssen. Ich kannte Fjodor inzwischen gut genug, um zu wissen, dass er dem nicht gewachsen sein würde. Er würde unter der Ungewissheit seiner Situation zusammenbrechen.

Man erwartete allgemein, dass Zar Alexander II. anlässlich seiner Krönung Begnadigungen aussprechen würde. Es fragte sich nur, wie seine Gnade für die Mitglieder des Petraschewski-Zirkels aussehen würde. Die Krönung war für den sechsundzwanzigsten August angekündigt, was alle im Land auffällig spät fanden: eineinhalb Jahre nachdem der Fürst die Nachfolge seines Vaters angetreten hatte. Die Feierlichkeit würde zweifellos prunkvoll werden und in der Mariä-Entschlafens-Kathedrale im Kreml stattfinden – alle Zaren waren dort gekrönt worden. Einen Tag später würde der Zar von Moskau nach Petersburg zurückkehren und die zur Krönung gehörenden Manifeste mit seiner Unterschrift bekräftigen. Über den Inhalt dieser Beschlüsse wussten Justizminister Dubelt und sein Staatssekretär Schachtinski im März, April, Mai und Juni noch nichts. Diese Ungewissheit machte Dostojewski noch viel unruhiger, fast schon panisch.

Er richtete sich auf seine Begnadigung aus wie ein zum Tode Verurteilter auf den Tag seiner Hinrichtung. Seine Ungeduld wuchs nicht von Tag zu Tag, sondern von Stunde zu Stunde. Er schrieb mir einen Brief nach dem anderen. Ich antwortete meistens nicht, und das war weiß Gott kein mangelnder Wille, sondern nur eine Methode, um ihn vor Enttäuschungen zu bewahren. Zwischen einer kurzen Nachricht von mir und einer Antwort von ihm lagen mindestens zwei Monate. Innerhalb von zwei Monaten konnte sich alles Mögliche ändern; ich wollte ihm keine Nachricht zukommen lassen, die bereits größtenteils überholt wäre, wenn er sie las.

Der Inhalt seiner Briefe, oft vier, fünf, sechs dicht beschriebene Blätter, ließ sich in einem einzigen Satz zusammenfassen: »Schneller, Alexander, in Gottes Namen schneller, ich halte es nicht mehr aus.«

Irgendwie entging ihm, dass ich, ein Grünschnabel und unbedeutender kleiner sibirischer Beamter, seine missliche Lage nicht im Handumdrehen ändern konnte, auch wenn ich viele Verwandte einschaltete, die die höchsten Posten innehatten und den Justizminister und dessen Staatssekretär fast jede Woche unter vier Augen sprachen. Aber auch sie konnten die Sache kaum beschleunigen. Ich drängte trotzdem wiederholt darauf, bis ich mich schon der Grenze des Ungehörigen näherte.

Graf Eduard von Totleben kannte ich bereits, als er noch das Lyzeum besuchte. Ich begegnete ihm oft bei einem Onkel meines Vaters. Zwar war ich damals noch ein Dreikäsehoch, aber mein Name musste dem Grafen doch etwas sagen.

Fjodor war in seiner Kindheit mit Eduards jüngstem Bruder befreundet gewesen, mit Adolf von Totleben. Dick befreundet, behauptete er. Auf der Pionierschule hatte er auch Eduard kennengelernt. Über beide oder zumindest über einen von ihnen musste sich eine Öffnung forcieren lassen. Die Sache stand nicht schlecht, das Problem war nur die Zeit. »Eile« war ein Wort, das im Zarenreich niemand kannte.

Dostojewskis Brief an General Totleben trägt als Datum den 24. März 1856. In Wirklichkeit war er Monate zuvor geschrieben worden. Wir hatten ihn gemeinsam in Semipalatinsk aufgesetzt, damit ich ihn nach Petersburg würde mitnehmen können. Tagelang hatten wir jedes Wort, jede Wendung und jeden Gedanken eingehend durchleuchtet.

Dostojewski begann demütig: »Ew. Exzellenz, Eduard Iwanowitsch. Verzeihen Sie, dass ich Ihre Aufmerksamkeit für meinen Brief in Anspruch zu nehmen wage. Ich fürchte, dass Sie mir zürnen und den Brief fortwerfen werden, ohne ihn gelesen zu haben, wenn Sie die Unterschrift und meinen Namen sehen, den Sie wohl vergessen haben – obwohl ich vor Jahren, vor sehr vielen Jahren die Ehre hatte, mit Ihnen bekannt zu sein.«

Ich finde noch immer, dass dies ein schöner Anfang war, und ich erinnere mich, dass Fjodor stolz auf diese Zeilen war. Allerdings musste er doch auch ein wenig lachen, als er sie mir vorlas, denn er konnte Demut verblüffend gut *spielen*. In allem, was er tat oder schrieb, steckte ein spielerisches Element. Wenn er sprach, dann schlug er in einer Viertelstunde fünfmal einen anderen Ton an; in seinen Romanen wechselt er in einem fort das Register. Es geht sogar noch weiter: Was er im einen Moment ernsthaft verfocht, stritt er im nächsten als denkbar größten Unsinn ab.

»Strafen Sie mich nicht und glauben Sie nicht, dass ich den ganzen unermesslichen Unterschied zwischen meiner Lage und der Ihrigen nicht begriffen habe«, fuhr er fort. »Doch ich bin so unglücklich, dass ich mich fast gegen meinen Willen der Hoffnung hingeben muss, dass Sie Ihr Herz einem unglücklichen Verbannten nicht verschließen und ihm einen Augenblick Ihre Aufmerksamkeit schenken werden.«

Er musste tief in den Staub. Und wie lange das schon dauerte! Bitten, flehen, verbeugen, niederknien. Nachdem er erwähnt hat, dass ich ihm den Brief persönlich überreichen würde, bittet er Totleben, ein gutes Wort für ihn beim Zaren einzulegen. Er möchte den Militärdienst beenden, in den Zivildienst wechseln oder, noch lieber: er erbittet die Erlaubnis, zu veröffentlichen, und die Freiheit, sich niederzulassen, wo er will. Die Gründe für seine Vermessenheit fasst er in wenigen Sätzen zusammen: die Freundschaft mit Totlebens Bruder, seine Bewunderung für den Verteidiger von Sewastopol, die Milde des neuen Zaren, der Wunsch, sich dem Vaterland nützlich zu erweisen.

Letzteres zu erwähnen hatte ich ihm nachdrücklich geraten, obwohl es eher mein Wunsch war als seiner – Dostojewski wollte eigentlich nur schreiben, ohne sich zu fragen, ob das dem Vaterland Nutzen bringe. Allerdings begann er sich immer öfter zu fragen, was typisch russisch sei, und sollte viele Bücher damit füllen, doch das ist etwas anderes, als seinem Land zu dienen.

In dem Brief blickt er zurück auf seinen Prozess. Er hat

sich vor Gericht anständig verhalten und keine Kameraden verraten. Dann kommt die Passage, die seine Kritiker später scharf verurteilten: dass er zu Recht verurteilt worden sei, dass sich seine Ansichten inzwischen geändert hätten und dass es nicht recht sei, für Überzeugungen zu leiden, die man nicht mehr habe.

»Ich war schuldig«, schreibt er wörtlich, »und bin mir dessen wohl bewusst. Man überführte mich der Absicht (doch nur der Absicht), gegen die Regierung zu handeln; ich wurde gesetzmäßig und vollkommen gerecht abgeurteilt.«

Er argumentiert vor allem philosophisch: »Doch die Ideen und sogar die Überzeugungen wechseln, selbst der ganze Mensch ändert sich; wie schwer ist es mir nun, für Dinge zu büßen, die nicht mehr sind und die sich in mir ins Gegenteil verwandelt haben; für meine früheren Verirrungen zu leiden, die ich schon lange als solche erkannt habe …«

Alle diese Sätze bin ich Wort für Wort mit ihm durchgegangen. Wie weit sollte er gehen? Wie weit *konnte* er gehen, ohne seine Glaubwürdigkeit zu verlieren?

Juristen lassen sich von einem Schuldeingeständnis stets beeindrucken, und die Person, die dem Zaren das Gnadengesuch vorlegen musste, war der Justizminister. Dostojewski gab zu, nach Recht und Gesetz verurteilt worden zu sein. Inzwischen habe er sich als Mensch verändert und vertrete andere Überzeugungen. »(…) damals war ich blind und glaubte an Theorien und Utopien.« Während des Prozesses hatte er nicht alles gestanden und war deshalb schwerer bestraft worden: Den Plan zu einer illegalen Druckerei hatte er während des Prozesses abgestritten, um seine damaligen Freunde nicht zu kompromittieren.

Die Druckerpresse erwähnt er nicht explizit in seinem Brief, dafür aber die Tatsache, dass er zugunsten seiner Kameraden Dinge verschwiegen hatte. Er schwankte, ob er das enthüllen solle. Als wir den Brief zum soundsovielten Mal durchgingen, sagte ich ihm, das Ziel heilige die Mittel: Er müsse freikommen. Doch am liebsten hätte er weder den Prozess noch seine Krankheit erwähnt.

Diese Krankheit führte er zum ersten Mal als Entschuldigung für seine Taten an. Nicht die Epilepsie – die trat erst nach seinem Prozess in Erscheinung –, sondern die »seltsame moralische Krankheit«, an der er 1848 und 1849 gelitten habe. Er habe damals so intensiv an *Weiße Nächte* und einer Reihe anderer Novellen geschrieben, dass er in einen Zustand der Überreiztheit geraten sei.[49] Die Krankheit habe zwei Jahre angehalten. »Ich verfiel in Hypochondrie.« Es habe eine Zeit gegeben, »da ich sogar die Vernunft verlor«.

»Ich war übertrieben reizbar, hatte eine krankhaft entwickelte Empfindlichkeit und die Fähigkeit, die gewöhnlichsten Vorfälle ins Unermessliche zu verzerren.« Während des Prozesses habe er davon nichts gesagt. »Obwohl diese Krankheit einen wirklich unheilvollen Einfluss auf mein Schicksal hatte, wäre sie doch nur eine schlechte und erniedrigende Rechtfertigung; das sagte mir mein Gefühl. Übrigens war ich mir dessen gar nicht so recht bewusst.«

Während des Prozesses hatte er sich durch und durch großmütig gezeigt, weshalb ihn die Richter für einen der führenden Köpfe der revolutionären Bewegung gehalten hatten. Dieses Bild wollte er korrigieren. Genauso wie er auch das Missverständnis aus der Welt schaffen wollte, seine Strafe sei letzten Endes doch glimpflich gewesen. *Aufzeichnungen aus einem Totenhaus* war noch nicht erschienen (das sollte noch fünf Jahre dauern); niemand in der Hauptstadt hatte eine konkrete Vorstellung davon, was die Verbannten in Sibirien durchzustehen hatten.

Über das Gefängnis schrieb er an Totleben: »4 traurige, entsetzliche Jahre. Meine Gesellschaft waren Räuber, Menschen ganz ohne menschliche Gefühle, mit verdrehter Moral; während dieser 4 Jahre konnte ich nichts Erfreuliches sehen, nur die schwärzeste und hässlichste Wirklichkeit. Ich hatte an meiner Seite kein einziges Geschöpf, mit dem ich herzliche Worte hätte wechseln können; ich litt Hunger, Kälte, Krankheiten; ich litt unter der schweren Arbeit und unter dem Hass meiner Genossen, der Räuber, die an mir Rache nahmen, weil ich ein Offizier und Adeliger war. Doch ich schwöre Ihnen, keine dieser Qualen war größer als die, die ich empfand, als ich meine Verirrungen einsah und begriff, dass ich in der Verbannung von der Gesellschaft abgeschnitten bin und ihr nicht mit allen meinen Kräften, Wünschen und Fähigkeiten dienen kann.«

Diese Fähigkeiten erläuterte er genauer. »Den Beruf eines Schriftstellers habe ich stets für einen ehrenvollen und nützlichen gehalten.« Er schickte sofort hinterher, nur über »recht bescheidene literarische Fähigkeiten« zu verfügen. Fjodor meinte das ernst, recht bescheidene literarische Fähigkeiten, doch er war auch fest entschlossen, damit Großes zu wirken, sonst hätte er Totleben diesen Brief nicht geschrieben.

Am Tag meiner Abreise aus Semipalatinsk überlegte er es sich anders. Er wollte noch etwas an Inhalt und Formulierungen des Briefes feilen. Zwar kannte er Totleben von der Pionierschule und war ihm am Vorabend seiner Festnahme zufällig in Petersburg noch begegnet, woraus sich ein herzliches Gespräch ergeben hatte, doch das war lange vor dem Krimkrieg. Zwischen dem Totleben seiner jungen Jahre und dem Helden von Sewastopol gab es einen Unterschied, größer als vierzehn Dienstränge, und er fragte sich, ob er sich dem Mann nicht zu vertraulich nähere. Er würde den Brief noch einmal schreiben und ihn mir dann in einem unverschlossenen Umschlag schicken, damit ich notfalls noch ein Wort streichen könne.

Für jemanden, der schneller schrieb als der Teufel Feuer anfacht, brauchte er bemerkenswert lange für die endgültige Fassung. Er schickte den Brief exakt drei Monate nach meiner Abreise ab.

Ich sah kaum einen Unterschied zu der Epistel, die er mir hatte mitgeben wollen, abgesehen vom fünften Absatz, in dem er sich nochmals fragt, ob er sich an jemanden wenden dürfe, der die Welt auf so glorreiche Weise in Erstaunen versetzt habe. Meiner Meinung nach war das zu viel, man sollte sich nur einmal verbeugen, nicht zweimal, aber ich wagte keinen Buchstaben in dem Brief zu ändern, ging zu Graf Totleben und überreichte ihm die vier Seiten.

Ruhm und Ehrungen hatten Totleben nicht im Geringsten verändert; der Graf war nach wie vor eine liebenswürdige Persönlichkeit. Er war derselbe höfliche, gutherzige und humane Mann, den ich vor der Schlacht um Sewastopol kennengelernt hatte. Für einen Helden war er jung – noch keine achtunddreißig. Er war nur drei Jahre älter als Dostojewski.

Totleben empfing mich zum Tee, ließ mich aber nicht gehen, bevor er nicht einen Schnaps kredenzt hatte. Es war nicht nötig, sein Gedächtnis aufzufrischen: Er erinnerte sich noch lebhaft an Dostojewski. Ich berichtete ihm von der äußerst schwierigen Situation, in der sich dieser befand, und bat ihn, sein Möglichstes für ihn zu tun.

Der Graf vertraute mir an, dass er sich bereits unmittelbar nach Dostojewskis Verbannung nach Sibirien bemüht habe, ihm das Schicksal zu erleichtern. Er hatte bei Fürst Orlow und anderen Mächtigen in Petersburg darauf gedrängt, »den ehemaligen Pionieroffizier« so weit es ging zu schonen. »Es erschien mir besser, für den ehemaligen Pionieroffizier zu plädieren als für den Schriftsteller«, meinte er lächelnd.

Auch nach seiner Verbannung flößte der Schriftsteller noch Angst ein; der Schriftsteller hatte Charakter, und wie Dostojewski mehrmals schrieb, sei ein Mensch des neunzehnten Jahrhunderts es der Gesellschaft schuldig und moralisch geradezu verpflichtet, ein charakterloser Kerl zu sein.[50]

Eine Woche später besuchte ich den Bruder des Generals.

Adolf von Totleben war schwer krank gewesen und sah aus, als würde seine Genesung noch lange auf sich warten lassen. Dostojewski hatte in seinem Brief an den General seiner Beunruhigung deswegen Ausdruck verliehen, und das war Adolf offenbar zu Ohren gekommen: Er dankte seinem früheren Freund für dessen Mitgefühl und ließ sich über ihn aus, als hätte er ihn erst vor wenigen Wochen gesprochen. Wie sein Bruder bekundete er warme Anteilnahme für Fjodor Michailowitsch und versprach, alles zu tun, was in seiner Macht liege.

In einem Brief erstattete ich Fjodor Bericht. In seiner Antwort sprach er von Totleben als von »dieser edlen Seele«. Und: »Sie können sich nicht vorstellen, mit welcher Begeisterung ich das Verhalten mir gegenüber betrachte, das Verhalten solcher Menschen wie Sie und die beiden!«

Aber wir waren noch lange nicht am Ziel.

Sibirien hatte mir insofern die Augen geöffnet, als ich begonnen hatte, die klaffende Lücke zwischen Versprechen und Tat zu sehen. So lieb mir die beiden Grafen von Totleben auch waren, erschien es mir doch leichtsinnig, mich einzig und allein auf ihre Hilfe und Unterstützung zu verlassen, und so schaltete ich zur Sicherheit auch Seine Hoheit, den Prinzen Oldenburgski, wieder ein, der seinerzeit Dostojewskis erstes Gedicht der Zarin überreicht hatte. Oldenburgski war Rektor und Schirmherr des Kaiserlichen Lyzeums. Er hatte ein gutes Gedächtnis und konnte mir sogar sagen, in welchem Jahr ich das Lyzeum verlassen hatte. Ehemalige Schüler nahmen einen besonderen Platz in seinem Herzen ein, und mir zuliebe setzte er sich besonders für Dostojewski ein. Wie sich herausstellte, war das von großem Nutzen. Prinz Pjotr Georgijewitsch Oldenburgski war ein Cousin des neuen Zaren Alexander II. und hatte in noch viel größerem Umfang als General Totleben direkten Zugang zum Hof.

In seinem nächsten Brief fragte mich Fjodor Michailowitsch: »Können die Gedichte nicht in Gang gesetzt werden?« Zwei Monate später kam eine zweite Direktive: »Habe wieder angefangen zu dichten … Lesen Sie es, kopieren Sie es und tun Sie Ihr Möglichstes, damit es den Monarchen erreicht.«

Über unseren alten treuen Klavierlehrer Adolf von Henselt gab ich dem Prinzen das neue Poem, das Dostojewski geschrieben hatte. Er überreichte es der Fürstin Maria Alexandrowna mit der Bitte, es dem Zaren zu Gesicht zu bringen.

In seinem Begleitbrief teilte Dostojewski mir mit, er würde mir in Kürze einen Aufsatz schicken, »Briefe über die Kunst«, den er der Präsidentin der Akademie der Künste und Wissenschaften widmen wolle, der Großfürstin Maria Nikolajewna, wofür ich ihre Zustimmung erbitten solle.

»Mein Aufsatz ist die Frucht zehnjähriger Überlegungen. Ich habe ihn bis ins kleinste Detail noch in Omsk durchdacht. Es wird viel Originelles und Leidenschaftliches darin stehen, und für die Ausführung will ich garantieren. Wahrscheinlich werden viele mit mir in verschiedenen Punkten nicht einverstanden sein. Doch ich glaube an meine Ideen, und das genügt mir.«

Der Artikel handelte von der faktischen Bedeutung des Christentums in der Kunst. Bevor ich etwas damit unternahm, sollte ich den Inhalt dem Dichter Apollon Maikow vorlegen, mit dem er an den Treffen des Petraschewski-Zirkels teilgenommen hatte. Maikow war damals ebenfalls verhaftet, nach einem langen Verhör jedoch wieder freigelassen worden. Seitdem stand er unter Polizeiaufsicht – die beiden Briefe, die er Dostojewski nach Semipalatinsk geschrieben hatte, waren eindeutig geöffnet worden. Deshalb hielt ich es für keine gute Idee, in diesem Stadium der Rehabilitierung etwas mit diesem Artikel zu unternehmen.

Das Schicksal dachte offenbar ähnlich darüber, denn der Text hat mich nie erreicht. Auch einen weiteren Aufsatz, von dem F. M. mir schrieb, habe ich nie erhalten. Er hatte damit bereits im Kosakengarten begonnen, der Titel lautete *Über Russland.* »Ich habe Ihnen schon von meinem Aufsatz über Russland erzählt«, schrieb er mir. »Es ist ein rein politisches Pamphlet daraus geworden. Ich möchte aber aus diesem Aufsatz auch nicht ein einziges Wort streichen. Man wird mir kaum erlauben, die literarische Tätigkeit mit einem Pamphlet, wie patriotisch sein Inhalt auch sein mag, zu beginnen. (…) Und wenn ich keine Genehmigung bekomme, ihn zu veröffentlichen, warum soll dann meine ganze Mühe umsonst sein?«

Er wollte zu viel, er war ratlos. Aus den Briefen geht hervor, dass ihm am meisten daran gelegen war, wieder das Recht zu erhalten, seine Werke zu veröffentlichen. Auch materielle Notwendigkeit zwang ihn, sich vernehmen zu lassen und in den höheren Kreisen Interesse zu wecken. Er musste mit seinen Büchern Geld verdienen, sonst würde er nie heiraten können.

Alles, was er für seine Begnadigung tat, löste später harsche Kritik aus. Wie geringschätzig sich die Kritiker über seine Handlungsweise ausließen! Er sei feige gewesen, er habe sich schuldig bekannt. Ich führe dazu noch einmal an – ich kann es nicht lassen –, dass er unendlich viele Ausgaben hatte und buchstäblich keinen roten Heller besaß. Schulden, Schulden und noch mal Schulden, und lediglich *eine* Hoffnung in Aussicht: Geld mit Erzählungen und Romanen zu verdienen, die unaufhörlich in seinem Kopf entstanden. Mehrmals erwog er, »unter Pseudonym« oder »incognito« zu veröffentlichen oder »anonym zu schreiben, und sei es für ewig«. Auch schriftlich bat er mich – was er bereits mündlich im Kosakengarten getan hatte –, sein Werk unter meinem Namen drucken zu lassen.

Er befand sich in jeder Hinsicht in Bedrängnis, gab jedoch den Kampf nicht auf.

Da kam der erlösende Beschluss. Durch das Allerhöchste Manifest zur Vorbereitung auf den Krönungstag wurde Dostojewski in der dritten Augustwoche 1856 begnadigt.

Ich sah darin die Hand von Prinz Oldenburgski. Es steht auch unumstößlich fest, dass Fjodor Michailowitsch auf Fürsprache von General Eduard von Totleben durch kaiserlichen Beschluss zum Offizier befördert wurde. Seinem persönlichen Bittgesuch an den Kriegsminister hatte Totleben Dostojewskis Brief beigelegt, der, so der General, »von aufrichtiger Reue« zeuge.

Die Nachricht, dass er vom Zwangssergeanten zum normalen Fähnrich befördert worden war, erreichte Dostojewski am 30. Oktober in Semipalatinsk. Er wurde zum Militärgouverneur beordert, der ihm die Beförderung mitteilte. Seine Reaktion lautete: »Gott, gewähre dem Souverän, der mein Schutzengel ist, eine lange, glückliche Regierungszeit. Mir fehlen die Worte, um meiner Dankbarkeit ihm gegenüber Ausdruck zu verleihen.«

Um die gute Nachricht zu feiern, köpfte ich viele Flaschen Champagner. Ich trank mit Michail, Fjodors ältestem Bruder, und mit meinem Vater, der mich über Dostojewskis Beförderung informiert hatte – die implizit den Erlass seiner Strafe bedeutete –, nachdem er vertraulich von Totleben unterrichtet worden war.

»Du hast viel dazugetan«, sagte er, »aber bleibe bescheiden.«

Typisch mein Vater, aber ich war viel zu beschäftigt, als dass ich mir auch nur einen Moment lang auf die Schulter klopfen konnte. In all den Monaten in Sankt Petersburg war schrecklich viel passiert, und ich befand mich in einem Zustand der Nervosität, der schon sehr in die Nähe von Fjodors nervöser Überreiztheit kam. Ich stand kurz vor einem Duell, und das wegen ihr.

Kämpfen um Katja

AUSSER UM SEIN EIGENES SCHICKSAL machte sich Fjodor auch Sorgen um mich. Das hörte ich von seinem Bruder Michail, den ich mehrmals besuchte und mit dem ich mich gut verstand.

Als wir einander besser kennenlernten, las Michail mir einige Passagen aus Fjodors Briefen vor. Zu meinem Schrecken war dieser offensichtlich tatsächlich tödlich besorgt wegen meines Verhältnisses mit Katja. Eine Affäre, die er so heikel fand, dass er seinem Bruder auf Französisch davon schrieb.

»*Il est amoureux fou d'une dame d'ici, d'une dame parfaitement comme il faut, très riche et d'une famille considérée. Elle sera à Pétersbourg presque au même moment.*«

»Verrückt vor Liebe«, das zu hören überraschte mich nun doch. »In eine Dame von hier, eine äußerst gepflegte Dame, sehr reich und aus einer angesehenen Familie. Sie wird fast im selben Moment in Petersburg sein.« Das stimmte alles, nur war es bizarr, es aus dem Mund eines Fremden zu vernehmen.

Ich wusste es zu schätzen, dass er konsequent von Madame X sprach und auf Französisch über sie schrieb:

Seine gesamte Post wurde zensiert, und ein übereifriger Zensor könnte Katjas Mann informieren. Generaldirektor der Minen war ein staatlicher Posten, und so mancher Beamte wollte etwas von einem derart hohen Tier: sich entweder bei ihm einschmeicheln oder ihm im Gegenteil ein Bein stellen oder ihn für viel Schweigegeld erpressen. F. M. ersparte Gerngross – und mir – die größten Schwierigkeiten.

Er bat Michail, wie ein Bruder über mich zu wachen, wie er es selbst zwei Jahre lang getan habe. *Dans cette affaire*, schrieb er, sei ich zu den größten Dummheiten imstande. Wenn ich nicht aufpasse, werde es in einer Tragödie enden. Er halte mich für einen Menschen von schwachem, zartem und sogar kränklichem Charakter. Früher einmal hatte er mir einen schwierigen Charakter vorgeworfen: lieber schwierig als schwach. Ich nahm es ihm nicht übel, er glaubte, alles zu meinem Schutze tun zu müssen, in seinen Augen war ich wirklich in Gefahr. Er bat Michail, einzugreifen, falls nötig.

Natürlich legte er seinem Bruder nahe, nicht mit mir darüber zu sprechen, auch nicht in einer Regung von Aufrichtigkeit. Aber, so schrieb er weiter, er liebe mich so sehr und sei so schrecklich besorgt, dass er auch den Zweitältesten *meiner* Brüder unterrichten wolle.

Das ging Michail zu weit. Fjodor, sagte er, sei imstande, ein schwelendes kleines Feuer zu einem Waldbrand zu entfachen, der ganze Städte verschlingen würde. Aus reiner Gutherzigkeit.

Er würde seinem Bruder schreiben, dass er niemanden informieren solle. Für den Fall, dass F. M. sich nicht daran hielte, sei ich gewarnt.

Ich hatte Katja sofort nach meiner Ankunft in Petersburg wiedergesehen. Ihr Sohn war, wie sich herausstellte, doch nicht so schwer erkrankt, und sie hatte sich inzwischen in eine neue Affäre gestürzt. Eine Affäre mit einem Marquis, den ich nur allzu gut kannte, weil ich mit ihm auf dem Lyzeum gewesen war. Ich war ihm in Barnaul zufällig wiederbegegnet und hatte mich über seine Überheblichkeit geärgert. Dünkel hatte er schon früher an den Tag gelegt, und mit den Jahren war das zu einer unverbesserlichen Unart bei ihm geworden. Er war zwar fünf Jahre älter als ich, nicht sonderlich attraktiv und auch nicht sonderlich intelligent, aber er hatte seinen Namen und seinen Titel.

Nikolai de Traversay war der Enkel von Jean-Baptiste Prévost de Sansac, Marquis de Traversay, ein kreolischer Marineoffizier von höchstem Adel, der auf der Insel Martinique geboren und durch die Zuckerrohrplantagen reich geworden war, die seine Familie besaß. Er konnte sich dreier Seeschlachten im amerikanischen Unabhängigkeitskrieg rühmen und einer Seeschlacht der Franzosen gegen die Engländer. Vor der Französischen Revolution war er geflohen, indem er in den Dienst der russischen kaiserlichen Marine trat. Er brachte es bis zum Admiral, organisierte die russische Flotte in der Ostsee und wurde zum Marineminister und Staatsrat ernannt. Sein Sohn wurde ebenfalls Admiral, sein Enkel zeichnete sich durch Nichtstun aus. Er sollte keine vierzig werden, nach einem Leben des Müßiggangs. Doch 1856 war er leider noch am Leben.

Katja hatte mich ausdrücklich gebeten, nach Petersburg zu kommen, sodass wir für lange Zeit vereint wären. Ich war noch nicht in der Hauptstadt, da umschwirrte der Marquis de Traversay sie schon wie eine Schmeißfliege.

Ich forderte sie auf, ihn wegzuwedeln. Sie musste lachen und versprach es. Dennoch führte sie immer wieder neue Gründe dafür an, weshalb er nach wie vor in ihrer Nähe war.

Anstatt ihres Mannes stand mir diesmal ein Rivale im Weg. Ich sagte ihr noch einmal, dass Fliegen lästig seien und immer wieder zurückkämen, solange sie nicht zu einem kleinen Fleck auf der Tapete reduziert wären. Wieder schallendes Gelächter. Es half alles nichts; sie unternahm keinerlei Versuch, ihn loszuwerden, unter dem Vorwand, binnen einer Woche sei er ohnehin nach Barnaul verschwunden. Aus der Woche wurde ein Monat, aus dem Monat ein ganzer Sommer.

Mehr noch als in Sibirien beunruhigte sie mich jetzt. Katja kam mir immer häufiger wie eine fremde, ungreifbare Frau vor. Ich war davon überzeugt, dass sie mich liebte, nur schien sie das nicht zugeben zu wollen. Ich war zweifellos zu jung, um die Gründe dafür zu verstehen. Fand sie mich zu naiv? Zu treuherzig? Zu unbedarft? Sie schwor mir, nichts für den Marquis zu empfinden, nahm aber trotzdem Hunderte kleiner Geschenke von ihm an und machte de Traversay zu ihrem Faktotum. Sie fand es wunderbar, so ein Mädchen für alles um sich zu haben, und genoss die übertriebenen Schmeicheleien, die er ihr zu Füßen legte.

Wenn ich eine Bemerkung darüber machte, ließ sie sich etwas ganz Besonderes einfallen, das zeigen sollte, wie sehr sie mich schätzte. In einem Studio am Newski Prospekt ließ sie eine Daguerreotypie von mir anfertigen, suchte einen silbernen Rahmen für das Porträt und gab es einem Kaufmann mit, der über Kasan nach Semipalatinsk fuhr und es Dostojewski überbringen sollte. Anderenfalls würde der mich vergessen.

Es war damals üblich, einem guten Freund ein Porträt zu schenken, Fjodor Michailowitsch hatte mich in einem Brief darum gebeten. Die Entfernungen waren so unendlich groß in Russland, dass man jemanden für Jahre aus den Augen verlieren konnte. Es war aufmerksam von Katja, dass sie mich in ein Studio schob und Anweisungen erteilte. Ich müsse entschieden dreinschauen und zugleich nicht zu ernst. Den Mund leicht öffnen, sodass die Lippen auseinanderwichen.

»Du hast so einen schönen Mund, Alexander.«

In ihrer Stimme schwang eine Verliebtheit mit, die mich jetzt, da ich daran zurückdenke, erneut erschauern lässt. Ich bin sicher, dass sie sie nicht vortäuschte; sie war lediglich launisch. Für sich selbst ließ sie auch ein Porträt von mir machen, das sie in einem Medaillon aufbewahren wollte. Ich bezweifle nicht, dass sie dieses Medaillon sehr oft aufgeklappt hat. Und trotzdem wollte sie diesen Marquis wie einen Pagen in ihrer Nähe haben.

Im April reiste sie nach Barnaul; Ende Mai war sie wieder in der Hauptstadt. Sie könne ohne mich nicht sein, gab sie als Grund für ihre rasche Rückkehr an. Ihre überstürzte Abreise musste dort allen aufgefallen sein, denn noch vor ihrer Ankunft kündigte Dostojewski mir brieflich an, sie sei im Anmarsch.

Für den Sommer nahm ich Quartier in Peterhof. Es schien mir besser für Katja, nicht allzu häufig mit mir an den mondänen Orten der Stadt gesehen zu werden. In den Palast- und Parkanlagen, die Peter der Große hundert Jahre zuvor hatte anlegen lassen, waren wir doch ein wenig wie in der Fremde. Ich war in meiner ganzen Jugend nur ein einziges Mal in dem prachtvollen Ort am Finnischen Meerbusen gewesen, und obwohl Katja ihn besser kannte, hatte sie noch nie mehr als ein paar Tage dort verbracht.

So nahe am Meer geht meist Wind, allerdings nicht an dem Tag, an dem ich mich mit ihr auf der Terrasse von Schloss Monplaisir verabredet hatte: Da konnte man die Hand nicht vor Augen sehen. »Ich finde dich sogar im dichtesten Nebel«, lauteten die Worte, mit denen sie mich begrüßte. Das sollte sie mir in jenem Sommer noch viele Male sagen, auch wenn wir dann mehr unter Mückenschwärmen litten als unter Nebel.

Ich verbrachte alle Tage mit ihr in Peterhof, vom Morgen bis zum Abend. Wir spazierten durch die Gärten und Parks, deren Vegetation uns viel zu üppig und viel zu grün vorkam. Man sieht die Dinge mit anderen Augen, wenn man monatelang über die Steppen gestreift ist. In Peterhof kam das Gold der Springbrunnen uns verschwenderisch vor; nach Sibirien empfanden wir diesen ganzen Prunk und Pomp als Leugnung der Armut und des Mangels, die wir dort gesehen hatten. Nicht, dass wir uns wirklich daran gestoßen hätten, aber der Unterschied war doch sehr groß.

Wir aßen Süßigkeiten beim Schloss Marly. In der Alexander-Newski-Kapelle knieten wir vor einer Ikone nieder, was Katja die Illusion gab, wir träten in den heiligen Stand der Ehe. Am späten Nachmittag tranken wir Champagner auf der Terrasse von Monplaisir und kehrten dann in die Wohnung zurück, die dort ganz in der Nähe lag und die ich von einem Cousin geliehen hatte.

Wir liebten einander mal feurig, dann wieder kühl. Wenn es draußen sehr warm war, fand Katja es *très amusant*, gemeinsam mit mir ein kaltes Bad zu nehmen. Sie war verrückt, aber von einer Verrücktheit, die Männer schwindlig im Kopf macht und tatkräftig in den Gliedern.

Bei ihr vergaß ich, dass es noch so etwas wie Vernunft gibt. Oder Pflicht. Oder Verstand.

Ich fragte mich gelegentlich, wie mein Vater reagieren würde, wenn er von meinem Verhältnis mit Madame Gerngross erführe. Ich fürchte, er hätte mich stante pede enterbt. Nun machte mir das wenig aus, ich wollte sowieso kein Geld von ihm. Nie würde ich sein Erbe annehmen, so reich er auch war und so arm ich auch würde. Das war eine Frage der Ehre. Dennoch empfände ich es als Erniedrigung, wenn ich den Respekt meines Vaters verlöre.

Langsam aber sicher hatte ich den Eindruck, dass jedermann in Piter von meiner Liaison mit Katja wusste. Nach den weißen Nächten konnte man eineinhalb Monate lang in Peterhof eine Kanone abschießen. Neben dem Klima, das so nahe am Finnischen Meerbusen weniger drückend war, war das einer der Gründe, weshalb wir uns in die weitläufigen Parkanlagen der Palaststadt zurückgezogen hatten. Doch als die Krönung näher rückte, füllte sich die Anlage, und man sah bei jedem Schritt Leute, die uns, so dachte ich immer, anstarrten.

Ich fragte Katja, ob wir nicht mehr im Haus bleiben sollten. Dazu hatte sie wenig Lust, sie ging gern spazieren (wobei sie ihren Sonnenschirm ständig über ihrem Kopf kreisen ließ, was mir ein schwindelndes Gefühl der Leichtigkeit gab) und fand es lustig, die Reaktionen auszuloten, wenn sie Bekannten begegnete. Es störte sie überhaupt nicht, wenn über sie geklatscht wurde, ich glaube sogar, sie erblickte darin ein Zeichen für ihre Wichtigkeit.

Den Einzug des Zaren in Sankt Petersburg, zwei Tage nach der Krönung in Moskau, schauten wir uns gemeinsam an. Von Peterhof in die Stadt war es nicht weit, mit der Kutsche noch nicht einmal fünfundzwanzig Werst, aber wir nahmen auch regelmäßig das Schiff, das bei günstigem Wind eine Stunde brauchte und an der Peter-und-Paul-Festung anlegte, genau gegenüber dem Winterpalast. Es war ein schöner Übergang vom zartgelben Sommerpalast in Peterhof zum ziegelroten Winterpalast an der Newa. Während des Einzugs erschien noch nicht einmal das kleinste Wölkchen am Himmel. Wir staunten über die glänzende Pracht der Equipagen, aufgezäumten Pferde und Uniformen. Katja wähnte sich in einem Märchen, ich in einer Geschichte aus *Tausendundeiner Nacht*. Das Wetter war wirklich fantastisch, die Menschen waren zu Hunderttausenden auf den Beinen.

Drei Tage dauerten die Krönungsfestlichkeiten, drei Tage brannte die Festbeleuchtung. Der Adel gab ein Bankett, das die nette Summe von zweiunddreißigtausend Rubeln kostete. Ich war mit dabei, Katja auch, obwohl wir nicht zusammen hineingegangen waren. Erst beim anschließenden Ball konnte ich sie am Arm nehmen und auf die Tanzfläche führen. Wir tanzten eine wilde Mazurka und lachten uns halb tot über die Lackaffen, die in seidenen Strümpfen und Perücken herumstolzierten. Das war französisch und auf einmal wieder in Mode.

Trank ich in jener Nacht zu viel? Hatte ich einen Kater? Am nächsten Tag kehrte der Marquis auf die Bühne zurück, als wäre er nie fort gewesen. Er scheute sich nicht, Katja anzusprechen, als wir, wieder in Peterhof, in einem der kaiserlichen Gärten zu Mittag speisten. De Traversay ging auf sie zu, kniete neben dem Tisch nieder und küsste ihr die Hand. Ich fand das so dreist wie schamlos, stand auf, schob ihn beiseite und beleidigte ihn.

»Auf dem Lyzeum warst du auch schon so ein mieser, hinterhältiger Typ«, sagte ich, ohne die Stimme zu erheben, wodurch es noch aggressiver klang als beabsichtigt. »Ich fordere dich auf, dich ein für alle Mal fortzuscheren.«

Er verbeugte sich knapp, schlug die Hacken zusammen und sagte, ich könne binnen einer Woche Genaueres über Ort, Zeit und Waffen erwarten.

»Sei nicht so albern«, rief Katja.

Sie begriff sofort, dass es um ein Duell ging.

Bei mir dauerte es etwas. Dann fiel mir ein, was Fjodor seinem Bruder über den Marquis und mich geschrieben hatte: »Die beiden sind imstande, eine Dummheit nach der anderen zu begehen.« Er hatte alles vorhergesehen.

Am lächerlichsten an meiner Zeit fand ich die Duelle. Es gab sie nur in den höchsten adligen Kreisen oder unter Dichtern, ein Großneffe meiner Mutter beispielsweise ließ dabei sein Leben.

Fjodor Michailowitsch hatte mir einmal im Kosakengarten gesagt: »Arme Menschen duellieren sich nicht, sie sterben ganz einfach vor Kummer.« Er hatte mir auch einmal gesagt: »Das einzig Schlechte, das Puschkin geschrieben hat, ist die letzte Strophe seines Lebens.«

Ich nahm mir vor, auf nichts zu reagieren. So lief das aber nicht in und um Petersburg herum. Eine Stadt braucht ihre Skandale, wie eine Kirche Sünden braucht. Wo ich mich an den darauffolgenden Tagen auch zeigte, erkundigten sich Bekannte oder völlig Unbekannte unweigerlich, wo »es« stattfinden werde. Es war, als wollten sie mich alle davon überzeugen, dass ich nicht mehr zurückkonnte und dass die Würfel gefallen waren. Ich glaube sogar, sie fanden es sehr lustig. So à la: selber schuld.

Der Augenblick schien mir gekommen, Katja von dem neuen Posten zu berichten, den ich angenommen hatte. Ich war zum Sekretär eines Geschwaders ernannt worden, das um die Welt segeln würde. Eine russische Expedition zu den Küsten Ostchinas, Japans und zur Mündung des Amur. Ich sollte der Sekretär des Expeditionsleiters werden und die diplomatische Korrespondenz führen. Mein Gehalt sollte 2100 Rubel betragen.

Aus zwei Gründen hatte ich beschlossen, diesen Posten anzunehmen und nicht nach Sibirien zurückzukehren. Gasfort hatte mich nach Omsk versetzt, um mich zu seinem persönlichen Berater zu ernennen. Es war ein geschickter Schachzug des Generalgouverneurs, mir die Stelle eines Richters zu verweigern. Ich hatte keine Lust, diesem Hohlkopf zu dienen, und hatte meine Entlassung eingereicht.

Der andere Grund war Katja. Ich hatte unter ihren Launen zu sehr gelitten. Eines Tages, als mir die Galle überlief, hatte ich mich bei dem Geschwader gemeldet.

Letzteres erzählte ich ihr nicht.

Ihre Reaktion ließ mich zweifeln, ob ich die richtige Entscheidung getroffen hatte.

»Wann fährst du?« Sie war leichenblass. Es war, als sänke ich an Ort und Stelle in ein gähnend tiefes Loch und die Erde schlösse sich über mir. Ich musste ein paarmal schlucken, bevor ich wieder sprechen konnte.

»Das Geschwader ist bereits auf dem Weg ins Mittelmeer. Ich sollte eigentlich an Bord der Korvette des Expeditionsleiters mitfahren. Bis zum Mittelmeer braucht aber kein Bericht geschrieben zu werden, abgesehen vom normalen Logbuch des Kapitäns. Auch diplomatische Korrespondenz braucht nicht geführt zu werden. Ich kann nach dem Winter auf dem Landweg nach Marseille reisen und werde mich dann dem Geschwader anschließen.«

»Das heißt: wann?«

»Februar, März. Bis dahin werde ich mich abwechselnd in Petersburg und auf dem Gut meines Vaters aufhalten.«

»Wenn ich dich richtig verstehe, reist du im Frühjahr 1857 ab. Wie lange sehe ich dich dann nicht?«

»Anderthalb Jahre.«

»Ach du lieber Himmel, dann bin ich ja grau, wenn du zurückkommst. Abgewirtschaftet. Alt. Zur Liebe nicht mehr imstande.«

»Ich habe Sie mehrmals um Ihre Hand gebeten. Sie haben das für romantisches Gefasel eines Knaben gehalten, der trotz seines Bartes noch nicht erwachsen ist. Ich bin Ihnen nach Petersburg gefolgt, weil hier alles anders werden sollte. Anders ist es tatsächlich: Sie haben hier noch mehr Liebhaber als in Barnaul. Ich habe Sie gebeten, mit dem Mann zu brechen, den mein Freund Dostojewski aus Spaß Bob nennt. Es heißt, er trifft hier in Kürze ein. Ich habe Sie gebeten, mit dem Marquis zu brechen. Er kniet neben Ihnen nieder und küsst Ihnen die Hand. Glauben Sie mir, ich habe das dringende Bedürfnis nach gesundem, salzigem Wind.«

»Im Bett sprichst du anders, Sascha. Im Bett sagst du, dass keine Frau dir in einem ganzen Leben schenken kann, was ich dir in wenigen Monaten schenke.«

»Das habe ich auch ehrlich gemeint. Sie haben mich die Liebe gelehrt. Danach haben Sie mich abgewiesen. Ich bin nicht gut genug, Ihr Gemahl zu sein.«

»Hör doch auf, Alexander. Du bist großartig, unvergleichlich. Möchtest du noch mehr Komplimente hören? Keine Frau kann sich etwas Besseres wünschen. Nur bist du nicht der Vater meiner sechs Kinder. Wir leben noch immer in einem rückständigen Land, das weißt du doch, verdammt. Nicht einmal die Leibeigenschaft ist vom neuen Zaren aufgehoben worden! Eine Scheidung wäre katastrophal. Im Übrigen, in welchem Land ist das nicht so? Das Leben besteht aus Schein, und die größte

Scheinveranstaltung ist die Ehe. Wage es aber bloß nicht, daran zu rütteln, dann fallen alle über dich her. Hättest du es gern, dass sie mit dem Finger auf meine Kinder zeigen? Ihre Mutter eine geschiedene Frau! Mit einem fünfzehn Jahre jüngeren Mann durchgebrannt! Oh, mein Gott, du und ich würden zum Gespött ganz Petersburgs. Ich will deine Geliebte bleiben, Sascha. Mehr kann ich dir nicht geben, mehr können wir zusammen in diesem Leben nicht erreichen. Denk darüber nach. Geh nach China, nach Japan, an die Mündung des Amur, befahre die Ozeane. Wenn du zurückkommst, wirst du dir die Hörner abgestoßen haben. Ich werde auf dich warten, egal, wie lange es dauert.«

»In den Armen eines anderen Liebhabers …«

»Vorbei, Sascha. Vielleicht ein Bewunderer hier und da – das hat nichts zu sagen. In meinem Bett will ich niemanden sonst mehr sehen, spüren und riechen als dich. Glaubst du mir?«

»Das würde ich gern.«

»Dann tu's doch, es ist besser für deine Gemütsruhe.«

Natürlich kann ich mich nach so vielen Jahren nicht mehr wortwörtlich an dieses Gespräch erinnern. Jedenfalls besprachen wir in einer halben Stunde, worüber wir ein Jahr lang geschwiegen hatten.

Das Duell brachte uns näher zueinander.

Ich glaubte nach wie vor, der Marquis hätte sich einen Scherz mit mir erlaubt oder den Mund zu voll genommen, da meldete sich eines Morgens ein Sekundant. Ich würde am dritten September erwartet, in aller Frühe.

Es ist nicht leicht für mich zuzugeben, dass mir das Herz in die Hose rutschte. Wie Katja gesagt hatte: »Du bist riesengroß, und er ist so ein französischer Winzling. Die Chance, dass er trifft, ist dreimal so groß.«

Am zweiten September küsste ich Katja zum letzten Mal. Beim Abschied schenkte sie mir ihr Porträt. Ich bat sie um ihren Schal, damit ich ihren Geruch schnuppern könne, möglicherweise zum letzten Mal. Resolut riss sie ein Stück von ihrem Unterkleid ab.

Am nächsten Morgen ließ ich mich noch vor Tag und Tau in einem Wagen zum vereinbarten Ort bringen. Ich hatte mich geweigert, einen Sekundanten zu benennen, ich wollte mich nicht an dem ganzen Zirkus rund um ein Duell beteiligen. Der Marquis dagegen wollte einen Sekundanten mitbringen, einen Freund vom Lyzeum, den ich gut kannte und dem ich vertraute.

Punkt halb sieben stieg ich aus der Kutsche. Im Morgennebel kam eine kleine Gestalt auf mich zu. Sie ging ruhigen Schrittes, ohne Waffen. Sie trug eine Uniform.

Es war General Gerngross.

»Schämen Sie sich nicht, Baron von Wrangel?« Er betonte meinen Namen und sprach ihn deutsch aus. »Da komme ich unerwartet nach Petersburg zurück und höre, dass eine Opernaufführung stattzufinden droht! Mit meiner Frau als Einsatz. *Meine Frau!* Wie weit haben Sie es kommen lassen, von Wrangel ... Ich habe den Marquis weggeschickt. Der Nichtsnutz verdient noch kein Milligramm Pulver. Sie fordere ich auf, nie wieder in die Nähe meiner Frau zu kommen. Haben Sie das gehört?«

Ich nickte.

»Wie bitte? Ich will Ihre Stimme hören, Baron von Wrangel. Laut. Deutlich.«

»Ich habe verstanden, Exzellenz.«

»Bitte lauter, Sie flüstern wie ein Kind.«

»Ich habe verstanden, Exzellenz.«

»Nie wieder. Können Sie mir das, Hand aufs Herz, versprechen? Niemals wieder.«

»Jawohl, Exzellenz. Nie wieder, niemals.«

»Abgemacht, Baron von Wrangel. Kleiner Idiot …«

Er drehte sich um, spuckte auf den Boden, ging zu seinem Pferd und trabte davon.

Einen Tag darauf kehrte Katja mit ihrem Gemahl nach Barnaul zurück.

Ich sollte sie drei Jahre lang nicht mehr sehen.

Der Engel und der Schulmeister

1856 MUSS FÜR FJODOR MICHAILOWITSCH eines der einsamsten Jahre seines Lebens gewesen sein. Er kam Maria nicht näher, musste mich missen und hatte nichts mehr zu lesen. Brief um Brief beklagte er sich darüber, ein ganzes Jahr lang kein einziges Buch in die Hand bekommen zu haben. Das fand er fast genauso schlimm wie zu sterben, er fühlte sich abgeschnitten von der Welt.

In einem Brief hatte ich ihm die Bücher angeboten, die ich von Gerngross geliehen hatte. Die gesammelten Werke von E. T. A. Hoffmann und einige französische Romane waren in dem Kabinenkoffer, den ich in Semipalatinsk zurückgelassen hatte. Ich konnte die Bücher dem General schwerlich selbst zurückbringen, nachdem ich ihm versprochen hatte, nie mehr in die Nähe seiner Frau zu kommen.

Wenn ich an die Szene zurückdenke, steigt mir Schamesröte in die Wangen. Ich konnte von Glück sagen, dass Katjas Mann kein allzu großes Ego besaß: Jeder andere Ehemann hätte mich zermalmt.

Von Dostojewski erfuhr ich – wenn auch indirekt –,

dass niemandem in Barnaul die Einzelheiten zu Ohren gekommen waren. Nicht, dass ich ihm etwas gebeichtet hätte, das kam erst viel später, doch angesichts seiner Beunruhigung hätte er mir bestimmt geschrieben, wenn er Echos eines Skandals aufgefangen hätte.

Hoffmann hat er sich sicher nicht entgehen lassen, auch wenn es sich um eine deutsche Ausgabe handelte. Er erinnerte mich später daran, lobte den gejagten Stil. Das gleiche Tempo wolle er in seinen Büchern anstreben. Ich hatte ihm geschrieben, dass er auch meine *Russische Fauna* behalten könne, doch das war eher ein Scherz: Bücher dieser Art interessierten ihn so sehr wie das *Handbuch für Apotheker*.

Im selben Brief hatte ich ihm meine Hemden vermacht, meine langen Unterhosen, Socken, Wollschals, alle Tischwäsche, alle Betttücher und alle Kleidung, die er gebrauchen könne. Bei meiner Abreise hatte ich nur das Allernötigste mitgenommen, da ich davon ausging, vier Monate später wieder in Sibirien zu sein. Dass dem nicht so sein würde, schrieb ich ihm erst im Oktober. Ich fürchtete, es würde ihn zu sehr mitnehmen und er bekäme wieder Anfälle. Gesundheitlich war er in jenem ganzen Jahr schwach.

Wie ich seinen Briefen entnahm, schrieb er nicht viel. Die Aussicht, dass sein Werk möglicherweise nicht veröffentlicht würde, blockierte ihn. Schwieriger noch war es, in den früheren Schreibrhythmus zurückzufinden und die Gedanken auf seine Romane zu konzentrieren anstatt auf alles, was ihn störte und behinderte. Ihm ging allmählich auf, dass seine Rückkehr auf die literarische Bühne ein Kraftakt würde; sein Debüt war bekanntlich zehn Jahre zuvor erschienen und löste nur in Literatenkreisen noch etwas aus. Er musste sich nicht nur von Neuem einen Namen machen, sondern sich auch wieder als Schriftsteller beweisen.

Den Plan, unsere Jahre in Semipalatinsk in einer Geschichte zu verarbeiten, ließ er nach einigen Skizzen fallen. Ich sollte in dieser Novelle »der hübsche kleine Prinz« heißen und er »der Literat«. Es sollte ein spöttisches, bittersüßes, burleskes Buch werden, und der Titel sollte »Frühlingsliebe« lauten, wobei er zuallererst an mein Verhältnis mit Madame X dachte und des Weiteren an seine eigene Faszination für Wanka-Tanka. Seine Liebe zu Maria wollte er ausklammern, das war ihm »zu ernst« und erinnerte ihn zu sehr an sein Scheitern – der Schulmeister war noch immer aktuell.

Fjodor Michailowitsch schrieb in jenem Jahr des langen Wartens nur Briefe, wiewohl von der Länge von Erzählungen; Briefe an Maria,[51] an seinen ältesten Bruder, an seinen alten treuen Freund, den Dichter Apollon Maikow. Ich weiß das so genau, weil er öfter aus den Briefen an Maria zitierte und weil er mich bat, die anderen Briefe Michail und dem Dichter zu überbringen.

Vor Maikow hatte er großen Respekt, als Mensch, als Dichter und vor allem als Denker. Dessen slawophile Ideen testete er ständig an seinen eigenen.[52] Ich hatte ein wenig Angst vor Maikow. Jedes Mal, wenn ich ihm einen Brief von Fjodor brachte, lud er mich zum Tee ein und fragte mich über Sibirien aus, die Straflager, die Grenzkriege. Er war, wie ich mir einen Gelehrten vorstellte, ein großer, magerer Mann mit unbewegter Miene, Lorgnet und Spitzbart. Zuerst dachte ich: So einen Freund hätte Dostojewski in Semipalatinsk haben müssen, einen niveauvollen Freund, mit intellektuellem Tiefgang und scharf umrissenen Ideen, doch allmählich kam ich zu dem Schluss, dass ein Mann wie Maikow ihn in seiner Art zu denken und zu schreiben zu sehr dominiert hätte. In mir fand er eine bessere Resonanz: Ich war jung, nahm gelegentlich etwas von ihm an und konnte ihm von der rauen Wirklichkeit von Banditen und anderem Pack berichten. Von dem verblüffend belesenen und humanistisch gebildeten Maikow wären ihm fertige Ideen präsentiert worden. Das hätte ihm einen Teil seiner Originalität genommen. Was Fjodor zu etwas Besonderem machte, war, dass er länger in Zellen, Straflagern und Verbannungsorten gesessen hatte als in Studierzimmern, Bibliotheken und Hörsälen.

In seinen Briefen an mich berichtete er von seinem Kummer, seiner Mutlosigkeit, seiner »Beinahe-Verzweiflung« – denn auch seiner Verzweiflung verstand er von Zeit zu Zeit einen leicht ironischen Anstrich zu geben. Und an allererster Stelle berichtete er von Maria. Sie trauere, reiße sich die Haare aus, sei immer wieder krank, sie schmachte nach Liebe, verliere das Vertrauen in seine hoffnungsvollen Erwartungen und glaube nicht länger, dass ihrer beider Leben sich eines Tages ineinanderfügen lassen würden. Im März, Mai, August und Oktober war sie noch immer in Kusnezk, umringt von Klatschtanten, die sich alle Mühe gaben, sie zur Heirat mit jemandem zu bewegen, auf den sie sich stützen und auf den sie zählen könnte, vor allem in finanzieller Hinsicht. Währenddessen spionierten sie sie aus, überwachten ihre Post und versuchten herauszufinden, von wem sie Briefe erhielt. Sie ihrerseits wartete auf Nachricht von ihren Eltern, die, obwohl sie am anderen Ende der Welt wohnten, über ihr Schicksal entscheiden mussten, will sagen: Sollte sie nach Russland zurückkehren oder nach Barnaul umziehen?

Glaubte Fjodor das wirklich?

Im Vergleich zu ihm besaß ich keinerlei Erkenntnis in puncto menschlichen Handelns, und in der Liebe hatte ich lediglich mit Katja Erfahrung, aber so langsam machte ich mir doch Sorgen hinsichtlich seiner Urteilsfähigkeit. Fortwährend ließ er sich Sand in die Augen streuen und merkte es nicht einmal.

Auf die elterliche Zustimmung warten? Lebten ihre Eltern denn überhaupt noch? Hatte mir Maria nicht höchstpersönlich erzählt, dass ihre Mutter schon vor langer Zeit gestorben sei und ihr Vater in der Hafenstadt Astrachan am Kaspischen Meer seine letzten Tage fristete, ohne sich noch daran zu erinnern, dass er eine Tochter hatte, irgendwo im Norden? Eine Tochter um die dreißig, mit einem achtjährigen Sohn? Musste diese völlig vergessene Tochter für eine zweite Eheschließung auf die Zustimmung ihres Vaters warten? Oder ging es nicht einmal um diesen Vater selbst, sondern um die Familie des Vaters? Ich fand das alles ziemlich mittelalterlich und glaubte nicht die Bohne davon. Mir vermittelte sie den Eindruck, F.M. hinzuhalten, während sie auf einen besseren Heiratskandidaten wartete.

Unter dem morbiden Einfluss ihrer Krankheit schrieb Maria ihm immer traurigere Briefe. Er vermutete, dass sie etwas vor ihm verbarg. Dann kam auf einmal ein Brief, in dem sie ihm mir nichts, dir nichts ankündigte, sie habe einem anderen ihr Wort gegeben und werde ihn heiraten. Nun ja, ein anderer, es ging noch immer um den Schulmeister, um Nikolai Wergunow.

Einige Tage später erhielt er den nächsten Brief von ihr. Einen Brief, der wie üblich herzlich und liebevoll war, aber weniger intim, als hüte sie sich, ihre Gefühle zu zeigen. Kein Wort über ihre Zukunftspläne; völlige Skepsis hinsichtlich der Möglichkeit, dass sich sein Los kurzfristig zum Besseren wenden könne, und zum Schluss der Hammerschlag, der, wie ich mir vorstellen konnte, Fjodor Sterne sehen ließ: Sie hatte beschlossen, ihre Zurückhaltung fallen zu lassen, und fragte ihn: »Was, wenn da plötzlich ein älterer Herr wäre mit gutem Charakter, einer festen Beamtenstelle, und wenn dieser Herr ihr einen Antrag machte, was solle sie dann antworten?«

In mir verkrampfte sich alles, als ich das las. Ich wollte ihm zurufen: »Sie hält dich für ihren Vater oder für ihren Beichtvater oder für welche Instanz auch immer, aber nicht für den Mann, der sie unendlich liebt und nur sehnsüchtig darauf wartet, sein ganzes weiteres Leben mit ihr zu teilen.«

Wenn sie in einem gut war, dann darin, Mitleid zu erregen. Sie schrieb ihm, dass sie der Gedanke daran krank mache, dass sie allein sei, im hintersten Winkel der Welt, mit einem Kind, während ihr steinalter Vater jeden Moment sterben könne. Was solle sie tun? Sie bat ihn, die Sache mit kühlem Kopf zu betrachten, sagen wir mal: als Freund.

Mit kühlem Kopf? Ihm schwankte buchstäblich der Boden unter den Füßen, er fiel in Ohnmacht und weinte danach die ganze Nacht. Er merkte kaum, dass er lebte und was man zu ihm sagte; am Ende des Nachmittags kroch er wieder ins Bett. »Groß ist die Freude der Liebe«, schrieb er mir, »doch die Qualen sind so schrecklich, dass man besser nie liebt.«

Wie schon früher erprobt, änderte er seine Taktik. Ihm war klar, dass er etwas Ungewöhnliches tun müsse, und so schickte er ihr einen grimmigen Brief. Er würde sterben, wenn sie ihn im Stich ließe, und von derlei Drohungen sandte er noch etliche hinterher.

Drohungen? Vielleicht schlug er lediglich einen etwas resoluteren Ton an. Jedenfalls half es; ihre Antwort ließ nicht lange auf sich warten, nein, sie habe noch keine Entscheidung getroffen, nein, sie habe sich noch niemandem verpflichtet; sie schwanke nur.

Sofort war er wieder voll entbrannt, *mais – elle m'aime, elle m'aime.* Er merke das an allem: an ihrer Traurigkeit, an ihrer Melancholie, an den vielen Beweisen von Begeisterung in ihren Briefen und an zahlreichen anderen Zeichen, von denen er mir nicht per Post erzählen könne.

Was solle er tun? Eine tödliche Traurigkeit fresse Nacht für Nacht an seinem Herzen. Träume, Schreie, Spasmen nähmen ihm den Atem. Die Tränen weigerten sich erst zu kommen und beim nächsten Mal strömten sie ihm über die Wangen. Er sei ein Mann von Ehre, er wisse, dass sie ihn liebe, aber könne er sich ihrem Glück widersetzen?

Nicht, dass er an diesen Verlobten in Kusnezk glaube. Sie könne sich, kränklich, reizbar, empfindlich, gebildet und intelligent wie sie war, doch nicht Gott weiß wem hingeben; einem Schulmeister, einem Beamten oder einem Mann, der vielleicht glaube, das Gesetz erlaube es, seine Frau zu schlagen. Gut und gutgläubig wie sie sei, müsse er sie beschützen. Er kenne sie durch und durch, man könne ihr alles weismachen. Er fragte mich, was er tun solle, und fügte sofort hinzu: »Warum bitte ich Sie eigentlich um Rat? Ich kann unmöglich auf sie verzichten.« Liebe sei in seinem Alter keine Anwandlung, diese Liebe währe schon zwei Jahre und sei bis ins Absurde gewachsen. Er werde zugrunde gehen, falls er seinen Engel verlöre: entweder verrückt werden oder in den Irtysch springen.

Ich las das alles, verfolgte es genauestens und fragte mich: Muss es so sein? Nennt man das Liebe? Und falls ja, wie verwirrend und kompliziert ist sie doch.

Seine ganze Hoffnung setze er in mich, schrieb er. Ich sei von unschätzbarem Wert für ihn, ich sei sein einziger Freund, rein und ehrlich vom Wesen her und, noch wichtiger, ich sei in Petersburg und hörte viele Dinge, die ihm entgingen.

Er schickte mich auf Erkundung aus. Bis in alle Einzelheiten wollte er hören, wie ich seinen ältesten Bruder vorgefunden hätte und ob Michail Michailowitsch ihm noch Wohlwollen entgegenbringe.

In seinen jungen Jahren hatte Michail eine feurige Zuneigung zu seinen Brüdern an den Tag gelegt. Ohne die geringste autoritäre Neigung hatte er die Rolle des Vaters übernommen: Er war dazu da, seinen drei Brüdern und drei Schwestern zu helfen. Als Fjodor für zehn Jahre verbannt wurde, hatte er viele Tränen vergossen. Danach ließ er nur noch wenig von sich hören. Fjodor fragte sich, ob sich sein Bruder charakterlich verändert habe oder nur noch mit Geldverdienen beschäftigt sei.

Michail hatte eine Familie mit vier Kindern zu unterhalten. Die kleine Zigarettenfabrik, die er billig erworben hatte, begann nette Gewinne abzuwerfen. Michails kommerzielles Talent war seinem Bruder nicht entgangen. F. M. bat ihn in jedem Brief um finanzielle Unterstützung. Das mochte einer der Gründe sein, weshalb Michail acht oder neun Monate oder manchmal sogar noch länger wartete, bevor er zurückschrieb. In seinen Antworten stellte er sich dumm und überging alle Bitten Fjodors.

Von einem gemeinsamen Bekannten hatte F. M. vernommen, dass Michail die Bemerkung entschlüpft war, *sein Bruder könne besser in Sibirien bleiben.* Michail leugnete das später keineswegs, er habe aber hinzugefügt: *anstatt in den Kaukasus geschickt zu werden.* Das war zu der Zeit, als der Generalgouverneur Truppen in den Kaukasus entsenden wollte und F.M. in einen Grenzkrieg zu geraten drohte. Trotzdem wurmte es Fjodor. Michail hielt sich in seinen Briefen bedeckt (»wegen der Zensur«, führte Michail zu seiner Verteidigung an), und F.M. dachte, dass es seinem Bruder eigentlich ganz recht sei, dass er den Rest seiner Strafe in Sibirien absitze – dann gäbe es in der Familie Dostojewski in Petersburg eine Sorge weniger.

Am meisten ärgerte sich F.M. darüber, dass Michail nicht eben viel von Maria hielt und von der Möglichkeit einer Eheschließung mit ihr, die ihn, wie er spürte, viel Geld kosten würde. Oder, wie Fjodor mir schrieb: *Il s'irrite de mon amour pour elle.* Aber, so fuhr er tapfer fort: Ich brauche einen Bruder, kein Geld. Für die dreihundert Rubel, die er benötigte, um zu heiraten und ein geeignetes Haus für Maria und ihren Sohn zu finden, hatte er schnell eine Lösung gefunden: Die würde ihm sein einziger, treuer Freund wohl vorschießen können. Also ich.

F.M. verstand es, jede bittere Pille zu versüßen. Er gab ein Versprechen ab: Sollte ich je einen Mann brauchen, der für mich durchs Feuer ging, so sei er dieser Mann. Ein Mann, ein Wort. Nie überlasse er jemanden, den er gern habe, seinem Schicksal, weder in guten noch in schlechten Zeiten. Er habe zwar einen schlechten Charakter und benehme sich mir gegenüber *wie ein Schurke* (er sei mir »doch schon so eine Menge Geld schuldig«), doch wenn es darauf ankomme, stehe er hinter seinen Freunden.

Dann kam die nächste Bitte. Von einem »Freund« und »Bruder« war ich zu einem »Engel« aufgestiegen, und diesen seinen »Engel« bat er nun, unverzüglich an Maria zu schreiben, um sie von einer Heirat mit ihm und vom Umzug nach Barnaul zu überzeugen. Ich solle sie hinsichtlich seiner künftigen Lage beruhigen, er habe nach seiner Begnadigung eine feste Anstellung und ein festes Einkommen in Aussicht. *Die Wahrheit und nichts als die Wahrheit* solle ich ihr erzählen, so *detailliert* wie möglich. Um mir meine Aufgabe zu erleichtern, habe er bereits einen Entwurf für meinen Brief geschrieben.

Diesen Brief schrieb ich nicht. Maria war nicht verrückt, sie würde sofort merken, dass es ein abgekartetes Spiel war. Er verstieg sich wirklich zu den merkwürdigsten Dingen, nur um sie zu überzeugen.

Ohne die geringste Rücksprache regelte er die Ausbildung ihres Sohnes. Pawel, inzwischen acht Jahre alt, wollte er im Kadettenkorps in Pawlowsk unterbringen, dessen Direktor sein Schwager war, der Mann seiner Schwester Alexandra. Der Junge würde dort eine ausgezeichnete Ausbildung erhalten. Seinen Bruder Michail fragte er schon mal, ob Pawel die Sonntage bei ihm zu Hause verbringen könne, vielleicht nicht alle Sonntage, aber ab und an. Die Entfernung zwischen Pawlowsk und Petersburg war nicht groß, und zwischen den beiden Städten verlief die erste Eisenbahnlinie.

Auch für seinen Bruder hatte er bereits einen Brief entworfen, den dieser an Maria schicken sollte. Er flehte ihn an, den Brief zu schreiben. Um der Liebe Christi willen. Auf Knien. Genauso demütig bat er ihn um Geld. Um hundert Rubel, wenn möglich zweihundert, dreihundert wäre mehr als großartig. Er erinnerte Michail an die Zeit, in der dieser selbst geheiratet hatte. Damals habe er seine letzte Kopeke mit ihm geteilt – stimme das oder nicht?

Ach, man kann darüber lächeln, wenn es einem selbst

an nichts mangelt und man nie gezwungen war, die Hand aufzuhalten. Ich wusste, dass für ihn Betteln eines der schlimmsten Dinge im Leben war, fast genauso schlimm wie seine epileptischen Anfälle. Vielleicht war er deswegen so geschickt darin. Man hörte ihn förmlich schluchzen, wenn man seine Bettelbriefe las. Manchmal war die Not größer als bei anderen Malen, und dann war seine Verzweiflung entsprechend aufrichtiger.

Bemerkenswerterweise schrieb er mir in ebendieser Zeit, es gebe wichtigere Dinge im Leben als Geld. Ich hatte ihm anvertraut, dass mein Vater nach meiner Rückkehr nach Petersburg gleich wieder davon angefangen hatte, es werde Zeit für mich zu heiraten und er habe eine finanziell interessante Partie im Auge. Postwendend kam von F. M. die Ermahnung, eine Heirat, wie mein Vater sie wünsche, habe zweifellos ihre Vorteile, Geld sei aber nicht alles im Leben. Ein wahrer Mann handele nur nach seinem Gewissen.

Bei anderen legte er höhere Maßstäbe an als bei sich selbst, aber vielleicht tun wir das alle von Zeit zu Zeit. Bei anderen gelten die Entschuldigungen nicht, die wir uns selbst offen oder insgeheim zugestehen.

Er versuchte es auf andere Weise. Mitten in der Fastenzeit, der langen Fastenzeit von vierzig Tagen plus der Woche vor Ostern, war er ein paarmal zu einem Blini-Abend eingeladen. Auch in Sibirien hielt er sich ans Fasten: kein Fleisch, kein Fisch, keine Milchprodukte, kein Alkohol, nur Gemüse, Obst und Blinis. An den spärlich gedeckten Tischen, auf denen lediglich eine Schale mit kleinen Pfannkuchen stand, musste man sich auf andere Weise vergnügen als mit Essen. Die wenigen Amateure, die ein Instrument spielten, wurden eingeladen, die Stühle wurden beiseitegestellt. Dostojewski hatte die Einladungen ausnahmsweise mal nicht ausgeschlagen, war hingegangen und hatte getanzt.

Zumal bei den Abenden bei Richter Peschechonow, einem netten Kerl, der uns regelmäßig im Kosakengarten besucht hatte, hatte er sich mit *bestimmten Damen* aus der Stadt über die Maßen amüsiert. Ich vermute, er meinte Wanka-Tanka oder Marina O. Wie dem auch sei, er hatte Maria Dmitrijewna geschrieben, er habe mit etlichen der hiesigen Schönen ein Tänzchen gewagt.

Noch nie hatte sie ihm so schnell zurückgeschrieben. Sie beklagte sich darüber, dass er bereits dabei sei, sie zu vergessen, und sich für andere Frauen interessiere. Es sei ein quälender Gedanke für sie, dass er, ihr letzter Freund, sie so schnell aufgegeben habe. Ihre eigene Schuld, das gebe sie zu. Ohne es zu wollen, habe sie sich in ihren letzten Briefen kühler gegeben als zuvor, wobei sie fast vergessen habe, dass sie an den Mann schrieb, der sie vor noch gar nicht so langer Zeit so sehr geliebt habe, sie und nur sie.

Im nächsten Brief fragte sie ihn, was sie antworten solle, wenn ein mit »bestimmten Vorzügen« ausgestatteter Mann sie um ihre Hand bitten würde. Das begann, ihre Manier des Angsteinjagens zu werden. Er völlig durchgedreht, sie ebenso, ein paar Briefe hin und her, in denen die Tränen reichlich flossen, und dann ihr Geständnis, dass sie sich vor Eifersucht und Kummer verzehre, weil sie mit ihm ihren einzigen Freund verloren habe. Sie wolle nur wissen, ob dieser Freund, umringt von Lumpen und anderem Pack, krank und überempfindlich, fern von den Seinen und abgeschnitten von jeglicher Hilfe, sich wirklich etwas aus ihr mache, wie er es in den vorangegangenen Monaten getan habe. Oder habe er sich allmählich verändert und sei dabei, sie zu vergessen?

Ich war mehr als nur einmal kurz davor, in einen Wagen zu springen und über die Steppen nach Semipalatinsk zu rasen, um ihm zu Hilfe zu eilen. Jeder neue Verzweiflungsbrief versetzte mich in diese Stimmung. »O mein Freund!«, schrieb er mir. »Muss ich denn auf sie verzichten und sie einem anderen geben? Ich habe doch ein *Recht* auf sie, hören Sie, ein *Recht*! Wird es noch lange dauern, bevor ich in den zivilen Dienst übertrete und einen Rang erhalte? Was meinen Sie? Ist dies das Ende meiner Karriere?«

Der Sommer dauere ihm zu lange. Ab und an kehre er in den Kosakengarten zurück, aber ohne mich möge er sich dort nicht aufhalten – auch das Wetter spiele nicht mit. Er vermisse mich, wie man einen Bruder vermisse, hoffe, dass ich rasch zurückkäme, und sehne sich nach mir, wie er sich nach der Sonne sehne.

Im Kosakengarten setzte er sich auf die Holzbank und stopfte sich eine Pfeife. Ein einziges Mal nur hatte er einen kurzen Augenblick mit Maria im Garten verbracht, und während er daran zurückdachte, schien es eher Traum als Wirklichkeit gewesen zu sein. Auf die Blumenbeete blickend, in die er keine neuen Blumen gepflanzt hatte, kam er zu dem Schluss, dass nur eine einzige Tat seine Beziehung zu Maria retten könne. Wenn er nach Kusnezk reisen würde und eine Stunde Zeit bekäme, mit ihr zu sprechen, dann würde er sie bestimmt überzeugen können. Es sei natürlich verboten, und er riskiere damit, bestraft zu werden. Die meisten seiner Vorgesetzten habe er allerdings auf seiner Seite. Für die Miete des Wagens und der Pferde würde er die ersten hundert Rubel angreifen, die ich ihm geliehen hätte. »Halte mir nicht vor, das Geld aus dem Fenster zu werfen«, schrieb er mir. »Um sie wiederzusehen, bin ich bereit, vor Gericht zu erscheinen.

Meine Lage ist aussichtslos. Ich muss mit ihr reden und alles auf einmal lösen.«

Zwei Monate später erhielt ich den Brief, den er am 14. Juli abgeschickt hatte. Von seinen Vorgesetzten hatte er lediglich die Genehmigung für einen kurzen Aufenthalt in Barnaul erhalten, aber er hatte es gewagt und war nach Kusnezk weitergefahren. Was solle er darüber berichten? Was könne er auf einem Stück Papier ausdrücken? Er habe sie gesehen, die edle Seele, den Engel. Sie habe geweint, sie habe seine Hände geküsst, aber sie liebe einen anderen. Noch immer denselben, Nikolai Borisowitsch Wergunow, den Schulmeister …

Er blieb zwei Tage bei ihr. Die Erinnerungen kehrten bei ihr zurück, und ihr Herz öffnete sich ihm erneut. Er schrieb das auf Französisch *(elle a retrouvé le passé)* und fügte »ja« hinzu, das er danach durchstrich. Wie dem auch sei, sie habe zu ihm gesagt: »Weine nicht, sei nicht traurig, noch ist nicht alles entschieden; du und ich und kein anderer!«

Voller Hoffnung kehrte er nach Semipalatinsk zurück. Allerdings war er doch noch klar genug im Kopf, um festzustellen, dass die Abwesenden immer unrecht haben. Seine Vermutung bestätigte sich rasch. Brief um Brief sah er sie wieder in Schwermut versinken, tropften Tränen aus dem Papier, und ja, schließlich kam sie nicht mehr umhin zu gestehen, dass sie den Schulmeister doch ein kleines bisschen mehr liebe als ihn.

Er hatte verloren. Sie jedoch auch.

Maria, schrieb er mir, »ist gebildet, klug, sie hat die Welt gesehen und kennt die Menschen, sie hat gelitten und sich gequält, ist in den letzten Jahren ihres Lebens in Sibirien krank geworden, suchte (…) das Glück, eine eigenwillige, starke (…) Frau, und nun ist sie bereit, einen Jüngling von 24 Jahren zu heiraten, einen Sibirjaken, der nichts gesehen hat, nichts weiß, kaum gebildet ist, den 1. Gedanken seines Lebens hat, während sie vielleicht ihren *letzten Gedanken* erlebt, einen Mann ohne Bedeutung, ohne Schicksal in dieser Welt, ohne (…), einen Lehrer in einer Distriktschule, der 900 Papierrubel in Aussicht hat (sehr bald). Sagen Sie doch, Alexander Jegorowitsch, wird sie sich danach nicht nochmals zugrunde richten? Wie kann man denn im Leben mit so verschiedenen Charakteren einander näherkommen, mit so verschiedenen Lebensanschauungen, mit so verschiedenen Bedürfnissen. Und wird er nicht durch sie (…) in der Folgezeit, nach einigen Jahren, wenn sie noch (…), wird es nicht er sein, der ihren Tod herbeiführt!«

Im letzten Satz waren sieben, acht, neun Wörter durchgestrichen und unleserlich. Ich vermute, dass er prophezeite, sie werde noch mehrmals schwanger werden; er fuhr fort: »Was wird ihr in der Armut zustoßen, mit einem Haufen Kinder und dazu verurteilt, in Kusnezk zu leben? Wer weiß, wie weit die Streitereien gehen werden, die ich als unausbleiblich für die Zukunft vorhersehe; denn mag er auch ein idealer Jüngling sein, so ist er dennoch kein gefestigter Mensch.«

Er schrieb mir wieder, er habe mehr ihr Glück im Sinn als sein eigenes. Ich begann mich an diese Form von Selbstlosigkeit zu gewöhnen, so übermenschlich ich sie auch fand. Im Übrigen war ich ein Jahr jünger als der Schulmeister. Noch mehr Jüngling also.

Von allem, was er mir zu Wergunow schrieb, hatte er während der beiden Tage in Kusnezk ungefähr ein Zehntel mit Maria besprochen. Sie hatte ihm zugehört. Schon bald war sie zu sich gekommen: Bei Frauen siegen die

Gefühle immer über den gesunden Menschenverstand. Seine besten Argumente kamen nicht gegen ihren Eindruck an, er putze den Schulmeister herunter und suche Streit mit ihm. Aber er hatte doch Zweifel bei ihr gesät. Sie weinte. Da bekam er Mitleid mit ihr, und sie gab sich ihm wieder hin, weil sie Mitleid mit ihm bekommen hatte. »Wenn Sie wüssten«, schrieb er, »was das für ein Engel ist, mein Freund! Sie haben sie niemals richtig gekannt; eine jede Minute von Neuem etwas Originelles, vernünftig Gedachtes, Geistreiches, aber auch Paradoxes, unendlich Gutes, wahrhaft Edles – sie hat ein ritterliches Herz.« Die letzten Worte schrieb er über das durchgestrichene *sie ist ein Ritter in Frauenkleidern.*

Während jenes Besuchs in Kusnezk tat er noch etwas, was ich nun wieder als Beweis von Ritterlichkeit ansah: Er suchte den Schulmeister auf und sagte ihm, er solle es sich noch einmal gut überlegen, ob er der Mann sei, bei dem Maria und ihr kleiner Sohn sich sicher fühlen würden. »Ihm bin ich auch nahegekommen«, schrieb er mir, »er weinte bei mir, aber er kann auch nichts anderes als weinen!« Maria war dabei.

Offen und ehrlich war er den beiden gegenübergetreten. Doch wieder in Semipalatinsk, schrieb er sowohl dem Schulmeister als auch Maria einen langen Brief, in dem er ein pechschwarzes Bild von all dem zeichnete, was eine unglückliche Ehe hervorbringen kann.

Marias Antwort war stürmisch, sie verteidigte den Schulmeister, als sei dieser auf schreckliche Weise angegriffen worden. Der Schulmeister selbst fasste den Brief als persönlichen Angriff auf, was F. M. ziemlich dumm und provinziell fand. In seiner Antwort häufte Wergunow Beleidigung auf Beleidigung. Daraufhin war F. M. sich sicher, es mit einem schlechten Menschen zu tun zu haben. Maria schlug nach ihrer ersten erbosten Reaktion versöhnlichere Töne an und zeigte sich schon bald wieder lieb, nett und zugetan.

Es war im Übrigen der gleiche Moment, in dem der Marquis mir ernstlich auf die Nerven zu gehen begann und ich mit Katja wegen dieses Dritten im Bunde über Kreuz lag. Ich hatte Fjodor brieflich um Rat gebeten.

»Was soll ich sagen«, schrieb er mir zurück. »Sie schreiben von (...) und fragen um Ratschläge (...) ich weiß! (...) offensichtlich, es ist ein schlechtes Zeichen! Gleichgültigkeit wäre besser!«

Wieder: Bei anderen sah er die Dinge scharf. Für ihn selbst war die Liebe ein dunkler Wald, in dem er und Maria dabei waren, sich zu verirren.

Es ging weit. *Sie* durfte nicht leiden. Sollte der Schulmeister sie je heiraten, so hoffte Fjodor, dass das Ehepaar wenigstens mit etwas Geld rechnen konnte. Der Schulmeister müsste eine bessere Stelle bekommen oder in eine größere Stadt versetzt werden. Unser armer Teufel verdiente inzwischen 400 Rubel und hatte die erforderlichen Schritte unternommen, um ein Examen ablegen zu können, das ihm die Lehrbefugnis auf einem höheren Niveau geben würde, wenn auch nach wie vor in Kusnezk. Dann würde er 900 Rubel bekommen. Fjodor wusste noch nicht, was wir für ihn tun konnten, er würde mir rasch mehr dazu schreiben.

Das tat er wenige Tage später. Der Gouverneur von Westsibirien würde nach Petersburg kommen, um mit dem neuen Zaren zusammenzutreffen. Ich sollte Gasfort einen Höflichkeitsbesuch abstatten und die Gelegenheit nutzen, den Schulmeister als vortrefflichen jungen Mann von hervorragenden Fähigkeiten anzupreisen, ich sollte sagen, dass ich ihn kannte und dass es keine schlechte Idee wäre, ihm eine bessere Stelle anzubieten. Diese Bitte könnte ich im Übrigen auch an Gerngross richten, indem ich ihm zwei Zeilen schrieb.

Er vergaß, dass ich so ungefähr der Letzte war, der Katjas Mann einen Brief schreiben konnte, und wenn er nur aus einer einzigen Zeile bestünde. Er vergaß auch, dass ich mir Gasforts Wut zugezogen hatte, als ich den Posten ablehnte, den er mir angeboten hatte. Dass ich nicht sein persönlicher Berater hatte werden wollen, hatte ihn offenbar so erzürnt, dass er sich jedes Mal beim Essen verschluckte, wenn er meinen Namen hörte.

Zum Schluss bat Fjodor mich, Madame X kein Geld zu leihen; das wäre ein zu großes Opfer für *ihn.* Geld müsse ich ihm leihen, um Christi willen, nur ihm.

Die Idee allein! Einer Dame wie Jekaterina Osipowna lieh man kein Geld, man bezahlte eine Reise, eine heimliche Unterkunft oder ein Geschenk. Als Fjodor mir das schrieb, hatte ich kurz das bittere Gefühl, dass wir in zwei völlig verschiedenen Welten lebten, aber ich verzieh es ihm rasch. Er saß in der Klemme, und jemand, der sich befreien will, achtet nicht immer darauf, ob er ein scharfes Messer oder ein stumpfes Beil benutzt.

Die Heirat

ZUGUNSTEN DES SCHULMEISTERS unternahm ich nichts. Ich konnte mir nicht vorstellen, dass die von Fjodor ausgetüftelte Strategie Erfolg haben würde. Er ging davon aus, dass Maria ihm für seine Bemühungen so dankbar wäre, dass sie dem Lehrer die Tür weisen würde, auch wenn er demnächst neunhundert Rubel verdiente. Ich hielt es für wahrscheinlicher, dass Maria durch seine bessere Stelle und sein höheres Einkommen Licht am Ende des Tunnels sehen, sich die Hände reiben und keinen Moment mehr zögern würde, den Mann zu heiraten.

Fjodor dachte, er könne Menschen lenken und steuern wie die Figuren in seinen Romanen. Manchmal gelang es ihm; in anderen Momenten ging er zu weit und löste damit Irritationen oder heftigen Widerstand aus. Er war dann ganz verblüfft, weil er es doch so gut meinte und mit Zustimmung oder Dankbarkeit gerechnet hatte. Ich hatte das Gefühl, ihn vor sich selbst schützen zu müssen, wenn er sich in etwas hineinsteigerte.

Maria gegenüber trat er weniger energisch auf. Das war angesichts seiner Jahre im Lager nicht zu verstehen. Man muss eisenhart sein, will man die *katorga* überleben. Der

Lebensdrang und der Wille zu schreiben mögen einem zwar ein fest umrissenes Ziel geben, doch es braucht mehr, um eine solche Prüfung zu bestehen. Nur ein sehr starker Charakter lässt sich durch eine Kette an den Füßen nicht von seinem Weg abbringen. Er hatte diesen Charakter, stellte ihn aber Maria gegenüber nicht unter Beweis.

Was dabei zweifellos eine Rolle spielte, waren sein Alter und die Isolation, in der er sich befand. Er fürchtete langsam, dass er nie mehr eine Frau für sich würde gewinnen können, und klammerte sich an Maria. Ich weiß aber nicht, ob das alles erklärt. Warum ließ er sie nicht los? Warum bedrängte er sie immer weiter, warum blieb er so unglaublich beharrlich? Warum schluckte er jede Demütigung? Ich habe mir tausend Antworten auf diese Fragen überlegt, und nicht eine ist stichhaltig. Fjodor mochte zwar ein nervöser und leicht reizbarer Mann sein, abstoßend war er keineswegs. Leichtlebige Frauen waren wild auf ihn, weil er tüchtig feiern konnte, Femmes fatales fanden ihn herrlich schräg, siebzehn-, achtzehnjährige Mädchen gewann er durch seine Begeisterung und seine eindringliche Art zu sprechen. Aber, und das ist wahr, noch nie hatte eine gebildete Frau ihm die Möglichkeit der Liebe geboten. Er nahm die Herausforderung an und versuchte, Maria für sich zu gewinnen, mit Betonung auf dem letzten Wort. Dafür ließ er sich nicht Monate Zeit, sondern Jahre, denn auch das hatte er im Lager gelernt: Geduld. Oder: nie aufzugeben.

Das ganze Jahr über änderte sich wenig an seiner Situation. Maria bedeutete ihm nach wie vor alles im Leben, er dachte nur an sie, alles Weitere interessierte ihn nicht, auch nicht, dass er inzwischen Fähnrich geworden war. Wenn ihn diese Beförderung zum Offizier freute, dann nur weil er dadurch Maria vielleicht schneller würde wiedersehen können. Der Bataillonskommandeur hatte ihm zwei Wochen Urlaub in Aussicht gestellt; er war noch nicht weggefahren, weil er kein Geld hatte, die Sendung seines Bruders ließ auf sich warten. Vielleicht würde das Geld in einer Woche eintreffen, dann würde er sich sofort auf den Weg machen. In ihrer Nähe zu sein war seine einzige Rettung; Gott sei Dank hatte er sie im Juli wiedergesehen, sonst hätte er Hand an sich gelegt.

»Schütteln Sie nicht den Kopf, verurteilen Sie mich nicht!«, schrieb er. »Ich weiß, dass ich in vielen meiner Beziehungen zu ihr nicht vernünftig handle, da ich ja fast keine Hoffnung habe – doch ob ich Hoffnung habe oder keine, mir ist das gleich. Ich denke über nichts mehr nach. Ich möchte sie nur sehen, nur hören möchte ich sie! Ich unglückseliger Irrer! Liebe in dieser Form ist Krankheit.«

Manche Wörter waren unleserlich, andere dick durchgestrichen. Mir wurde nicht klar, ob er sie vor Kurzem wiedergesehen hatte. Er erwähnte einen Versuch: Er war einmal nach Smeinogorsk gereist. Hatte sie wieder versprochen zu kommen? Und war im allerletzten Moment wieder etwas dazwischengekommen? Dann hatte er zum dritten Mal vergeblich auf sie gewartet.

Mir begann das Blut aufreizend schnell durch die Adern zu fließen, als ich diesen Ortsnamen las. Smeinogorsk rief bei mir die Erinnerung an einen fast in den Wahnsinn getriebenen Fjodor wach und an eine fürchterlich lange Rückfahrt. Wenn sie ihm das noch einmal angetan hatte, war sie keinen Pfifferling wert.

»O, wünschen Sie nicht, dass ich auf diese Frau und diese Liebe verzichte«, schrieb er, als errate er meine Gedanken. »Sie war das Licht meines Lebens. Sie erschien mir in der traurigsten Zeit meines Geschicks und erweckte meine Seele zum Leben. Sie belebte in mir die ganze Existenz, weil ich ihr begegnet bin.«

Er versuchte, ihren Sohn jetzt in der Kadettenschule in Omsk unterzubringen. Von seinem Bruder, seiner Schwester und seinem Schwager hatte er keine Unterstützung erhalten, damit der Junge ins Kadettenkorps in Pawlowsk aufgenommen wurde, ein weiterer Beweis dafür, dass seine Familie nicht sonderlich viel für das Zustandekommen seiner Heirat tat und Maria als hoffnungslosen Fall für die Armenfürsorge betrachtete. Omsk lag näher, und die Schule kostete wesentlich weniger als die kaiserliche in Pawlowsk.

Wie in einem früheren Brief fragte er mich, ob ich nicht dafür sorgen könne, dass Maria endlich ihre Witwenpension erhielt. Das hatte ich bereits getan: Es lag offenbar ein Missverständnis vor, die Jahrespension in Höhe von 285 Rubeln war vom Innenministerium nach Kusnezk im Bezirk Saratow geschickt worden anstatt nach Kusnezk im Bezirk Tomsk.

Er erkundigte sich, ob es möglich sei, aus gesundheitlichen Gründen um seine Entlassung aus dem Militärdienst zu bitten. Einer der Gründe, weshalb er nach Russland zurückkehren wollte, war, dass er fachkundige Ärzte wegen seiner Krankheit konsultieren wollte. Er wusste, dass es Epilepsie war (ich glaube, er verwendete dieses Wort erstmals mir gegenüber), aber was bedeutete das genau? Und woher kamen diese Anfälle, die Körper und Geist auf einen Schlag ausschalteten?

Noch etwas, fuhr er leicht verärgert fort, ich hätte ihm keine Antwort auf die Frage gegeben, ob er *veröffentlichen* könne.

Nein, das konnte er noch nicht, aber das behielt ich vorläufig für mich. Ich berichtete ihm nur, was ich für ihn erreicht hatte; die Ablehnungen und gescheiterten Versuche ersparte ich ihm. Als hätte ich seine Frage nicht richtig verstanden, wiederholte er, dass Publizieren für ihn lebenswichtig sei. Er würde Ruhm und Bekanntheit erwerben und eine solide Reputation aufbauen. Schreiben sei sein Schicksal.

Er schloss seinen Brief mit: »Maria Dmitrijewna hat 1000-mal nach Ihnen gefragt. Sie ist sehr in Sorge um Sie, soweit sie aus meinem Brief informiert ist. Sie hat Sie außerordentlich lieb und spricht von Ihnen fast mit Andacht. Verehrt Sie bis zur Unendlichkeit.«

Von wem stammten diese Worte? Von ihm? Oder tatsächlich von ihr? Im letztgenannten Fall hörte sie nicht auf, mich in Staunen zu versetzen. Ich war angenehm berührt von ihrer Höflichkeit. Oder hatte sie tatsächlich dieses immens große Herz, das Fjodor Michailowitsch unentwegt rühmte?

Allmählich sah es danach aus, dass ich mich irrte und nicht er. Womit ich nur sagen will: was ein paar zuvorkommende Sätze doch alles zu bewirken vermögen!

Kurz bevor das Jahr zu Ende ging, berichtete er mir, er sei endlich vorangekommen. Er werde heiraten. Absolut sicher. Ende November habe er sich auf den Weg nach Kusnezk begeben, über Barnaul. Dort sei er am 24. November angekommen, an … ich spürte einen Stich in meiner Brust, als ich es las … Katjas Geburtstag.

Kaum in der Stadt, war er von Gerngross zu dem Ball anlässlich Katjas Geburtstag eingeladen worden. Natürlich war er hingegangen, allein schon, um mir Neuigkeiten zukommen lassen zu können. Er hatte Katjas Mann als »anders« empfunden und ein bisschen merkwürdig. Natürlich war er noch genauso sympathisch wie früher, aber im Hinblick auf mich wusste Fjodor nicht recht, *pourquoi il est à présent, tout soudain, quelque peu prévenu contre vous.*

Wieder auf Französisch, um keine schlafenden Hunde zu wecken. Die Botschaft war trotzdem klar: Gerngross war »plötzlich« gegen mich eingenommen. Er hatte Fjodor Michailowitsch »ohne Umschweife« gesagt, dass er mein Benehmen »verdächtig« finde.

Fjodor war hingerissen von Katja. Sie hatte ihm »in jeder Hinsicht zugesagt«. Allerdings hatte er merkwürdig gefunden, dass sie ihm so offen aus dem Weg gegangen war. Oh, sie hatte sich ihm gegenüber höflich und nett gezeigt, scheinbar war alles in Ordnung, aber er konnte sehen, dass sie ihm nicht vertraute. Sie gab sich sichtlich Mühe, möglichst kühl von mir zu sprechen, ja sogar mit leichter Ironie. Er wusste nicht, warum, jedenfalls hatte es ihm enorm gefallen, nicht die Ironie, *mais la tactique.*

Mir war nicht ganz klar, was er mit dieser Taktik meinte – vielleicht dachte er, es sei eine Methode, ihre Gefühle für mich zu verbergen. Viermal hatten sie sich während des Balls getroffen, und jedes Mal hatten sie miteinander geredet. Er hatte absichtlich nicht getanzt, um möglichst oft mit ihr plaudern zu können.

Am nächsten Morgen war er nach Kusnezk weitergereist. Dort war er fünf Tage geblieben. Auf dem Rückweg hatte er erneut Station in Barnaul gemacht. Er hatte bei Gerngross zu Mittag gegessen und war bis zum Anbruch des Abends geblieben. Vom Herrn des Hauses war er bestens empfangen worden. Überaus gastfrei. Bei Tisch hatte er einen kleinen Fauxpas begangen: Er hatte Katjas jüngsten Sohn, acht Jahre alt, als nettes Kerlchen bezeichnet und gesagt, er gleiche seiner Mutter wie ein Ei dem anderen. Sie hatte geantwortet, das Kind habe nichts mit ihr gemein. »Oh, da täuschen Sie sich aber gewaltig«, hatte er entgegnet und alle Übereinstimmungen zwischen dem Knaben und Katja aufgezählt. Hinterher hatte er vernommen, dass das Bürschchen in der Familie als Missgeburt und kleines Ungeheuer galt. Ein schönes Kompliment hatte er der Mutter gemacht!

Nach dem Essen hatte er noch kurz unter vier Augen mit Katja sprechen können. Sie hatte ihm zugeflüstert, ich hätte sie alle seine Briefe lesen lassen. Nach einigen bedeutungsvollen Blicken hatte sie ihm mein Porträt gegeben.

Vielleicht wusste er noch nichts vom Duell und von Gerngross' Intervention, spürte aber doch, dass ich mir die Wut von Katjas Mann zugezogen hatte. Vier Monate waren inzwischen seit jenem nebligen Morgen vergangen, an dem ich mein Leben gewann und Katja verlor. Es schmerzte mich, von ihr in einem Brief lesen zu müssen, der von vielen anderen Dingen handelte und in dem sie nur eine Art Anhängsel war. Ich vermisste sie vom frühen Morgen bis zum späten Abend. Die Nacht hatten wir selten miteinander verbracht; ich vermisste sie, wenn ich ins erste Sonnenlicht blickte oder durch einen der Parks in der Stadt ging, allein. Und dann lesen zu müssen, dass sie sich schon wieder köstlich amüsierte auf ihrem Geburtstagsball …

Was mich an Fjodors Brief am meisten wunderte, war der muntere, fast spaßige Ton. Seine Eheschließung? Ach, das sei nur noch eine Frage von Wochen, es gebe noch ein paar kleine Dinge zu regeln und ihm fehlten noch tausend Rubel für die Aussteuer, doch um die würde er einen reichen Onkel in Moskau bitten oder Kowrigin. Ob ich mich noch an ihn erinnerte? Oberstleutnant Kowrigin, den Bergbauingenieur?

Kein Fünkchen Verzweiflung mehr, keine Spur von Hoffnungslosigkeit. Über meine Liebesabenteuer ging er locker hinweg, als sei es bei ihm ernst und bei mir nur Spaß. Diese sechshundert Rubel bekam er schon bald von seinem reichen Onkel in Moskau, plus zweihundert von seiner Schwester Warwara. Auch Kowrigin griff ihm unter die Arme: Er hatte nur zwei Worte zu sagen brauchen, und der Oberstleutnant hatte ihm sechshundert Rubel geliehen.

Sein Bruder Michail hatte noch kein Geld herausgerückt, aber er hatte ihm eine ganze Liste mit Geschenken zukommen lassen, die alle für Maria bestimmt waren: ein Frühlingshütchen für Ostern, seidigen Stoff für ein Kleid (egal, was für ein Stoff, eine Farbe, die in Mode sei und zu ihrem blonden Haar passe),[53] ein kurzer Mantel, ein halbes Dutzend holländischer Damentaschentücher, zwei Hauben mit blauen Bändern, hübschen Bändern bitte, ein Halstuch mit Ajour-Stickerei, falls das nicht zu teuer sei. Michail hatte bestimmt angenommen, dass die Zukünftige seines Bruders diese Liste zusammengestellt hatte, aber es würde mich nicht wundern, wenn Fjodor in einem Notizbüchlein eigenhändig vermerkt hätte, was sie sich Schönes wünschte.

Mit 1400 Rubeln in der Tasche und vielen Geschenken in Aussicht war es kein großes Kunststück mehr, Maria zu gewinnen. Finanziell war alles geregelt. In den Briefen an seinen Bruder und an Maikow rechnete er vor, dass er mindestens tausend Rubel für das erlösen könne, was er in den vergangenen Jahren geschrieben hatte, vorausgesetzt natürlich, er könne es veröffentlichen. Mit diesen tausend Rubeln könne er die Darlehen zurückzahlen. Alles in schönster Ordnung.

Dennoch unternahm er noch einen letzten Versuch, dem Schulmeister zu einer besseren Stelle zu verhelfen. Wergunow war ihm inzwischen »genauso lieb wie sein eigener Bruder«. Ein Examen, das er in Tomsk ablegen müsste, konnte ihm das Recht auf einen Rang und eine Stelle mit einem Einkommen von tausend Rubeln geben. Wenn eine einflussreiche Persönlichkeit dem Direktor des Lyzeums in Tomsk schreiben würde, so würde das enorm helfen. Er bat mich, den Kuhhandel in die Wege zu leiten. Der *junge Mann verdiene es.* Mein Vater oder einer meiner Petersburger Bekannten könnte das Unterrichtsministerium ersuchen, Wergunow dem Direktor des Lyzeums zu empfehlen. Besser noch, ich schaltete Apollon Maikow ein. Der Dichter kenne den Unterrichtsminister Wjasemski, und dann könne Wjasemski dem Direktor direkt schreiben. Er bat mich – »in Gottes Namen, los, sei wie ein Bruder zu mir« –, diesen Ball möglichst schnell ins Rollen zu bringen.

Inzwischen betrachtete er wohl jeden als seinen Bruder.

Ich begann zu ahnen, warum Fjodor Michailowitsch seinem Rivalen die helfende Hand reichte. Während der vier Tage, die er im November in Kusnezk verbracht hatte, hatte er Maria zu einer Heirat überreden können. Maria hatte es dem Schulmeister selbst mitgeteilt, in Anwesenheit von Fjodor Michailowitsch. Er hatte kein Spektakel gemacht und war Fjodor nicht an die Kehle gegangen. Würdevoll und mit einem ruhigen Kopfnicken hatte er seine Niederlage hingenommen. Er wird sich gedacht haben, dass so ein nobles Verhalten eine Belohnung von Fjodor verdiente. Und so schrieb mir dieser auf Französisch über den Schulmeister: *il le mérite.*

Am Sonntag, dem 27. Januar, fuhr Fjodor Michailowitsch für zwei Wochen nach Kusnezk, fest entschlossen, mit Maria Dmitrijewna vor den Popen zu treten. Völlig sicher, ob es zur Heirat kommen würde, war er sich noch nicht. Maria konnte sich zum Beispiel nicht wohlfühlen, schrieb er mir kurz vor der Abreise. Oder noch nicht bereit sein für die Zeremonie. Oder sie konnte den Geistlichen nicht davon überzeugen, so kurzfristig eine Heirat einzusegnen; man stand ja bekanntlich unmittelbar vor der ersten kurzen Fastenzeit des Kirchenjahrs. Aber er fuhr trotzdem los.

Ich nehme an, in seiner neuen Uniform. Gleich nach seiner Beförderung zum Offizier hatte er sich von mir Geld für zwei Uniformen geliehen und mich gebeten, ihm einiges Zubehör zu schicken, das er in Semipalatinsk nicht bekam, wie zum Beispiel einen Tschako, eine steife, hohe Kopfbedeckung in Form eines stumpfen Kegels. Offiziere hatten ihre Uniformen selbst anzuschaffen und nach Maß anfertigen zu lassen. Er brauchte eine Alltags- und eine Galauniform, dazu einen Offiziersfederbusch für den Tschako, Epauletten und nummerierte Messingknöpfe.

Über den Tschako und die Epauletten schrieb er mir zwei Wochen vor der Heirat noch, doch über die Gründe, weshalb Maria sich zu guter Letzt für ihn entschieden hatte, schwieg er sich aus. Später posaunte er überall herum, er habe zwei Tage lang ununterbrochen mit Maria gesprochen, es seien viele Tränen geflossen und zum Schluss seien sie sich in die Arme gesunken. Vielleicht stellte er es der Außenwelt gegenüber gern so dar, doch in den drei Briefen, die er mir nach jener Begegnung mit Maria schickte, erwähnte er eine derart dramatische Szene, die eher in ein Theaterstück passt, mit keinem Wort.

Was hatte letztlich den Ausschlag gegeben?

Es hatte Maria beeindruckt, dass er *zwei Jahre lang* um ihre Hand angehalten hatte, obwohl sie sich über lange Zeiträume hinweg nicht gesehen hatten. Der längste hatte zehn Monate gedauert; in jenem Sommer und Herbst 1856 hatte er ihr fast täglich geschrieben. Einen besseren Beweis für seine Liebe konnte er nicht liefern.

Treue stand bei Maria hoch im Kurs und nicht nur deshalb, weil sie von Natur aus eifersüchtig war. Sie hatte eine schwache Gesundheit, hustete häufig und fürchtete, verlassen zu werden, falls sie ernsthaft krank würde. Wegen ihrer zarten Konstitution besuchte sie fast täglich die Muttergotteskirche, um eine Kerze anzuzünden. Ihre Frömmigkeit schätzte er, er machte sich nie über die Kerzen lustig und hielt es nicht für rausgeworfenes Geld.

Mit seiner neugierigen, forschenden Art war er ohnehin ein interessanter Mann, interessanter jedenfalls als der Schulmeister. Zum Glauben und zu Russland hatte er so viele Ideen, dass sie tausend Abende lang mit ihm darüber reden zu können glaubte (da irrte sie sich, wenn er über *ein* Thema lieber schwieg, dann war es die Religion), und Unterhaltungen auf hohem Niveau liebte sie genauso wie das Rezitieren von Gedichten.

Dem stand seine Armut gegenüber. Wirklich hoffnungslos war sie nicht. Es hatte sie erstaunt, wie schnell er 1400 Rubel zusammenbekommen hatte, etwas, was sie dem Schulmeister nicht so schnell zutraute. Die einzige Initiative, die der in dieser Richtung unternommen hatte, war, sich für ein Examen anzumelden. Der Schulmeister war zwar jung, gut aussehend und gesund, doch in seiner Familie oder im Freundeskreis kannte er leider niemanden, der ihm auch nur eine Kopeke vorschießen wollte.

So hat sie vermutlich gedacht. Etwas anderes jedoch hatte sie noch mehr beeindruckt.

Es war so gut wie sicher, dass F. M. einen Platz für Pawel an der Kadettenschule in Omsk ergattert hatte. Dass er sich derart ins Zeug gelegt hatte, um ihrem Sohn die bestmögliche Ausbildung angedeihen zu lassen, hatte sie gerührt. Er hatte sich Paschas wie ein Vater angenommen. Sie war fest davon überzeugt, dass er das auch in Zukunft tun würde.

Darin täuschte sie sich nicht: Dostojewski sollte sich immer um Pawel kümmern, als wäre es sein eigenes Kind. Er verspürte eine große Zuneigung zu dem Jungen, frag mich nicht, warum. Als ich Pawel in seinem siebten Lebensjahr kennenlernte, war er bereits ein eingebildetes Bürschchen mit einem aufreizend arroganten Blick und einer Haltung von äußerster Pedanterie. Ein Vierteljahrhundert später begegnete ich ihm noch einmal. Er hatte sich um keinen Deut verändert, ich fand ihn noch genauso unausstehlich. Dostojewski dagegen sollte sich stets lobend über Pascha äußern, auch mir gegenüber.

Ich vermute, dass Maria praktisch gedacht und ihr Mutterherz hat sprechen lassen. Fjodor würde ihrem Kind eine gute Ausbildung bieten können. Dass er sich für die Zukunft ihres Sohnes verbürgte, gab letztendlich den Ausschlag.

Am 6. Februar 1857 schloss F. M. in der Odigitria-Kirche zu Kusnezk die Ehe mit Maria Dmitrijewna.[54] Einer der vier Trauzeugen war der Schulmeister. Er war der Zeuge des Bräutigams. Wergunow setzte seine Unterschrift unter die Dostojewskis im Heiratsregister. Ich hätte es gern mit eigenen Augen gesehen: wie zuerst der frischgebackene Ehegatte unterschrieb und danach sein Rivale. Und wie die kränkelnde Dame zusah, während sie ein Husten unterdrückte.

Eine richtige Hochzeit wurde es nicht. Am Abend nahmen Fjodor und Maria mit den Trauzeugen und dem Priester ein einfaches Mahl ein und tranken Champagner. An Marias Seite saßen der Polizeichef und ein Bauer, der in derselben Straße in einem kleinen Haus wohnte. Diese beiden Trauzeugen wurden von ihren Frauen begleitet. Für Fjodor war ein Standesbeamter der zweite Trauzeuge gewesen. Er war nicht verheiratet, was ein Gedeck weniger bedeutete. Auch der Priester war allein gekommen, er unterhielt sich mit dem kleinen Pawel, der zum ersten Mal in seinem Leben einen Anzug trug. Zu Dostojewskis Rechten saß Maria, zur Linken Wergunow. Es war eine symbolträchtige Tischordnung.

Gemütlich kann es nicht gewesen sein. Fjodor hatte den Schulmeister nach langem Kampf ausgeschaltet, den er in erster Linie mit seiner Feder geführt hatte und, abgesehen von zwei Treffen, aus großer Entfernung. Was wird er gedacht haben? Tinte gewinnt? Oder war ihm nichts eingefallen und hatte er lediglich Pawel schwach zugelächelt?

Während der darauffolgenden Tage bereitete das junge Ehepaar den Umzug nach Semipalatinsk vor, wo sie ein Holzhaus mit fünf hohen Fenstern auf der Vorderseite und fünf hohen Fenstern auf der Rückseite erwartete, versehen mit grünen Läden als Schutz vor Sonne und Kälte. Für beide war dieses Haus eine enorme Verbesserung: Es hatte ein Esszimmer, einen Salon und vier Schlafräume.

Es war geräumiger als das Haus, das ich in Semipalatinsk gemietet hatte, verfügte aber nicht über ein größeres Grundstück, sodass ich Fjodor in einem Brief riet, den Kosakengarten für den Sommer zu behalten.

Am 14. Februar machten sich die Frischverheirateten in aller Frühe in einer von vier Pferden gezogenen Kutsche auf den Weg. Der Schulmeister blieb in Kusnezk zurück.[55] Er passte auf Pawel auf und setzte ihn einige Wochen später in die Postkutsche, damit er wieder bei seiner Mutter und seinem Stiefvater war. In seinem neuen Haus sollte er schon bald die Nachricht erhalten, dass er zur Kadettenschule in Omsk zugelassen war. Fjodor hatte tatsächlich gut für den Jungen gesorgt.

Die Reise nach Semipalatinsk war lang und anstrengend. Es schneite den ganzen Tag. Von Zeit zu Zeit kam ein eisiger Wind hinzu. Zweimal rutschte die Kutsche von der Straße und drohte umzukippen.

Am späten Abend erreichten Fjodor und Maria Barnaul, wo sie Gäste bei Graf Semjonow waren, einem alten Freund Dostojewskis. In seinem Haus verbrachten sie ihre Flittertage.

Es war ein imposantes Haus am Fuße des Altaigebirges. Ganz aus Holz. Niedrige Decken, um die Wärme festzuhalten, kleine Fenster, große Zimmer und breite Treppen. Ich kannte es, ich hatte dort auch schon logiert. Es gab ein Gästezimmer mit einem offenen Kamin, in dem Holzkohle glühte. Dort vollzog sich in der klaren Winternacht des 15. Februar bei Vollmond die Wende.

Ein Fremder im Haus

OB ES WÄHREND ODER KURZ NACH dem Liebesakt passierte, vertraute er mir nicht an. Sprechen sollte er darüber nie. Er schrieb mir lediglich andeutungsweise davon und verließ sich darauf, dass ich mir den Rest würde denken können. Jedenfalls passierte es im Schlafzimmer.

Zuvor hatte er mit Maria und Graf Semjonow ein leichtes Abendessen eingenommen und einige Gläser Champagner getrunken. Er kannte Semjonow aus Petersburg, wo sie beide an den Treffen bei Petraschewski teilgenommen hatten. Den Grafen hatte man bei den Verhaftungen übersehen, weswegen sich dieser seinen einstigen Kameraden gegenüber noch immer ein wenig schuldig fühlte, die dieses Glück nicht gehabt hatten. Das war vermutlich der Grund dafür, weshalb er Dostojewski und dessen junge Braut fürstlich bewirtete: Während Fjodor Jahre im Straflager schmachtete, hatte der Graf in aller Ruhe und in Freiheit in Berlin studiert. 1856 war er für geologische Forschungen nach Barnaul geschickt worden.

Maria beeindruckte den Grafen. Die Konversation zeigte, dass sie etwas wusste und sich nicht scheute, ihre Ansichten zu vertreten. Es freute ihn, dass Dostojewski eine Frau gefunden hatte, die ihre Ausbildung an einer der ersten höheren Mädchenschulen des Landes genossen hatte. Das große Los, denn eine gebildete Frau war eine Seltenheit in Sibirien. Er fand sie lebhaft, schlagfertig.[56]

Der Graf war ein richtiger Charmeur. Ein parfümierter Lump, falls ich das so sagen darf, so hinterhältig, wie es nur ein Snob aus Petersburg sein konnte. Aber ich will den Ereignissen nicht vorgreifen.

Weder Fjodor noch Maria hatten die Strapazen der Reise überwunden. Im Laufe des Abends entschuldigten sie sich und zogen sich ins Schlafzimmer zurück. Mag sein, dass es diplomatische Müdigkeit war. Fjodor hatte mir einmal anvertraut, dass es ihm himmlisch erschien, sich jede Nacht an seine Frau schmiegen zu können. Die sinnliche Liebe war für ihn zu lange mit Hast und Heimlichkeit einhergegangen.

Sie erlebten ihre ersten Augenblicke ehelichen Glücks. Da bekam er seinen schlimmsten Anfall.

Aus seiner Brust drang ein Schrei. Ein undefinierbarer Schrei, weder tierisch noch menschlich. Ein Schrei, der aus der Brust eines anderen zu kommen schien. Er glitt aus dem Bett, wand sich auf dem Fußboden, stieß Schaumflocken aus. Die Krämpfe schnürten ihm die Luft ab, verzerrten seinen Mund, drückten ihm die Kehle zu. Er bekam furchtbare Beklemmungen, Urin rann ihm die Schenkel herab.

Zu Tode erschrocken fragte Maria, was los sei. Er konnte kein Wort mehr herausbringen, sein Gesicht verzerrte sich völlig, insbesondere der Blick. Er versuchte noch, sich aufzurichten; dann verlor er das Bewusstsein.

Maria war sich sicher, er würde sterben. Jeden Moment drohte er zu ersticken. Angsterstarrt wagte sie nicht einmal, nach seiner Hand zu fassen. Sie schrie auf und rief nach einem Arzt.

Graf Semjonow rannte die Treppe hinauf und stürmte ins Gästezimmer. Er ahnte sofort, was da vor sich ging, schob Dostojewski ein Kissen unter den Kopf, zog seine Arme und Beine gerade und trug Maria auf, bei ihm zu bleiben. »Er stirbt nicht«, sagte er, »er wird es schaffen. Versuchen Sie, Ruhe zu bewahren.«

Unten griff er nach seinem Mantel, lief in den Stall, weckte den Kutscher und sprang in die Kutsche, um einen Arzt zu holen. Trotz der späten Stunde war dieser dreißig Minuten später da. Dostojewski kam gerade wieder zu sich.

Mit dem Arzt hatte er Glück. Ein kundiger Mann, der in der Hauptstadt studiert hatte und von der Direktion der Silberminen nach Sibirien geholt worden war. Kein Quacksalber aus dem Dorf. Im Gegensatz zu allen vorhergehenden Diagnosen stellte er fest, dass F. M. an Epilepsie litt, am *grand mal* oder *mal caduc*, wie es damals hieß, und dass er damit rechnen müsse, während eines der nächsten Anfälle durch einen spastischen Krampf in der Kehle zu ersticken.

Maria hat sich das wohl voller Abscheu angehört. Nicht nur hatte Fjodor ihr nie etwas von seiner Krankheit erzählt, sie hatte auch keine Vorstellung vom chronischen Charakter der Epilepsie. Er roch nach Urin, sein Haar war schweißnass; er stank. Am meisten hatten seine Augen sie abgeschreckt: groß wie Murmeln, mit schaurig geweiteten Pupillen. Auch die Spasmen in Wangen und Mund hatten sie geängstigt, die zusammengepressten Kiefer, die zu zerbrechen schienen, die knirschenden Zähne, die Schaumflocken. Sie hatte dem Wahnsinn ins Gesicht geblickt.

Zweifellos fragte sie sich, ob sie diesen Mann je noch würde lieben, liebkosen, küssen können. Ob sie ihn je noch in die Arme würde nehmen können, ohne zu denken, es könne wieder geschehen.

Vom einen Moment zum nächsten musste er ein Fremder für sie geworden sein. Sie fürchtete, ihm nicht einmal mehr Mitleid entgegenbringen zu können. Der Ekel, den sie gleich nach dem Anfall in sich hatte aufsteigen fühlen, wollte nicht weichen, geschweige denn sich in Ergebenheit wandeln.

Er wich ihrem Blick aus. Lieber wäre er gestorben. Dass er seinen Körper nicht mehr unter Kontrolle hatte, verlieh ihm ein vernichtendes Gefühl der Scham. Der Geruch nach faulen Eiern, der aus seinem Mund kam, bescherte ihm Übelkeit, wie schlimm musste es also erst für sie sein?

Noch bevor sie richtig zusammenlebten, war die Vertrautheit dahin. Sowohl für ihn als auch für sie sollte die Angst vor einer erneuten Attacke stets gegenwärtig bleiben. Der Anfall trieb einen Keil zwischen sie. Ihr Zusammensein sollte nicht die erträumte Einheit einläuten, sondern den Rückfall in die Einsamkeit.

Sie muss ihn forschend angesehen haben, als sein Atem ruhiger wurde. Mit seinen grauen Augen, die wieder normal aussahen, versuchte er zu lächeln, doch die Vorstellung muss sich unwiderruflich in ihr festgesetzt haben, dass sie den falschen Mann gewählt hatte. Immer sollte sie Angst haben, es könnte wieder passieren, immer sollte sie fürchten, diesmal wäre es aus und vorbei mit ihm. Der Wahnsinn auf seinem Gesicht. Der Schrei, der aus einem anderen Körper zu kommen schien, aus dem Körper eines Wahnsinnigen. Niemals hätte sie auf seine Avancen eingehen dürfen. Warum hatte er es ihr nicht ehrlich gesagt? Die Fallsucht … Warum hatte er sie nicht auf die Symptome vorbereitet? Es war ein grauenerregender Anblick.

Sie hatte den Falschen geheiratet. Als sie sich das zum wiederholten Mal sagte, spürte sie, wie sie selbst krank wurde. Sie hustete und schmeckte auf ihrer Zunge Blut.

So wird es sich zugetragen haben, in jener dunklen Winternacht.

Er musste vier Tage lang das Bett hüten. Der Anfall hatte ihn körperlich und geistig erschöpft. Der Arzt war wiedergekommen. »Um der Liebe Christi willen«, hatte Fjodor Michailowitsch zu ihm gesagt, »seien Sie ehrlich zu mir.« Der gute Mann hatte kein Blatt vor den Mund genommen. Er blieb bei seiner Diagnose, wonach Dostojewski an der schwersten Form von Epilepsie leide, und prognostizierte, dass er den Erstickungstod riskiere, wenn er sich nicht adäquat behandeln lasse und die erforderlichen Vorsorgemaßnahmen treffe. Vor allem in den Tagen vor Vollmond dürfe er sich nicht überanstrengen.

Er hörte sich das wie eine Verurteilung an. Bevor er heiratete, hatte er den Ärzten noch geglaubt, die ihm versicherten, er leide lediglich an Nervenanfällen, und die würden sich geben, wenn er seine Lebensweise ändere. Die bekannte Devise: gut schlafen, gesund essen, wenig trinken, wenig rauchen. Hätte er gewusst, dass er am *mal caduc* litt, hätte er von einer Heirat abgesehen.

Natürlich wusste er schon sehr lange, dass er an der Fallsucht litt. Das hatte er mir erzählt und geschrieben. Er wusste es, ja, aber es gibt verschiedene Formen von Wissen. Er wusste es aufgrund einer Vermutung. Jetzt hatte er die Gewissheit, dass er als Gezeichneter durchs Leben gehen würde. Vermutung ist ein Tal, Gewissheit eine Schlucht, aus der man nicht mehr herauskommt.

Um *wirkliche* Ärzte zu konsultieren, schrieb er mir, und um die richtigen Maßnahmen zu ergreifen, würde er die Entlassung aus dem Militärdienst beantragen und nach Russland zurückkehren müssen – aber wie sollte er das bewerkstelligen?

Er war wieder genauso trübsinnig wie bei unserem Abschied in Semipalatinsk; er hatte alle Hoffnung verloren. In den Augen seiner Frau hatte er Grauen gesehen; das war das Schlimmste für ihn. Es hatte sie krank gemacht, zweifellos eine Krankheit, die nie mehr vergehen würde.

Das alles schrieb er mir drei Wochen nach dem Vorfall, nachdem er mit Maria nach Semipalatinsk weitergereist war und sie ihr neues Haus bezogen hatten. Wenn ich seinen Brief vom 9. März mit den vorigen Briefen vergleiche, scheint ein anderer Mann zu sprechen. Verschwunden ist der Fjodor Michailowitsch, der, verrückt vor Liebe, zu allem imstande ist. Verschwunden ist der junge leidenschaftliche Himmelsstürmer, der sich in seinen eigenen Worten verhaspelt und gleichaltrig mit mir hätte sein können. Durch die Ereignisse in Barnaul war er in einer einzigen Nacht um ein halbes Menschenleben gealtert. Auf einmal lagen wieder elf Jahre zwischen uns, Jahre, die für ihn dreimal so schwer gewesen waren wie für mich. Er schrieb mir in gefasstem Ton, in langen, ruhigen Sätzen, die vernünftig klangen und gleichzeitig eine lähmende Müdigkeit verrieten. Er hatte nicht den geringsten Schwung mehr, lebte mit der schmerzlichsten Desillusion eines frisch verheirateten

Mannes, war aber noch kaum bereit, sie beim Namen zu nennen.

Es sollte lange dauern, bis er den Rückschlag überwunden hatte. Nachdem er alles gewonnen zu haben glaubte, hatte er alles verloren: seine Frau, seine Kraft, seine Lebensfreude und seinen Glauben an die Zukunft. Erst als er *Der Idiot* schrieb, fand er zu einem inneren Gleichgewicht zurück, weil er seiner Epilepsie in diesem Roman eine gewisse Aura zu verleihen verstand.

Keiner von Dostojewskis Romanen ist persönlicher als *Der Idiot*, es sei denn *Aufzeichnungen aus einem Totenhaus*, aber das ist kein richtiger Roman. *Der Idiot* ist seine Apologie. Wenn ich über die Hauptfigur, Fürst Myschkin, lese, der wie der Messias sein will, aber keine Erlösung bringt, höre ich Fjodor Michailowitsch reden. Für Fürst Myschkin ist die Epilepsie eine mystische Schmerzerfahrung, die ihn über die normalen Menschen hinaushebt. Den Anfang eines Anfalls erlebt er als magisch. Es ist, als würde unmittelbar vor ihm etwas aufreißen: Seine Seele wird von einem ungewöhnlichen *inneren* Licht erhellt. Das dauert vielleicht nur eine halbe Sekunde, doch in dieser halben Sekunde ist es so hell, dass es ihm wie ein himmlischer Strahlenkranz in Erinnerung bleibt. Danach erlischt sein Bewusstsein, und völlige Dunkelheit bricht herein.

In Semipalatinsk bezogen Fjodor und Maria jeder sein eigenes Schlafzimmer. *Chambre à part* ist für die meisten Ehepaare die Endphase nach dreißig Ehejahren. Für Fjodor und Maria war es der Beginn.

In Marias Schlafzimmer stand mein Porträt auf der Kommode, das ich Dostojewski geschickt hatte. Ich weiß nicht, ob ich Marias Zuneigung zu mir darin erblicken sollte oder ihre Enttäuschung über Fjodor. Mir war es jedenfalls peinlich, als ich es las.

Sie waren Fremde füreinander geworden. Fremde in ein und demselben Haus.

Katja die Schreckliche

ER KAM ALS GEBROCHENER MANN aus seinen Flitterwochen. Der Arzt in Barnaul hatte ihm klargemacht, dass er niemals von der chronischen Krankheit, an der er litt, genesen würde und dass die Wahrscheinlichkeit eines erneuten Anfalls so voraussagbar war wie die Jahreszeiten. Am 9. März 1857 schrieb er mir keinen Brief, sondern eine halbe Novelle. Er brauchte ein williges Ohr, selbst wenn es sich fünftausend Werst weiter westlich befand. Ich erblickte darin die beste Illustration unserer Freundschaft und des großen gegenseitigen Vertrauens. Weniger gut verstand ich, warum er im selben Atemzug meinen Vater als Quelle all meiner Sorgen bezeichnen und das Bild, das ich von Katja hatte, zerschlagen musste. Es war, als würde es ihn erleichtern, sich nicht über *seinen*, sondern über *meinen* Kummer auslassen zu können.

Ich hatte ihm berichtet, dass mein Vater mich mit dem blutjungen Fräulein K. verheiraten wollte, das ich zwar charmant, lieb, intelligent und höchst gebildet fand, an dem mein Vater aber vor allem deshalb Gefallen gefunden hatte, weil es von Adel war und aus einer Familie stammte, die zahlreiche Güter besaß. Da mein Vater Landbesitz als wichtigste Basis für Erfolg betrachtete, wollte er die Eheschließung beschleunigen.[57] Ich stand aber kurz vor dem Aufbruch: Die Expedition, an der ich teilnehmen sollte, würde zu Beginn des Frühjahrs auslaufen.

Es hatte einen fürchterlichen Streit mit meinem Vater gegeben. F. M. versuchte mich zu trösten. Aus eigener Erfahrung wisse er, wie schwer derartige Konflikte zu ertragen seien, umso mehr als klar sei, dass mein Vater und ich uns liebten. Was sich zwischen uns abgespielt habe, sei eine Anhäufung von Missverständnissen gewesen. Es würde daher einiger Anstrengungen bedürfen, ehe ein Ausweg gefunden wäre. Über alles noch einmal zu sprechen würde die Eintracht nicht wiederherstellen, ein Kompromiss würde nicht länger als einen Moment halten. In Fjodors Augen gab es nur eine Rettung: abreisen. Wegzufahren würde das richtige Heilmittel sein. Bereits wenige Tage nach dem Abschied würde ich das Herz meines Vaters wiedergewonnen haben, und dann würde er als Erster die Schuld für all das Unerquickliche auf sich nehmen, das zwischen uns vorgefallen sei.

Mir fiel wieder auf, wie sehr er seinen eigenen Vater in meinem erkannte. Trotz der großen Unterschiede: Wichtige Entscheidungen wie Heirat oder Karriere hatte Fjodor Michailowitsch allein treffen können. Er war noch keine achtzehn, als sein Vater starb; seitdem hatte er nur seinen ältesten Bruder um Rat gefragt. Doch die Schwierigkeiten, die ich mit meinem Vater hatte, betrachtete er als die Probleme, die er mit seinem Vater *gehabt hätte*, wenn dieser länger gelebt hätte. Dass das Verhältnis mit seinem Vater sehr schlecht gewesen war, ging deutlich aus dem hervor, was er mir schrieb: dass er aus eigener Erfahrung wisse, wie schwer derartige Konflikte zu ertragen seien. Die Folgen erkenne er bei mir wieder: Hypochondrie und krankhafte Empfindlichkeit. Genau das, woran er selbst leide! Ich dürfe von Glück sagen, dass ich jung sei und dass Misstrauen und Argwohn bei mir noch nicht in Erscheinung getreten seien. Lange Reisen würden mich vor Schwarzgalligkeit bewahren.

Der Möglichkeit einer Ehe dürfe ich allerdings nicht aus dem Weg gehen. So wie er es sehe, würde sie mir die beste Chance bieten, alle Probleme auf einen Schlag zu lösen und meinem Leben eine entscheidende Wende zu geben. Fjodor beschränkte sich hier auf eine eher allgemeine Meinung. Sie lief darauf hinaus, dass es besser für mich wäre, wenn ich dem Wunsch meines Vaters nachkäme.

Der nüchterne Ratschlag erstaunte mich. Er selbst hatte sich in eine verheiratete Frau verliebt und Himmel und Erde in Bewegung versetzt, um sie zu gewinnen, ohne sich um die Ansichten seines Bruders, seiner Schwestern und seiner Freunde zu kümmern. Sowohl die moralischen als auch die praktischen, finanziellen und materiellen Einwände hatte er als stupiden Ausdruck altmodischer Engstirnigkeit beiseitegeschoben. Ich aber sollte wegen ein paar Landgütern die Baronesse heiraten und auf der Stelle für Nachkommen sorgen, woraufhin mein stolzer Vater mit einer jährlichen Apanage und Ähnlichem überkommen würde.

Der Rebell war *er*. Ich sollte mich wie der Baron in Kniehosen verhalten, der sich allen Konventionen beugte. Seine Schlussfolgerung? Eine Ehe mit einer guten Partie biete so viele Vorteile, dass ein wenig Missmut zu verschmerzen sei. Leicht ulkend hielt er mir vor, ich solle aber auch keine sehr viel reichere Frau nehmen, das würde die Verhältnisse verzerren. Durch mein Jawort könne ich jedoch meinen Vater zufriedenstellen und in einem

Aufwasch einen Schlussstrich unter meine Affäre mit Katja ziehen.

Was er von Katja halte, habe er lange für sich behalten. Jetzt wolle er den Versuch wagen, ein wirklichkeitsgetreues Bild von ihr zu zeichnen, auch wenn ihm klar sei, dass er sich damit auf Glatteis begebe. Mit seinem Urteil würde er vorsichtig sein; er wolle mich nicht tief ins Herz treffen und auch nicht als Klatschweib oder Verleumder erscheinen. Katja – jetzt kam es also – sei die Liebe, die ich ihr entgegenbrächte, nicht wert. Sie stehe weit unter mir. Ich hätte mich in ihr getäuscht.

Getäuscht? Ich hatte mich in die Frau des Generaldirektors der Silberminen und Mutter von sechs Kindern verliebt. Ich wollte nicht nur mit ihr zusammenleben, sondern sie heiraten, wofür sie die gesetzliche und kirchliche Scheidung beantragen müsste. Ich war nicht verrückt, wenn sie Ja gesagt hätte, hätte sie keinen Knallfrosch in den Salon der Aristokratie geworfen, sondern eine moralische Bombe gezündet. Ich selbst hätte die Verachtung aller hohen Beamten in Sibirien und in Sankt Petersburg riskiert sowie meiner gesamten Familie, Brüder und Schwestern. Ihretwegen hatte ich beinahe mein Leben in einem Duell verloren, und trotzdem konnte ich sie nicht aufgeben. Warum nicht? Weil ich mich nicht in der Liebe getäuscht hatte, die ich in ihren Augen gesehen hatte. Ich bewunderte ihre Courage, die so provozierend wie nobel war. Für mich vereinte sie in sich die besten Eigenschaften einer unabhängigen Frau.

Er hingegen glaubte, ich hätte mich nur in sie verguckt. Wider besseres Wissen hoffte ich immer noch, sie würde mir Standhaftigkeit und Treue bieten und alles, was einer reinen, intensiven Liebe entspringt. Dazu sei sie nicht fähig, sie könne lediglich einen kurzen Moment des Glücks und Genusses schenken – *einen* Moment nur; mehr könne sie nicht versprechen, und falls sie es doch täte, würde sie sich die Finger verbrennen. Diesen einen Moment könne ich genießen, dafür dürfe ich ihr unendlich dankbar sein, doch alle anderen Illusionen müsse ich mir aus dem Kopf schlagen. Ich würde sie erst dann wirklich glücklich machen, wenn ich sie künftig in Ruhe ließe.

Mit diesem einen Moment meinte er den Moment im Bett. Ich hatte ihr Liebhaber sein dürfen und sollte mich jetzt verdrücken. Mit meinem Gefasel von Liebe und Heirat, so seine Ansicht, sei ich an der falschen Adresse.

So weit war ich aber noch nicht. Auf eine Wahrheit muss man selbst kommen, sonst ist es keine Wahrheit, sondern die Erkenntnis eines anderen.

Katja liebe Genuss über alles, diagnostizierte er. Sie lebe für diesen einen Moment und schätze möglicherweise von vornherein ab, wo die Grenzen lägen. Es sei natürlich bedauerlich, dass sie mit den Gefühlen eines anderen spiele. Sie glaube zweifellos, dass ihr Verhalten mir gegenüber nicht tadelnswert sei, und argumentiere folgendermaßen: »Ich habe ihm Glück geschenkt; damit soll er zufrieden sein; so oft kommt das nicht vor, und was zwischen uns war, war doch nicht schlecht, oder? Warum zieht er dann so eine Miene?«

Ein solches Geschöpf sei imstande, mir innige Freundschaft *ad vitam aeternam* zu geloben oder im Falle einer erneuten Begegnung noch einmal Liebe zu schenken. Doch schon seit seiner ersten Reise nach Barnaul, im November, sei ihm aufgefallen, dass sie einen Schlussstrich unter die Affäre mit mir ziehen wolle.

Gleichzeitig habe sie sich ungeheuer neugierig nach meinem Befinden erkundigt. Im einen Moment sei sie nett und höflich zu ihm gewesen, im nächsten voller Argwohn und Misstrauen. Ihr Mann habe ihn außerordentlich herzlich empfangen, was er als durchaus angenehm empfunden habe. Es habe ihn gewundert, dass Gerngross mir gegenüber so negativ eingestellt gewesen sei und dass Katja in seiner Anwesenheit und in der Nähe vieler anderer voll Herablassung und Spott über mich gesprochen habe.

Über mein Porträt habe sie nur gelästert. Es sei ein exaktes Abbild meiner Aufgeblasenheit, Koketterie und Selbstgefälligkeit. Er sei erschrocken, als sie das gesagt habe, und habe sie gefragt, ob sie wirklich so von mir denke. Die Antwort habe ohne Umschweife »Ja« gelautet.

Ich las es mit Schmerzen in der Brust. Wer hatte das Porträt gewollt? Fjodor. Wer hatte mich ermuntert, es anfertigen zu lassen? Katja. Wer war hier jetzt aufgeblasen oder kokett? Ich verstand wirklich nicht, wie sie das in aller Öffentlichkeit zu sagen wagte. Oder meinte sie, dass ich auf dem Porträt wie ein arroganter und von sich selbst eingenommener Mann aussah? In dem Fall war ihre Liebe zu mir eine Farce gewesen.

Beleidigt zu werden ist eine Sache, aber wenn jemand das tut, der einem tausendmal seine Liebe beteuert hat, ist das etwas, woran man, wenn man in dem Moment nicht imstande ist zu relativieren, zerbrechen kann. Ich zitterte wirklich, als ich es las.

Die nächsten elf Zeilen hatte F. M. durchgestrichen, und zwar mit derart dicken Strichen, dass hier etwas für mich besonders Unangenehmes gestanden haben musste. Katja hatte ihm etwas anvertraut, aber was? Das Duell? Die Aufforderung ihres Gemahls? Er ging schnell zu ihrem Mann über.

Le mari habe ihm unter vier Augen anvertraut, dass er mich früher sehr geschätzt habe, dass ich mich jedoch als Lump der übelsten Art entpuppt hätte. Es tue ihm leid, mich je kennengelernt zu haben. F. M. vermutete, dass Gerngross böse auf mich geworden sei, weil ich indiskret gewesen sei. Dass ich ein Verhältnis mit seiner Frau hatte (oder gehabt hatte), mochte ja noch hingehen, vorausgesetzt, niemand erfuhr davon. Allerdings wusste er, dass ich eine freundschaftliche Korrespondenz mit F. M. unterhielt, und ging wohl davon aus, dass ich ihn über das Wohl und Weh meines Liebeslebens auf dem Laufenden gehalten hatte. Fjodor war sich so gut wie sicher, dass Katja ihren Mann gegen mich aufgestachelt hatte, indem sie ihm erzählt hatte, ich würde mich mit meinen Eroberungen brüsten. Natürlich sei das alles aus Vorsorge geschehen, aber ich solle doch wissen, dass Katja mich offensichtlich verdächtigte, wenig diskret zu sein.

Weshalb hatte er dem nicht widersprochen? Er wusste, dass ich nur mit ihm so vertraut war und mit niemandem sonst. Warum hatte er mich nicht verteidigt, als Katja mich von mir selbst eingenommen und selbstgefällig genannt hatte? Warum wollte er mir das alles unbedingt mitteilen?

Es werde höchste Zeit für mich, schrieb er, mich zu fragen, ob eine liebende Seele ihren Geliebten einfach anschwärzen und der Lächerlichkeit preisgeben könne, ohne dafür zwingende Gründe zu haben. Und ob das dann die feine Art sei.

»Fein« war es keineswegs, und das Schlimmste kam erst noch. In Barnaul schrieb der Tratsch Katja einen neuen Liebhaber zu. F. M. hatte ein Echo davon aufgefangen. Alle hatten eine feste Vermutung, um wen es sich handelte.

Weil Fjodor mit dieser Person auf freundschaftlichem Fuß stand, war es für ihn leichter als für andere herauszubekommen, ob etwas an den Gerüchten dran war.

Sie stimmten. Den Namen wollte F. M. nicht nennen. Er beschränkte sich auf einige Andeutungen. Keiner von den Bergbauingenieuren. Nur für kurze Zeit aus Petersburg gekommen. Es handele sich gewiss nicht um den Marquis, auch nicht um Bob, sondern um einen Mann mit Qualitäten: von exzellenter Herkunft, intelligent, sensibel, sanftmütig, mit ein paar Eigenarten, die an sich ziemlich komisch seien.

Ich wusste sofort, wer gemeint war: der Graf. Der Graf, bei dem er auf seiner Hochzeitsreise logiert hatte. Der Graf, der so voll des Lobes über seine Braut gewesen war. Der Wichtigtuer aus Petersburg, den ich vor meiner Übersiedelung nach Sibirien zwei- oder dreimal getroffen hatte und der mich zwei- oder dreimal mit mitleidigem Lächeln gefragt hatte: »Nach Sibirien? Und nicht einmal strafweise?« Ein parfümierter Widerling mit affektierten Manieren, mit denen er sogar einen aufrichtig Suchenden wie Dostojewski für sich eingenommen hatte.

Eifersucht ist wie Juckreiz: Man kann zwar sagen, man leide nicht darunter, aber es kribbelt trotzdem weiter. Graf Peter Petrowitsch Semjonow hatte in Berlin bei den größten Gelehrten jener Zeit Geologie studiert, bei Alexander von Humboldt und Carl Ritter, etwas, was ich mir selbst sehnlich gewünscht hätte. Er war als Naturforscher ins Tian-Shan-Gebirge gezogen, was ich auch gern getan hätte. Das Komische an ihm war, dass er die Geräusche von Hunderten von Insekten imitieren konnte, etwas, worum ich ihn nicht beneidete. Er war einfach ein bisschen verrückt, was häufiger vorkommt in den höchsten Kreisen. Ansonsten war wenig an ihm auszusetzen. Graf

Peter Petrowitsch Semjonow galt als liberaler, fortschrittlicher Großgrundbesitzer mit hohen politischen und moralischen Idealen, etwas, was wir alle sein wollen: links und reich. Er schien der wichtigste Berater des neuen Zaren zu werden und sollte tatsächlich eineinhalb Jahre später in der Kommission sitzen, die die Abschaffung der Leibeigenschaft vorbereitete. Außerdem war er Sammler erlesener Kunstwerke mit einer riesigen Kollektion holländischer Meister.

Und jetzt hätschelte er die Frau, die ich jahrelang geliebt und zu der meinigen hatte machen wollen. Ich hätte ihm am liebsten die Kehle durchgeschnitten, um zu spüren, wie sein Blut über meine Hände strömt. Besonders wegen dem, was ich in Dostojewskis Brief gelesen hatte: dass er viel und lobend über mich gesprochen hatte. Rivalen, die viel und lobend über einen sprechen, sind Feiglinge, die kein würdiges Ende verdienen. Mich widerte natürlich vor allem Katja an, doch das war schwerer zuzugeben.

Ich antwortete Fjodor Michailowitsch nicht. Jedenfalls nicht gleich und auch nicht in den darauffolgenden Monaten und Jahren. Ich war nicht böse, nicht traurig, nicht enttäuscht. Ich kann auch nicht sagen, dass ich etwas anderes, etwas Besseres, Wärmeres, Aufmunternderes von ihm erwartet hätte. Obwohl der Ton seines Briefes rebellisch war, begriff ich nur allzu gut, dass er eine grässliche Enttäuschung verarbeiten musste und mich, vielleicht auch wegen des elenden Beginns seiner eigenen Ehe, allen Ernstes vor Katja warnen wollte. Sie sei meiner Liebe nicht wert, schrieb er am Ende seines sechs Blätter zählenden Briefes; ich solle sie vergessen, ohne sie allzu sehr zu beschuldigen. Er riet mir, eine Stelle in einer Botschaft anzunehmen und längere Zeit im Ausland zu verbringen. Das sei sein Rat, der Rat eines Freundes.

»Entfliehen Sie mir nicht«, schrieb er mir zum Schluss, als vermute er, für die Aufrechterhaltung einer Freundschaft nicht die richtigen Worte gewählt zu haben, »entziehen Sie mir Ihr Vertrauen nicht und, um Himmels willen, schreiben Sie mir häufiger.«

Letzteres konnte ich nicht.

Ich dachte an den Kosakengarten. Die Selbstverständlichkeit des Kosakengartens war dahin. Der spontane und vertrauensvolle Umgang miteinander. Das Echte und Unverbrüchliche einer Freundschaft.

Ich holte tief Luft, bestellte einen Kabinenkoffer aus Korbgeflecht und bereitete mich auf meine Einschiffung vor.

Reise um die Welt

DER BEGINN DER EXPEDITION wurde immer wieder verschoben, als sähe niemand den Nutzen der Unternehmung ein. Diplomatie ist die Summe von Trödelei. Ursprünglich sollte ich im Februar nach Marseille reisen, um mich an Bord der *Askold* oder der *Wladimir* zu begeben, doch im Juni war ich noch immer in Sankt Petersburg.

Die Schiffe lagen bereits in einem südlichen Hafen, da die Wahrscheinlichkeit groß war, dass die Ostsee bis zum Frühjahr zugefroren blieb. Im Juni fuhr das Geschwader in die Häfen von Cherbourg und Brest, nach dem Sommer segelten die drei Korvetten, drei Klipper, die Fregatte und das Transportschiff nach Kopenhagen, um überholt zu werden.

Ich sollte, wie gesagt, der Sekretär des Expeditionsleiters werden und die diplomatische Korrespondenz in den Häfen und Ländern führen, die die Schiffe anliefen. In dieser Funktion war ich der Nachfolger des Schriftstellers Gontscharow. Er hatte an einer früheren diplomatischen Mission nach China und Japan teilgenommen und die zweijährige Reise an Bord der Fregatte *Pallas* gemacht. Teile seines Reiseberichts waren in verschiedenen Literaturzeitschriften erschienen; ich hatte sie verschlungen.[58] Niemals würde ich so eindringlich, bildhaft und kundig berichten können wie er. Nur Gott konnte mir die Kraft verleihen, meine Aufgabe ordnungsgemäß zu erfüllen und nicht mit dem Gesicht in den Schlamm zu fallen. Nun ja, auf See fiel man nicht in den Schlamm, aber in China und Japan natürlich schon.

Um die nötigen Instruktionen entgegenzunehmen, stattete ich Gontscharow im Sommer 1856 einen Besuch ab. Seine Reise hatte von September 1852 bis Juni 1854 gedauert; er war der Sekretär von Admiral Putjatin gewesen. Dieser hatte seine Aufgabe zwar gut erfüllt, die Japaner aber nicht dazu bewegen können, ihre Häfen ausländischen Schiffen zu öffnen. Genauso wenig war es ihm gelungen, diplomatische Beziehungen zwischen Russland und Japan zu knüpfen und die Grenzstreitigkeiten um die Insel Sachalin beizulegen. Daher musste eine neue Expedition auslaufen, diesmal unter dem Kommando von Kapitän zur See Pawel Alexandrowitsch Pereleschin.

Gontscharow empfing mich überaus herzlich, doch so sehr ich ihn auch anstarrte, ich sah keinen Schriftsteller in ihm. Ich war an Dostojewski gewöhnt, der Leidenschaft an den Tag legte oder Verärgerung oder schlechte Laune, in jedem Fall also einen Beweis emotionaler Anteilnahme. Für Gontscharow war alles wie die Asche seiner Zigarre, die er in einem fort von seiner Hose, seiner Weste, seinem Schlafrock und der Sessellehne klopfte. In seinem Reisebericht vermeldete er trocken, er kenne zwei Mittel gegen Sturm auf See: sich dagegenstemmen und sich eine frische Zigarre anzünden. So ein Mann war er.

Was hatte Dostojewski über ihn angemerkt? »Ein Gentleman (...) mit der Seele eines Beamten, ohne Ideen, und mit den Augen eines gekochten Fisches, den Gott wie zum Gelächter mit einem glänzenden Talent ausgestattet hat.«

Eine treffende Charakterisierung. Im Übrigen, als er mir das schrieb, war *Oblomow* noch nicht einmal erschienen.[59]

Meine Deutsch- und Französischkenntnisse würden mir von Nutzen sein, versicherte mir Gontscharow in dem freundlichen Versuch, mich zu beruhigen. Zumal in Japan. Sie hätten die Verhandlungen dort auf Niederländisch führen müssen, der einzigen Fremdsprache, die die Japaner einigermaßen beherrschten und die die beiden Russen, die Deutsch sprachen, einigermaßen verstehen konnten. Ihr Deutsch sei im Übrigen ein derartiges Kauderwelsch gewesen, dass es jede beliebige Sprache hätte sein können. Als Barón vón Wrángel – wie er mit Nachdruck sagte – hätte ich da bestimmt einen Vorsprung.

Bei den Japanern müsse man aufpassen. Schlaue Kerlchen. Während der Verhandlungen hätten sie gefragt, weshalb die Russen gekommen seien. Um der japanischen Regierung einen Brief der russischen Regierung zu überbringen. Darauf die Japaner: Warum seid ihr dann für *einen* Brief mit vier Schiffen gekommen?

Gontscharow musste sich den Bauch halten, um halbwegs beherrscht zu lachen. Ich bekam Lust auf die Reise.

Unser Flottengeschwader sollte das Kap der Guten Hoffnung umrunden und Kurs auf die Küsten Ostchinas und Japans nehmen. Nach einem erneuten Versuch, Beziehungen zu Japan zu knüpfen, sollten die Schiffe die Mündungen des Amur erkunden.

Möglicherweise würden wir auch noch die Zähne zeigen müssen, wenn die Chinesen den Vertrag nicht einhalten wollten, den sie mit Graf Murawjow-Amurski geschlossen hatten. In dem Fall sollte das Geschwader in der Bucht des Flusses Peiho aufkreuzen, den die Chinesen den Fluss Hai nennen. Dort würden wir nicht die Einzigen sein, alle Mächte hatten begehrliche Blicke auf das östliche Asien geworfen, und die Wahrscheinlichkeit war groß, dass wir in der Bucht auf Geschwader aus England, Frankreich oder den nordamerikanischen Staaten stoßen würden.

Im Juni 1856 war ich eingestellt worden, im Juni 1857 war ich noch immer nicht aufgebrochen. Entweder waren es Reparaturen, die das Auslaufen verzögerten, oder die chaotischen Vorbereitungen der Expedition. Fast alles musste aus Russland kommen, während die Schiffe in Kopenhagen lagen und warteten. Auch der Reiseplan änderte sich ständig. Wenn ich mich zum soundsovielten Mal im Außenministerium nach dem Stand der Dinge erkundigte, bekam ich zu hören, man dürfe eine solche Reise niemals von Russen organisieren lassen: Russische Beamte täten nichts oder widersprächen einander.

Eine meiner Aufgaben während der Expedition würde das Anlegen einer naturhistorischen Sammlung sein. Um mir Rat zu holen, suchte ich in Tegel den steinalten, halb gelähmten, aber immer noch neugierigen Alexander von Humboldt auf. Von seinem legendären *flux de bouche* war nur noch wenig übrig, durch einen Schlaganfall hatte er große Mühe mit dem Sprechen. Dennoch sagte er: »Ich wäre gern mit Ihnen nach Japan gefahren.«

Große Männer darf man nicht sehen, wenn sie alt sind, sie werden dann zu einem Schatten ihrer selbst. Von Humboldt hatte seine Würde bewahrt, konnte mir aber keinen Rat mehr erteilen. Unter einem Weltreisenden stellt man sich keinen Invaliden vor, niemanden, der auf

Hilfe angewiesen ist. Er war achtundachtzig, als ich ihn besuchte, und sollte knapp zwei Jahre danach sterben. Beim Abschied sagte er: »Machen Sie sich nicht allzu viele Sorgen im Leben; Sie werden auch sehr alt.«

Den Rest des Sommers verbrachte ich in Deutschland und Italien.

Mit Mademoiselle K. war es nichts geworden. Ich sah mich nicht an der Seite dieses Mädchens, ich kam nicht mit ihr zurecht. Ständig hing Katjas Schatten über ihr. Im Vergleich zu der Frau, die ich immer noch als meine große Liebe betrachtete, war sie ein Kind, das von nichts eine Ahnung hatte. Ich schrieb meinem Vater einen Brief, dass ich es wirklich nicht übers Herz brächte, dieses zarte Geschöpf meinen Launen auszusetzen, und ich schrieb einen Brief an die junge Baronesse, in dem ich ein pechschwarzes Bild meiner selbst zeichnete, um zu sagen, dass sie keinerlei Tadel treffe. Der Brief war noch nicht angekommen, da hatte ihre Familie schon einen anderen Kandidaten im Auge. Eine Heirat war ein bizarrer Kuhhandel in jenen Tagen. Mademoiselle K. war zudem eine entfernte Cousine von mir, weshalb meine Weigerung, sie zu heiraten, in der Familie große Aufregung verursachte. Mein Bruder Michail machte es schließlich gut, indem er ein anderes Mädchen der Familie K. heiratete und sie nach Finnland mitnahm, wo er zum Gouverneur ernannt worden war. Frau Gouverneur von Finnland war eine halbe Königin.

Um mich von all diesen ernsten Angelegenheiten zu erholen, stürzte ich mich erneut in ein Verhältnis. Vielleicht hoffte ich, dass Katja davon erführe. Unter all ihren Emotionen war Eifersucht die heftigste, und wenn es auch nicht aus Liebe war, so würde eine Portion Eifersucht sie vielleicht doch in meine Richtung treiben. Ich rechnete mir weiter Chancen aus, wider besseres Wissen.

Madame Z. kannte kein Zögern, geschweige denn Hemmungen. Mit ihr geriet ich von Ekstase in Trance. In Baden-Baden kam es dann auch sofort zum Skandal. Während ich mich zu ihr beugte, um sie auf den Hals zu küssen, liefen wir in der großen Halle des Kurhauses eng umarmt ihrem Mann vor die Füße. Zuerst empörte sich ganz Baden-Baden, in der Woche darauf ganz Petersburg.

Mein Vater tobte, und meine Geschwister waren beunruhigt und betrübt über mein Benehmen. Sibirien habe mir nicht gutgetan, lautete die einhellige Meinung in der Familie. Eine irrige: Der erzwungene Bruch mit Katja war schuld daran.

Im Herbst 1857 lief das Geschwader dann doch endlich aus. Mein Seemannsleben begann. Nie zuvor hatte ich einen Fuß auf ein Schiff gesetzt, nie zuvor hatte ich das Flappen von Segeln gehört, aber ich vertraute mich dem wogenden Schoß der See an, und nach ein paar Tagen war mir, als wäre sie schon immer mein Zuhause gewesen. Meine Aufsässigkeit ließ nach, meine Unruhe verschwand, und meine Tränen hatten keinen anderen Grund mehr als den salzigen Wind.

In der Innentasche meines Uniformrocks trug ich knapp zwei Jahre lang den Brief von F. M. mit mir, den er am 9. März 1857 nach seiner dramatisch verlaufenen Hochzeitsreise abgeschickt hatte. Wenn irgendetwas schieflief, las ich diese Passage: »Heftige Wendungen im Leben helfen immer. Ich war ein extremer Hypochonder, bin aber durch eine abrupte Umkehr in meinem Schicksal völlig genesen. Eine Reise ist ausgezeichnet.«

Ich spürte, wie ich durch diese Zeilen vollkommen ruhig wurde. Fjodor wachte doch noch ein wenig über mich, wie ein älterer Bruder, auch wenn allmählich ganze Kontinente zwischen uns lagen.

Die Reise um die Welt vertrieb die letzten kleinen Reste von Schwermut aus meinem Geist und lehrte mich zu relativieren, etwas, wozu Russen so schwer in der Lage sind. In Sibirien hatte ich zwar meine ersten Lebenserfahrungen gesammelt, doch die konnte ich in Asien ständig durch neue Eindrücke und überraschende Begegnungen ergänzen. Von allen Lebensschulen ist Reisen vielleicht nicht die beste – das dürfte die Liebe sein –, aber bestimmt die vielseitigste.

Mehr noch als bei der vorangegangenen Expedition lag das Hauptaugenmerk auf Japan und der asiatischen Küste Sibiriens. Ich will hier nicht weiter darauf eingehen; meine Erfahrungen werde ich in einem künftigen Buch, *Sibirische Erinnerungen,* beschreiben, das ich, wenn Gott mich leitet, vorhabe zu veröffentlichen.[60]

Zu Beginn des Jahres 1859 trat ich die Rückreise auf dem Landweg an. Über den zugefrorenen Amur ging es in Richtung Irkutsk. Es war eine andere Route als die, die Kuriere damals nahmen. Sie reisten zum Hafen Ajan am Ufer des Ochotskischen Meers und setzten dann ihren Weg mit Rentieren oder zu Pferd nach Jakutsk und Irkutsk fort. Ich hatte mich gemeldet, als Freiwilliger die neue, noch nicht erkundete Route auf dem Fluss auszuprobieren. Sie entpuppte sich im Winter als schwierig, gewunden, gefährlich und betörend schön. Einen Führer vor mir und einen Jäger hinter mir, legte ich die sechstausend Werst in einem von sechs Hunden gezogenen Schlitten zurück, in genau siebenundzwanzig Tagen.

Von Irkutsk aus schickte mich Generalgouverneur Murawjow-Amurski direkt weiter nach Sankt Petersburg, um Zar Alexander II. über die jüngsten diplomatischen Entwicklungen im Osten Sibiriens und an der Grenze zu China und Japan zu unterrichten. Ende März erreichte ich die Hauptstadt zu Pferd.

Ich kleidete mich hastig um und begab mich zum Winterpalast, um das Schreiben persönlich zu überreichen. Während ich darauf wartete, vom Zaren empfangen zu werden, schlief ich vor Müdigkeit ein. Der Außenminister, Fürst Gortschakow, schüttelte mich wach. Als Dank für die Mühe, die ich auf mich genommen hatte, um Petersburg möglichst schnell zu erreichen, bekam ich einen scharfen Anpfiff. So, direkt von der Straße, hätte ich nicht mit Pelzmütze, Pelzmantel und Pelzstiefeln vor dem Zaren erscheinen dürfen. Ich brachte noch hervor, dass ich nichts anderes bei mir hätte als diese Pelzstiefel, den Pelzmantel und meine *dacha*, die hohe kegelförmige Persianermütze. Das war mein größter Fehler.

»Danken Sie Gott, dass Zar Alexander regiert«, sagte der Minister zu mir. »Wenn es Kaiser Nikolaus Pawlowitsch gewesen wäre, hätten Sie fünf Tage Arrest bekommen oder eine Woche Wache, wie es vielen Beamten passiert ist, die Nachlässigkeit bewiesen haben oder nicht in vorgeschriebener Kleidung erschienen sind.«

Ich war wieder in der zivilisierten Welt.

Den ganzen Sommer über versteckte ich mich, soweit das in Sankt Petersburg möglich ist.

Dostojewski schrieb mir als Erster, am 22. September. Er habe von seinem Bruder vernommen, dass ich von meiner Weltreise zurück und direkt in Katjas Arme gelaufen sei.

Das stimmte.

Ich war um die ganze Welt gereist, um sie zu vergessen. Die Erste, die auf mich zukam, als ich den Newski Prospekt entlangging, war sie.

Mir blieb das Herz stehen. Sie war schöner denn je. Ich umarmte sie, sog ihren Duft ein, wurde verrückt vor Entzücken und sagte mir: Alexander, pass auf.

»Liebling«, flüsterte sie mir ins Ohr.

Und ich sagte ohne das geringste Zögern, als hätte ich es Dutzende von Malen einstudiert: »Meine ewige Freundin, wie schön, Sie bei guter Gesundheit wiederzusehen.«

Ich spürte, dass sie erschrak, doch wenn es ums Theaterspielen ging, war sie kaum zu schlagen. Sie löste sich aus meinen Armen, sah mich an, täuschte Bewunderung vor und lächelte. Ich konnte es nicht lassen, sie zu küssen.

In der Zeit, als ich von Irkutsk nach Petersburg ritt, hatte Dostojewski seinen Abschied vom Militärdienst genommen. Als Grund hatte er seine labile Gesundheit angegeben. Ein Jahr nach seiner Heirat hatte er erneut einen schweren Epilepsieanfall erlitten und dazwischen mehrere kleinere. Wie er mir schrieb, litt er auch häufig unter schmerzhaft aufplatzenden Hämorrhoiden.

Am 30. Juni 1859 verließ er zusammen mit seiner Frau Semipalatinsk. Für die Rückreise nach Russland benötigten sie eineinhalb Monate. Der erste Halt war Omsk, wo sie Pawel abholten. Er hatte zwei Jahre in der Kadettenschule verbracht, wollte aber nicht als Einziger der Familie in Sibirien zurückbleiben. Dass sein Stiefvater ihn in die Militärschule gesteckt hatte, hatte er als gezieltes Fernhalten von seiner Mutter empfunden. Er bestand darauf, mit ihnen nach Russland zu reisen. Pascha war inzwischen zwölf, und wenn ich seinem Stiefvater glauben durfte, spielte er sich schon genauso auf wie ein Heranwachsender.

Die Fahrt von Omsk nach Russland legten die Dostojewskis in einer Tarantas zurück, begleitet von einem Führer und einem Kutscher. Die Straße war, wie ich selbst erlebt hatte, sehr schlecht. Zwischen Tjumen und Perm erlitt Fjodor Michailowitsch zwei Anfälle; die Kutsche hielt gut durch.

Sie überquerten den Ural und passierten gegen fünf Uhr nachmittags die Grenze zwischen Asien und Europa. Ein Marmorpfahl mitten in einem Wald zeigte an, dass sie wieder auf den alten Kontinent kamen; neben dem Pfahl saß ein Invalide in einer *izba*.

Ebendiesen Mann hatte auch ich in der kleinen Hütte sitzen sehen, aber ich hatte nicht haltgemacht. Dostojewski tat es, er kniete nieder, bekreuzigte sich und dankte dem Herrgott, dass er ihn nach einer langen Reise durch die Wüstenei ins Gelobte Land zurückgeführt hatte. Die Sonne schien, es war ein warmer Sommernachmittag, und Fjodor dachte an die nunmehr zehn Jahre zurückliegende Winternacht, als er diese Strecke in Ketten und bei heulendem Schneesturm zurückgelegt hatte. Er trank mit dem Invaliden, dem Führer und dem Kutscher Orangenlikör, bis sie alle vier betrunken waren.

In Kasan ging den Dostojewskis das Geld aus, und sie mussten zehn Tage warten, bis Bruder Michail neues geschickt hatte. Als der Scheck endlich da war, reisten sie über Nischni Nowgorod und Wladimir nach Sergijew Possad.

Bis zu seinem zehnten Lebensjahr war Fjodor alljährlich mit seiner Mutter zum Kloster von Sergijew Possad gepilgert. Es lag achtzig Werst von ihrem damaligen Wohnort

Moskau entfernt.[61] In der Dreifaltigkeitskathedrale, der Mariä-Himmelfahrts-Kathedrale und der Sergius-Kirche hatte er die Kerzen entzündet, die seine Mutter ihm gereicht hatte. Achtundzwanzig Jahre waren vergangen; jetzt war er wieder da. Dennoch verspürte er keine Rührung.

Ich kann das verstehen. Meine Mutter starb, als ich achtzehn war, seine Mutter, als er fünfzehn war. Wir versuchten beide, möglichst wenig an unsere Kindheit und Jugend zurückzudenken.

Fjodor war nach Sergijew Possad gefahren, weil ihm verboten worden war, Moskau zu betreten. Er musste einen Bogen um seine Geburtsstadt machen; also hatte er eben in Sergijew Possad haltgemacht.

Ich bin wieder im heiligen Russland, sagte er sich. Er bestaunte die Kleider der Zaren, die in einem der Klostergebäude ausgestellt waren. Es war das beste Mittel, um die Bilder von seiner Mutter zu vertreiben – ich hätte das Gleiche getan. Erinnerungen sind nie willkommen, wenn sie Verluste betreffen.

Schließlich reisten sie weiter nach Twer.

Natürlich wollte Dostojewski sein altes Leben in Sankt Petersburg wieder aufnehmen, doch so weit war die Obrigkeit noch nicht. Ihm war Twer als Wohnort zugewiesen worden – Twer, das näher bei Moskau lag als bei Petersburg.

Mitte August zog er mit Maria und Pawel in eine möblierte Wohnung. In der kleinen Stadt an der Eisenbahnlinie Moskau–Petersburg wurde er unter polizeiliche Aufsicht gestellt. Moskau oder Petersburg zu betreten war ihm weiterhin untersagt.

Twer hasste er schon nach wenigen Tagen. Zu klein, zu beengt und dazu auch noch so weit von der großartigen, weitläufigen Hauptstadt entfernt.

»Mein guter Freund Alexander Jegorowitsch«, begann er seinen Brief, »ich wollte Ihnen nicht schreiben, konnte jedoch der Verlockung nicht widerstehen. Nun gut, was kann man schon schreiben nach einer vierjährigen Trennung? Erst müssen wir uns wiedersehen, und wie glücklich war ich über die Nachricht, dass Sie (wie ich von meinem Bruder vernahm) erwägen, auf einen Sprung vorbeizuschauen, auch wenn es, mein unschätzbarer Freund, nur für einen Tag ist. Wir haben einander so viel zu erzählen! Und für einen Herrn, der die ganze Welt bereist hat, muss eine Zugfahrt von Petersburg nach Twer eine Kleinigkeit sein.«

Mir stiegen die Tränen in die Augen, als ich das las.

Was mich rührte, war nicht die Tatsache, dass er mir als Erster schrieb, sondern der Ton. Er sprach wieder mit mir wie im Kosakengarten.

»Alexander Jegorowitsch, wir müssen einander bald sehen. An schönen Erinnerungen wird es uns nicht mangeln. Obwohl es natürlich anders sein wird als in der Zeit, als ich Sie um neun Uhr abends begleitete, wenn wir vom Kosakengarten zu Ihrer Wohnung zurückgingen. Ob wir einander noch so gut verstehen werden wie damals? Wir waren einander so verwandt!«

Wenn er daran zurückdenke, bekomme er fast wieder Sehnsucht nach Sibirien.

Aber ich müsse mich vor Katja hüten. Es wäre katastrophal, wenn ich ihr in Petersburg erneut in die Arme liefe. Er zitierte aus *Russisches Lied* des Dichters A.V. Koltsow:

Keine Blume blüht nach dem Herbst

Der richtige Wortlaut war: *Kein Gras wächst nach dem Herbst | Keine Blume blüht im Winter, unter dem Schnee,* aber ach, das spielte keine Rolle; ich verstand, was er meinte. Nach einer sehr langen Reise waren wir beide in das uns vertraute Russland zurückgekehrt. Alles war erkennbar, und trotzdem war vieles nicht mehr dasselbe.

Über Maria Dmitrijewna schrieb er mir so gut wie nichts. Ja, sie hätten in den vergangenen drei Jahren oft von mir gesprochen. Maria wolle mich gern wiedersehen. Sie sei ständig krank. Das war alles. Nur, dass sie ständig krank war.

Die Glut von Petersburg

ICH NAHM NICHT SOFORT DEN ZUG nach Twer. Es dauerte sieben Tage, bis ich ihm schrieb. Zweifellos eine Mischung aus Groll und Empfindlichkeit. Es fuchste mich, dass er mich sofort wieder vor Katja warnte. Auch schien es mir schwierig, mich Maria gegenüber normal zu verhalten, nach allem, was ich brieflich über sie vernommen hatte. Mich beschlich das Gefühl, alles würde wieder von Neuem beginnen, er könne wieder über Katja herziehen, während ich brav den Mund über seinen Engel Marja zu halten hätte.

Es passte schlecht, dass Fjodor ausgerechnet in jenem September den Kontakt wieder aufnahm. Während meiner Weltreise hatte mein Vater eine neue Tätigkeit übernommen. Er fand sich noch zu jung, um als bedauernswerter Witwer herumzusitzen und den Kopf hängen zu lassen, und hatte die Ernennung zum Schuldirektor im Bezirk Wilnius angenommen. Den größten Teil des Jahres wohnte er mit meinen jüngeren Schwestern in Litauen.

Doch ausgerechnet im September kehrte mein Vater zusammen mit Anastasia und Dascha nach Terpilitsy zurück. Ich packte daher eiligst meine Siebensachen und schlüpfte bei einem Bekannten in Petersburg unter. Um des lieben Friedens willen schien es mir besser, so wenig wie möglich unter demselben Dach zu leben.

Kaum zurück, wollte mein Vater unsere Güter mit mir inspizieren. Das Gesetz zur Abschaffung der Leibeigenschaft war in Vorbereitung; als Ausgleich sollten die Grundbesitzer eine kleine Entschädigung erhalten, was viel Verwaltungsaufwand mit sich brachte. Die leibeigenen Bauern mussten mit Namen und Alter in ein Register eingetragen und die Ländereien genau beschrieben werden, weil es kein Kataster gab. Neben Terpilitsy besaß die Familie auch noch Güter in Torosowo und Lopets.

Aber das waren Ausflüchte. Ich fand es schwierig, die Freundschaft mit Dostojewski einfach so wieder aufzunehmen.

Kurz bevor ich mich mit meinem Vater auf den Weg machte, tauchte ich die Feder in die Tinte und schickte Fjodor Michailowitsch einen kurzen, freundlichen, aber wenig entgegenkommenden Brief.

Es freue mich zu hören, dass er in Twer sei, so begann ich. Seit dem Moment unseres Auseinandergehens hätte ich nie mehr so einen Freund gehabt wie ihn, einen Freund, bei dem ich mir alles von der Seele reden könne. Ich hätte eine großartige Frau kennengelernt. Wirklich ein Engel. Ihr Mann sei eifersüchtig und quäle sie und mich. Es sei uns nicht einmal vergönnt, auf Bällen in aller Ruhe miteinander zu reden. Bei Madame Z sei es im Übrigen kaum anders als bei Madame X: Ich sei zu den verrücktesten Dingen imstande. Madame X – also Katja – sei ich ein paarmal in der Stadt begegnet. Wir seien Freunde geworden. Von meiner Seite aus sei es eine kühle Freundschaft. Sie hingegen scheine schon Lust zu haben, die Vergangenheit wieder aufleben zu lassen, aber es könne auch sein, dass ich mich irrte.

Zwischen meinem Vater und mir laufe es besser. Ich hätte ganz allein fünfzehnhundert Silberrubel verdient und ihm damit Geld gespart. Er könne das überall herumerzählen: dass ich ihm Geld gespart hätte. So etwas zähle für meinen Vater.

Ich erkundigte mich nach F. M.s Gesundheit, ich fragte, was Maria und Wanja machten. Der Brief war bereits abgeschickt, da fiel mir ein, dass der Junge nicht Wanja, sondern Pascha hieß. Ich war wirklich nicht ganz bei der Sache gewesen.

Quant à moi, fuhr ich auf Französisch fort, *je suis resté le même*, im einen Moment trübsinnig, niedergeschlagen, schweigsam, im anderen zum Lachen aufgelegt und fröhlich wie ein zweijähriger Lausbub. Bei mir hänge das von Nichtigkeiten ab, von einem grauen Himmel, einer brummenden Fliege, einem Wort, das mir achtlos an den Kopf geworfen würde – so nervös sei ich nun mal. Ich fühlte mich krank, verbittert und alt oder eher noch überdrüssig, was schlimmer sei …

Alles auf Französisch, wie auch er es tat, wenn er über seine tiefsten Gefühle schrieb.[62]

Ich warnte ihn, dass ich ihn nicht bei mir empfangen könne, wenn er nach Petersburg käme. Mein Bett sei sogar für einen zu klein. Ich suchte ständig Unterschlupf bei netten Leuten, irgendwann würde ich mich etablieren und zur Ruhe kommen, doch so weit sei es noch nicht.

Während ich mit meinem Vater von einem Gut zum anderen reiste, suchten Beamte des Außenministeriums nach mir. Eine Woche lang durchkämmten sie alle Viertel von Petersburg. Sie wollten mich mit Aufträgen nach Peking und Japan schicken. Als ich in die Hauptstadt zurückkehrte, war bereits ein anderer an meiner Stelle gefahren. Gott allein weiß, ob das besser für mich war; ich wärmte mich an der Vorstellung, noch einige Monate in Petersburg bleiben zu können.

Ich war noch immer im diplomatischen Dienst. Zunächst sollte ich eine zweite Reise um die Welt machen, doch letzten Endes wurde ein Neuling für die Expedition ausgewählt. Während ich auf die nächste Mission wartete, musste ich ein paar kleine Aufträge ausführen. Keine große Verantwortung, unbedeutende Dinge. Ich begann schon zu glauben, dass keine glänzende Karriere vor mir läge: Es ist nicht jedem gegeben, Minister oder Botschafter zu werden.

Neben meinen beruflichen Pflichten musste ich Dinge für meinen Vater erledigen. Wegen seiner Stelle in Wilnius hatte er zahlreiche Verantwortungsbereiche in die Hände von Fremden gelegt, und gleichzeitig wollte er sich in alles einmischen. Er handelte auf gut Glück. Zu mir hatte er keinen Funken Vertrauen, alles, was ich machte, hätte er viel besser gemacht. Er fragte mich nie, wie es mir gehe. Wenn er mich beim Frühstück traf, fragte er: »Alles bestens?« Eine Antwort wartete er gar nicht erst ab. Das Einzige, was ihn interessierte, war, wen ich heiraten würde. Meine Eheschließung wurde für ihn zur Obsession. Ich war der älteste Sohn, doch hinsichtlich der Zukunft meiner Brüder war er genauso besorgt, und er machte einen Freudensprung, als meine Schwester Anastasia mit einem Manderstjern nach Hause kam. Eine sehr gute Familie – sie heirateten 1859.

Ich begegnete Katja in einem der Parks von Peterhof. Sie fragte, ob sie ein Stück mit mir gehen dürfe. Es war kalt, der erste Schnee war gefallen. Sie trug einen Pelzmantel, eine Pelzmütze und pelzverbrämte Stiefel. Die Kälte verlieh ihrem Gesicht einen marmornen Ton.

Wie selbstverständlich bot ich ihr meinen Arm, wie selbstverständlich schob sie ihre Hand unter meinem Ellbogen durch. Ihr Handschuh reichte bis zur Hälfte ihres Unterarms, und trotzdem spürte ich die Wärme ihrer Finger durch meinen Mantelärmel.

Wir gingen mit ruhigen Schritten, die dünne Schneeschicht knirschte unter unseren Sohlen. Ich wartete, bis sie die erste Frage stellte, wusste ich doch, wie sie lauten würde.

»Liebst du mich noch, Alexander?«

Vierzig, fünfzig Schritte lang antwortete ich nicht. Ich atmete tief ein und blies die warme Luft aus, sie blies ihren dampfenden Atem direkt in meinen. Es war ein nettes Spiel – alle Spiele mit Katja waren lustig gewesen.

Liebte ich sie noch?

»Zweifellos«, sagte ich. »Wir können in ein Hotel gehen und uns ein Zimmer nehmen. Ich werde Sie die ganze Nacht lieben und den ganzen nächsten Tag. Aber nach zwei Tagen wird es vorbei sein. Aufgebraucht. Verschwunden. In dieser Hinsicht hat sich mein Herz nach irgendeinem physikalischen Gesetz verändert: Je mehr Spannung, desto schneller nehmen die Kräfte ab.«

Sie lächelte überlegen, als amüsierte es sie eher, als dass es sie traf.

»So warst du früher nicht, Alexander. Weder in Barnaul noch während jenes wunderbaren Sommers in Peterhof. Es war dir nie genug, nie genug. Das heilige Feuer sollte noch höher lodern, die Innigkeit war noch lange nicht innig genug. Was ist anders geworden?«

Ich holte tief Luft. Schnaubte.

»Ein Duell. Ihr Gatte, der Sie nach Barnaul mitnahm.«

»Ach was. Nichtigkeiten.« Sie lachte laut. »Du bist auf Weltreise gegangen und wolltest eineinhalb Jahre später wieder in Barnaul sein. So war es doch, oder? Ich habe auf dich gewartet.«

Ja, im Bett des Grafen. Schlecht über mich redend.

Doch das sagte ich nicht.

Die ganze Zeit hämmerten die Bemerkungen auf mich ein, die Fjodor Michailowitsch mir übermittelt hatte: dass sie mich aufgeblasen fand, selbstgefällig, kokett. Ich hätte ihr diese Worte gern ins Gesicht geschrien, bekam sie aber nicht über die Lippen.

Dann siegte die Ironie über die Gefühle.

»Ich bin auf die andere Seite des Globus gefahren, um Sie zu vergessen. Es ist mir nicht gelungen. Schließlich fand ich nur *einen* Weg, einen Schlussstrich unter unsere Liebe zu ziehen. Sie wissen aus Erfahrung, welchen.«

»Du machst mich neugierig.«

Sie lachte nur noch halb.

»Ich suchte und fand die Liebe einer anderen Frau.«

»Du meinst, du wirst ein anständiges Mädchen heiraten, das dein Vater für dich gefunden hat. Aber das ist doch völlig egal!«

»Ich suchte und fand Ihr Ebenbild. Eine verheiratete Frau aus der obersten Gesellschaftsschicht. Eine Frau, die viel älter ist als ich. Eine Frau mit der Leidenschaft von drei Kurtisanen.«

»Wie heißt sie?«

»Wollen Sie das wirklich wissen?«

»Du hast recht: besser nicht. Darf ich grob sein?«

Und ohne meine Antwort abzuwarten: »Du bist und bleibst ein Rotzbengel, Alexander. In deinem Alter ist das beunruhigend. Wie alt bist du inzwischen? Sechsundzwanzig? Siebenundzwanzig? Du könntest schon Vater von vier Kindern sein. Du begreifst nicht, dass es Fassaden gibt, hinter denen wohlerzogene Menschen sich verstecken und hinter denen sie glücklich sein können. Stattdessen glaubst du an Ehrlichkeit. Siehst du dich denn nie um? Warst du nicht Staatsanwalt? Dann müsstest du wissen, dass Ehrlichkeit eine Kraft ist, die alles zerstört. Wenn ich auf dich gehört hätte, würde ganz Barnaul und ganz Petersburg uns die kalte Schulter zeigen. Oh nein, ich wollte deinetwegen nichts aufgeben und zugleich alles. Du hast nichts kapiert. Ich habe meinen Mann über das Duell informiert, ich habe ihn zum Marquis geschickt, um dein Leben zu retten. Ich bin bis zum Äußersten gegangen und habe meine Ehe für dich aufs Spiel gesetzt. Aber das hat dir nicht gereicht. Solltest du je noch mal erwachsen werden, dann komm noch mal zu mir. Bis dahin will ich dich nicht mehr sehen.«

Sie sah mich an, als würde ich nach verfaultem Fisch stinken, und stieß mich weg.

Am selben Abend beeilte ich mich Fjodor zu schreiben, er könne beruhigt sein, mein Verhältnis mit Madame X gehöre endgültig der Vergangenheit an.

»Ich bin ihr begegnet«, schrieb ich, »wie alte Freunde einander zu begegnen pflegen. Was war, kehrt nicht mehr zurück. Meine Seele ist zu leer, und bei ihr ist das heilige Feuer anscheinend für immer erloschen. Ernsthafte Zuneigung zu empfinden, dazu bin ich leider nicht mehr imstande.«

Ihm falle ein Stein vom Herzen, ließ er mich wissen.

Fjodor Michailowitsch dürfte sich seine Rückkehr nach Russland glorreicher vorgestellt haben. Maria blieb krank, Pawel querköpfig. Er bat seinen ältesten Bruder, nach Twer zu kommen; Michail verschob seinen Besuch vier-, fünf-, sechsmal und sagte zu jedem in Petersburg, es sei nicht nötig, nach Twer zu reisen, da Fjodor in Kürze in der Hauptstadt sein würde. Sein jüngster Bruder ließ nichts von sich hören, seine Schwestern mieden Twer, vermutlich um Maria nicht kennenlernen zu müssen.

Um die Verbindungen zu literarischen Kreisen neu zu knüpfen, lud Fjodor seinen alten Freund Apollon Maikow ein. Der Dichter sagte seine Bahnfahrt im letzten Moment ab. Ich versprach F.M., ihn in Twer zu besuchen, sobald ich könne; jedes Mal kam etwas dazwischen.

Er ließ sich nichts anmerken. »Wegen des ständigen Besuchs«, schrieb er mir, »komme ich in Twer kaum zum Arbeiten.«

Da bekam ich Mitleid mit ihm und fand, ich sei ein wertloser Freund. Ich ließ F.M. die Wahl: Entweder würde ich nach Twer kommen, oder ich würde meine gesamte freie Zeit darauf verwenden, seine Rückkehr nach Petersburg zu beschleunigen. Er wählte Letzteres und schickte mir sogleich eine Liste mit Dingen, die ich für ihn erledigen sollte.

Ich sollte zu seinem Bruder gehen, um ihn anzutreiben. Er hatte Michail zu seinem Literaturagenten und Interessenvertreter befördert: Mit dem Geld, das dieser mit seiner Zigarettenfabrik verdient hatte, sollte er einen Verlag und eine Literaturzeitschrift gründen. Bevor es so weit war, sollte er ein paar Erzählungen in anderen Literaturzeitschriften unterbringen. Am besten erschien es ihm, mit der Erzählung zu beginnen, der er den Titel »Kindermärchen« gegeben hatte, nicht zuletzt in der Absicht, den Zensor mild zu stimmen. Noch immer galt das Publikationsverbot für seine Werke, doch mit einem lustigen

Märchen, mit dem er bereits während seiner Haft in der Peter-und-Paul-Festung begonnen hatte, glaubte er, kein Risiko einzugehen. Die Erzählung sollte letzten Endes »Ein kleiner Held« heißen. Danach sollten die Romane *Onkelchens Traum* und *Das Gut Stepantschikowo und seine Bewohner* als Fortsetzungsromane veröffentlicht werden. Humoristische Geschichten ohne die geringsten politischen Implikationen. Erst wenn er wieder im Besitz aller seiner Rechte sein würde, wollte er versuchen, *Aufzeichnungen aus einem Totenhaus* durch die Zensur zu bekommen.

Den ganzen Plan hatte er Punkt für Punkt Michail vorgelegt, doch sein Bruder startete nicht durch. Vielleicht sagte ihm sein Vorgefühl, dass Literaturzeitschriften und Verlage prekäre Geschäfte sind und man nur die geringsten Schwierigkeiten mit dem Zensor bekommen musste, um ein Publikationsverbot zu riskieren. So gut lief es mit seiner Zigaretten- und Zigarrenfabrik nicht, er fürchtete ein finanzielles Debakel – das ihn einige Jahre später tatsächlich ereilen sollte.

Michail stand mir nahe. Ich stachelte ihn nicht zu sehr an, sagte ihm aber, dass ich große Teile aus *Aufzeichnungen aus einem Totenhaus* kannte und dass das Buch keinen Leser unberührt lassen würde. Das machte ihn, glaube ich, noch zögerlicher. Daraufhin schlug ich vor, dass ich, falls die Zensur zu viel in *Aufzeichnungen* streichen würde, das Manuskript über Prinz Oldenburgski der Zarin Maria Alexandrowna zur Lektüre zukommen lassen würde. Ich sei hoffnungsvoll, dass es dann gelingen würde. Damit überzeugte ich Michail: *Aufzeichnungen aus einem Totenhaus* sollte ein Jahr später in den ersten Ausgaben der von Michail gegründeten Zeitschrift *Wremja* erscheinen.

Fjodor wollte auch, dass ich bei Nekrassow vorbeischaute, dem er *Das Gut Stepantschikowo* geschickt hatte, damit dieser es in seiner Zeitschrift *Sowremennik* abdruckte. Vergebliche Liebesmüh, warnte Michail mich, Nekrassow interessiere sich mehr für die Karten als für Erzählungen und Gedichte, er sei ein eingefleischter Pokerspieler. Hinterher stellte sich heraus, dass Nekrassow nichts von dem Manuskript gehalten hatte und Dostojewski passé fand: Dem Verfasser von *Arme Leute* würde nach seiner festen Überzeugung nie wieder ein großer Roman gelingen.

Diese Art von Eifersüchteleien war nichts für mich, ich musste konkrete Dinge in Angriff nehmen. Ich beschloss, mich auf die administrativen und juristischen Schritte zu konzentrieren, die Dostojewskis Rückkehr in die Hauptstadt ermöglichen sollten.

Fjodor schlug mir vor, erneut Totleben einzuschalten. Er schrieb ihm einen Brief und bat mich, ihn persönlich bei Totleben abzugeben. Das war weniger einfach, als es scheint; Totleben war schwer krank und verbrachte die meiste Zeit in seinem Geburtshaus in Riga. Als ich hörte, dass er für kurze Zeit wieder in Petersburg war, lag ich selbst mit Grippe im Bett. Aber ich schickte einen meiner Onkel zu ihm.

Natürlich sei er bereit zu helfen! Es wundere ihn, dass Dostojewski noch keine Genehmigung erhalten habe, sich in der Hauptstadt niederzulassen. Er werde sich sofort an den Gendarmeriechef wenden und an den Chef der Dritten Abteilung. Im Handumdrehen wäre das geregelt.

Das wäre es tatsächlich gewesen, wenn Dostojewski nicht von sich aus eine andere Initiative ergriffen hätte. Ohne Vermittlung irgendeines Ministers hatte er einen

Brief an den Zaren gesandt. Er kam dem Imperator zu Gesicht, doch nun geriet die Bürokratie in große Verwirrung: Wer sollte welche Maßnahme auf wessen Verantwortung ergreifen? Die verschiedenen Behörden spielten noch zwei Monate lang Katz und Maus. Wenn F. M. sich ruhig verhalten hätte, wäre es schneller gegangen.

Schließlich gab Totlebens Intervention den Ausschlag.

Freude bei Fjodor: Ich war wieder sein »großartiger« Freund, für den er »immense Sympathie« empfand.

Im Dezember 1859 erhielt Dostojewski seinen Adelstitel und seine Rechte zurück und konnte sich in Sankt Petersburg niederlassen, genau zehn Jahre nach der Scheinexekution. Mit seiner Frau und seinem Stiefsohn zog er in eine Wohnung, die er mit wenigen Möbeln nach eigenem Geschmack einrichtete. Maria engagierte einen Koch, weil sie Angst hatte, allein mit Dostojewski unter einem Dach zu wohnen. Außerdem war ein eigener Koch schick.

Mit einem üppigen Mahl wurde das neue Heim eingeweiht. Anwesend waren der Dichter Apollon Maikow, Michail Dostojewski mit Frau und Kindern sowie Nikolai Speschnew.

Ja, Speschnew. Der böse Geist des Petraschewski-Zirkels, der Terrorist in spe, der zweifellos dazu beigetragen hatte, dass Fjodor Michailowitsch eine so schwere Strafe erhalten hatte. »Mein Mephisto«, hatte Fjodor ihn einmal genannt. Speschnew war am selben Tag nach Petersburg zurückgekehrt.

Wundersamer Zufall; die Leute von der Dritten Abteilung, die die beiden einstigen Revolutionäre Tag und Nacht beschatten mussten, haben vermutlich an ein neues Komplott gedacht. Morgens angekommen, abends zu Tisch bei Dostojewski, als hätte es weder Verbannung noch Straflager und Zwangsarbeit gegeben. Sie aßen dasselbe Essen, tranken aus derselben Flasche und tauschten ihre Sibirien-Erfahrungen aus.

Dostojewski war immerhin so klug, mir nichts darüber zu schreiben, seine Post wurde immer noch Zeile für Zeile kontrolliert. Er erzählte mir später lediglich: »Der Erste, den ich in Petersburg wiedersah, war Speschnew. Können Sie sich das vorstellen?«

Ich vermute, er hat sich seinen bösen Genius noch einmal gut angesehen. Sicherheitshalber. Um zu prüfen, ob er sich nicht irrte. Ich selbst sollte Speschnew nie mehr begegnen, aber ich erkannte ihn viele Jahre später mühelos in Stawrogin wieder: Er speiste die Hauptfigur aus *Die Dämonen* mit seinen eitlen Zügen und giftigen Ideen.

An jenem Abend kurz vor Weihnachten war ich in Terpilitsy, um einen Konflikt mit meinem Vater beizulegen. Den soundsovielten. Wieder in Petersburg, zog ich bei meinem Bruder Michail ein. Er hatte die Militärakademie abgeschlossen und war bei der Garde-Kavallerie angetreten. Viel Platz hatte er nicht, doch ich konnte das eine von seinen zwei Zimmern nehmen.

Im Januar 1860 sah ich Fjodor Michailowitsch wieder. Er wohnte in der Gorochowajastraße, nicht weit von mir entfernt. Ein blöder Name für die Visitenkarte, die Erbsenstraße, doch für einen Schriftsteller, der jeden Tag einen langen Spaziergang machte, um Inspirationen zu sammeln, war es der ideale Ort: Die Gorochowaja lag direkt im Stadtzentrum und stellte die Trennungslinie zwischen den Volksvierteln und den besseren Gegenden dar.

Maria Dmitrijewna war nach Moskau gezogen. Mit ihrer schwachen Lunge hielt sie es im feuchten Petersburger Klima nicht aus.

»Sie quälte sich mit ihrer Gesundheit, mit ihrer Eifersucht und mit ihrem launischen Wesen herum«, brummelte F. M. »Sie war in allem *capricieuse.*«

Er gab jetzt unumwunden zu, die falsche Frau geheiratet zu haben. Ich hielt wohlweislich den Mund. Nie hatte ich in dieser Verbindung auch nur das geringste Glück für Fjodor Michailowitsch gesehen und im Übrigen auch nicht für Maria Dmitrijewna. Für ihn war es eine große Last, die ihm für Jahre die Seelenruhe raubte. Wie oft hatte ich in Semipalatinsk versucht, ihn aus seinem Liebeswahn wachzurütteln. Er wollte nicht auf mich hören; in seiner Vorstellung trug Maria einen Heiligenschein. Davon war nur noch wenig übrig.

Maria hatte sich genauso getäuscht. In Petersburg war ihr bitter aufgestoßen, wie wenig Menschen ihren Mann kannten. Wenn er die Straße entlangging, grüßte ihn niemand und niemand kam auf ihn zu. Sie hatte geglaubt, mit einer Berühmtheit verheiratet zu sein, doch sie ging neben einem Schatten her.

»Ich weiß nicht, was sie in Moskau will«, sagte Dostojewski zu mir, und es schien ihn auch nicht sonderlich zu interessieren. »Ich konnte sie nicht davon abhalten.«

Für seinen Stiefsohn Pawel hatte er eine gute Lösung gefunden, wenngleich es ihn viel Mühe gekostet hatte.

»Der Junge treibt mich zur Verzweiflung und macht mich ganz trübsinnig.«

Ein Bittgesuch nach dem anderen hatte er für Pawel verfasst. Zu guter Letzt hatte er an den Zaren geschrieben, um den Allergnädigsten Herrscher zu bitten, den Jungen auf Staatskosten in einem der Petersburger Gymnasien oder einem der Petersburger Kadettenkorps unterzubringen. »Sie, mein Kaiser, sind wie die Sonne, die über

Gerechte und Ungerechte scheint. Sie haben bereits Millionen Ihres Volkes beglückt – beglücken Sie auch das arme Waisenkind (…).«

Es hatte geholfen. Zu Pawels Ärger, der lieber in der Nähe seiner Mutter geblieben wäre. Jetzt saß er als Internatszögling auf einem Gymnasium.

Fjodor Michailowitsch schrieb an einem großen Roman, der in einem nicht näher genannten Städtchen spielte, für das Semipalatinsk mehr oder weniger Modell stand. Ich vermutete, dass es sich um *Frühjahrsliebe* handelte, das Buch, das er schon mehrmals angekündigt hatte und das unser Leben in der Steppe beschreiben sollte. Er löste sich schon bald von der ursprünglichen Idee und machte aus dieser Erzählung *Erniedrigte und Beleidigte*. Er arbeitete hart daran. Wir sahen einander trotzdem häufig. Er schrieb nachts, stand um zwei Uhr auf und schrieb dann wieder den ganzen Nachmittag und Abend. Wenn ich am späten Nachmittag bei ihm vorbeischaute, sagte er meist: »Ah, Sie erlösen mich aus meinem Leiden. Lassen Sie uns hinausgehen.« Wir gingen ein Stück spazieren, tranken ein paar Tassen in einem Kaffeehaus – keinen Tee, er war inzwischen süchtig nach Kaffee – und gingen dann jeder unseres Weges.

Es waren stets kurze Begegnungen. Wir taumelten beide im Petersburger Trubel umher. Er war sehr beschäftigt mit einer Schauspielerin namens Alexandra Iwanowna Schubert. Ich konnte das gut verstehen, nach all den Jahren an fernen Orten wollte er nicht noch einmal Gesellschaft von einem traurigen Vögelchen im Käfig. Er war erfüllt von dem strahlenden Stern, der in den Moskauer und Petersburger Theatern Triumphe feierte, auch wenn er, glaube ich, kein Verhältnis mit ihr hatte.[63]

Ich unternahm noch einen letzten Versuch, Madame Z für mich zu gewinnen, scheiterte damit jedoch.

»Und wenn du jetzt keinen Schlussstrich darunter ziehst, will ich keinen Kaffee mehr mit dir trinken«, kicherte Fjodor.

Unsere Freundschaft blühte erneut auf, als ich das starke Bedürfnis verspürte, eine Rede über die Freiheiten und Rechte zu halten, die Katharina II. dem Adel geschenkt hatte. Begierig machte Fjodor sich an den Entwurf dafür, auf einmal kam er jeden Nachmittag bei mir vorbei, es sollte eine glänzende Rede werden. Dann fragte er mich eines Nachmittags: »Alexander Jegorowitsch, können Sie eigentlich überhaupt in der Öffentlichkeit sprechen?«

Natürlich habe ich diese Rede nie gehalten.

Dostojewski dagegen gab eine Lesung, zu Beginn des Frühjahrs, im Ruadse Haus. Die Meisterschaft seiner Vortragsweise war mir bekannt. Trotzdem graute ihm davor. Er dachte, dass die Leser ihn vergessen hätten oder dass seine ersten Bücher inzwischen nur noch schwache Erinnerungen seien. Er fürchtete einen nahezu leeren Saal und laue Reaktionen der Handvoll Anwesenden. Um das Publikum nicht zu sehr zu enttäuschen, wollte er mit Gogol beginnen. Ein Stück aus *Tote Seelen*. Oder eine Szene aus *Der Revisor*. Er wagte es nicht, gleich aus seinen sibirischen Romanen zu lesen.

Ich hatte offengelassen, ob ich kommen würde, war reichlich spät dran und musste mich hineinzwängen. Im Saal musste ich meine Ellbogen benutzen, um einen Platz mit guter Sicht aufs Podium zu ergattern.

Dostojewski trat zögernd ein, stellte sich ans Rednerpult, senkte den Kopf und begann im Flüsterton zu sprechen. Allmählich wurde seine Stimme lauter, bald schon sprach er schnell. Nach dem ersten Vortrag brach donnernder Applaus los. Verrückterweise brachte ihn das aus dem Konzept. Ich hörte nicht mehr, was er vortrug, ich glaube, etwas aus seinen eigenen Werken, ich sah nur, dass etwas nicht stimmte. Er begann heftig zu transpirieren, ich fürchtete einen Anfall, einen, wie er ihn mir beschrieben hatte, einen Anfall wie damals in Barnaul.

Die meisten Leute standen. Ich drängte mich in die Mitte des Saals. Seine Stimme klang matter und matter, wurde so leise, dass sie fast nicht mehr zu verstehen war. Hunderte von Männern und Frauen schauten hingerissen zu, ich aber sah, dass er verwirrt war und einer Ohnmacht nahe.

Seine Stimme stockte. Kein Wort kam mehr aus seiner Kehle. In seinen Augen erkannte ich den Blick eines Menschen, der mutwillig in die Newa gesprungen ist und ertrinkt. Er schnappte nach Luft. Seine Augen wurden größer und grauer. Mit einer schrecklichen Ratlosigkeit im Blick suchte er den Saal ab, sein Kopf bewegte sich langsam von links nach rechts. Ich streckte mich, stellte mich auf die Zehenspitzen, sodass ich mit meinen eins neunzig die Köpfe der anderen überragte. Endlich bemerkte er mich.

Ich riss die Augen weit auf und nickte langsam. Er begann wieder vorsichtig zu sprechen. Ich nickte schneller, er sprach die Worte deutlicher aus. Ich nickte noch schneller, lächelte ihm zu, hob den rechten Arm, ballte die Hand zur Faust. Auf einmal sprach er schnell, laut, begeistert. Das Publikum ermutigte ihn, rief: »Ja!«, »Nein!«, »Ach!«, »Los!«, das Publikum lachte, schrie, tobte.

Nach der Lesung kam er direkt zu mir. Er fasste mich am Arm, sagte: »Komm mit, Sascha.« Das Publikum wollte ihn anfassen, seine Hand ergreifen, seine Hand küssen; ich schob die Leute beiseite. Es ging schnell und schien doch Jahrhunderte zu dauern, bis wir am Ausgang waren.

Draußen schien er zu flüchten. Er ging mit derart langen Schritten, dass ich kaum mithalten konnte, obwohl ich doch doppelt so lange Beine hatte wie er.

»Ich hätte das nicht tun sollen«, keuchte er. »Ich war nicht ich selbst. Als sie mich fragten, habe ich abgelehnt. Natürlich hatte ich Angst vor einem Anfall. Sie drängten und drängten, sagten, dass meine Leser mich nach dieser langen Zeit der Verbannung so gern sehen und hören wollten, ich konnte mich nicht weigern … Ich kann nie Nein sagen, nie, nie, ich kann den Leuten nichts abschlagen. Die erste Lesung seit meiner Rückkehr … Mein Gott, wenn Sie nicht da gewesen wären, wäre es schiefgegangen. Sie haben mich da durchgezogen, Sie, du, Sie, du … alter Freund aus dem Kosakengarten.«

Er schlug mir auf die Schulter. »Los, komm, wir feiern.« Wir lachten, gingen in ein Lokal, wir rauchten die Zigaretten, die er für uns rollte, tranken Bier, Wein, Champagner, alles durcheinander, wir wärmten uns an der Glut von Petersburg. Wir waren wieder da, endlich wieder da, wo unsere Freundschaft begonnen hatte.

Anna und der Tod

IM HERBST 1860 VERLOBTE ICH MICH. Auch für mich selbst kam es ein wenig wie der Blitz aus heiterem Himmel. Mein Vater hatte seine Hand nicht im Spiel; er kannte die Familie nur flüchtig.

Ich begegnete Anna auf einem Ball. Jemand stellte mich ihr vor, aber wegen der Musik, des Stimmengewirrs und des dumpfen Gepolters der Tanzenden verstand ich ihren Namen nicht richtig. Wir tauschten ein paar Höflichkeiten aus, gingen weiter und drehten uns nach ein paar Schritten in exakt demselben Augenblick um.

Beim nächsten Ball tanzten wir miteinander; sie war hoch gewachsen und von federleichter Anmut. Ich fragte sie nach ihrem Namen.

»Anna Schaffhausen.« Nach leichtem Zögern fügte sie hinzu: »Na ja, nicht ganz.«

»Wieso nicht ganz?«

Sie errötete, holte tief Luft und sagte: »Anna Schaffhausen-Schönberg-Eck von Schaufuß.«

Ich musste lachen; das war ein ganzer Mundvoll.

»Und wenn wir den Namen noch etwas länger machen?«

Sie zog die rechte Braue hoch.

»Sodass Sie von Wrangel zu Ludenhof-Schaffhausen-Schönberg-Eck von Schaufuß heißen?«

»Nein, das ist zu albern, da bricht sich ja jeder normale Mensch die Zunge.«

Wir heirateten am 1. Mai 1861.

Fjodor Michailowitsch wohnte der kirchlichen Trauung nicht bei und kam auch nicht zur Hochzeitsfeier. Er hatte im März einen mittelschweren Anfall erlitten und im April einen schweren, der ihn drei Tage ans Bett gefesselt hatte. Wiederhergestellt, war er sofort an die Arbeit gegangen. Er schrieb in jener Zeit wie besessen, um all die verlorenen Jahre aufzuholen; er schrieb die ganze Nacht, schlief von sechs Uhr morgens bis irgendwann um die Mittagszeit und schrieb dann wieder den ganzen Nachmittag, den Abend und die Nacht. Bei meinen letzten Besuchen hatte er nicht einmal mehr ins Freie gewollt, um einen kleinen Spaziergang zu machen oder eine Tasse Kaffee zu trinken.

Die Hochzeit war schlicht; einige Wochen danach reisten Anna und ich nach Bukarest ab, wo ich zum Sekretär des russischen Generalkonsuls ernannt worden war. Es sollte der Beginn meiner Diplomatenlaufbahn werden.

Anna scheute sich weder vor Reisen noch vor einem langen Auslandsaufenthalt. Falls sie Angst vor Heimweh hatte, dann jedenfalls nicht vor Heimweh nach Petersburg. Sie versicherte mir, sie würde sich überall zu Hause fühlen, wo ich in der Nähe war. Ich glaubte in ihr die ideale Frau gefunden zu haben. Schon bald jedoch entdeckte ich, dass die Sache komplizierter war. Anna verglich Russland mit einer sumpfigen Fläche, in der man langsam versinke, falls man sich dort zu lange aufhalte. Der Schnee werde mit der Zeit zu Matsch, die Luft rieche nach Brennholz. Der Norden bereitete ihr Verdruss; selbst das Leben auf Terpilitsy fand sie primitiv, obwohl das Gut noch nicht einmal eine Tagesreise von der Hauptstadt entfernt lag.

Anna war in der Marinestadt Taganrog geboren, nahe der Krim, am Asowschen Meer. Ihr Großvater hatte es dort zum Gouverneur gebracht, ihr Vater befehligte das Grenadierregiment, das die Festung gegen die Angriffe der Türken verteidigte.

Es erschien ihr himmlisch, in den Süden zurückzukehren. Das Klima am Asowschen Meer, das mit dem Schwarzen Meer in Verbindung steht, war freundlich, mild, lau. Ein Umzug auf den Balkan bedeutete für Anna die Rückkehr in die Wärme ihrer Mädchenjahre. Russland bedeutete etwas anderes für sie, Russland bestand aus Saufbolden, die auf der Straße kotzten, oder Halunken, die den jungen Damen in der Stadt unter die Röcke griffen.

Ich wunderte mich, wie verzerrt ihr Bild vom Durchschnittsrussen war. Ein Teil des Adels lebte völlig außerhalb der Realität und redete sich die schrecklichsten Ängste ein. Die Wildnis begann für Anna bei Kiew und erstreckte sich bis Petersburg.

Das Erstaunliche war, dass sie sich gleichzeitig wie eine russische Prinzessin benahm. Wie eine verwöhnte russische Prinzessin, obwohl das ein Pleonasmus ist. Sie musste Personal in ihrer Nähe haben, eher aus Furcht vor der eigenen Verantwortung und eigenständigem Handeln als aus dem Antrieb heraus, das Sagen zu haben. Ich glaube, sie konnte schlecht allein sein. Als wir heirateten, war sie gerade mal zweiundzwanzig und machte bereits einen einsamen Eindruck. Einiges an Personal wollte sie, angefangen bei einer Kammerzofe, die ihr Französisch verstehen konnte, der Deutlichkeit halber aber auf Russisch antwortete, gefolgt von einer Dienerin, die wie ein Rekrut Schuhe und Stiefel wienern konnte, und einem Koch, der eine Mahlzeit auf den Tisch zu bringen verstand, bei der ein Minister die Nase nicht zu rümpfen brauchte.

Ich hatte immer nur den alten Adam um mich gehabt, der ganz anständig kochen und aus ein paar Lappen einen ordentlichen Mantel nähen konnte. Gern hätte ich ihn auf den Balkan mitgenommen, wäre der Einäugige nicht allmählich erblindet. Bedauernd ließ ich ihn in Terpilitsy zurück.

Anna nahm zwei junge Damen aus Petersburg mit (eine von ihnen betrachtete sie als künftiges Kindermädchen), und in Bukarest stellte sie noch zwei junge Männer ein. Zumal im Hinblick auf mein Einkommen war das leicht übertrieben.

Die Balkansonne versetzte sie in ihre früheste Jugend zurück. Keine schöne übrigens, Taganrog hatte während des Krimkriegs in der Feuerzone gelegen. Bei einer Bombardierung hatte ihre Familie sämtlichen Besitz verloren.

Bukarest war ebenfalls unruhig, aber im Vergleich zu Taganrog nicht provinziell. Mit ihrem ausgeprägt französischen Einschlag und dem Pariser Baustil schenkte die Stadt Anna eine mondäne und extravagante Umgebung; es war in ihren Worten eine »warme« und »kultivierte« Stadt. Um das Paradox zu vervollständigen, begann sie ihr Leben in Rumänien mit einem Besuch der russisch-orthodoxen Kirche: Wir waren ja nicht zufällig von einem orthodoxen Priester getraut worden.

Ich sah in Bukarest, wie sie sich von einer lebendigen jungen Frau in *madame la baronne* verwandelte, die sich nur auf Französisch, mit starkem slawischem Akzent, äußerte. Sie wurde über die Maßen adlig, was mich im einen Moment leicht irritierte und im nächsten anwiderte wie jede Form von Affektiertheit. Ich habe mich dem Milieu, dem ich entstammte, nie sehr verwandt gefühlt, und diese Haltung mochte zwar nicht ganz schlecht sein, war aber alles andere als praktisch. Oder wie Fjodor Michailowitsch mir einige Jahre später sagen sollte: »Weder Baron noch deutsch noch Diplomat, und trotzdem sind das Ihre drei Eigenschaften. Sie sind nicht der, der Sie sein sollten.« Bei Anna verhielt es sich umgekehrt: Sie bekam immer mehr Ähnlichkeit mit der, die sie ihrer Meinung nach sein sollte. Das tat sie im Übrigen sowohl aus einem angeborenen Stolz heraus als auch aus Loyalität zu mir. Über ihre Unterstützung konnte ich mich nie beklagen: Wer mir auch nur einen Strohhalm in den Weg legte, konnte mit einer Barrikade ihrerseits rechnen.

Der wahre Grund für ihren Russlandhass war ein Drama in ihrer Familie. Anna hatte gerade ihren neunten Geburtstag gefeiert, als ihr Vater in die Hauptstadt zurückbeordert wurde. Sie siedelte mit ihren Eltern und ihren beiden Brüdern nach Sankt Petersburg über. Kurz nach ihrer Ankunft zog sich ihre Mutter eine Erkältung zu, die mit einer schweren Lungenentzündung endete. Sie starb mit siebenundzwanzig Jahren.

Für Anna lag die Schuld am Tod ihrer Mutter bei der zugigen, schmutzigen, feuchten, nasskalten Stadt an der Newamündung. Oder, noch stärker: Russland hatte ihr ihre Mutter genommen.

Ihre Wangenknochen waren ziemlich prononciert. Auf dem Balkan sagte man, die Baronin habe »russische Wangen«. Ich glaube nicht, dass sie das als Kompliment auffasste, aber mir tat es gut. Ich wollte immer nur Russe sein.

Rumänien war als Land so jung wie meine Ehe. Die Vereinigten Fürstentümer von Rumänien schlossen sich 1861 zur Nation zusammen. Mein Vorgesetzter in Bukarest war ein geborener Diplomat, wie ich von deutsch-schwedisch-baltisch-russischer Herkunft, der es zum Außenminister bringen sollte, ein Posten, den er dreizehn Jahre bekleiden sollte. Mit Nikolai von Giers verstand ich mich ebenso gut wie mit meinen Onkeln in Petersburg, und ihm verdanke ich meine gesamte weitere Karriere. Er sollte als Begründer der Tripelallianz in die Geschichte eingehen und verstand es, sich sowohl Berlin und Wien als auch Rom und Paris als Freunde zu erhalten, was in jenen Tagen nahezu unmöglich erschienen war. Er verabscheute Krieg und Blutvergießen zutiefst und lehrte mich, wie man solche Schrecken verhindert: durch den Verzicht auf Drohungen. Das kam mir sehr zupass, denn wenn ich irgendwo auf meine Worte achten musste, dann in Bukarest. Rumänien stand noch nicht auf eigenen Beinen; fünf Großmächte behielten es im Auge und behandelten das Land als Protektorat. Die Großmächte intrigierten mit- und gegeneinander. Auf dem Balkan brodelte es vor Gegensätzen; jeden Moment konnte ein bewaffneter Konflikt ausbrechen. Ich sammelte dort so viele Erfahrungen, dass ich später erneut von Zar Alexander II. auf den Balkan entsandt wurde, für eine humanitäre Mission in Montenegro. Im Zuge des Krieges mit den Türken waren dort 72 000 Flüchtlinge aus Bosnien und Herzegowina gelandet, die ich drei Jahre lang mit Brot versorgen musste.

In Bukarest schenkte Anna mir eine wunderbare Tochter, Olga, und dreizehn Monate später einen Sohn, den ich, um nun doch endlich Frieden mit zu Hause zu schließen, nach meinem Vater Jegor nannte. Mein zweiter Sohn erhielt den Namen meines jüngsten Bruders Nikolai, den ich erst nach meiner Zeit in Sibirien gut kennengelernt hatte. Ich wurde in allem ein richtiger Familienmensch.

Unsere zweite Tochter, Jekaterina, die nach Annas Mutter genannt wurde, sollte in Kopenhagen das Licht der Welt erblicken. Ich wurde 1863 dort zum Sekretär des Botschafters ernannt und hatte nur eine einzige Aufgabe: die Hochzeit des Thronfolgers Zarewitsch Nikolai mit Prinzessin Dagmar von Dänemark vorzubereiten.

Die Eheschließung war diplomatisch gesehen eine schwierige Angelegenheit. Die Prinzessin und der Zarewitsch verlobten sich 1864, doch ein Jahr später erkrankte Nikolai ernsthaft. Er starb 1865. Dagmars Mutter und die Zarin überwanden den Schock rasch und kamen überein, die Prinzessin solle den neuen Zarewitsch ehelichen, Alexander, den jüngeren Bruder von Nikolai. Auch das erforderte wieder die entsprechenden Vorbereitungen. Dagmar trat zum orthodoxen Glauben über und nahm den Namen Maria Fjodorowna an. Sie lernte Russisch und gewöhnte sich russische Sitten an – darauf hatte ich streng zu achten.

Auch politisch wurde diese Heirat wie ein Schachspiel ausgetragen. Wer gewann was durch welche Zusage? Minister waren damit Monate und Jahre beschäftigt. Wenn ich es ganz ungeschminkt sagen darf: Es war ein ordinärer Kuhhandel: Wie viel brachte die dänische Prinzessin dem dänischen Staat ein?

Liebe schien auf dieser Ebene lachhaft, und doch gelang es Dagmar, sich in Alexander zu verlieben. Sie trat am 28. Oktober 1866 in Sankt Petersburg mit dem Zarewitsch in den Stand der Ehe.

Ich hatte Jahre damit zu tun gehabt. Wie ich Dostojewski schrieb: »Ich bin hier zum Kuppler einer königlich-kaiserlichen Heirat ernannt worden. Die Tätigkeit ist nicht sonderlich erhebend; etwas Genörgel hier, etwas Genörgel da. Ich komme nur langsam voran, doch die Natur hat mir eine große Portion Geduld geschenkt. Böse Petersburger Zungen behaupten, das sei meine deutsche Seite.«

In Kopenhagen eingetroffen, hatte ich den Kontakt zu ihm aufgefrischt. Von Bukarest aus war eine Korrespondenz unmöglich gewesen, ich durfte den diplomatischen Kurieren lediglich Briefe für meine nächsten Familienangehörigen mitgeben. Vom Balkan aus hatte ich dreimal versucht, nach Berlin zu fahren; Dostojewski hielt sich wiederholt in Deutschland auf, und ich hatte gehofft, meinen unvergesslichen Freund dort umarmen zu können, doch jedes Mal war es an unvorhergesehenen Umständen gescheitert.

Am 22. November 1864 schrieb ich ihm. Besser, ich hätte das noch etwas aufgeschoben, ich wusste wirklich nicht, wie ich auf die neuen Tragödien in seinem Leben reagieren sollte. Ich plauderte munter drauflos, erzählte, dass es mir im Kreise der gebildeten, aber langweiligen Dänen gefiel und dass ich dem Vaterland schön nahe war: nur drei Tage mit dem Schiff bis nach Piter. Ich hatte vor, im kommenden Sommer mit meiner Frau und meinen Kindern hinzufahren. Ja, ich sei ein Paterfamilias geworden. Die Ehe habe mich sehr verändert. Ich sei nicht mehr der Bruder Leichtfuß, der ziellos durch die weite Welt schwirre, ich sei entschiedener geworden und jagte nicht länger Träumen nach. Ich hätte die allerbeste Frau, die sich ein Mann nur wünschen könne, eine gute Mutter für die Familie; ich hätte die liebsten Kinderchen, deren Porträts ich für ihn beilegte. Beruflich käme ich zügig voran, für meine Aufgabe stünden reichlich Mittel zur Verfügung; mit einem Wort: ich sei zufrieden. Das Einzige, was mich betrübe, sei das ewige Herumlungern in der Fremde, ohne Freunde, ohne Verwandte und fern vom Vaterland, das trotz all seiner Probleme dennoch mein geliebtes Vaterland sei.

Das alles schrieb ich als Einleitung, ich war nicht imstande, ihn wegen des schrecklichen Verlustes zu trösten, der ihn getroffen hatte. Vom Tod seines Bruders Michail hatte ich aus den Zeitungen erfahren. »Abgesehen von dem Verlust für seine Familie«, schrieb ich, »geht mit ihm viel für die literarische Gemeinde verloren. Am meisten aber geht für Sie verloren, Fjodor Michailowitsch: Schließlich war er Ihr treuer Freund und Bruder.«

Es war nur Gestammel: Mehr bekam ich nicht zu Papier.[64]

Er antwortete mir vier Monate später. Seinen Brief hatte er in drei Etappen geschrieben, am 31. März, am 9. April und am 14. April. Es habe ihn größte Mühe gekostet. Er könne keine Briefe mehr schreiben, er könne nicht länger mit einer gewissen Zurückhaltung von sich selbst erzählen. Er sei am Ende. Nur ich würde verstehen, welche Tragödie ihn getroffen habe. Ich, der mit ihm mitgefahren sei, um sie ein Stück weit zu begleiten, als sie nach Kusnezk übersiedelte. Ich, der dabei gewesen sei, damals, in jener Nacht, in den Wäldern … Er hatte Maria Dmitrijewna zu Grabe getragen. Nach monatelangem Todeskampf war sie in Moskau der Schwindsucht erlegen.

In den Wochen und Monaten zuvor war er bei ihr gewesen, den ganzen Winter über, während sie unentwegt hustete und Blut spuckte und dahinsiechte. Wenige Stunden vor ihrem Tod habe sie gesagt: »Vergiss nicht, Alexander Jegorowitsch meinen letzten Gruß zu überbringen. Er war damals so freundlich zu uns.«

Ihre letzten Worte hätten ihm und ihrem Sohn Pawel gegolten: »Ich segne euch und wünsche euch ein langes und glückliches Leben.« Sie sei dahingegangen wie eine Heilige.

Hatten wir uns nicht alle in Maria Dmitrijewna getäuscht? Oder hatte sie kurz vor ihrem Tod die Abgeklärtheit erlangt, nach der sie ihr ganzes Leben lang gesucht hatte?

Sie habe ihn grenzenlos geliebt, schrieb er mir. Er habe sie bedingungslos geliebt, doch zusammen sei ihnen kein Glück beschieden gewesen. Obwohl sie beide wegen ihres merkwürdigen, aufbrausenden, chronisch launenhaften Charakters bestimmt unglücklich gewesen seien, hätten sie nicht aufhören können, einander zu lieben; und sogar, je unglücklicher sie gewesen seien, umso stärker hätten sie aneinander gehangen. Es mochte seltsam klingen, doch so sei es nun mal. Sie sei die ehrlichste, edelste, großmütigste Frau, die er in seinem ganzen Leben gekannt habe.

Ja, er hatte recht, nur ich konnte das verstehen. Während ich seine Worte langsam auf mich wirken ließ, sah ich Maria in den Kosakengarten treten, sah, wie sie sich zu den Blumen beugte und ihren Duft einsog. Und aus den Augenwinkeln sah ich gleichzeitig, wie entzückt er das betrachtete.

Sie hatte sowohl Freiheit als auch Weiblichkeit für ihn verkörpert, nach all den Jahren, die er in der stinkenden Männerwelt des Straflagers zugebracht hatte. Sie hatte ihm sein Gefühl wiedergegeben, sie hatte ihn wieder zum Leben erweckt.

Das Glück hatte nur kurz gewährt. Dann kam die Erinnerung an das Glück, die Erinnerung, die einen endgültigen Bruch unmöglich machte.

Nach der Beerdigung war er zusammen mit dem untröstlichen Pawel nach Petersburg zurückgekehrt.

Das Schicksal hatte ihn zerschmettert. Drei Monate nach Maria[65] war sein Bruder gestorben. Er hatte die Sorge für Michails Frau und ihre vier Kinder übernommen und das Erbe seines Bruders angenommen. Das heißt: Er hatte Mischas sämtliche Schulden übernommen.

Er erklärte mir, wie er zu dieser Entscheidung gekommen war. Auf sein Drängen hin hatte Michail eine Literaturzeitschrift gegründet, *Wremja* (Zeit). Er selbst durfte keine Zeitschrift herausgeben, das war ihm bei seiner Rückkehr nach Petersburg ausdrücklich untersagt worden. Faktisch war er der Begründer und Chefredakteur, nominell aber war es Michail. *Wremja* lief fantastisch. *Aufzeichnungen aus einem Totenhaus*, in Fortsetzungen veröffentlicht, entfesselte einen wahren Furor und bekräftigte sein literarisches Ansehen. Von Turgenew bis Tolstoi war jeder tief beeindruckt. Auch *Erniedrigte und Beleidigte* erschien als Fortsetzungsroman. Damit die Zeitschrift aktuell blieb, publizierte er den Bericht von seiner ersten Auslandsreise, in fünfzehn europäische Städte, unter dem Titel *Winterliche Aufzeichnungen über sommerliche Eindrücke*.

Beim Start der Zeitschrift hatte Michail hohe Schulden gemacht, doch nach einem guten Jahr konnte er mit der Rückzahlung beginnen. Der Polnische Aufstand durchkreuzte seine Pläne. Die Zeitschrift wurde im Mai 1863 wegen des Artikels eines Mitarbeiters über die polnische Frage verboten.

Nach vielem Hin und Her konnte sein Bruder die Zeitschrift weiterführen, allerdings unter einem anderen Namen, *Epocha* (Epoche). Die Genehmigung kam Ende Februar, die erste Ausgabe konnte aber erst im März 1864 erscheinen. Die Zahl der neuen Abonnenten war gering, während die alten Abonnenten der *Wremja* noch sieben Ausgaben guthatten – ihr Abonnement galt für ein ganzes Jahr.

Michail litt unter den Problemen, wurde krank. Fjodor war nicht bei ihm und konnte nicht rechtzeitig eingreifen, er war in Moskau bei Maria. Sie starb am 15. April, er blieb noch bis Mitte Mai in Moskau, und als er nach Petersburg zurückkehrte, fand er einen erschöpften Michail vor, und alles war zu spät. Eine Gallenblasenentzündung wurde ihm zum Verhängnis, er starb am 10. Juli.

Fjodor fühlte sich schuldig am Tod seines Bruders. Er beschloss, die Zeitschrift weiterzuführen und alle finanziellen Verpflichtungen zu übernehmen. Es war ein hoher Betrag, ein unglückselig hoher Betrag. Er nannte ein paar Zahlen: 25 000 Rubel, 33 000 Rubel. Ungeheure Beträge, für eine Privatperson unmöglich zurückzuzahlen.

Er glaubte dennoch, es zu schaffen. Nicht nur durch den Vorabverkauf der Rechte an dem Roman, an dem er noch arbeitete: *Verbrechen und Strafe*. In seinem Kopf war vermutlich bereits ein anderer und weit riskanterer Plan gereift. Ein Verzweiflungsplan.

Auf seiner Auslandsreise hatte er die Kasinos von Wiesbaden und Baden-Baden besucht. Er glaubte, die Summe an den Spieltischen verdienen zu können. Ein einziges Mal gewinnen, und schon wäre er aus der Bredouille.

Ich hatte mir nicht vorstellen können, dass er in den vier Jahren unserer Trennung so viel Elend durchstanden hatte. Ich begann tatsächlich ein Fatalist zu werden und zu glauben, dass es Menschen gibt, deren Los es ist, ewig Kummer zu haben.

Für Marias letzten Gruß war ich ihm dankbar. Alles, was er über seine Beziehung zu ihr erzählte, deckte sich in gewisser Weise mit meiner Beziehung zu meiner Frau. Auch Anna und ich liebten einander, wussten, dass wir ohne einander nicht leben konnten, spürten aber, dass unsere Naturen, unsere Lebensansichten, unsere Ideen und Gewohnheiten so unterschiedlich waren, dass man wirklich nur staunen konnte, dass ein Zusammenleben unter einem Dach möglich war, und das sogar in Frieden.

Fjodor Michailowitsch war nicht nur ein untrüglicher Beobachter der Seele, er verstand mit seinen Beschreibungen auch etwas in der Seele des Lesers freizusetzen und ein beunruhigendes Maß an Wiedererkennung hervorzurufen. Gleich nachdem ich seinen Brief gelesen hatte, griff ich zur Feder und schrieb ihm von meiner Anna, der ich den Kosenamen Anjuta gegeben hatte. Das Porträt, das ich von ihr zeichnete, war grauenhaft.

Meine Anjuta, schrieb ich, sei eine krankhaft nervöse Frau, wie eine russische Prinzessin erzogen, ohne auch nur das Geringste vom Leben zu wissen oder Entbehrungen zu kennen. Sie glaube, das Leben sei uns geschenkt für Vergnügungen und Glück; der Kampf mit dem Schicksal sei ihr unbegreiflich, die kleinste Anstrengung in diese Richtung schrecke sie ab, und währenddessen sei meine materielle Situation wenig beneidenswert. Ich arbeitete, versagte mir vieles und versuchte, alle dunklen Gedanken zu vergessen oder, besser gesagt, zum Schweigen zu bringen. Meine Anjuta hasse Russland, könne das Petersburger Klima nicht vertragen, sei ständig krank, renne ständig zu den Ärzten.

Als ich diese Zeilen noch einmal las, wurde mir bewusst, dass ich mit einer Frau verheiratet war, die große Ähnlichkeit mit Maria Dmitrijewna hatte. Fjodors fortwährende Probleme mit ihr waren mir keine Lehre gewesen, ihre Launen und Kapricen hatten mich nicht abgeschreckt: Meine Anna war Marias Ebenbild.

Eine ungreifbare und unbegreifliche Frau. Doch genau wie Fjodor würde ich so gut und so schlecht es ging mit ihr durchs Leben gehen, mich mit dem Gedanken tröstend, dass sie eine gute Mutter war und dass das wahre Glück in dieser Welt nie sehr lange währt.

Der Spieler

NACH VIERJÄHRIGER ABWESENHEIT kehrte ich 1865 nach Sankt Petersburg zurück, um dort die Sommerferien zu verbringen. Die Stadt war dreckig und verschmutzt, ich sah viele Betrunkene, hörte viel Lärm und Geschrei. Doch im Vergleich zu Kopenhagen war es dort herrlich lebendig. Jeder war gegen alles: So kannte ich meine Stadt.

Der Sommer war zu kurz, ich musste wieder nach Kopenhagen, für ein weiteres Jahr, sagte man mir im Außenministerium.

Wieder am Sund, fand ich einen verzweifelten Brief von Dostojewski vor. Geschrieben in Wiesbaden. Er hatte sich dort um Kopf und Kragen gespielt.

Seine Lage war aussichtslos, er besaß keinen roten Heller mehr. In Petersburg hatte er noch immer die offenen Schulden seines Bruders, die sich auf mehrere Zehntausend Rubel beliefen. Von allen Seiten wurde Druck auf ihn ausgeübt, von allen Seiten wurde gedroht und gefordert. Er war imstande, zum Strick zu greifen.

Dostojewskis Leidenschaft für das Spiel war mir neu und überraschte mich völlig. In Sibirien, wo das Kartenspiel die naheliegende Beschäftigung war, um die Langeweile zu vertreiben, hatte er nie eine Karte angerührt. In Petersburg, wo ich Dutzende von Kaffeehäusern mit ihm besucht hatte, hatte ich ihn nie bei einem Blick zu den Würfelspielern ertappt. Die Spielleidenschaft muss später entstanden sein. Mit seiner leidenschaftlichen Natur und seinen zerrütteten Nerven sehnte er sich damals wahrscheinlich nach den allerstärksten Sinneseindrücken und fand sie am Roulettetisch.

Mir blieb nichts anderes übrig. Einem alten Freund musste geholfen werden. Ich half ihm, obwohl ich selbst nicht allzu gut bei Kasse war. Vor allem gab ich ihm den Rat, den er mir Jahre zuvor erteilt hatte: zu verreisen. Ins Ausland, die Sorgen vergessen, Leib und Seele erquicken. Ich riet ihm, die Zeitschrift zu verkaufen, sich einen Vorschuss auf die Rechte an seinen literarischen Schöpfungen geben zu lassen und sich dadurch Freiheit zu verschaffen. Er würde sich für einige Jahre im Ausland niederlassen können und inmitten der erfrischenden Natur Italiens oder der Schweiz in aller Ruhe schreiben, nicht unter Zwang, sondern wie er es selbst nannte, *con amore*, mit Liebe und Inspiration.

Doch zuallererst müsse er nach Kopenhagen kommen.

Er kam am 1. Oktober 1865. Er wohnte eine Woche bei mir, fand großen Anklang bei meiner hochschwangeren Frau und tollte oft mit meinen Kindern herum.

Wir schwelgten in der Vergangenheit. Ein interessantes Wort: *proshloye*, Vergangenheit. Auf Russisch ist es viel tiefer als auf Deutsch, im Russischen hört man »das Durchlaufene« darin.

Erinnerungen an den Kosakengarten wurden wach. Wir sprachen lange über Maria Dmitrijewna und über die wunderschöne Marina O., auf die Maria so schrecklich eifersüchtig gewesen war. Wir sprachen über Katja. Ich erwähnte ihre Listigkeit und Leichtsinnigkeit, und Fjodor Michailowitsch schüttelte den Kopf. Mit mildem Lächeln sagte er: »Wir werden den von uns geliebten sibirischen Damen immer zutiefst dankbar sein für die Tage und Stunden des Glücks und für alle Liebkosungen, derer wir zu jener Zeit und an jenem Ort so dringend bedurften. Sie brauchen von Katja nicht das ewige Leben zu verlangen und auch nicht, dass sie immer an Sie denkt, das ist unwürdiger Egoismus, und den müssen Sie bekämpfen.«

Widerwillig gab ich ihm recht.

»So war es in der Vergangenheit auch: Ich rebellierte gegen das, was Sie mir vorhielten, ich konnte Ihren weisen Rat manchmal nicht ertragen, bis ich zu dem Schluss kam, dass zumindest ein wenig Wahrheit in dem Wein war, den Sie mir einschenkten.«

»Wein tranken wir selten. Ich erinnere mich allerdings an eine Nacht mit sehr viel Champagner.«

»Ich erinnere mich an unsere Gespräche über Verbrecher, ganze Nachmittage und Abende lang. Ich habe *Aufzeichnungen aus einem Totenhaus* in einem Atemzug ausgelesen, verschlungen habe ich es. Es ist ein ergreifendes Buch, Fjodor Michailowitsch. Wie gut Sie den russischen Charakter eingefangen haben! So viele Wahrheiten und so viel Nutzen hat dieses Buch in Bezug auf die armen *Unglücklichen* in den Lagern und Gefängnissen gebracht.«

Das tat ihm gut. Wirklich gut.

Er sah mitgenommen aus, ich fand ihn abgemagert und gealtert, doch er lächelte zufrieden.

»Im Grunde war ich in den Jahren des Totenhauses stärker als heute.«

Von seiner Konstitution her war er dem Leben, das er führte, kaum gewachsen. Er war permanent mittellos, trug Sorge für seinen Stiefsohn Pawel und außerdem für die Familie seines Bruders.

»Ständig mit unermesslichen Schulden. Ständig in Angst, wegen dieser Schulden ins Gefängnis zu kommen. Ich kenne weder bei Tag noch bei Nacht Ruhe; tagsüber laufe ich mir die Füße in den Redaktionen wund, und nachts schreibe ich ohne Unterlass. Auf Bestellung. Unter Zeitdruck.«

Es fresse ihn auf.

»Es ist nicht nur die Epilepsie oder die Angst vor einem Anfall. In mir brennt eine Art Fieber, das sowohl kalte Schauer als auch Hitze verursacht, jede Nacht von Neuem.«

Das alles habe nicht nur Einfluss auf seine Gesundheit, sondern auch auf seinen Charakter. Er erreiche manchmal ein nicht mehr statthaftes Maß an Nervosität und Gereiztheit, auch für ihn selbst.

»Ich bin nervös geworden und reizbar. Noch viel nervöser als in Semipalatinsk. Mein Charakter ist verdorben. Ich weiß nicht, was daraus noch wird …«

Er bat mich natürlich wieder um Geld, für seine Zeitschrift und um seine Sorgen kurzfristig zu verringern. Ich lieh es ihm. Viel Geld, für meine Verhältnisse zu viel.

Fünf Tage nach meiner Hochzeit hatte mein Vater 300 000 Silberrubel verloren. Er hatte das Geld in die Hände eines Kaufmanns gegeben, der es gut für ihn anlegen sollte. Der Kaufmann – ein Russe – ging mit drei Millionen bankrott. Der Richter, der den Konkurs verhängte, rechnete vor, dass das Geld binnen zehn Jahren zurückgezahlt würde, aber ich schätzte die Chance darauf als gering ein.

Die Verwaltung der Landgüter hatte ich zweien meiner

Brüder übertragen. Ein Teil des Geldes, das sie damit erwirtschafteten, ging an meine Schwestern. Die Älteste, Vera, hatte nie geheiratet. Mein Vater verlangte von mir, nach Russland zurückzukehren, um ihn von seinen finanziellen Sorgen zu befreien.

Mit meinem Posten als Botschaftssekretär verdiente ich nicht viel. Der diplomatische Dienst stellte gerade Männer aus adligen Familien mit Geld und Besitz ein, um ihnen nicht allzu viel an Gehalt und für Hausangestellte zahlen zu müssen. Üblicherweise kam man als Diplomat für Haushalt und Personal selbst auf. Ich hatte finanzielle Probleme, sehr große Probleme, aber ich wusste, dass Dostojewski noch viel größere hatte.

Einige Tage nach seiner Abreise brachte meine Frau eine Tochter zur Welt, Jekaterina. Gleich nach der Geburt wurde Anna ernsthaft krank, zuerst eine Entzündung, der nur mit Mühe Einhalt geboten werden konnte, und danach Schmerzen in der Brust, die eine Operation erforderlich machten. Am sechzehnten Tag nach der Niederkunft war sie aufgestanden, musste sich aber gleich wieder hinlegen. Erst sieben Wochen später konnte sie das Bett verlassen. Sie blieb schwach.

»Wenn Ihre Finanzen wieder geordnet sind«, bat ich Dostojewski, »schicken Sie mir dann einen Mantel und ein Plaid, sonst frieren wir in diesem Winter.«

Er schickte uns beides sofort.

Im neuen Jahr musste ich meine Frau zur Kur nach Wiesbaden reisen lassen. Es dauerte Monate, bis sie einigermaßen bei Kräften war. Als sie wieder in Kopenhagen war, hatte sie sich in eine reizbare, chronisch schwache und ewig unzufriedene Frau verwandelt.

Mitte des Jahres sank der Kurs des Rubels um 44 Prozent. Alles, was ich mit dänischen Kronen kaufte, wurde doppelt so teuer. Um die letzten Vorbereitungen für die Heirat des Zarewitsch mit der Prinzessin zu regeln, kamen Großfürsten für vier Wochen zu uns zu Besuch. Offiziell waren sie Gäste des dänischen Innenministers, doch der wohnte auf dem Land, weigerte sich, die Großfürsten zu empfangen, und benahm sich wie ein Idiot und ein Schwein. Der Mann litt schon länger an Gehirnerweichung, ich kam für alles auf.

Zu allem Unglück brach in der Stadt eine Choleraepidemie aus. Ich hatte nicht die Mittel, eine kleine Datscha in sicherer Entfernung von Kopenhagen zu mieten. Der Sommer wurde schrecklich heiß, wodurch die Cholera immer schneller um sich griff.

Mir stand das Wasser bis zum Hals. Ich sandte Dostojewski ein Notsignal.

»Bin in schrecklicher Not. Können Sie mir Geld schicken? Glauben Sie mir, ich hätte Sie niemals daran erinnert, wenn ich allein wäre und in anderen Verhältnissen.«

Er antwortete mir kühl und bat mich, ihm eine Aufstellung seiner Schulden zu schicken. Das tat ich. Die früheren Darlehen vergaß ich und führte nur die der jüngsten Zeit auf:

100 preußische Taler – umgerechnet 133 Rubel
Geliehen für das Schiff nach Petersburg – 50 Rubel
Zugezahlt – 9 Rubel
Für die Sachen – 4 Rubel
228 dänische Reichstaler – umgerechnet 196 Rubel

Es kam nichts. Nichts. Ich las in russischen Zeitungen, dass *Verbrechen und Strafe* erschienen war. Ich las von dem Erfolg, den der Roman nahezu auf Anhieb hatte.

Monate verstrichen. Das neue Jahr brach an.

Am 11. März 1867 bat ich ihn, wenigstens das Geld zurückzuzahlen, das er sich bei meiner Frau geliehen hatte: 192 dänische Taler, umgerechnet 165 Rubel. Nicht allein an mich, sondern auch an Anna hatte er sich gewandt. Sie brauchte das Geld jetzt dringend, sie war ständig krank; allein schon die Ärzte und Medikamente hatten im zurückliegenden Winter 450 Rubel gekostet.

Ich kannte seine Umstände. Es fiel mir schwer, ihn zu behelligen. Er wusste, wie ich war, wusste, wie viel Mut ich sammeln musste, um ihn an die Summe zu erinnern, die er mir schuldete, und an die kleine Schuld bei Anna, denn was war das schon, 165 Rubel ... Ich hatte ihm im Lauf der Jahre Tausende von Rubeln geliehen und jetzt nur die jüngsten Schulden aufgeführt.

Nichts ließ er mehr von sich hören. Nicht einmal die kleinste Nachricht kam, nicht einmal die schwächste Entschuldigung.

Sieben Tage später schrieb ich ihm erneut. Meine Frau sei sehr geschwächt durch die Cholera. Mein zweijähriges Töchterchen sterbenskrank. Ich schickte ihm nochmals eine Berechnung mit, 160 Rubel oder 137 1/2 preußische Taler.

Er antwortete mit Schweigen.

Jekaterina starb. Ich musste sie allein zu Grabe tragen. Meine Frau war zu krank, um dabei zu sein.

Im Nachhinein vernahm ich, dass er in jener Zeit – Februar, März, April, Mai 1867 – seine Stenografin Anna Grigorjewna Snitkina geheiratet hatte und mit ihr ins Ausland geflüchtet war, um seinen Gläubigern und seinem Stiefsohn Pawel zu entrinnen, der mindestens genauso viele Schulden gemacht hatte wie sein Stiefvater.

Ich begegnete ihm noch einmal flüchtig, in Sankt Petersburg, im Herbst 1873.

Wir gaben einander die Hand, erkundigten uns nach der Gesundheit des anderen, warteten die Antwort nicht ab, gaben einander nochmals die Hand, verbeugten uns leicht und gingen wie Fremde auseinander.

Nachbemerkung

ICH BIN IN DIE HAUT von Alexander Jegorowitsch von Wrangel zu Ludenhof gekrochen, um dem Kern dieser wahren Geschichte näher zu kommen. Wie er dachte, konnte ich zu vierzig bis fünfzig Prozent seinen Erinnerungen und Briefen entnehmen. Oft sah Alexander sich gezwungen, ein halbes Wort zu verwenden anstatt eines ganzen, oder bestimmte Geschehnisse aus Gründen der Höflichkeit und Diskretion lediglich kurz anzudeuten, manchmal wegen seiner Position, meist aber wegen der Zensur. Ich habe alles Vage in seinen Aussagen, hinter dem er sich verstecken musste, herausgenommen und alle Lücken ausgefüllt. Dennoch habe ich Alexander, auch in meiner Fantasie, recht tun wollen. An den Fakten seines Lebens habe ich nichts geändert, geschönt oder verdreht. Das Gleiche gilt auch für die anderen Hauptfiguren dieses Buches, Fjodor Michailowitsch Dostojewski, Maria Dmitrijewna Isajewa und Jekaterina Osipowna Gerngross, obgleich ich sie alle drei durch Alexanders Brille betrachte.

Großen Dank schulde ich Karin Beernink, die mich auf

die Idee zu diesem Buch gebracht hat und mir auf jede erdenkliche Weise half, *Sibirische Sommer mit Dostrojewski* zu schreiben. Von Karins Familie habe ich schon früher, in *Baltische zielen* (Baltische Seelen), erzählt, im Kapitel »Vertrieben aus Mõisamaa. Das Schicksal der Anna-Liselotte von Wrangel«. Karin, die Ururenkelin von Alexander Jegorowitsch Baron von Wrangel, sammelte Dokumente, Memoiren, Briefe, Bilder von Alexander und spürte biografische und bibliografische Fakten über ihn und seine nächsten Verwandten auf.

Genauso viel Dank schulde ich Suïntha Uiterwaal. Suïntha übersetzte eigens für dieses Buch die 1912 in Sankt Petersburg gedruckten und im Selbstverlag herausgegebenen Memoiren von A. J. Baron von Wrangel aus dem Russischen, ebenso die Briefe Alexanders an Fjodor Michailowitsch Dostojewski. Ohne ihre lebendige, atmosphärisch dichte Übersetzung hätte ich dieses Buch niemals schreiben können. Suïntha erspürte genau, wo Alexander Jegorowitsch in seinen Briefen und Erinnerungen einen Seitenhieb austeilt, weniger sagt, als er eigentlich sagen will, oder mit Ironie Wichtigtuerei entlarvt. Ferner haben mir die Anmerkungen sehr geholfen, die sie zu ihrer Übersetzung gemacht hat.

Von der ersten Idee an war Dorothé van Overbeek eng am Zustandekommen dieses Buches beteiligt. Ich konnte fast täglich auf ihre Hilfe, Unterstützung und ihren Rat zählen und bin ihr dafür zutiefst dankbar.

Olga de Kort-Koulikova entzifferte eine Reihe von Alexanders Briefen und tippte sie ab. Olga knüpfte auch die Kontakte zu Museen und anderen Instanzen in Sibirien. Karin Beernink und Suïntha Uiterwaal lasen das Manuskript kritisch gegen und überprüften die Fakten, Namen und Schreibweisen auf ihre Richtigkeit hin. Emile Brugman und Anita Roeland redigierten den Text und bewahrten mich vor groben Fehlern und kleinen Schnitzern. Mein Dank gilt auch Theo Veenhof für die Korrektur und das Erstellen des satzfertigen Manuskripts.

Wertvolle Informationen erhielt ich von Natalja Aschimbajewa, Direktorin des Dostojewski-Museums in Sankt Petersburg, Boris Tichomirow, stellvertretender Direktor für wissenschaftliche Forschung, und Maria Michnowets, wissenschaftliche Mitarbeiterin.

Alexei Rosinow war so freundlich, mich auf die schwierige Fahrt zu den Landgütern Terpilitsy, Torosowo und Raskulitsy zu begleiten. Ohne ihn hätte ich mich im Schnee verirrt und die Ruinen nicht gefunden. In Raskulitsy, dem Landgut der Familie von Korff, fanden wir das Grab von Alexanders Vater. Er liegt dort neben Baron von Korff, dem Onkel Nikolai aus dem ersten Kapitel.

Alexei setzt das Werk seiner jung verstorbenen Frau Swetlana Grischkina fort. Sie hatte mit ihrem großen Interesse an den Landhäusern in der Umgebung von Sankt Petersburg ein umfassendes Wrangel-Archiv angelegt.

Eine andere Swetlana, Swetlana Kalinina, führte mich durch das Labyrinth von Peterhof. Viel Hilfe erfuhr ich auch von den Mitarbeitern des Dostojewski-Museums in Moskau, des Dostojewski-Museums in Semei (wie Semipalatinsk heutzutage heißt) und des Dostojewski-Museums in Nowokusnezk (der heutige Name von Kusnezk).

Die ersten ausführlichen Informationen über Alexander von Wrangel erhielt ich von Olga Großmann aus Dresden. Die Professorin lehrte russische Literatur an der dortigen Universität, veröffentlichte *Russen in Dres-*

den im Kontext der Stadtgeschichte, war eine der treibenden Kräfte hinter dem Deutsch-Russischen Kulturinstitut und trug zur Restaurierung des Grabes von Alexander und Darja bei.

Karin Beernink brachte mich in Kontakt mit Alexei Rosinow und Olga Großmann.

Neben Alexander von Wrangels Memoiren und Briefen konnte ich aus den Erinnerungen seines jüngeren Bruders Nikolai schöpfen, die 1927 in New York unter dem Titel *The Memoirs of Baron N. Wrangel, 1847–1920. From Serfdom to Bolshevism* veröffentlicht wurden und ein gutes Bild vom Leben der Familie von Wrangel in der zweiten Hälfte des neunzehnten Jahrhunderts vermitteln.

Für Fakten über F. M. Dostojewski und M. D. Isajewa zog ich die fünfbändige Dostojewski-Biografie von Joseph Frank zurate. Die Titel der einzelnen Bände lauten:

Dostoevsky, The Seeds of Revolt, 1821–1849 (Princeton, 1976)
Dostoevsky, The Years of Ordeal, 1850–1859 (Princeton, 1990)
Dostoevsky, The Stir of Liberation, 1860–1865 (Princeton, 1993)
Dostoevsky, The Miraculous Years, 1865–1871 (Princeton, 1995)
Dostoevsky, The Mantle of the Prophet, 1871–1881 (Princeton, 2002)

Von Joseph Franks Lebenswerk gibt es auch eine Kompaktausgabe, *Dostoevsky, A Writer in His Time* (Princeton, 2010), die aber immerhin noch 959 Seiten umfasst.

Von Dostojewskis Briefen erschien im Verlag Van Oorschot eine Auswahl auf Niederländisch, als elfter Band der Gesammelten Werke von Dostojewski in De Russische Bibliotheek (1990). Theo Veenhof und Titia Bouma übersetzten die Briefe, Karel van het Reve besorgte die Auswahl und kommentierte. Die Van-Oorschot-Ausgabe enthält fünf Briefe von Dostojewski an Alexander Jegorowitsch von Wrangel.

Auf Französisch erschienen alle Briefe von F. M. Dostojewski in drei Bänden beim Verlag Bartillat in Paris: *Correspondance* (1998), übersetzt von Anne Coldefy-Faucard und vorbildlich und erschöpfend annotiert von Jacques Catteau. Dank seiner Nachforschungen kam ich hinter die Identität von Madame X, über die Alexander Jegorowitsch und Fjodor Michailowitsch einander fortwährend schrieben, ohne ihre Identität preiszugeben. In der französischen Ausgabe wurden auch alle Durchstreichungen und Verbesserungen mit aufgenommen. Diese Ausgabe habe ich für die Briefe Dostojewskis an von Wrangel benutzt. Bei ihrer Übersetzung habe ich mir einige Freiheiten erlaubt, da Dostojewski sehr lange, aber hastig geschriebene Briefe verschickte, in denen er sich nicht immer durch Präzision auszeichnet.

Viele Informationen habe ich ferner in den Berichten aus erster Hand gefunden, die Peter Sekirin in *The Dostoevsky Archive, Firsthand Accounts of the Novelist from Contemporaries' Memories and Rare Periodicals* (Jefferson, North Carolina and London, 1997) versammelt hat.

Ich habe lange geschwankt, ob ich diesem Buch erklärende Fußnoten anfügen sollte. Mein Bestreben war, dass sich *Sibirische Sommer mit Dostojewski* wie ein Roman lesen lässt, und Fußnoten wirken dann manchmal störend. Dennoch bedurften manche Fakten der Erläuterung oder Ergänzung. Jedes Mal, wenn ich selbst etwas Faktisches nachschlagen musste oder eine Aussage unverständlich fand, dachte ich, eine Anmerkung sei angebracht. Ich musste Alexander auch manchmal korrigieren, wo er sich in seinen Briefen oder Memoiren in Daten, Altersangaben, Namen oder Fakten irrt. Außerdem kamen nach seinem Tod im Jahr 1915 neue Fakten ans Licht, oft aus Quellen, von denen er nichts wusste – die habe ich in meinen Anmerkungen erwähnt, um das Bild zu vervollständigen.

Nachdem er Kopenhagen im Herbst 1867 verlassen hatte, ließ sich Alexander mit seiner Familie in Sankt Petersburg nieder. Sein Vater starb 1868 und hinterließ in erster Linie Schulden. Alexander ordnete den Nachlass und erkannte, dass es dringlich und sogar lebensnotwendig wurde, sich um Einkünfte zu kümmern. Für einen Menschen, der keine hohe Meinung von sich selbst hatte, gelang ihm das erstaunlich gut. Er gründete 1871 in Minsk eine Handelsbank, investierte den Gewinn in ein riesiges Landgut und errichtete verschiedene landwirtschaftliche Betriebe. Als es ihm finanziell gut ging, nahm er eine zweite diplomatische Laufbahn in Angriff. Zar Alexander II. sandte ihn in einer humanitären Mission nach Montenegro, Zar Alexander III. ernannte ihn zum Generalkonsul in Danzig (dem heutigen Gdańsk) und Zar Nikolaus II. zum Gesandten in Dresden. Baron von Wrangel arrangierte eine Begegnung zwischen dem Zaren und Kaiser Wilhelm, konnte aber nicht verhindern, dass sich das Verhältnis zwischen den beiden Großmächten verschlechterte. Er wohnte noch in der russischen Kanzlei in Dresden, als der Erste Weltkrieg ausbrach. Alexander Jegorowitsch von Wrangel starb 1915 und wurde auf dem Trinitatisfriedhof in Dresden beigesetzt, neben seiner Mutter Darja. Das Familiengrab ist noch immer intakt. Auch seine 1921 verstorbene Frau Anna ist dort begraben.

Alexander überlebte Dostojewski um vierunddreißig Jahre. Der Schriftsteller starb 1881 mit sechzig Jahren an einer Gehirnblutung, nachdem er auf Knien unter seinem Schreibtisch und unter einem Schrank nach seiner Füllfederkappe gesucht hatte.

1882 übergab Alexander Jegorowitsch die Briefe, die er von Fjodor Michailowitsch erhalten hatte, einem Dostojewski-Spezialisten, 1883 erschienen sie in einer Sammlung von N.N. Strachov, allerdings fehlten drei wichtige Briefe. Sie tauchten später doch noch auf und befinden sich heute im Dostojewski-Museum in Sankt Petersburg. Auch von Wrangels Briefe an Dostojewski befinden sich dort, bis auf vier, die im Dostojewski-Museum in Moskau aufbewahrt werden. Bei ihrer Übersetzung legte Suïntha Uiterwaal diese Originale zugrunde.

Längst nicht alle Briefe von Alexander von Wrangel an Dostojewski und von Dostojewski an von Wrangel sind erhalten; leitende Mitarbeiter des Dostojewski-Museums in Sankt Petersburg schätzen, dass ein Drittel bis ein Viertel des Briefwechsels verloren gegangen ist. Ich konnte insgesamt auf vierzig Briefe zurückgreifen, dreiundzwanzig von Dostojewski an von Wrangel und siebzehn von von Wrangel an Dostojewski. Des Weiteren stieß ich auf einen Brief, den Alexander während seiner Weltreise aus Brest an Michail Dostojewski schickte und der folgendermaßen beginnt: »In Gottes Namen, was macht Ihr Bruder Fjodor und wo ist er?«

Alexander gab seine Memoiren 1912 im Selbstverlag in einer kleinen Auflage in Sankt Petersburg heraus. Einige wahllos herausgegriffene Passagen aus seinen Erinnerungen erschienen in unsorgfältiger Übersetzung auf Englisch. Eine vollständige Neuauflage auf Russisch gab es nie, nur Biografen und Wissenschaftler zogen den Text zurate.

Anmerkungen

1 Der Onkel heißt eigentlich Nikolai Baron von Korff. Deutsch-baltische Barone im russischen Staatsdienst gaben ihrem Namen häufig einen russischen Anstrich. Die von Wrangels ließen das »von« weg und schrieben sich manchmal »Vrangel«. Auch Baron von Korff ließ das »von« fallen. Nikolai Baron von Korff war mit einer Schwester von Alexanders Vater verheiratet. Die Familie von Korff besaß das Gut Raskulitsy, das ganz in der Nähe des Gutes Terpilitsy der Familie von Wrangel lag.

2 Alexander Jegorowitsch wurde nach dem julianischen Kalender am 23. März 1833 geboren und nach dem gregorianischen am 4. April 1833.

3 Dekabrist bedeutet »Dezembrist«; der gescheiterte Aufstand von Armee- und Gardeoffizieren gegen den Zaren fand am 14. Dezember 1825 statt (nach dem gregorianischen Kalender am 26. Dezember).

4 »Erzählungen«: die erste umfasst zweihundert Seiten, die zweite einhundertsiebzig. Von *Njetotschka Neswanowa* kann Alexander nur die ersten beiden Kapitel gelesen haben; das dritte erschien, als Dostojewski bereits verhaftet war. Dostojewski schloss den Roman nie ab.

5 Zar Alexander II. sollte den Beinamen »der Große Reformer« erhalten.

6 Dostojewski parodierte die Verhörtechnik von General Rostowtsew in *Verbrechen und Strafe*. Die Verhöre, die der Untersuchungsrichter Pjotr Petrowitsch Porfiri mit dem Mörder Raskolnikow führte, strotzen vor Schmeicheleien. Doch Raskolnikow durchschaute seinen Vernehmer und trieb ein listiges Spiel mit ihm. Was auch Dostojewski in der Peter-und-Paul-Festung getan hatte. Letztendlich beschrieb General Rostowtsew den jungen Schriftsteller als »intelligent, unabhängig, schlau, halsstarrig«.

7 Schüler des Kaiserlichen Alexander-Lyzeums trugen eine militärisch wirkende Schuluniform.

8 In *Der Idiot* erzählt Dostojewski eine andere Version von den letzten fünf Minuten. Fürst Myschkin hörte von einem zum Tode Verurteilten, der in letzter Sekunde begnadigt worden war, dass er in den ersten beiden Minuten an Nahestehende und Familienangehörige dachte, in den nächsten zwei Minuten über sein Schicksal und sein Leben meditierte und in der letzten Minute lediglich Blick für das Sonnenlicht hatte, das die vergoldete Kuppel einer Kirche aufleuchten ließ, eine nahezu mystische Erfahrung. Natürlich ist es nicht zwingend notwendig, dass Dostojewski hier minutengetreu sein eigenes Erleben beschreibt, obwohl die meisten seiner Biografen davon ausgehen.

9 Die *katorga* war ein System von Straflagern im Russischen Reich. Nach der Revolution von 1917 änderte sich die Bezeichnung in Gulag, während das System nahezu unverändert blieb.

10 Reval war der Name, den die deutschen Balten Tallinn gaben, der Hauptstadt des heutigen Estland. Alexanders Vater, Georg Hermann von Wrangel (1803–1868), wurde in Russland Jegor Jermolajewitsch Wrangel genannt. Die in Russland lebenden deutsch-baltischen Barone wurden 1855 in den russischen Adelsstand erhoben. Sie durften dann auch in Russland ihre Adelstitel führen.

11 Es wurde lange angenommen, dass Abraham Petrowitsch

Hannibal (ca. 1696–1781) aus der Gegend von Lagon in Äthiopien stammte. Neuere Forschungen (1996) haben jedoch ergeben, dass es sich bei Lagon wahrscheinlich um Logone gehandelt hat und dass diese Region am Ufer des Flusses Logone im Norden Kameruns zu lokalisieren ist.

12 Vera sollte eine unternehmungslustige Person werden. Nach dem Ausbruch des Krimkriegs meldete sie sich 1854 als Krankenschwester. Die damals Zweiundzwanzigjährige errichtete ein Feldlazarett, in dem unter ihrer Leitung vierundzwanzig Krankenschwestern arbeiteten. Vera Wrangel wurde das russische Gegenstück zu Florence Nightingale, die auf britischer Seite die Verwundeten des Krimkriegs pflegte.

13 Michail sollte Torosowo, eines der väterlichen Güter, übernehmen. Sein Sohn George (Jegor) Michailowitsch wurde dort 1918 von den Bolschewiken ermordet. Aus dem Gutshaus wurde eine Schule und später ein Postamt. Erst nach dem Zusammenbruch der Sowjetunion, in den Jahren 1991–1995, verfiel es. Das aus Holz erbaute Gutshaus Terpilitsy wurde einige Jahre nach der Revolution in Brand gesteckt und völlig zerstört. Lediglich einige Nebengebäude sind erhalten geblieben.

14 Sechzig Jahre nach Darjas Tod verfügte Alexander in seinem Letzten Willen, dass er neben seiner Mutter in Dresden beerdigt werden wolle. Drei Tage nach seinem Tod am 12. September 1915 wurde er im Familiengrab auf dem Trinitatisfriedhof in Dresden beigesetzt.

15 Joseph Frank, Dostojewskis überaus akkurater amerikanischer Biograf, erwähnte im zweiten Band seiner fünfbändigen Biografie *zehn* Rubel. Aber auch Ljubow Dostojewskaja, Dostojewskis Tochter, erinnerte sich in ihren Memoiren, ihr Vater habe von den *fünfundzwanzig* Rubeln erzählt, die er in der Bibel gefunden habe.

16 Offensichtlich weiß Alexander hier mehr, als er preisgibt. 1928 kam es ans Licht: In der Literaturzeitschrift *Sibirskije*

ogni (Sibirische Lichter) beschrieb der Journalist Jewgeni Feoktistow die kurze Romanze zwischen der Brotverkäuferin Jelisaweta Neworotowa und Dostojewski, 1854 in Omsk. Dostojewski verabredete sich per Brief mit ihr. Diese Briefe durfte Feoktistow einsehen, als er Jelisaweta 1909 in Semipalatinsk traf, doch danach sind sie verloren gegangen. Jelisaweta scheint eine sehr schöne Frau gewesen zu sein, nett, lieb, aber ohne jede Bildung. Sie konnte nur mit Mühe lesen und kaum schreiben.

17 Für diese Passage zog ich Lourens Reedijks Übersetzung von *Verbrechen und Strafe* von 2009 heran.

18 Unter *Tschuchonetz* verstand man einen Angehörigen der finnischsprachigen Bevölkerung im Raum Sankt Petersburg. Ein Finne oder Este. Das Wort hatte einen negativen Beigeschmack: ein Trottel, ein Kaffer.

19 Von 1712 bis 1917 war Sankt Petersburg die Hauptstadt des Russischen Reichs.

20 Der im Oktober 1853 ausgebrochene Krimkrieg dauerte bis zum Februar 1856. Es war der erste Krieg, über den Journalisten und Fotografen in großem Stil berichteten. Die Belagerung von Sewastopol war die wichtigste Kriegshandlung im Krimkrieg.

21 1812 besiegten die russischen Truppen die französische Armee und zwangen Napoleon zum überstürzten Rückzug.

22 Von dieser Phase ihrer Freundschaft an – also im Grunde noch in der Anfangsphase – bezeichnete Alexander Dostojewski als Fjodor Michailowitsch, was er in seinen Briefen und Memoiren bequemlichkeitshalber oft zu F. M. abkürzte. Russen sind viel förmlicher als Niederländer. Dostojewski sprach von Wrangel mit Vor- und Vatersnamen an: Alexander Jegorowitsch. Das familiäre Sascha benutzte er fast nie (nur einmal in einem Brief und einmal in einem Gespräch), genauso wenig wie Alexander F. M. mit Fedja ansprach. Trotz ihrer herzlichen Beziehung sollten Alexander Jegorowitsch und Fjodor Michailowitsch einander stets siezen.

Russen duzen nur Gott und ihre Familienangehörigen – jedenfalls im neunzehnten Jahrhundert, aber auch heute oft noch. Lediglich wenige Male werden F. M. und A. J. familiär und gehen zum »Du« über. Diese Augenblicke sind stets von großer Bedeutung.

23 Über Maria Dmitrijewna Isajewa ist auffällig wenig bekannt. Eine Quelle gibt als ihr Geburtsjahr 1825 an, eine andere 1826. Demnach wäre sie bei ihrer ersten Begegnung mit Dostojewski dreißig Jahre alt gewesen oder neunundzwanzig. Kurz nach dieser Begegnung schrieb Dostojewski in einem Brief an seinen Bruder Michail, dass Maria achtundzwanzig sei.

24 Den meisten anderen Quellen – u. a. Joseph Frank – zufolge war Marias Vater Chef der Quarantäne-Abteilung im Hafen von Astrachan.

25 Alexander Baron von Humboldt (1769–1859), Naturforscher und Entdeckungsreisender, in Darwins Worten »der bedeutendste Wissenschaftsreisende aller Zeiten«. Berühmt geworden durch seine Reisen in Mittel- und Südamerika. 1829 leitete er eine wissenschaftliche Expedition nach Sibirien.

26 Auch hier irrt sich Alexander wieder einmal in einem Alter. Pawel, der Pascha genannt wurde, war damals sieben. Alexander nimmt es nicht so genau mit den Jahren: Mal behauptet er, elf Jahre jünger als Dostojewski zu sein, mal sind es zwölf. Der Altersunterschied beträgt gut elf Jahre: Fjodor Michailowitsch wurde nach dem julianischen Kalender am 30. Oktober 1821 geboren und nach dem gregorianischen am 11. November 1821.

27 Die Übersetzung stammt von Sigismund von Radecki.

28 Weimarn, Doebelt, Orlow: Diplomaten und Berater des Zaren. Zar Nikolaus I. starb am 2. März 1855.

29 Vor allem Dostojewskis Tochter aus seiner zweiten Ehe mit Anna Snitkina treibt es sehr bunt. Ljubow Dostojewskaja schreibt in ihren Memoiren: »Sie [Maria] wusste, dass sie bald Witwe würde und dann keine andere Einkommens-

quelle haben würde als die magere Pension, die das russische Gouvernement den Witwen von Offizieren zuerkennt und die kaum ausreichte, den Lebensunterhalt für sie selbst und ihren Sohn, ein siebenjähriges Kind, zu bestreiten. In ihrer Sorge um die Zukunft sah sie sich schon mal nach einem zweiten Mann um. Dostojewski erschien ihr als die beste Partie der Stadt: Er war ein talentierter Schriftsteller und hatte eine reiche Tante in Moskau, die ihm jetzt wieder öfter Geld schickte.« Ljubows Memoiren erschienen 1920, fünf Jahre nach Alexander von Wrangels Tod. In der Familie Dostojewski kursierten diese Geschichten jedoch schon länger, und davon muss Alexander etwas aufgefangen haben. Es spricht übrigens viel dafür, dass Dostojewski selbst im Alter seiner zweiten Frau Anna und seinen Kindern gegenüber ein pechschwarzes Bild von Maria gezeichnet hat. Anna hatte eine ausgesprochene Abneigung gegen Maria und vernichtete die meisten ihrer Briefe an Dostojewski.

30 Ich paraphrasiere hier meinerseits Hans Bolands Übersetzung von *Dämonen*. Die erste niederländische Übersetzung des Romans trug den Titel *Boze geesten* (Böse Geister).

31 Das Preobraschenski-Regiment wurde von Zar Peter dem Großen ins Leben gerufen und nahm an zahlreichen Schlachten teil, unter anderem an der von Austerlitz und Borodino. 1917, nach der Oktoberrevolution, wurde es aufgelöst, doch Präsident Putin gründete es 2013 neu. Berühmt ist der Marsch des Regiments, der auch in der Sowjetzeit häufig bei Paraden auf dem Roten Platz zu sehen war.

32 Den Christuskuss geben: ein Brauch bei der Osterfeier.

33 Mitte des neunzehnten Jahrhunderts galt in ganz Europa noch die Temperaturskala des französischen Physikers Réaumur. Die Temperatur in Celsius ist das 1,25-Fache der Temperatur in Réaumur: 32° Réaumur entspricht also 40° Celsius.

34 Russisches Fahrzeug. Eine Tarantas hat zwei große Hinter- und zwei kleinere Vorderräder.

35 *Der ewige Gatte* erschien 1870 in der Zeitschrift *Russki Westnik* (Russischer Bote). Dostojewski schrieb den kurzen Roman in großer Eile, nachdem sein Magnum Opus *Der Idiot* von der Kritik niedergemacht worden war. Durch den schlechten Empfang geriet er wieder in akute Geldnot. Viel versprach er sich nicht von *Der ewige Gatte*, er betrachtete das Buch als Gelegenheitsarbeit, die ihm kurzfristig aus seinen finanziellen Problemen helfen sollte, aber es ist zweifellos eines seiner besten kurzen Werke.

36 Im Prolog zu *Aufzeichnungen aus einem Totenhaus* lässt Dostojewski einen anonymen Erzähler auftreten, der Joseph Frank zufolge an den stets gut gelaunten Baron Wrangel erinnert, doch das fiel Alexander selbst nicht auf. Wobei anzumerken ist, dass er die allererste Fassung von *Aufzeichnungen* hörte: Dostojewski schrieb das Manuskript danach viele Male um und arbeitete noch jahrelang daran.

37 *Aufzeichnungen aus einem Totenhaus* erschien erst sechs Jahre später, in Fortsetzungen in der Zeitschrift *Wremja* (Zeit), 1861 und 1862. Ende 1862 erschien es in Buchform. *Aufzeichnungen aus einem Totenhaus* sollte als erster Gefängnisroman in die Geschichte eingehen und löste einen Sturm des Protests gegen das hartherzige Strafsystem aus. Das Buch machte den Schriftsteller Dostojewski auf einen Schlag wieder genauso bekannt, wie er es vor seiner Verbannung gewesen war.

38 Es war Andrej, Fjodors jüngerer Bruder, der den gewaltsamen Tod von Vater Dostojewski an die große Glocke hängte, doch seine Erinnerungen erschienen erst 1930. Seitdem steht in jeder Betrachtung über Dostojewski, dass sein grausamer Vater von seinen Leibeigenen umgebracht wurde. Dr. Dostojewski starb an einer Gehirnblutung. Die von zwei Ärzten vorgenommene Leichenschau brachte keine sichtbaren Verletzungen ans Licht. Nach dem Tod von Vater Dostojewski stellte das Bezirksgericht Ermittlungen an. Verschiedene Leibeigene wurden verhört, doch keiner von ihnen

wurde angeklagt. Es fand kein Prozess statt. Ein Nachbar berichtete Großmutter Dostojewski, dass ihr Sohn auf seinem Landgut ermordet worden sei, und riet der Familie, die Sache ruhen zu lassen. Er ist die einzige Quelle. Allerdings haben die vier Dostojewski-Söhne stets geglaubt, dass ihr Vater ermordet worden war. Alexander gegenüber mag F.M. zwar gern Parallelen zwischen ihren beiden Vätern gezogen haben, doch über den gewaltsamen Tod seines eigenen Vaters hat er sich vermutlich tatsächlich sehr bedeckt geäußert.

39 An diese Tatarin erinnert das Mädchen Lisa aus *Der ewige Gatte*. Auch in *Dämonen* kommt eine Szene mit einem todbangen vierzehnjährigen Mädchen vor. Dostojewski machte das Schicksal sexuell missbrauchter Kinder so betroffen, dass er sich irgendwann vorstellte, er habe selbst ein vierzehnjähriges Mädchen vergewaltigt. Er beschrieb das in *Dämonen*, strich es aber kurz vor der Veröffentlichung in Buchform aus dem Manuskript.

40 Alexanders Bericht zufolge begann Dostojewski im Februar 1855 mit *Aufzeichnungen aus einem Totenhaus* und war im Juli beim vorletzten Kapitel des ungefähr dreihundert Seiten zählenden Buchs angekommen. Es erschien erst sechs Jahre später – siehe Anmerkung 37. Dostojewski hat das Manuskript noch mehrmals gründlich überarbeitet. Danach ließ er es jahrelang liegen, aus Angst, es würde nicht durch die Zensur kommen. Auffälligerweise erschienen seine Erinnerungen an das Straflager im selben Jahr, in dem Alexander II. die Leibeigenschaft aufhob. Dostojewski schätzte das Klima nun als liberal genug für eine Veröffentlichung ein. *Aufzeichnungen aus einem Totenhaus* löste auf Jahre hinaus Erschütterung unter den russischen Intellektuellen aus. Tolstoi schrieb in einem Brief, kein russisches Buch habe ihn mehr beeindruckt als dieses.

41 1 Werschok sind 4,44 Zentimeter.

42 *Faites le couper*: lassen Sie ihn kürzen.

43 Durch seine Art Klavier zu spielen und den Aufbau seiner Kompositionen (mit ganzen Kaskaden an Akkorden) machte Adolf von Henselt trotzdem großen Eindruck auf Sergei Rachmaninow und Alexander Skrjabin. Eine der Zugaben, die Rachmaninow bei seinen Konzerten gern zu Gehör brachte, war Henselts Étude Opus 2 Nr. 6 »Wenn ich ein Vogel wär«. Adolf von Henselts Études wirken wie Vorstudien zu den Études-Tableaux von Rachmaninow. Alexanders Mutter hatte vollkommen recht, wenn sie in Henselt Echos von Liszt, Chopin und Mendelssohn hörte. Es ist unverständlich, dass er aufhörte zu komponieren. An dem von Anton Rubinstein gegründeten Konservatorium in Sankt Petersburg gab Henselt Klavierunterricht und schuf die Grundlage für die russische Klavierschule. Die Étude Opus 2 Nr. 6 *Si oiseau j'étais* hat Henselt *Le Baron Michel Wrangell*, Alexanders jüngerem Bruder, gewidmet.

44 Die Entfernung zwischen Kusnezk (heute: Nowokusnezk) und Smeinogorsk beträgt immerhin noch sechshundert Kilometer. Doch für Alexander dürfte das eine Kleinigkeit gewesen sein.

45 Alexander von Humboldt leitete 1829 eine wissenschaftliche Expedition nach Sibirien.

46 Die wörtliche Bedeutung von Smeinogorsk ist »Schlangenberg«. Der Legende nach krochen dort täglich Tausende von Schlangen aus dem Berg, riesengroße Reptilien, die von den Dörflern erschlagen wurden, damit sie ihre kostbare Haut verkaufen konnten.

47 Im zaristischen Russland wurden Beamte genau wie Militärs in Ränge unterteilt. Ein Titularadvokat war ein Beamter der neunten Klasse, für einen Dreiundzwanzigjährigen kein schlechter Beginn.

48 Traditionelle christliche Gruppierung, die sich von der russisch-orthodoxen Staatskirche aus Protest gegen die Reformen von 1666–1667 losgelöst hat. Daher ihr Spottname *ras-*

kolniki (»Abspalter«, »Schismatiker«). Altgläubige tendieren zu einer patriarchalen, traditionellen Lebensweise.

49 Nach *Weiße Nächte* schrieb Dostojewski 1848 und 1849 *Das schwache Herz, Der ehrliche Dieb, Die fremde Frau und der Mann unter dem Bett, Weihnachtsbaum und Hochzeit, Polsunkow* und *Njetotschka Neswanowa.* Er wohnte in einer schönen Wohnung mit Blick auf die Isaakskathedrale und schrieb wie ein Besessener. In dieser Wohnung wurde er am 23. April 1849 verhaftet.

50 Dostojewski schrieb dies unter anderem in *Aufzeichnungen aus dem Kellerloch.*

51 Bis auf einen einzigen sind alle Briefe von Dostojewski an Maria Dmitrijewna verloren gegangen. Marias Briefe an Fjodor Michailowitsch wurden von seiner zweiten Frau Anna vernichtet.

52 In vielerlei Hinsicht war Apollon Maikow, ein hochgebildeter Gelehrter mit klassischer Bildung, der geistige Mentor Dostojewskis. Viele seiner Ideen unterbreitete Dostojewski Maikow zwecks Prüfung. Vierzig Briefe von Dostojewski an Maikow sind erhalten, vierundvierzig von Maikow an Dostojewski.

53 Von Maria Dmitrijewna sind zwei Porträts bekannt. Auf dem ersten hat sie dunkles, leicht krauses Haar; auf dem zweiten ist es grau; blond war ihr Haar nie. Als Alexander sie kennenlernte, beschrieb er sie als »eine Brünette« – siehe den Anfang des Kapitels »Ein unheilvoller Glanz«.

54 In seiner erschöpfenden und durchweg äußerst verlässlichen Dostojewski-Biografie gibt Joseph Frank als Hochzeitsdatum den 7. Februar 1857 an. In seinen Briefen an Alexander und in denen an seinen älteren Bruder und die älteste seiner Schwestern nennt Dostojewski viermal den 6. Februar als Datum. Auch das Dostojewski-Museum in Nowokusnezk, wie Kusnezk heute heißt, gibt als Hochzeitsdatum den 6. Februar 1857 an. Das Museum ist in dem kleinen hölzernen Bauernhaus untergebracht, das Maria mit ihrem ersten

Ehemann Isajew 1855 bezogen hatte und nach ihrer Heirat mit Dostojewski im Februar 1857 verließ. Die Odigitria-Kirche wurde in der sowjetischen Zeit dem Erdboden gleichgemacht. Seitdem war häufig die Behauptung zu hören, dass Dostojewski in der Kathedrale von Nowokusnezk geheiratet hat.

55 Ljubow, die Tochter Dostojewskis aus der zweiten Ehe mit Anna Snitkina, schrieb in der Lebensbeschreibung ihres Vaters, die 1920 veröffentlicht wurde und schon nach wenigen Monaten auf Niederländisch unter dem Titel *F. M. Dostoiewsky door zijn dochter* erschien, dass der Schulmeister, dessen Namen sie nicht kannte, Maria nach Semipalatinsk gefolgt sei. »In der Dämmerung« sei Maria monate-, ja jahrelang jeden Abend zu ihrem Liebhaber gegangen und habe sich mit ihm »köstlich amüsiert«. Sogar die Nacht vor ihrer Heirat mit Dostojewski habe Maria noch bei ihrem Liebhaber verbracht. Auch nach Twer, wohin das Ehepaar Dostojewski 1859 übersiedelte, sei der Lehrer Maria nachgereist. Sie habe ihren Liebhaber »wie ein Hündchen« mitgenommen. Von alldem ist aus anderen Quellen nichts bekannt. Dostojewski starb, als seine Tochter elf Jahre alt war, Ljubow hat also alles aus zweiter Hand. Anna, Dostojewskis zweite Frau, ließ sich immer geringschätzig über Maria aus (auch in ihren Memoiren) und hegte eine tiefe Abneigung gegen deren Sohn Pawel, für den sich Dostojewski nach wie vor einsetzte. Im Hause Dostojewski wurden derartige Räuberpistolen über die Schlampe Maria vermutlich häufig erzählt. Doch Ljubows Erinnerungen gelten als höchst unzuverlässig. Es hat doch sehr den Anschein, als habe Ljubow eine Art Dreiecksbeziehung nach dem Vorbild *Der Idiot* darstellen wollen. Ihr Vater war nach wie vor, wie sie schrieb, »Fürst Myschkin, der trotz seiner Liebe zu Nastassja Filippowna sie mit Rogoschin weggehen lässt und mit seinem Rivalen freundschaftliche Beziehungen unterhält«. Obwohl Dostojewski beim Schreiben seiner Romane voll aus dem

eigenen Leben schöpfte, tat er das selten eins zu eins. Seine eigenen Erfahrungen waren der Ausgangspunkt für seine Fantasie. Was Maria anbelangt, war Alexander Jegorowitsch *die* Vertrauensperson für Dostojewski. Wäre der Schulmeister Maria nach Semipalatinsk und später nach Twer gefolgt, so hätte Dostojewski das seinem Freund sicherlich ausführlich und äußerst erbost geschrieben. Die Frage ist, ob alle Briefe von Fjodor Michailowitsch an Alexander Jegorowitsch bewahrt geblieben sind. Fest steht, dass drei Briefe von Alexander an F. M. verloren gegangen sind, es können aber auch viel mehr sein. Peinlich ist, dass sich Sigmund Freud in seiner Dostojewski-Analyse fast ausschließlich auf die Erinnerungen von dessen Tochter stützt. Dass Dostojewski das Verhältnis Marias mit dem Schulmeister vor wie nach ihrer Hochzeit akzeptierte, deutete für Freud auf eine latente Homosexualität hin.

56 Der Brief ist verloren gegangen. »Ein guter, liebenswürdiger, wunderbarer Brief, den ich, mein unvergesslicher Freund, möglichst schnell beantworten möchte«, schrieb Dostojewski in seiner Antwort. Diese Antwort löste bei Alexander allerdings Unmut aus, obwohl Dostojewski ihn in diesem Brief auch noch als »großartigen Freund« bezeichnete.

57 Alexander zitiert hier nicht nur aus Dostojewskis Brief, sondern fügt Informationen hinzu, die Peter Petrowitsch Graf Semjonow später in Sankt Petersburg herumerzählt und in verschiedenen Zeitschriftenartikeln erwähnt hat. Es beeindruckte den Grafen, dass Maria das Mädchenlyzeum von Astrachan besucht hatte. Die meisten Mädchen aus den besseren Kreisen erhielten damals lediglich Hausunterricht.

58 Die einzelnen Kapitel von *Die Fregatte Pallas* erschienen zwischen 1855 und 1857 in verschiedenen russischen Literaturzeitschriften. In Buchform kam *Die Fregatte Pallas* erstmals 1858 auf den Markt. 2014 erschien eine vollständige niederländische Übersetzung von G. W. van der Meiden. Auf Deutsch erschien das Buch im Steingrüben Verlag Stuttgart,

herausgegeben von Joachim Krause nach der Übersetzung von Arthur Luther.

59 Bevor Dostojewski nach Sibirien verbannt wurde, muss er die neueste Literatur gut im Blick gehabt haben. Von Gontscharow war bis dahin lediglich *Eine alltägliche Geschichte* in der Zeitschrift *Sowremennik* (Zeitgenosse) erschienen. Von der Buchausgabe wurden 200 Exemplare verkauft. Gontscharows bekanntestes Werk, *Oblomow*, erschien erst 1859, dem Jahr, in dem Dostojewskis Rehabilitierung erfolgte. In seinem Brief an Alexander nennt er Gontscharow »einen Gentleman vom Klub Die Union, deren Mitglied er ist«. In diesem mondänen Sankt Petersburger Klub dinierten die Herren, spielten Karten, lauschten Opernstars wie Giovanni Battista Rubini und Pauline Viardot-García oder berühmten Pianisten wie Anton Rubinstein und Franz Liszt.

60 Die sibirischen Erinnerungen sollten nie erscheinen. Alexander fürchtete wahrscheinlich, seine Erinnerungen könnten dem meisterhaften Reisebericht von Iwan Alexandrowitsch Gontscharow nicht das Wasser reichen. Es gab auch ein deutliches Element der Wiederholung; Alexander legte fast dieselbe Strecke zurück wie die Fregatte Pallas. Nicht einmal die Notizen für das Buch, die ersten Anläufe und die Tagebuchaufzeichnungen fanden sich in seinem Nachlass. Am 29. Februar 1860 schickte Alexander einen Artikel über das Kap der Guten Hoffnung an Michail Dostojewski, um ihn in dessen Zeitschrift *Wremja* zu veröffentlichen, und am selben Tag bat er F. M. in einem kurzen Brief, sich den Text anzusehen und ihn zu korrigieren. Möglicherweise haben beide Brüder ihn für keines Blickes würdig erachtet, möglicherweise haben sie ihn an Alexander zurückgeschickt. Jedenfalls wurde der Artikel nie veröffentlicht.

61 Sergijew Possad hieß von 1930 bis 1991 Sagorsk.

62 Wörtlich (und inklusive der Fehler im Französischen: »Quant à moi, je suis resté le même, tantôt triste à battu, silencieux, tantôt rieure et gaie comme un polisson de deux

ans. Chez moi tant dépend d'un rien, d'un ciel gris, d'une mouche qui bourdonne, d'une parole lancée au hazard – tellement je suis nerveux. Je me sents malade, aigrie et vieux ou plutôt blaizé ce qui est pire.«

63 Alexander irrte sich; Dostojewski *hatte* ein Verhältnis mit Alexandra Iwanowna Schubert, ein Verhältnis, das zwei oder drei Monate nach Marias Abreise nach Moskau begann.

64 Der Brief vom 22. November 1864 ist bei Weitem der ungeschickteste, den Alexander an Fjodor Michailowitsch schrieb. Von Michail Dostojewskis Tod springt er zu der Bemerkung, er sei »gar nicht mehr auf dem Laufenden im Hinblick auf unsere Literatur«, und bittet Dostojewski dann, ihm *Aufzeichnungen aus einem Totenhaus* zuzusenden. Nicht gerade das, was man einen Kondolenzbrief nennt, doch möglicherweise war ihm doch mehr aus der Feder geflossen: Vom zweiten Blatt ist die Hälfte abgerissen und verloren gegangen. Dostojewski schickte ihm *Aufzeichnungen aus einem Totenhaus* nicht. Für das Buch hatte er aus eigenen Erfahrungen geschöpft, aber auch aus denen von Alexander. So erhielt die Geschichte vom Mörder Orlow, die Alexander ihm erzählt hatte (siehe das Kapitel »Verbrechen und Fieber«) einen Platz in Fjodors Gefängniserinnerungen. Das kümmerte Alexander keineswegs, er sprach Dostojewski später, in Kopenhagen, höchstes Lob für das Buch aus, das er schließlich eben selbst gekauft hatte.

65 In seinen Briefen und Erinnerungen benutzt Alexander für Maria Dmitrijewna den Kosenamen Marja, wie Fjodor Michailowitsch. Nach ihrem Tod jedoch verwendet er das förmlichere Maria. Um Verwirrung zu vermeiden, habe ich diesen Unterschied nur sporadisch im Text angebracht.

Nachweise für die deutsche Ausgabe

Die Zitate aus den Briefen Dostojewskis an Alexander von Wrangel sind der Ausgabe *Dostojewski, Gesammelte Briefe 1833–1881* entnommen, Piper, München/Zürich 1986. Übersetzt, herausgegeben und kommentiert von Friedrich Hitzer unter Benutzung der Übertragung von Alexander Eliasberg.

Das Gedichtfragment auf S. 81 stammt aus Alexander Puschkin, *Dramatische Szenen. Ägyptische Nächte.* Übersetzt von Sigismund von Radecki. L. D. Frenkel-Verlag, Berlin-Friedenau 1923.

Das Zitat auf S. 119 stammt aus Fjodor Dostojewskij, *Verbrechen und Strafe.* Aus dem Russischen neu übersetzt von Swetlana Geier. Fischer Taschenbuch Verlag 1996.

Die Rechtschreibung wurde behutsam angepasst.